pfeiffer
bei Klett-Cotta

Entgegen der These Freuds, es ginge zwischen Analytiker und Analysand »nichts anderes vor, als daß sie miteinander reden« herrscht heute breiter Konsens darüber, dass die psychoanalytische Therapie mehr ist als eine bloße »Redekur«. Neben der *Deutung* gilt mittlerweile auch die *Beziehung* als allgemein anerkanntes Behandlungsprinzip. Der Autor richtet in diesem Buch die Aufmerksamkeit des Lesers auf ein weiteres, Deutung und Beziehung fundierendes Prinzip, dem bisher wenig Beachtung geschenkt wurde: auf das *Handeln* des Patienten und des Therapeuten, auf das unmittelbare Wirkungsgeschehen *zwischen* beiden.

An vielen *Handlungsdialogen* bzw. *Enactments* aus der Praxis zeigt der Autor, wie sich Therapeut und Patient wechselseitig behandeln und wie sich in diesem intersubjektiven Feld unmittelbare Wandlungen des Patienten und manchmal auch des Therapeuten ereignen. Bei der Lektüre erschließt sich die operative Dimension tiefenpsychologischer bzw. psychoanalytischer Behandlung, und es werden basale Formen des *Wahrnehmens, Verstehens und Behandelns* offenbar.

Prof. Dr. phil. Günter Heisterkamp ist Diplom-Psychologe und Psychoanalytiker; ehemaliger Professor an der Universität Essen; Lehranalytiker (DGTP, DAGG, DGIP) am Alfred-Adler-Institut, Düsseldorf. Im Verlag Pfeiffer bei Klett-Cotta ist von ihm bereits das Buch erschienen: *Heilsame Berührungen. Praxis leiborientierter analytischer Therapie.*

Günter Heisterkamp

Basales Verstehen

Handlungsdialoge in Psychotherapie
und Psychoanalyse

Pfeiffer bei Klett-Cotta

Leben lernen 154

Pfeiffer bei Klett-Cotta
© J. G. Cotta'sche Buchhandlung Nachfolger GmbH, gegr. 1659,
Stuttgart 2002
Alle Rechte vorbehalten
Fotomechanische Wiedergabe nur mit Genehmigung des Verlages
Printed in Germany
Umschlag: Michael Berwanger, München
Titelbild: George Braque: »Vereinigung«, 1939
© VG Bild-Kunst, Bonn 2002
Satz: PC-Print, München
Auf holz- und säurefreiem Werkdruckpapier gedruckt
und gebunden von Gutmann + Co., Talheim
ISBN 3-608-89706-2

Die Deutsche Bibliothek – CIP-Einheitsaufnahme
Ein Titeldatensatz für diese Publikation ist bei
Der Deutschen Bibliothek erhältlich.

Inhalt

Vorwort

Das vorliegende Buch befasst sich mit der Frage, was Psychoanalytiker und Patient eigentlich machen, wenn sie das machen, was sie machen. Die Aufmerksamkeit des Lesers wird auf das unmittelbare Wirkungsgeschehen, das sich *zwischen* Patient und Therapeut abspielt, gerichtet. Bei der Erforschung dieses intersubjektiven Feldes, das seine eigenen heilsamen und unheilsamen Effekte entfaltet, wird die operative Dimension psychoanalytischer bzw. tiefenpsychologischer Behandlung erschlossen. Darüber werden basale Formen des Wahrnehmens, Verstehens und Behandelns herausgearbeitet.

Ich habe dieses Thema in den letzten zehn Jahren in zahlreichen Vorträgen, Seminaren und Aufsätzen bewegt. Hier werden die einzelnen Motive wieder aufgegriffen, weiter geführt und erstmals zusammengefaßt. In dieser umfassenden Komposition gewinnen sie einen neuen und tieferen Sinn.

Die unverzichtbare Grundlage meiner Ausführungen bilden eigene Selbsterfahrungen aus mehreren Analysen, die ich im Laufe meines Lebens gemacht habe. Ebenso unersetzlich sind auch meine Erfahrungen mit Patientinnen und Patienten in den letzten zwanzig Jahren meiner Tätigkeit als Psychoanalytiker. Besonders dankbar bin ich denjenigen, die mir ihre Zustimmung gegeben haben, Auszüge aus ihren Analysen zu veröffentlichen und die meine Ausführungen nicht selten noch durch eigene Kommentare angereichert haben.

Ich möchte hier auch Jutta Streubühr und Lars Goldberg für die Ausdauer und Sorgfalt danken, mit der sie meine Manuskripte geschrieben, datentechnisch aufbereitet und die bibliographische Feinarbeit geleistet haben. Mein herzlicher Dank gilt auch meiner Lektorin, Frau Dr. Christine Treml, für ihre hilfreiche und liebenswürdige Begleitung bei der Erstellung dieses Buches.

Insbesondere bin ich glücklich darüber, dass Petra Heisterkamp, meine Frau und Kollegin, den gesamten Text differenziert durchgearbeitet und meinen Schaffensprozess immer wieder mit fundierter Kritik sowie mit fruchtbaren Anregungen gefördert hat. Ich fand es sehr wohltuend, wie sie sich sowohl mit meinem Werk identifizieren als es auch immer wieder mir überlassen konnte. Durch den kontinuierlichen Austausch mit ihr ist das vorliegende Buch erheblich bereichert worden. Darin fühle ich mich liebevoll von ihr beschenkt.

1. Hinführung

1.1 Psychoanalyse ist mehr und etwas anderes als ein Austausch von Worten

Es bedarf einigen Aufwandes, um zum Gegenstand dieses Buches hinzuführen. Die Mühen entsprechen den Schwierigkeiten, das ungewohnte Thema zu fassen und es anderen, die mit dieser Perspektive nicht vertraut sind, verständlich zu machen. Deswegen erscheint es mir sinnvoll, mit meinen Überlegungen an die Zusammenhänge anzuknüpfen, die für die psychoanalytische Behandlungsweise grundlegend sind: am Übertragungsgeschehen. Ich gehe in guter Tradition von den kompletten und komplexen Wirkungszusammenhängen zwischen Patient und Analytiker als dem Dreh- und Angelpunkt psychoanalytischer Behandlungslehre aus. Indem Psychoanalytiker und Patient das machen, was sie machen, bzw. das lassen, was sie lassen, entwickeln beide eine *Wirkungseinheit*, die als umfassende Ganzheit ihre heilsamen oder auch unheilsamen Wirkungen erzeugt. In der Psychoanalyse wird dieses dialektische Interaktionsgeschehen begrifflich aufgespalten in »Übertragung« und »Gegenübertragung«.
Über die spezifische Teilhabe an den jeweiligen Wirkungseinheiten machen der Patient und – was zu selten beachtet wird – auch der Psychoanalytiker ihre bewussten und unbewussten, ihre mittelbaren und unmittelbaren Selbsterfahrungen. Von Seiten des Patienten kann man sie auch gut als Wiederauflagen und Neubearbeitungen des frühen Handlungsdialogs ansehen. Der Analytiker stellt sich für die Reorganisation der frühen oder aktuellen Modellsituationen bereit. Er geht dabei jedes Mal das Risiko ein, durch ein eigenes Entgegenkommen in diese prototypischen Szenen verstrickt zu werden und den Patienten im Dienste eigener Sicherungen zu nötigen bzw. sich von diesem zur Selbstsicherung benötigen zu lassen. Dabei gewinnt der Analytiker allerdings in allen Behandlungen auch immer wieder die Chance, sich aus eigenen frühen Gebundenheiten zu be-

freien. Über die unmittelbare Teilhabe an diesen Wirkungszusammenhängen erhält der Patient die exemplarische Chance einer strukturellen Wandlung, eines »Neubeginns« (Balint 1970), einer »Selbsterneuerung« (Kohut 1981).

Wir sind uns in der Psychoanalyse darin einig, dass wir das *gesamte* Übertragungs- und Gegenübertragungsgeschehen im Blickfeld der gleichschwebenden Aufmerksamkeit zu halten versuchen. Dabei wird allerdings leicht der Begriff für die Realität genommen. Wir meinen oft, dass wir einen bestimmten Komplex erfasst hätten, wenn wir ihn in Worte gekleidet und sprachlich verstanden haben. Hier kann das vermeintliche und auch das tatsächliche Verstehen eine umfassende Erledigung suggerieren, die aber nicht gegeben ist und nie gegeben sein wird. Auch der Forschungsprozess in der psychoanalytischen Behandlungslehre hat die Qualität eines unerledigten Geschäftes an sich. So revolutionär und bahnbrechend die Entdeckungen zur Übertragung und zur Gegenübertragung im Laufe des Forschungsprozesses seit Freud auch waren, so fundamental das Beziehungsgeschehen zwischen Patient und Therapeut in der Psychoanalyse auch ist und so selbstverständlich es auch als die Grundlage jeder analytischen Behandlungslehre angenommen wird, so sehr verführen diese Begriffe zu der irrtümlichen Annahme, mit ihnen schon die gesamten Geschehenszusammenhänge zwischen Patient und Therapeut erfasst zu haben. Diese Auffassung wirkt dann wieder selektiv und defensiv (s. a. Reinert 2000).

Ich möchte mich hier mit einer Dimension des umfassenden Wirkungsgeschehens befassen, die bisher fast systematisch ausgeblendet wurde, nämlich dem unmittelbaren Wirkungsgeschehen zwischen Patient und Therapeut. Dieses ist für die unmittelbare Behandlung von fundamentaler Bedeutung. Man könnte hier auch von der »Ganzheit« des Geschehens sprechen. Ich verwende diesen Begriff aber mit Vorbehalt, weil ich damit vor der »Totalität«, die er suggeriert, warnen möchte – ähnlich wie z. B. der Begriff der Beziehung zwischen Patient und Therapeut als Synonym für das Zusammenspiel von Übertragung und Gegenübertragung herangezogen wird – als ob mit der ganzheitlichen Bezeichnung auch das Totale verstanden wäre. Ich halte den Begriff der Ganzheit in dieser Hinsicht für verführerisch. Wenn wir ihn stattdessen als eine hilfreiche und sinnvolle Fiktion betrachten, eröffnet er uns den Blick auf einen unendlichen Kosmos beziehungsanalytischer Erfahrungen und Erkenntnisse, dem wir uns nur in bescheidenen Schritten nähern können. Die Analogie zu den Gestirnen und Galaxien ist meines Erachtens hier nicht übertrieben. Wie z. B. ein Scheibenbild von der Erde wichtige Entdeckungen der Menschheit lange Zeit ausblendete, so wirken sich auch in der Psychoanalyse immer wieder Bilder aus oder wirken nach, die einer phänomengemäßen Umstrukturierung im Wege stehen. Ich meine, dass in der Psychoanalyse insgeheim eine Prämisse am Werk ist, die verhindert, systematisch den Blick auf die unmittelbaren Wirkungszusammenhänge – wie sie in ersten Ansätzen in diesem Buch hervorgehoben werden sollen – zu richten.

Von Ganzheit zu reden zeugt von einem unendlichen Anspruch, da wir in dem Kosmos des Wirkungsgeschehens nur allmählich und unter großen Forschungsbemühungen und leider auch des Öfteren erst nach Anfeindungen und Ausgrenzungen neue Dimensionen entdecken. Ich möchte im Folgenden aufzuzeigen versuchen, wie weit es die Psychoanalyse in dieser Hinsicht, nämlich die Wirk-lichkeit zwischen Analytiker und Patient möglichst ganzheitlich zu erfassen, gebracht hat, wo derzeit der main-stream der Psychoanalyse seine Grenzlinien zieht und wo diese Perspektive noch erweitert werden könnte. Psychoanalytiker sind lange von einer Vorstellung psychotherapeutischer Behandlung ausgegangen, nach der es sich scheinbar nur um einen Austausch von Worten zwischen Patient und Therapeut handelt. Sie konnten sich dabei auf die These Freuds (1926) berufen, es ginge »nichts anderes zwischen ihnen vor, als dass sie miteinander reden« (S. 213) und die Psychoanalyse sei »vor allem eine Deutungskunst« (1920, S. 16). Ganz in diesem Sinne zeichnet Lohmann noch im Jahre 1998 in seiner Freud-Biographie folgendes Bild von Psychoanalyse:

»Die Kunst des Arztes, die Freud zu höchster Feinheit entwickelte, besteht dann in nichts anderem, als dem Kranken mit *gleichschwebender Aufmerksamkeit* zuzuhören und nur dann mäeutisch einzugreifen, wenn die sprachliche Zeichenproduktion aufgrund von Widerständen und Abwehrarbeit stockt oder sich mit falschen Affekten verbindet. In der Freud'schen Psychologie geht es, mit einem Wort, um den systematischen Versuch, ausschließlich im Feld der Symbolerzeugung – der Erzählungen und freien Assoziationen des Patienten und der vorsichtig deutenden Unterstützung seitens des Arztes – einen für den Patienten einsichtigen Zusammenhang von ursprünglichem Trauma und aktuellem Krankheitssymptom herzustellen –

eben vermittels der erinnernden und erzählten Wiederbelebung jenes verdrängten Vorfalles.« (Lohmann 1998, S. 100)

Überspitzt könnte man von einem *Reinheitsbild der Psychoanalyse*
sprechen, bei dem jeweils aus dem Kopf des Patienten und des Analytikers eine Sprechblase hervortritt. Jener produziert verbales Material, und dieser spendet verbale Deutungen (s. Moser 1987). Aus
einer Definition wie der von Lohmann scheint ein fiktives Bild von
Psychoanalyse auf, das den Analytiker und seine Behandlungspraxis möglichst »rein« und »unschuldig« halten soll. Auch die Mythen
von Neutralität, Objektivität, Anonymität, Unantastbarkeit, Unab-
hängigkeit und wie die hehren Attribuierungen des Analytikers
noch lauten mögen sowie der Glaube an die suggestionsfreie Deutung und die unkontaminierte Übertragung des Patienten bemühen
sich vergeblich, das reine Gold der Psychoanalyse zum Strahlen zu
bringen und vor »Verunreinigungen« durch die Person des Analytikers zu schützen (s. Orange, Atwood, Stolorow 2001, S. 45 ff.).
Diese Verklärung könnte eine kompensatorische Reaktion auf den
der Psychoanalyse von Anbeginn an anhaftenden Verdacht sein, sie
würde den Patienten gegen seine Intentionen zu beeinflussen und
zu manipulieren versuchen (s. Thomä und Kächele 1985).
Der Versuch, die komplexen Wirkungszusammenhänge zwischen
Analytiker und Patient auf nichts als sprachliche Deutung und die
sprachliche Rekonstruktion reduzieren zu wollen, wirft seinen
Kernschatten bis in die moderne Psychoanalyse. Es scheint auch
heute noch immer wieder nötig zu sein, darauf hinzuweisen, dass
der psychoanalytische Prozess sich nicht nur sprachlich darstellt.
Kompensatorisch wirken die Deutungen, die manchmal in Publikationen formuliert werden, verdichtet, überladen und nicht selten
nachträglich konstruiert. Sie offenbaren meistens, wie sehr sich der
Autor nach dem Ideal einer perfekten Einsicht streckt. Das Tragi-
sche ist: Die Deutungen mögen meistens stimmen, nur stimmen sie
nicht mit dem überein, was in der Praxis realiter vor sich geht. Wenn
sich im therapeutischen Raum Patient und Analytiker begegnen,
schaffen sie interaktiv eine Wirkungseinheit, deren eigentümliche
Beschaffenheit von den herkömmlichen abstrakten Kategorien, von
denen wir in den Veröffentlichungen lesen, nicht erfasst werden
kann. Mit den Worten von Strauss (1956) könnte man sagen, dass
das umfassende Wirkungsgeschehen zwischen Patient und Analytiker nahezu ausschließlich unter der *gnostischen* und kaum unter der

pathischen Perspektive betrachtet wird. In der postmodernen Entwicklung der Psychoanalyse gewinnen demgegenüber Intersubjektivität, Handlung und Erfahrung eine zunehmende Bedeutung (Guss Teicholz 1999). Auch nach den neuesten Forschungsergebnissen zeichnet sich immer mehr ab, dass »die Art der realen sozialen Beziehungen zwischen Patient und Analytiker von allerhöchster Wichtigkeit ist« (Krause 1992, S. 590).

Besonders nachhaltig und nachteilig hat sich die kognitive Schlagseite der Psychoanalyse auf ihre Krankheits- und Behandlungslehre und auf den wissenschaftlichen Diskurs darüber ausgewirkt. Die Abstraktheit der Ausführungen und die Form der relativ kargen und seltenen Falldarstellungen entsprechen kaum den Vorgängen, aus denen sie erwachsen sind. Es würde sich m. E. lohnen, wenn wir bei der Lektüre der Beiträge in unseren Fachzeitschriften mehr auf die eigenen Gegenübertragungen achten würden. Trotz der Verschiedenheit der einzelnen inhaltlichen Positionen herrscht in der Fülle der Fachliteratur eine Gemeinsamkeit, nämlich eine objektivierende Sichtweise, in der verdinglichte Psychodynamiken erstellt werden oder abstrakt über Krankheitsbilder nachgedacht sowie über falsche und richtige Interventionen diskutiert wird. Das konkrete Wirkungsgeschehen zwischen Analytiker und Patient aber, das ja der eigentliche Gegenstand sein sollte, gerät dabei allerdings in den Schatten (s. a. Reinert 2001a, S. 100).

1.2 Die operative Dimension psycho-analytischer Konzepte

Alle Überzeugungen des Analytikers, seine expliziten und erst recht seine impliziten Konzepte gewinnen mit psycho-logischer Konsequenz ihre operative Dimension in der psychotherapeutischen Inter-Aktion. Der *Handlungsdialog* ist auch in der »reinen« Psychoanalyse nicht nur unvermeidbar, sondern auch hier allen Reinheitsbemühungen zum Trotz konstituierend. Indem der Analytiker sich z. B. anstrengt, die Übertragung des Patienten nicht durch Eigenes zu verfälschen, agiert er und inszeniert mit diesem zusammen gerade das, was er zu vermeiden trachtet. So erklärt sich die besondere Beachtung, die dieser Begriff seit seiner progressiven Einführung durch Klüwer (1983) gefunden hat. Psychoanalytische Behandlung ist ein komplexes Wirkungsgeschehen, und die jeweilige Mitwirkung und Teilhabe an diesem zirkulären Interaktionsgeschehen macht aus, was wirkt und was nicht wirkt, ob etwas heilsam oder unheilsam, entwicklungsförderlich oder -hinderlich ist. Dem entspricht auch die aufsehenerregende, sich schnell verbreitende Bedeutung des Enactmentbegriffs in der englischsprachigen Psychoanalyse und die zunehmende Bedeutung operativer Begriffe (z. B. acting, acting in, acting out, actualisation, interaction).

Klüwer (2000, S. 21 ff.) macht uns auf Vorannahmen aufmerksam, die den psychoanalytischen Prozess vom Erstgespräch bis zum Behandlungsende als einen außerordentlich komplexen Gegenstand durchziehen und in der Regel während der Ausbildung mehr unsystematisch von Generation zu Generation der Psychoanalytiker weitergereicht werden. Solche Annahmen führen in der Behandlungspraxis zu expliziten und impliziten Formen konkreter Inter-Aktion, die als operative Wirkungszusammenhänge frühe Lebenserfahrungen sowie entwicklungsanaloge Formen der Selbstbehandlung evozieren und aktualisieren. Das wird zum Beispiel deutlich an der jeweiligen Annahme des Analytikers, ob der analytische Prozess *naturwüchsig* sei oder ob es sich um eine *Koproduktion* der beiden Beteiligten handele. Wenn man den psychoanalytischen Prozess als Naturereignis ansieht, dann scheint der Analytiker »nicht viel mehr zu sein als ein geduldiger, vorwiegend schweigsamer Begleiter, der durch seine Freundlichkeit den Patienten davon überzeugt, dass seine Übertragungen von Hass und Liebe keine Begründung in der Gegenwart haben« (Thomä und Kächele 1985, S. 348).

Man beruft sich dabei auf Freud (1913, S. 463), nach dem der einmal eingeleitete Prozess seinen Weg nehme und sich weder seine Richtung noch die Reihenfolge seiner Themen vorschreiben ließe. Diese für frühe Zeiten typische Position hat ihre operativen Entsprechungen in der Behandlungslehre: nämlich dem Versuch, sich nach dem leblosen Bild eines Spiegels zu verkörpern, die therapeutische Situation möglichst in ein reines Laboratorium zu verwandeln und das Schweigen zu idealisieren, möglichst alle Gegenübertragungsreaktionen zu pathologisieren und den verbalen Kontakt vorwiegend auf eine Auswahl von wohlwollenden oder missbilligenden Brummtönen zu reduzieren. Bereits diese Formulierungen werden vor dem Hintergrund unseres heutigen Verständnisses deutlich machen, dass es sich um eine für Analytiker und Analysanden wohl wenig bekömmliche Beziehung handelte. Aus einer solchen Position waren die ungünstigen Modelle von Beziehungs- und Wirklichkeitsgestaltung, in die sich Patient und Analytiker jede Sekunde aktiv und selektiv einübten, lange nicht entdeckbar. Dieser Werkauffassung stellen Thomä und Kächele bekanntlich den *Analytiker in einer zentralen Rolle als Mitgestalter* des therapeutischen Prozesses (1985, S. 348) gegenüber. Klüwer hält die Gegenüberstellung von Naturwüchsigkeit und Gestaltung nicht für einen ausschließlichen Gegensatz, da beide Aspekte ohne Schwierigkeiten in dem Prozess wiedergefunden werden können. Die analytische Situation ist bereits eine konstruierte, auf die der Patient antwortet.

»Wie nun die beiden Akteure mit den Gegebenheiten der analytischen Situation umgehen, das ist abermals der Gestaltung der beiden anheimgegeben, und jedes analytische Paar wird die Situation auf eine einmalige Weise handhaben.« (Klüwer 2000, S. 23)

Bollas macht in vorsichtiger Weise am Beispiel eines klassischen Analytikers, für den Schweigen ein Widerstand ist, der durch Deuten zu überwinden sei, auf die impliziten Wirkungen aufmerksam: Wenn der Analytiker den Analysanden zu bestimmten Zeiten nicht in Ruhe lassen kann und er ihn mit wiederholten komplexen Deutungen konfrontiert, kann es nicht zu einer normalen Regression und zu einer Wiederbelebung früher Objektbeziehungen kommen. Unter diesen Bedingungen »wird der Analysand, wie ich glaube, seine Fähigkeit zur Selbstanalyse nicht in ausreichendem Maße entfalten können« (1997, S. 249). Analysanden müsse zu bestimmten Zeiten ein regressiver Raum bereitgestellt werden, damit neue »Objekte« (gemeint sind neue Bedeutungen, Beziehungsmuster, Szenen, Enactments, Handlungsdialoge und dergleichen mehr) auftauchen können, die in diesem regressiven Freiraum quasi evoziert werden. Anders als bei der Projektion, wo einem »inneren« Raum ein neuer Ort zugewiesen werde und anders als bei der Introjektion, bei der ein »äußeres Objekt« nach »innen« genommen werde, liege das Wesen der Evokation darin, *dass ein Objekt erst geschaffen wird*.

»Ein Analytiker, der zu sehr darauf erpicht ist, die inneren Erfahrungen seines Patienten in Worte zu fassen, oder der den Analysanden allzu nachdrücklich dazu anhält, sein Schweigen zu überwinden, untergräbt, wie ich glaube, in kaum merklicher Weise das Erzeugen neuer Objekte.« (Bollas 1997, S. 250)

In meinen Worten: Wenn die basalen Selbstbewegungen des Patienten durch die Worte des Analytikers immer wieder blockiert werden, bevor sie sich in der ihnen eigenen Weise haben ausformen und artikulieren können, entsteht eine öde Atmosphäre zwischen Analytiker und Patient, die dann durch besondere kognitive Anstrengungen vergeblich zu kompensieren versucht wird. Hier verstricken sich die notgeborene Selbstunterdrückung des Patienten mit den kompensatorischen Deutungsbemühungen des Analytikers. Die Selbstunterdrückung oder Selbstabtötung, aus der Not des bedrohten Selbst zum Selbstschutz entwickelt, inszeniert sich in einem selbstzerstörerischen Handlungskreis zwischen Analytiker und Patient. Die Atmosphäre wird leer, die Lebensbedingungen geraten unter ein existenziell erträgliches Maß und lassen sich auch durch immer neue Gedankenstürme nicht wiederbeleben. Die gesamte analytische Intelligenz wird dabei zum Symptom, indem die Angst vor der Lebendigkeit und die Hoffnung auf Erlösung mit dem Zwang der eigenen Selbstsicherung interferieren. Zu den evozierten Repräsentanzen, die Bollas erwähnt, nämlich Bildern, Vorstellungen, Affekten, Stimmungen, würde ich noch die gesamte Dimension leiblich-motorischer Selbstartikulationen hinzufügen, auf die ich in einem eigenen Kapitel eingehe und die ebenfalls entwicklungsanaloger Bedingungen für die Wiederbelebung und Neubearbeitung bedürfen.

Ich finde es erstaunlich und beachtenswert, dass es Bollas in seiner Veröffentlichung, die mit drei englischen Auflagen in der Zeit von 1987 bis 1995 sowie mit ihrer deutschen Übersetzung 1997 vergleichsweise jung ist, noch für nötig hält, auf die wachstumshemmende Einstellung von Analytikern hinzuweisen, die sich mit Berufung auf das Prinzip »Neutralität« gegen die eigene Gegenübertragung wehren, da sie sie als Hindernis für die analytische Arbeit betrachten. Realiter hindern Analytiker mit dieser Auffassung Analysanden daran, ihre Objektbeziehungen vollständiger zum Ausdruck zu bringen und bislang unzugängliche Selbstzustände zu erspüren. Darüber inszenieren sie selbst am Ende die Richtigkeit ihrer eigenen Prophezeiungen. Schließlich sind die um Neutralität

16

bemühten Analytiker überwiegend mit den sie immer stärker bedrängenden Gegenübertragungsgefühlen beschäftigt, ohne dass sie sie als analytisches Potenzial nutzen könnten. Deswegen spricht Bollas (1997) von der »Fähigkeit zur Gegenübertragung« und von der »Gegenübertragungsbereitschaft« sowie von der »Gegenübertragungskapazität«. In einem Wirkungsgeschehen, in dem sich der Analytiker vergeblich gegen seine Gegenübertragung wehrt und sich als neutraler Analytiker in Frage gestellt sieht, entsteht eine unechte, kalte und sterile Atmosphäre (»Laboratorium«). Sie kann sich auch schnell in eine feindselige und denunzierende verwandeln, wenn der Analytiker sein vermeintliches oder sein tatsächliches Versagen projektiv auf den Patienten verschiebt. Je größer die Fähigkeit des Analytikers zur Gegenübertragung bzw. zur Aufnahme der Übertragung des Patienten ist, umso mehr finden nach Bollas (1997, S. 258) »nonverbale« und »primitivere« Seins- und Erlebenszustände ihren Ausdruck. Der Analytiker stellt sich mehr bereit und lässt sich – im Dienste der Dialektik aus Regression und Progression des Patienten – mehr verwenden.

Wenn das Seelische – wie es Alfred Adler (1933, S. 173 f.) übrigens von Anfang an annahm – gar nicht anders kann, als sich in der therapeutischen Situation zu reorganisieren, dann brauchen Analytiker auch immer weniger Sorge zu haben, dass sie diesen Prozess durch aktivere Formen der Teilnahme daran entstellen könnten (s. Klüwer 2000, S. 23). Mit meinen Worten: Der Analytiker kann alles tun und lassen, was das Werk der Mit-Bewegung mit dem Patienten nicht zerstört; d. h. positiv ausgedrückt: Das Tun und Lassen bleibt zentriert um die verstehende Begleitung des analytischen Prozesses. Jede andere sich entwickelnde Wirkungseinheit liefe dem Therapieziel zuwider.

Unter der selbstpsychologischen Perspektive ist hier noch die *narzisstische Übertragungskonstellation* zu erwähnen, in der sich der frühe Mangel der Selbstentwicklung sowie die kompensatorischen Selbstsicherungen wiederbeleben. Es schafft eine andere Situation zwischen Analytiker und Patient, ob er ein bestimmtes Verhalten als objektgerichtet im Dienste einer narzisstischen Übertragungskonstellation betrachtet oder als Symptom eines neurotischen Konfliktes. Nehmen wir das Beispiel eines Patienten, der sich verspätet. Wenn der Analytiker dieses Verhalten als Widerstand in einem

Konflikt zwischen libidinösen und aggressiven Tendenzen ansieht oder wenn er dieses Verhalten als Selbstschutz zur Vermeidung eines unerträglichen Selbstzustandes (z. B. als Kind immer zurückgewiesen worden zu sein, immer wieder in eine quälende Warteposition abgeschoben worden zu sein) betrachtet, reagiert er jeweils anders. Jede Intervention führt die sich herausbildende Wirkungseinheit in eine andere Richtung, in einen anderen Kontext, entwirft eine andere Bedeutung und produziert ihre eigenen Effekte. Die Bedeutungen, die sich in dieser Weise aktualgenetisch ergeben, durch- und überformen alle isolierten Sprachdeutungen und qualifizieren sie nach dem umfassenden Kontext.

Als Weiterbildungskandidaten haben viele von uns auch die iatrogenen Wirkungen von expliziten und impliziten Therapiekonzepten am eigenen Leibe erfahren bzw. erlitten. Besonders diejenigen können davon berichten, die sehr unterschiedliche Erfahrungen in ihren Lehranalysen gemacht haben. So schreibt Benedetti von seiner ersten, nur sechs Monate währenden Analyse bei Rudolf Brun in Zürich:

Ärger über die Triebsprache:

»Seine beharrliche Tendenz, philosophische und soziale Fragen nur auf Triebkonflikte zu reduzieren, enttäuschte mich. Ich fragte mich: ist Psychoanalyse lediglich Übersetzung von lebensgeschichtlichen Erschütterungen in eine Triebsprache, die sie angeblich ›erklärt‹, aber nicht beantwortet? Ganz besonders rief seine Art, Widerstände anzugreifen, erst recht meinen Widerstandsgeist auf den Plan. Er ärgerte sich z. B. über mich, weil ich mich nicht erinnern konnte, als Kind onaniert zu haben. Auch meinerseits stieg dann der Unmut.« (Benedetti 1994, S. 33 f.)

Demgegenüber macht er in der sechsjährigen Analyse bei Bally eine völlig andere Erfahrung:

Psychoanalyse als Begegnung:

»Bei Bally bin ich mir selbst begegnet, habe die Grundrichtung meines Daseins, den mitmenschlichen Impuls meines Tuns verstanden und die weitere Entwicklung entworfen. Bei meinem Analytiker hat mich die Fähigkeit beeindruckt, mir auf derselben Ebene zu begegnen. Er hat keine Deutung um jeden Preis durchgesetzt, er hat meine Gesichtspunkte dialogisch so ernst genommen, wie ich das in meinem früheren Leben nie erfahren hatte.« (Benedetti 1994, S. 34)

Dass therapeutische Überzeugungen sogar in direkte Manipulationen übergehen können und dabei die Selbstfindung des Patienten geradezu verhindern statt sie zu fördern, zeigt die Analyseerfahrung von Wyatt bei Bertha Grünspan.

Umerziehung:

»Meine Analytikerin wollte den damals gewiss einseitig intellektuellen jungen Mann in einen sozial gesinnten, praktischen ›Normalen‹ ihrer Vorstellung ummodeln. Sie machte allzu deutlich, dass sie von meinen Präokkupationen mit Literatur und Philosophie nicht viel hielt. Ich frage mich noch heute, ob sie sich eine solche Umwandlung nicht vor allem aus der eigenen Gegenübertragung heraus vorgestellt hat. In der langen Zeit, die mir ein wie immer geartetes Geschick gegeben hat, war genug Gelegenheit, immer wieder von neuem zu erkennen, wie essentiell intellektuelle und literarische Belange für mich waren und blieben. Das Verständnis der Analytikerin hätte mir damals viel mehr genützt als wohlgemeinte Ablehnung der Dinge, die mir so wichtig waren.« (Wyatt 1992, S. 360)

Die bisherigen Überlegungen haben wichtige Konsequenzen für die Supervision und problematisieren alle »analen« Formen der »Kontrollanalyse«. Wenn der Prozess als Ganzes ein gestalteter ist, müsste die Frage nach Klüwer eigentlich heißen: »Um welche Konstruktion geht es?« (2000, S. 23) Ich halte diese Frage für zentral, und zwar unter zwei Perspektiven: Unter der allgemeinen Perspektive macht sie darauf aufmerksam, dass es sich bei der psychoanalytischen Behandlung um eine in spezifischer Weise strukturierte Wirkungseinheit handelt, um *ein Behandlungswerk mit spezifischen Konstruktionsprinzipien* (s. Salber 2001). Im Kontext der Gesamtkonstruktion gewinnen unsere Begriffe wie Abstinenz, Übertragung, Gegenübertragung, Widerstand, Empathie, Deutung, Assoziation erst ihren spezifischen Sinn. Ohne diesen Bezug werden sie uneindeutig und zu bloßen Waffen im Methodenstreit, in dem oft nur mit den Inbegriffen dieser Wörter »gefochten« wird. Unter der spezifischen Perspektive des einmaligen analytischen Paares richtet sich unsere Aufmerksamkeit auf den zentralen Aspekt des Handlungsdialoges: Was der Patient mit dem Analytiker, was der Analytiker mit dem Patienten *macht* und wie beide *zusammenwirken* und wo in diesem Wirkungsgefüge die Entwicklungschancen und die Entwicklungsgrenzen liegen. Auch das hat natürlich wieder seine praktischen Konsequenzen. In neueren Publikationen erweist sich die psychoanalytische Therapie mittlerweile als mehr und als etwas anderes als eine bloße Redekur. Neben dem Prinzip »Deutung« gilt mittlerweile ebenso das Prinzip »Beziehung« als allgemein anerkannt (Cremerius 1984a). Von Beginn an artikulierte sich in der Psychoanalyse aber auch eine Entwicklung, die die aktionale Dimension, also das »Prinzip Handlung«, in der psychoanalytischen Behandlung hervorhob:

Freud (1905a) selber experimentierte mit der Druck- und Halteprozedur, richtete ein spezifisches analytisches Setting ein, entwickelte die Auffassung, dass das Agieren als Wiederholung in der Übertragung notwendig sei, und pflegte (unreflektiert) einen liebenswürdigen und ungezwungenen Umgang mit seinen Patientinnen und Patienten (Cremerius 1984a). Adler führte die »face-to-face«-Position ein, dehnte das Setting auf den gesamten Behandlungsraum aus und dachte dem Analytiker bereits 1929 »die verspätete Übernahme der mütterlichen Funktionen« (1929a, S. 89, s. auch S. 39 und 93) zu.

Von Ferenczi (1970, 1972), dessen mutige Entdeckungen erst heute richtig gewürdigt werden können, zieht sich eine Entwicklungslinie über Balint, Winnicott und Bion, in der sich die »holding« und »containing function« des Analytikers herausbildete, über Heimanns (1950) bahnbrechendes Verständnis der Gegenübertragung und über den vollziehenden tätigen Aspekt bei Fürstenau (1979), die Rollenübernahme bei Sandler (1976), die Revision des Übertragungsbegriffs durch Thomä (1984a), die des Begriffs »Agieren« durch Klüwer (1983) und die Einführung der handelnden Re-Inszenierung als Übertragungsmanifestation (s. Janssen 1990, Streeck 1998a und b, 2000) bis hin zur projektiven Identifizierung, deren therapeutische Umsetzung als Form des Aufnehmens, Haltens und Umformens verstanden wird (Zwiebel 1988, Ogden 1988) und die auf die stellvertretende Übernahme von psychologischen Entwicklungs- bzw. Ich-Funktionen für den frühgestörten Patienten abzielt. Ich möchte hier sechs verschiedene unterscheiden: die annehmende, die haltende, die antwortende, die ordnende, die bestätigende und die vorsorgende Funktion (Heisterkamp 1991c).

Derzeit stellt sich in der Psychoanalyse die Frage nach dem Tun und Lassen des Psychotherapeuten in der vermeintlichen Redekur noch konkreter. Psychoanalytiker fragen sich immer häufiger, was eigentlich geschieht, wenn sie das machen, was sie machen. Das Handeln des Patienten und des Analytikers, ihr wechselseitiges Behandeln, befreit sich allmählich vom Verdikt des »Agierens«. Die Psychoanalyse kehrt nach ihrer puristischen Einengung zumindest wieder zur Position Freuds (1914, 1938) zurück, der den Begriff des

Agierens doppeldeutig verwendet und damit sowohl die Aktualisierung in der Übertragung als auch die Zuflucht zur motorischen Aktion gemeint hat. Diese doppelte Bedeutung ging in der englischen Übersetzung mit »acting-out« wieder verloren (Laplanche und Pontalis 1973, S. 34 f.) und wandelte den Begriff vorwiegend zu einer Sanktionierungsformel nonkonformer Kollegen. Auch die Unterscheidung zwischen einem acting-out innerhalb und außerhalb der analytischen Situation setzte die translative Fehlleistung, die möglicherweise auch unter dem Diktat eines fiktiven Reinheitsgebotes stand, fort.

Was in der psychoanalytischen Behandlung letztlich wirkt, ist nicht die Einsicht in psychodynamische Zusammenhänge und auch nicht die kognitive Bewusstmachung des Unbewussten, sondern »dass wir mit dem Deuten der Übertragung im Sinne des beschriebenen Deutungsprozesses etwas in der Beziehung *tun*« (Ermann 1993, S. 65). Dieses Tun in Form von Deutungsarbeit nennt Ermann deswegen »Dialoghandeln«. Darin wird deutlich, dass eine Trennung zwischen Sprechen und Handeln unpsychologisch ist und dass Sprechen immer auch Handeln bedeutet, dass psychoanalytische Therapie mehr und etwas anderes ist als ein sprachlicher Austausch oder eine bloße Sprechhandlung. Auch das für die psychoanalytische Therapie häufig herangezogene Theaterbild impliziert eine Handlungsdimension: Der psychoanalytische Raum wird als Bühne aufgefasst, auf der sich nach der unbewussten Regie des Patienten und mit den Antworten des Analytikers Modellsituationen des Patienten und oft natürlich auch des Analytikers inszenieren bzw. reinszenieren. Und das, was sie als »Spieler« ins Bild gesetzt haben, können sie *anschließend* als »Zuschauer« analysieren. Das dramaturgische Modell verdeutlicht, »dass der psychoanalytische Raum ein fortwährendes *Probehandeln* ermöglicht, sodass die beiden Beteiligten rasch und leicht von der Bühne in den Zuschauerraum hinüberwechseln und sich selbst beobachten können« (Thomä und Kächele 1985, S. 97, Hervorhebung von mir, G. H.).

1.3 Enactments als Formen wechselseitiger Be-Handlung

Das Handeln im psychotherapeutischen Geschehen rückte also in den letzten Jahren zunehmend in den Mittelpunkt der Beachtung. Die bisher skizzierte Entwicklung kristallisiert sich in dem von Jacobs 1986 in die Diskussion gebrachten Begriff des »Enactment«, der dabei ist, zu einem geflügelten Wort in der Psychoanalyse zu werden. 1989 veranstaltete die Amerikanische Psychoanalytische Gesellschaft eine Tagung zum Thema »Enactments in Psychoanalysis«, und seit 1990 erscheint der Begriff regelmäßig im Stichwortindex englischsprachiger psychoanalytischer Zeitschriften (nach Klüwer 1995). In seiner weitesten Bedeutung steht er für die gemeinsamen Inszenierungen, die sich durch das Handeln des Patienten und des Analytikers herausbilden und insbesondere durch die »nichtsprachliche« Kommunikation zustande kommen. Die »enacted dimension« (Katz 1998, S. 1132) ist in der Psychoanalyse hoffähig geworden. Das wechselseitige Handeln und Behandeln ist zu einem Fokus der neueren psychoanalytischen Behandlungslehre geworden. Den bisherigen Stand hat Streeck (1998a und b, 2000, 2002) in mehreren Artikeln detailliert herausgearbeitet. Seine Arbeiten bieten einen differenzierten Überblick, wie weit der main-stream der Psychoanalyse die Dimension des Handelns in der psychoanalytischen Therapie bisher erschlossen hat. Dabei fällt auf, dass aus Streecks Ausführungen zu diesem Thema sämtliche Publikationen von Psychoanalytikerinnen und Psychoanalytikern ausgeklammert werden, die auch mit aktiver Imagination oder Erprobung arbeiten und die diese Wirkungszusammenhänge bereits differenziert vorgedacht sowie durch ausführliche Behandlungsverläufe veranschaulicht und weitergehend behandelt haben. Insofern stellen also die folgenden Ausführungen eine unausdrückliche Annäherung der sonst kontrovers diskutierten Positionen dar. Im Folgenden lehne ich mich möglichst wörtlich an den Text von Streeck (2000) an und verzichte der Übersichtlichkeit halber auf Anführungszeichen:

Behandlungen, in denen der Patient nicht in dem Sinn agiert, dass seine Vergangenheit in der Gegenwart der therapeutischen Beziehung aktuell und damit lebendig wird, sind nicht effektiv. Wenn der Psychotherapeut das interaktive Geschehen reflektiert mitgestaltet, ermöglicht er den Patienten entwicklungsfördernde Erfahrungen (S. 27).

In dem szenischen Geschehen, das Patient und Psychotherapeut wechselseitig auf der Bühne des therapeutischen Raumes herausbilden, reorganisiert sich Vergangenes und vollzieht sich Kommunikation durch die Bildhaftigkeit von Handeln und wechselseitigem Be-Handeln. Im englischsprachigen Raum hat sich der Begriff des »Enactment« unbemerkt in das psychoanalytische Vokabular eingeschlichen. Er verweist auf den aktuellen Handlungsdialog zwischen Patient und Analytiker, er bringt die Erfahrung auf den Begriff, dass das Verhalten des einen nicht immer unabhängig von dem des anderen verstanden werden kann und beide sich in diesem Sinne *wechselseitig be-handeln* (S. 29).

Beim »Enactment« geht es oft um eine nonverbale Kommunikation und Interaktion, die einen erheblichen Einfluss auf die therapeutische Beziehung und die wechselseitige Behandlung haben. In Anlehnung an Piaget könnte man von den Mitteln einer senso-motorischen Intelligenz sprechen, die auf das Praktische ausgerichtet sind, nämlich Erfolge und Wirkungen zu erzielen und nicht Wahrheiten aussprechen zu wollen. Es sind interaktive Mittel, mit deren Hilfe Beziehungen hergestellt und gesteuert werden und die geeignet sind, Szenen zwischen Patient und Psychotherapeut in Gang zu bringen, die sich dann als Vollzugswirklichkeit, als interaktiv gestaltete Inszenierungen abspielen (S. 44).

Das interaktive Verhalten spielt vermutlich deswegen eine so wichtige Rolle, weil die schweren strukturellen Persönlichkeitsstörungen bis in das präsymbolische Entwicklungsstadium zurückreichen, in der Bezugspersonen und Kind ausschließlich körperlich miteinander umgehen. Solche motorischen oder inkorporierten Erinnerungen existieren getrennt von den Erfahrungen, die sprachlich symbolisiert sind. Die körperlich-interaktiven Erfahrungsniederschläge werden in nicht-sprachlichen Interaktionskontexten leichter aktiviert als in sprachlich-symbolisch vermittelter Interaktion (1998b, S. 162 f.).

Statt den Begriff des »Enactment« unübersetzt zu übernehmen, möchte Streeck lieber von *Inszenierungen* oder *szenischen Darstellungen* sprechen, womit er an die Arbeiten von Argelander (1970a) und Lorenzer (1973) zum szenischen Verstehen anknüpft (s. S. 34), aber auch über das Konzept von der szenischen Funktion des Ichs (Argelander 1970b) hinausgeht und die szenischen Darstellungen nicht nur als individuelle Produktionen des Patienten ansieht, sondern als Darstellungen, die von Patient und Analytiker gemeinsam auf der Bühne des Behandlungszimmers aufgeführt werden. Diese Überlegungen werden durch mehrere Fallvignetten veranschaulicht:

Analytiker tröstet Patientin:

»Kurz vor dem Ende einer längeren Behandlung, als wir uns mit unserem bevorstehenden Abschied beschäftigten, meinte eine Patientin, sie habe rückblickend den Eindruck, dass sie immer dann, wenn sie traurig war und Kummer hatte, genauestens auf meine Stimme gehört habe, ob sie einfühlsam und ruhig geklungen oder Anzeichen von Ungeduld habe erkennen lassen. Klang meine Stimme ruhig, habe sie sich getröstet und beruhigt gefühlt; hätte ich Signale von Ungeduld gezeigt, habe sie ihren Kummer für sich behalten und sich verschlossen. (…) In den Episoden, auf die sie sich bezog, war sie voller Kummer, fühlte sich verlassen, und ich hatte sie getröstet. Das war keine Phantasie, sondern war jedesmal tatsächlich geschehen. Nicht *sie* hatte die Wirklichkeit unter dem Eindruck einer Übertragung verzerrt wahrgenommen, sondern *ich* hatte mich anders als sonst verhalten, ohne das bemerkt zu haben und ohne erkannt zu haben, welche Bedeutung diese minimalen Veränderungen für die Patientin hatten. Was ich in solchen Momenten zu meiner Patientin sagte, war für sie zweitrangig; sie achtete vor allem darauf, *wie* ich mich anhörte und *was ich mit meinen Worten tat*, und das konnte eine tröstlichere Wirkung haben, als der Inhalt aller Worte es vermocht hätte. (…) Was in diesen Szenen dargestellt wurde, ergab sich nicht daraus, was die Worte inhaltlich meinten, sondern daraus, *wie* wir unseren ›Austausch von Worten‹ vollzogen. In diesem Fall waren es minimale nichtsprachliche Eigentümlichkeiten, die den Äußerungen den Charakter tröstender Handlungen verliehen. Die gemeinsam in Szene gesetzten Tröstungshandlungen hatten sich viele Male in verschiedenen Ausgestaltungen wiederholt und unbemerkt die gesamte Behandlung durchzogen.« (Streeck 2000, S. 13 f.)

Analytiker reicht Patientin eine Wolldecke:

»In der Behandlung können szenische Darstellungen und verkörperte Inszenierungen kurze, einmalige Ereignisse sein: So schildert Ghent (1995) die folgende Episode: Er hatte in einer Behandlung den Eindruck, dass es seiner Patientin, die ihm gegenübersaß, kalt war. Er stand auf, holte eine Wolldecke und reichte sie ihr wortlos. Seine Patientin weite darauf still vor sich hin. Nach einiger Zeit sagte sie, sie habe selbst gar nicht gemerkt, dass ihr kalt gewesen sei.« (Streeck 2000, S. 37 f., Streeck 1998a, S. 74)

Zusammengefasst: Der Patient behandelt sein Gegenüber, und der Psychotherapeut behandelt den Patienten nicht nur mit Hilfe von Deutungen, sondern mit allem, *was* er tut und *wie* er das tut (2000, S. 48). Das Sprechen selbst *ist* Handeln und kann für das Gegenüber manchmal viel mehr *Be-Handlung* sein als inhaltliche Mitteilung. Das Handeln des Patienten und das Mithandeln des Therapeuten sowie die gemeinsamen Inszenierungen »dürften«, so der von Streeck gewählte Modus, erst noch zu einem zentralen Thema der psychoanalytischen und psychotherapeutischen Fachdiskussion und -forschung werden. Statt dem Patienten im Medium sprachlicher Symbolik vermitteln zu wollen, was er nur in der Dimension des Handelns liest, gilt es hier, *das eigene Handeln und Mithandeln möglichst so zu gestalten, dass es für den Patienten entwicklungsförderlich ist* (S. 50; Hervorhebung von mir, G. H.).

Klüwer betrachtet den psychoanalytischen Prozess als eine Aufeinanderfolge von auseinander hervorgehenden und sich allmählich vertiefenden Enactments (= Handlungsdialogen). Das Modell ist mehrdimensional, insofern es die Dialektik aus Regression und Progression mit einbezieht.

Der fruchtbare oder heilsame Punkt für eine psychotherapeutische Intervention liegt, wie gesagt, in der Frage, wie der Patient den Behandler und wie der Behandler den Patienten behandelt (Klüwer 2000, S. 31). Das ist auch Freuds Ausgangspunkt gewesen:

»Eine der frühesten Entdeckungen Freuds ist ja die Tatsache, dass der Patient in der Behandlung nicht darüber spricht, wie er wünscht, vom Analytiker in der Übertragung – unterstellen wir eine Vaterübertragung – behandelt zu werden, sondern dass er den Analytiker als Vater in einer Weise behandelt, in der er sich die Erfüllung des Wunsches versprechen kann. Da der Wunsch unbewusst ist, kann er gar nicht darüber sprechen, vielmehr den Wunsch nur in Form eines Agierens in der Beziehung zum Analytiker zur Darstellung bringen. In der Regel kommt es, wie inzwischen weitgehend erkannt und anerkannt, in eigentlich jedem Behandlungsfall wiederholt zu einer mitagierenden Antwort des Behandlers, die früher oder – oft – später dem Behandler zum Bewusstsein kommt. Ich habe diesen Vorgang seinerzeit als ›Handlungsdialog‹ (1983,1995) bezeichnet, J. Sandler (1976) spricht von der ›Bereitschaft zur Rollenübernahme‹. Inzwischen haben sich die Bezeichnungen Enactment und Inszenierung eingebürgert. Wir erkennen natürlich in der ›Inszenierung‹ eine Weiterführung des Konzepts der Szene und des szenischen Verstehens.« (Klüwer 2000, S. 31 f.)

So beruhigend es auch ist, seine Position im Werk von Freud gründen zu können, diese Rückführung hat auch ihre Schattenseite. Die Formel von der wechselseitigen Behandlung suggeriert eine ganzheitliche Erfassung der Phänomene, ohne dass sie sie unbedingt einlöst. Die Rede von der operativen Perspektive der Behandlung ist heute noch lange kein Pleonasmus. Das, was der Begriff umfasst, manchmal auch meint, wird von den analytischen Falldarstellungen noch nicht gefüllt. Ebenso blieb Freuds spontaner und sogar freundschaftlicher Umgang mit seinen Patienten außerhalb seiner Behandlungslehre. Deswegen sollten uns die Bezüge auf Freud in diesem Zusammenhang auch immer wieder misstrauisch machen, weil sie einem Rückschritt in eine Therapie, die bloß um die Aufdeckung psychologischer Einsichten bemüht ist, Vorschub leisten können oder Letztere zu konservieren versuchen.

Die aktuelle Lage der Psychoanalyse, von der ich im Folgenden ausgehe und auf die ich mich beziehe, lässt sich am klarsten in Anlehnung an Klüwer skizzieren:

1. Klüwer betrachtet den psychoanalytischen Prozess als eine Folge zusammenhängender und auseinander hervorgehender Inszenierungen oder Enactments. Er verwendet die Begriffe synonym mit dem von ihm 1985 eingeführten Konzept des Handlungsdialogs. Ich folge ihm in seinem Vorschlag, spüre jedoch von meinem Sprachgefühl her gewisse Nuancen der Verwendung (s. u.).

2. Enactments stellen eine Situation dar, in der Patient und Therapeut durch eine Handlung aufeinander bezogen sind. Dabei setzen sich unbewusste seelische Komplexe in Szene, die prototypische Bedeutung für die Lebenserfahrung des Patienten (und nicht selten auch für die des Therapeuten) haben, also als Re- und Neuinszenierungen früherer Modellsituationen (s. Adler 1929a, Lichtenberg 1987, 1989) verstanden werden können.

3. In der neueren Psychoanalyse geht man davon aus, dass Patient und Therapeut sich im buchstäblichen Sinne des Wortes wechselseitig behandeln. Die zentrale praxeologische Fragestellung lautet demnach: Was machen Patient und Therapeut miteinander? Wie

wirken sie aufeinander und zusammen? Welche Verlaufsform nimmt das Wirkungsgeschehen (z. B. Wiederholung, Variation, Eskalation, Veränderung)? Wo liegen die Drehpunkte seelischer Verwandlung? Wie kann der Therapeut dabei mitwirken und wo liegen die Grenzen seiner Intervention?

4. Es würde die Arbeit unnötig erschweren und belasten, wollte der Therapeut versuchen, solche Enactments unbedingt zu vermeiden. Sie sind nämlich unvermeidbar. Klüwer hebt ausdrücklich hervor, dass wir alle dazu neigen, die Formen der Abwehr und der Selbstsicherung unserer Patienten mitagierend aufzunehmen, d. h. »alltäglich zu beantworten« (Klüwer 2000, S. 33). Solange wir durch die unbewusste Behandlung des Patienten gebunden und blind bleiben, sind wir nicht in der Lage, in einer neuen Weise auf ihn zu reagieren.

5. Es gibt Handlungsdialoge, in denen der Therapeut auf den Patienten reagiert, und solche, die der Therapeut selbst initiiert hat. Oft ist diese Unterscheidung nach dem Muster von Ursache und Wirkung für das zirkuläre Übertragungs- und Gegenübertragungsgeschehen nicht mehr angemessen. Das entdeckende Lernen von Therapeut und Patient folgt dann der Frage: Was haben wir inszeniert und welche unbewussten Bedeutungen werden hier wahrnehmbar, erfahrbar und bearbeitbar?

6. Das setzt einen externen Standpunkt voraus, in dem zumindest der Therapeut zum Wirkungsgeschehen eine reflexive Position einnimmt, um zu erfassen, welche Bedeutung der Handlungsdialog mit dem Patienten ins Bild gesetzt hat. In diesem Differenzierungsschritt des Therapeuten bereitet sich bereits das Verstehen des Patienten und auch dessen Loslösung vor.

7. Jeder Handlungsdialog zeigt drei aufeinander folgende Schritte:

7.1 *Aktualisierung:* Ein etabliertes Gleichgewicht wird labilisiert, und unbewusste Tendenzen (z. B. die Suche nach einem Objekt bzw. Selbstobjekt) werden wachgerufen und richten sich auf den Therapeuten. Sie sind in ihrem tiefen psychologischen Sinn und ihrer unbewussten Bedeutung zunächst nicht wahrnehmbar und verstehbar und müssen sich erst aktualgenetisch und interaktiv aktualisieren.

7.2 *Inszenierung:* Da der Patient seine Tendenzen nicht benennen kann, muss er sie inszenieren und versucht sein Gegenüber entsprechend zu bewegen. Der Therapeut ist über seine Offenheit besonders empfänglich für solche Einwirkungen. Nach Klüwer entziehen Enactments sich leicht der Aufdeckung. Die Folgen sind Nicht-Veränderung bzw. Verschlechterung des Zustandes des Patienten, also Stagnation des therapeutischen Prozesses.

7.3 *Auflösung:* Die Auflösung des Handlungsdialogs erfolgt durch das Verstehen und die Deutung des Therapeuten. Dabei können drei unterschiedliche Schwierigkeitsgrade der Auflösung von Enactments festgestellt werden:

a) Wenn das Enactment rasch bemerkt und sofort gedeutet wird, löst es sich schnell auf.

b) Wenn es nicht bemerkt oder nicht verstanden wird, entsteht eine infauste, leere Beziehungssituation, eventuell ein langes quälendes Mit- und Aneinander-Leiden, und der psychotherapeutische Prozess gerät in eine Sackgasse.

c) Der Patient besteht darauf, eine spezifische Beziehung zu erfahren. Es erscheint ihm unverzichtbar, die persönliche Betroffenheit des Therapeuten zu erleben. Hier sind das Verstehen und die Auflösung an die vorangegangene Verstrickung des Therapeuten gebunden.

Folgendes sei noch zu meiner Wortwahl angemerkt: Meistens ersetze ich den Begriff der Inszenierung durch »In-Szene-Setzen«, um die mit dem Begriff »Inszenierung« anklingende Wertung (»theatralisch«, »hysterisch«, »frühgestört«) zu vermeiden. Zwischen den Begriffen Enactment und Handlungsdialog mache ich manchmal einen mehr gefühlsmäßigen Verwendungsunterschied, wenn ich ein komplexes und noch unerfasstes Geschehen lieber als ein Enactment bezeichne und mir der zusammengesetzte Begriff des Handlungsdialogs wegen seines Stammwortes »Dialog« zu geordnet erscheint. Ich helfe mir manchmal mit den Begriffen Handlungs- oder Erlebniseinheit. Umfassend scheint mir die Interaktion zwischen Patient und Therapeut als ein Wirkungsgeschehen charakterisiert, da es das intersubjektive bzw. interpersonale Feld zwischen beiden am besten ausdrückt.

1.4 Agieren als Drehpunkt der Behandlung

Mit Klüwer (1995) lässt sich ein weiterer progressiver Gesichtspunkt, den die obigen Ausführungen bereits implizieren, hervorheben: nämlich das *Agieren als möglicher Wende- und Wandlungspunkt der Behandlung.* Nachdem er 1983 mit dem Begriff des Handlungsdialogs bereits ein neues Paradigma an die Stelle der Spiegelmetapher gesetzt hatte, arbeitet er etwa zehn Jahre später unter den Begriffen der Aktualisierung, der Inszenierung, des Handlungsdialogs und des Enactment die wesentlichen Merkmale des überladenen und überholten Begriffes »Agieren« heraus. Dabei macht er neben den herkömmlichen Funktionen der Wiederholung, des Widerstandes und der Information noch auf einen zukunftsweisenden Wesenszug aufmerksam, nämlich auf die im Agieren liegende Chance zur Transformation. Er kann sich dabei auf Bilger (1986) beziehen, der die innovative und kreative Seite des Agierens im Neubeginn hervorhebt:

»Balint (1934, 1952) hat das Agieren im allgemeinen Sinn in seiner *innovativen, kreativen* Seite hervorgehoben und für den Behandlungsprozess als geradezu zentral erachtet. Er hat mit dem ›Neubeginn‹, so möchte ich sagen, das Agieren in der Analyse sanktioniert, indem er es in der Psychogenese der Erkrankung und der Übertragung spezifisch und positiv begründete und die Notwendigkeit dieses Agierens als Drehpunkt der Behandlung und Beginn der progressiven Veränderung beschrieb.« (Bilger 1986, S. 298)

Das Agieren erkennt er deswegen »als den vielleicht wichtigsten Ort psychischer Transformation« (Klüwer 1995, S. 65), als möglichen Ort des Neuwerdens, der Umgestaltung, der Wiederholung zu etwas Neuem. Diese Auffassung hat auch ihre psychologischen Konsequenzen für das Wirkungsgeschehen zwischen Patient und Analytiker:

»Wenn die aktuale Gegenwart des Agierens (im Sinne von Inszenierung, Handlungsdialog, ›enactment‹) als Drehpunkt der Wiederholung von Vergangenheit und kreative Öffnung für Potenziale der Zukunft gesehen wird, dann muss auch die Dimension von Übertragung und Gegenübertragung in die Betrachtung einbezogen werden; denn eine solche kreative Umwandlung kann nie nur das Produkt des Patienten, sondern muss das einer Koproduktion von Patient und Analytiker sein.« (Klüwer 1995, S. 66)

Diese »Koprodukton« wird dann jedoch wieder auf die gemeinsame, aber nachträgliche Analyse reduziert. Es scheint mir nicht zufällig, dass zu diesen geradezu revolutionären Ausführungen die Enactments fehlen bzw. die berichteten dieses Konzept nicht ganz füllen können. Ein an sich sehr schönes Beispiel von Bilger zum Agieren lässt den Leser mit seinen Fragen zu der innovativen Seite des Agierens allein:

> *Der Sakko des Patienten über dem des Analytikers:*
> »Zu Beginn einer Stunde ist ein Mann, aus dessen Analyse ich später noch berichten werde, irritiert, weil ›*sein* Stuhl‹, der Schreibtischstuhl, auf den er manchmal sein Sakko hängt, mit *meinem* Sakko belegt ist, was aber öfters vorkommt. Eine kurze, für mich unangenehme Szene entwickelt sich: Für einen Moment ratlos, dann spürbar erbost und brummelnd, sagt er: ›mein Stuhl ist heute schon belegt‹, blitzt mich dabei an und hängt dann sein Sakko so sorgfältig und fast selbstverständlich wie sonst über mein Sakko. Dann legt er sich auf die Couch. Er bemerkt, dass ich irritiert war, was auch zutrifft. Diese Szene kann später fruchtbar bearbeitet werden.« (Bilger 1986, S. 295)

Hier wird das mögliche Geschehen der Innovation bzw. des Neubeginns eingeengt oder verschoben auf die nachträgliche Bearbeitung. Die Schwierigkeiten, zwischen den allgemeinen Überlegungen und dem konkreten Beispiel eine Verbindung herzustellen, hängen auch mit dem angesprochenen Phänomen selber zusammen. Sie lassen sich angehen, indem die herkömmliche Perspektive des nachträglichen Verstehens und Bearbeitens um die Perspektive des präsentischen Bearbeitens und Verstehens ergänzt wird (s. u.). Wenn Klüwer seine differenzierten Überlegungen zum Aktualisieren und Inszenieren, zu Handlungsdialog und Enactment schließlich ebenso wie Streeck wieder im Begriff der »Szene« zusammenfasst, drängt er die unmittelbaren Wirkungszusammenhänge wieder in den Hintergrund, macht er aus der gemeinsamen »Produktion« ein gemeinsames »Produkt«: eben das analytische Material, das es dann lege artis durchzuarbeiten gilt. Bei aller Bedeutung, die das szenische Verstehen für die Psychoanalyse hat, es ist zu relativieren. Besonders zugespitzt wird die diagnostisch distanzierte Position – wie es die besondere Situation ja auch erfordert – beim szenischen Verstehen im Erstinterview. So wichtig Argelanders Ausführungen für den klinischen Alltag auch sind, die Grundhaltung bleibt eine diagnostische: Es geht um *die Betrachtung und Analyse des szenisch oder situativ Gegebenen unter indikatorischen und prognostischen Gesichtspunkten* für eine nachfolgende therapeutische Behandlung. Wenn Lorenzer das psychoanalytische Verstehen generell als »Verstehen der Situation« beschreibt, kann man ihm beipflichten, falls er damit nicht stillschweigend nur die objektale Betrachtungsweise meint, für die nicht umsonst Wahrnehmung, Einsicht und Evidenz Schlüsselbegriffe sind und so das Gesamtgeschehen wieder reduziert. Der Begriff der Szene blendet die unmittelbaren Selbsterfahrungen und Selbstbehandlungen des Patienten – und auch die des Therapeuten – aus dem therapeutischen Wirkungsgeschehen aus. Hier geht es nicht um ein Einsehen in symbolisch repräsentierte Vorgänge, sondern hier geht es um basale Formen der Sinnerfassung, die wir mit *Gewahren, Innewerden, Erfahren* beschreiben. Hier geht es um das Seelische, wie es sich immanent versteht und sich immanent behandelt, wie es sich unmittelbar ereignet und spontan organisiert.

Um den Unterschied zwischen mittelbarem und unmittelbarem Verstehen bzw. Behandeln deutlich zu machen, greife ich auf das Bühnenbild zurück: Hier kommt zu dem »*Nachdem*« des mittelbaren das »*Indem*« des unmittelbaren Verstehens. *Indem* Patient und Analytiker eine Modellszene herausbilden, verstehen sie sich und den anderen, behandeln sie sich und den anderen bereits. Noch während der Patient mit seinem Analytiker eine Modellsituation in Szene setzt, wird er oft schon neuer Selbstanteile gewahr, versteht und behandelt er sich bereits selber oder lässt sich unmittelbar berühren – oft ohne dass der Analytiker es überhaupt merkt, und nicht selten merkt der Patient es selber nicht einmal. Da es sich hier um ein Agieren oder Interagieren handelt und dieses aus entwicklungspsychologischen Gründen einen besonderen regredienten Tiefgang hat, reichen diese Wirkungszusammenhänge zwischen Patient und Analytiker weit in den Kosmos des individuellen und auch des archetypischen Unbewussten zurück. Indem Analytiker und Patient miteinander handeln, beleben und bearbeiten sie früheste Leiderfahrungen aus dem entgleisten Handlungsdialog neu, aber sie fördern dabei auch, was mir immer bedeutsamer erscheint, vereinzelte frühe Glücksmomente zutage, die zur Grundlage neuer Lebensentwürfe werden können. Das permanente Probehandeln im analytischen Raum stellt nicht nur den Stoff für die nachträgliche Analyse bereit, es ist aktualiter bereits schon eine implizite und unbewusste Regulierung des »psychischen Apparates« oder eine Selbstbehandlung im Dienste der Individuation bzw. der Prägnanztendenzen eines kohäsiven Selbst.

Im Drehpunkt seelischer Verwandlungswirklichkeit liegt auch *der psychologische Ort der Freude.* Es scheint mir auch für diese Überlegungen zum Handeln in der Redekur vielsagend, dass ich in quantitativen und qualitativen Untersuchungen deutschsprachiger psychoanalytischer Publikationen auf eine durchgängige Tabuisierung der Freude in der Psychoanalyse gestoßen bin (Heisterkamp 1999a und b, 2000a, 2001a), obwohl die wechselseitige Freude ein prototypisches Beispiel wechselseitiger Resonanz und Akzeptanz ist, also ein möglicher basaler Wendepunkt der Selbst- und Fremderfahrung. Die Thematisierung der Handlungsdimension stellt daher auch unter diesem Gesichtspunkt einen erheblichen Fortschritt in der psychoanalytischen Behandlungslehre dar. Dennoch verbleiben die einschlägigen Aufsätze (z. B. Streeck 2002) noch in einer für die herkömmliche Psychoanalyse typischen Perspektive, welche das Weiterkommen erschwert, bzw. »rutschen« unmerklich immer wieder in diese zurück. Das zeigt sich beispielhaft an dem folgenden Zitat:

»Weil diese subtilen interaktiven Phänomene aber keine Bedeutungen transportieren und weil ihre Funktion alleine in ihrer interaktiven Wirkung liegt, muss der Analytiker, um ihre Funktion erfassen zu können, bereit sein, sich ihrer Wirkung auszusetzen; Sandler (1976) nennt das ›Rollenübernahmebereitschaft‹. Er muss in dem Sinne mitagieren, dass er sich von den vielfältigen sprachlichen und nichtsprachlichen Elementen des Verhaltens des Patienten in Interaktionen verwickeln lässt, aus denen manchmal gemeinsame Inszenierungen hervorgehen, die er dann selbst mitgestaltet hat. Verstehen *kann* sich hier unter Umständen erst ereignen, **nachdem** beide – vermittelt über ihr beiderseitiges Sich-Behandeln – solche Koproduktionen auf der Behandlungsbühne in Szene gesetzt haben, also **nachdem** der Analytiker sich in Interaktionen hat verwickeln lassen und in diesem Sinne mitagiert hat.« (1998a, S. 70 f., Fettdruck von mir, G. H.)

Patient und Analytiker schaffen eine gemeinsame Szene, und *nachher* schauen sie beide diese Szene an und versuchen sie *dann* zu verstehen; d. h., beide schaffen in gewisser Weise analytisches Material, das nachträglich durchgearbeitet wird. So heißt auch der letzte Satz nach der Beschreibung des Sakkobeispiels von Bilger kurz und knapp: Die Szene kann **später** fruchtbar bearbeitet werden. Dieses für das analytische Vorgehen typische hermeneutische Verfahren der Sinnfindung und des Verstehens bedarf der sprachlichen Repräsentierung und ist folglich ein mittelbares Verstehen. Mit Stern lässt sich sagen, dass sich die Psychoanalyse mit »explizitem Wissen« befasst und es ihr darum geht, gelebte Erfahrungen »symbolisch und deklarativ« darzustellen, und dass ihr deswegen *Nachträglichkeit* »das einzig wirklich Wichtige ist« (1998, S. 84). Das reife repräsentierende Verstehen gründet jedoch in basalen Formen der Sinnerfassung: dem *präsentischen Verstehen*. Ihm entspricht nach Stern das »implizite Wissen« oder das »Prozesswissen« bzw. das »Prozessgedächtnis« (s. Dornes 1998). Im Sinne von Piaget (1946) könnte man auch von einem *operativen Verstehen bzw. Behandeln* sprechen. Ich ziehe den letzteren Begriff vor oder spreche lieber von *»basalem Verstehen«*, weil in diesen Begriffen die Unmittelbarkeit des Geschehens mitgefasst ist, während Begriffe wie »Wissen« und »Gedächtnis« zu sehr in die Welt der Symbole und des Objektalen verweisen und den Blick verstellen, dass es Handlungseinheiten sind, die wie eigene Subjekte erst ihre Bedeutungen und Wirkungen hervorbringen.

2. Präsentisches Verstehen

2.1 Mittelbares und unmittelbares Verstehen

In praxeologischen Darstellungen ist regelmäßig eine Verschiebung von der präsentischen in die repräsentierende Dimension zu beobachten. Wenn Psychoanalytiker und Psychoanalytikerinnen selbst nach freudigen Erinnerungen an die eigene Lehranalyse befragt werden, berichten sie viele Erfahrungen aus dem unmittelbaren Kontakt mit ihrem Analytiker bzw. ihrer Analytikerin. Wenn dieselben Psychoanalytiker bzw. Psychoanalytikerinnen jedoch nach freudigen Erfahrungen aus ihren Behandlungsanalysen gefragt werden, beziehen sie sich viel häufiger auf Situationen, in denen sie sich über neu gewonnene psychodynamische Einsichten, also symbolische Elaborationen, gefreut haben. Aus der Perspektive des Analytikers, der Analytikerin verflüchtigt sich die Dimension des unmittelbaren Kontaktgeschehens immer wieder. Deswegen sind wir bei seiner Erforschung unbedingt auf das ausdrückliche Erleben des Analysanden angewiesen.

Die Tiefenpsychologie der Enactments lässt sich differenzieren und weiterführen, wenn wir *zwischen mittelbarem und unmittelbarem (präsentischem) Verstehen bzw. Behandeln* unterscheiden. Die Unterschiede sowie ihre Übergänge lassen sich gut an den Kontakten zwischen Analytiker und Patient zeigen, die im Grenzbereich zwischen dem alltäglichen und dem therapeutischen Raum stattfinden; ich nenne sie Randkontakte. Da die Phänomene des präsentischen Verstehens nicht so leicht zugänglich sind, bin ich bei diesem Thema oft auf eigene Analyseerfahrungen angewiesen. Die bisherige Vernachlässigung und insbesondere die Eigenqualität dieser Erscheinungen erfordern das Verfahren der Introspektion, da ich die Fähigkeit des Seelischen untersuche, sich immanent zu verstehen und sich immanent zu behandeln. Dieses *implizite Selbstverstehen*, wie ich es kurz nennen möchte, bleibt oft sowohl dem Analytiker als auch dem Analysanden verschlossen, obwohl es von grundlegender Bedeutung für alle therapeutischen Wirkungen (und nicht nur für diese) ist.

Freundliche Begrüßung und Verabschiedung:
Ich möchte hier zunächst auf Nachwirkungen meiner mittlerweile fast 25 Jahre zurückliegenden ersten Analyse eingehen. Zu den wenigen Erinnerungen, die mir allerdings seinerzeit nicht verfügbar waren, gehört z. B. die angenehme Situation, wenn mein Analytiker mich freundlich begrüßte bzw. sich freundlich von mir verabschiedete und wenn ich ihm dabei in seine Augen schaute, die meinen Blick – nach meinem Erleben – warmherzig erwiderten. Zu dieser Erinnerung assoziiere ich sogleich eine weitere, nämlich wie ich mich im Klang seiner lieben und gütigen Stimme überwiegend wohl und geborgen fühlte.

Da mein damaliger Analytiker die entsprechenden Situationen seinerseits nie angesprochen hat, gehe ich davon aus, dass auch er sie nicht als bedeutsam bzw. nicht bewusst wahrgenommen hatte, zumindest nicht verstanden hatte, sie therapeutisch zu nutzen. Dass die warme Responsivität meines Analytikers offenbar nachhaltig gewirkt hatte, mir aber nach der Behandlung symbolisch nicht verfügbar war, und dass ich mir diese heilsamen Wirkungen erst in späteren Analysen, zu denen auch körper- und bewegungsbezogene gehörten, wieder erarbeiten musste – ähnlich wie man die Ressourcen seiner eigenen Selbstentwicklung immer wieder vom Schutt notdürftiger Abwehrformen und Selbstsicherungen befreien muss –, hat mich immer mehr beschäftigt. Bedeutet es doch, dass die Wirkfaktoren der damaligen Analyse nicht tief genug verstanden und nicht sinnvoll ausgeschöpft worden waren, wenn es weiterer Analysen bedurfte, um ihre Fruchtbarkeit erst verstehen zu können. Zumindest stellt sich hier die Frage, ob dem unmittelbaren Kontaktgeschehen nicht mehr Beachtung geschenkt werden sollte. Es blieb damals – wie es auch heute noch immer geschieht – im Schatten der psychoanalytischen Praxeologie.
Mittlerweile verstehe ich die Vorgänge als basale Formen des Wahrnehmens, Ver-stehens und Be-handelns, die dem repräsentierenden Verstehen vorangehen bzw. dieses begründen. In der wiederholten »Handlungseinheit« (Salber 1965) des warmherzigen Dialogs und/oder des liebevollen Begrüßens und Verabschiedens habe ich – trotz der streng triebtheoretischen Orientierung meines Analyti-

kers, der in der unmittelbaren Nachfolge Sigmund und Anna Freuds steht – *eine entwicklungs- und regressionsadäquate Form des prozeduralen Verstehens* erhalten. Ohne dass mein damaliger Analytiker und ich es bemerkten, konnte ich eine implizite Erfahrung, quasi einen *operativen Begriff* meines Selbstwertes, wiederfinden.

In diesen Zusammenhang fügt sich auch das schöne Tröstungsbeispiel Streecks ein, das weiter oben berichtet wurde. Seine Patientin war gegen Ende ihrer Therapie weiter als ich nach meiner ersten Analyse, insofern sie ihn nachträglich darauf aufmerksam machen konnte, wie sehr sie sich in den Phasen, in denen sie sich als verlassen erlebte, traurig und voller Kummer war, von seiner Stimme getröstet fühlte. Hier ist Streeck sich völlig klar: »… ich hatte sie getröstet. Das war keine Phantasie, sondern war jedes Mal tatsächlich geschehen« (2000, S. 14). Also: Indem er sich wiederholt und »in verschiedenen Ausgestaltungen«, wie er schreibt, so verhielt, *erfuhr sich die Patientin von ihm realiter getröstet*. Auf der Grundlage solcher wiederkehrender Erfahrungen bildet sich dann mit oder ohne therapeutische Unterstützung ein »inneres« Bild für Halt und Mitgefühl, eine sprachlich symbolisierbare Repräsentanz heraus. Das Beispiel deutet auch bereits den Unterschied zwischen mittelbarem und unmittelbarem Verstehen an: Wenn die Patientin in der misstrauischen Position, in der sie genauestens die Stimme ihres Therapeuten kontrollierte, stecken geblieben wäre, hätte sie sich noch nicht von ihm trösten lassen können. Dann hätte sie allenfalls feststellen können, dass er sich liebevoll um sie kümmert, ohne dass sie sich aber aus der distanzierten Beobachtungshaltung herausbewegt, sich berühren und trösten lässt.

Die bisherigen Überlegungen zeigen nun auch die Darstellungslücken des von Ghent (s. S. 24 f.) berichteten Zudeckbeispiels auf: Die emotionale Berührung lässt vermuten, mehr aber auch nicht, dass auch seine Patientin in dieser Situation eine wichtige Erfahrung gemacht hat. Es könnte durchaus sein, dass der Patientin diese Szene als unmittelbare Wandlungserfahrung oder als Highlight ihrer Therapie immer in Erinnerung bleibt. Solche Szenen kenne ich aus den Analyse-Erinnerungen von Analytikern oder Patienten. Für meine Vermutung spricht auch, dass es sich um eine bewegende Erfahrung in einem interaktiven Kontext handelt. Wenn der Therapeut seiner Patientin wortlos eine Decke reicht und diese erst danach merkt, dass sie gefroren hat, dann hat das als *operatives und proze-*

durales Geschehen einen regredienten Tiefgang und Zugang zum unbewussten Raum früher und aktueller Lebenserfahrungen.

Vor dem Hintergrund eines operativen Behandlungsverständnisses und dem Bewusstsein präsentischer Erfahrungsbildungen erscheint dieses Beispiel allerdings bereits in bestimmter Weise präpariert. Und damit hängt eine für die Psychoanalyse typische Ausblendung zusammen. Der Leser wird nicht angeregt, das prozedurale Geschehen (Therapeut bringt Patientin eine Decke usw.) auf seine immanenten heilsamen Wirkungen hin zu verstehen, sondern implizit verführt, diesen Vorgang als Resultat, quasi als analytisches Material, aufzufassen, das noch der eigentlichen Bearbeitung bedarf. *Das Ereignis wird zum Ergebnis.* Als gegenständliche Szene wird es an den Horizont kognitiver Erkenntnis projiziert und objektal analysiert. Man könnte in einem kasuistisch-technischen Seminar lange darüber phantasieren, welche tiefen psychologischen Bedeutungen in dieser Szene verborgen sind. Dieser Mechanismus der Umgestaltung der unmittelbaren Wirkungszusammenhänge zwischen Patient und Analytiker zu analysierbaren gegenständlichen Szenen soll nun wieder an einem eigenen Beispiel aus einer späteren Reanalyse gezeigt werden. Als mittlerweile selbsterfahrener Analysand wurde mir hier eine analoge präsentische Erfahrung deutlich, die das psychologische Verständnis für diese Phänomene noch weiter zu vertiefen hilft:

Ein bedeutsamer Augenblick:

Es ist (wieder) eine Begrüßungsszene, ich schätze, dass sie sich etwa um die 100. Stunde ereignete. Wie immer schellte ich an der Tür meiner Analytikerin, hörte, wie eine Zwischentür im Innern des Hauses ging und ihre Schritte näher kamen, bis sich die Haustür öffnete und sie mich freundlich begrüßte, indem sie mich anschaute, mir die Hand entgegenstreckte und mir, mich dabei herzlich anschauend, einen »Guten Tag« wünschte. Auch ich, der ich ihr ebenfalls freundlich begegnete, schien zuerst unser Begrüßungsritual in derselben Weise wie schon viele Male vorher zu wiederholen. Vom Ablauf her schien alles gleich, jedoch mit einer wichtigen Ausnahme, die sich in Bruchteilen von Sekunden abspielte und für mich zu einem therapeutisch hochbedeutsamen »Augenblick« wurde. Ich hielt plötzlich inne und merkte, dass ich erstmals in anderer Weise in ihre Augen schaute. Ich sah in schöne blaue Augen, die meinen Blick strahlend und sicher erwiderten. Ich merkte, wie ich Sekundenbruchteile länger, als es üblich war, in diesem Augenkontakt blieb. Dabei spürte ich, wie der Hauch eines neuen

Selbstverstehens mich durchströmte. Es war mir sofort klar: In dieser Weise hatte ich bisher noch nie (wieder) in blaue Augen mir bedeutsamer Frauen zu schauen gewagt. Ein früh erworbenes »scheme of being with« (Stern 1989, 1996) hatte sich, davon war ich unmittelbar überzeugt, verändert.

Ich möchte hier aus didaktischen Gründen einen Einschub machen, um die Aufmerksamkeit auf eine bestimmte Stelle zu lenken: Wenn der Leser jetzt seinen analytischen Verstand einsetzt und diese Übertragungsszene zu deuten versucht, ist er schon vom präsentischen zum repräsentierenden Verstehen gesprungen: Er versucht – nachträglich und sprachsymbolisch vermittelt – ein Ereignis zu verstehen, dessen Wesen und Wirkung gerade in der Gegenwärtigkeit und der *Unmittelbarkeit der Begegnung* lag. Mir ist es wichtig, durch diese Unterbrechung meiner Darstellungen auf die Grenze und den Unterschied zwischen dem präsentischen und dem repräsentierenden Verstehen hinzuweisen. Wir setzen nämlich gewöhnlich das allvertraute mittelbare Verstehen dem unmittelbaren gleich bzw. drängen Letzteres damit in den Hintergrund der Beachtung. Nach diesen ausdrücklichen Hinweisen auf den Unterschied folge ich nun auch meinem repräsentierenden Verstehen. Auch mir wird nach diesem innigen Augenkontakt und durch ihn, noch bevor ich auf der Couch liege, die Bedeutung des Geschehens, worauf sich die Aufmerksamkeit des Lesers vermutlich sofort gerichtet hatte, bewusst: Ich habe unvermittelt – d. h. im direkten Augenkontakt, also nicht durch kognitive Erkenntnisse – gespürt, wie sehr ich mich bisher im Augenkontakt mit Frauen vorbeugend davor geschützt habe, eine panische Angst, eine flackernde Unsicherheit oder eine aufsaugende Bedürftigkeit wahrzunehmen. Im Rahmen einer positiven Übertragungsbeziehung verringerten sich meine unbewussten Ängste vor einer narzisstischen Be*nötigung*, und ich konnte es wagen, meiner Analytikerin in die Augen zu schauen und zu sehen, wie sie wirklich ist: ein zugewandtes und konturiertes Gegenüber, das mir offen begegnet und dem ich ebenso offen antworte. In der Begrüßungshandlung, insbesondere im Blickdialog, wagte ich eine korrektive Beziehungserfahrung mit einer bedeutsamen Frau. Noch genauer formuliert: Ich habe auf einer tieferen Ebene, als es mir in meinen vorausgegangenen Analysen, in denen ich selbstverständlich immer wieder meine Mutter-Beziehung bearbeitet hatte, eine differenziertere und grundlegendere Erfahrung mit der Dialektik des Bezogenseins und des Getrenntseins gemacht.

Der fruchtbare Augenblick in meiner Analyse beschäftigte mich
noch weiter. Ich spürte das Bedürfnis, diesen Kontakt über die Augen, wie ich das aus meiner leibfundierten Arbeit kenne, operativ
auszuloten und wurde neugierig darauf, welche weiteren Erfahrungen sich mir dann wohl offenbaren würden. In meiner traditionell
geführten Analyse zögerte ich längere Zeit, weil ich einerseits meiner betagten Psychoanalytikerin ein solches Ansinnen nicht zumuten, aber andererseits meine Bedürfnisse nicht ignorieren wollte. So
fanden bald meine diesbezüglichen Einfälle ihren Platz in meiner
Analysestunde, und ich assoziierte, welche Phantasien ich wohl über
den fiktiven Ablauf einer solchen Erprobung hätte. So interessant
diese Einfälle auch für sich waren, so konnten sie – was wahrscheinlich nur für den, der um diese konkreten körpertherapeutischen Erfahrungen weiß, verständlich ist – meine Neugier nicht hinlänglich befriedigen, was in mir noch alles belebt worden wäre,
wenn ich mich mit meiner Analytikerin in einen eigenen konkreten
Blickdialog begeben hätte.

Es kam dann in einer anderen Weise doch zu einer direkten Begegnung zwischen uns: Meine Analytikerin stellte sich im Laufe des
Gesprächs auf den Standpunkt, dass im realen Kontakt meine Phantasietätigkeit verloren ginge, und ich hielt dagegen, dass sich in der
Berührung über unsere Blicke basale Phantasien, die mir mental
nicht zugänglich waren, in Szene setzen würden. Ohne dass ich das
Besondere in der konkreten Situation gespürt hätte, tauchte diese
Begegnung in der Zeit danach des Öfteren in meinem Bewusstsein
auf, und ich merkte, dass die klare und freundliche Feststellung unserer unterschiedlichen Positionen durch meine Analytikerin mich
nachhaltig beeindruckt haben musste, sonst wäre mir diese Situation
sicherlich nicht wiederholt vor Augen getreten. Um hier Verkennungen vorzubeugen, möchte ich betonen, dass ich in meinen Analysen selbstverständlich die Selbst-Objekt-Differenzierung immer
wieder bearbeitet hatte. Dennoch war offenbar diese Position durch
die Bedingungen der realen Differenzierungsarbeit zwischen mir
und meiner Analytikerin in einer liebevollen und abgegrenzten Beziehungsatmosphäre tiefer fundiert und verankert worden. Die annehmende und freundliche Form der Unterscheidung ist für mich
zu einem gütigen Vorbild der Abgrenzung geworden. Hier ist auch

eine Anmerkung zu den oft fruchtlosen Streitereien zwischen verschiedenen psychotherapeutischen Standpunkten angebracht. Für mich war diese Erfahrung heilsam, auch ohne dass wir die antizipierte Erprobung durchgeführt hatten. Darüber freue ich mich, und dafür bin ich dankbar. Ich zweifle aber auch nicht daran, dass eine Erprobung ebenfalls basale Phantasien und/oder Erinnerungen freigelegt hätte. Es wird unfruchtbar, wenn diese Differenz in ein Entweder-Oder aufgespalten wird.

Dieses Beispiel macht noch etwas deutlich, was die Vernachlässigung dieses Phänomens in der Praxeologie erklärt. Dieser hoch bedeutsame Vorgang spielte sich zwar im Kontext einer Übertragungsbeziehung ab, aber der fruchtbare Augenblick ereignete sich in der Form einer Art *Selbstbehandlung*, die unbemerkt von der Analytikerin, obwohl sie einen großen Anteil daran hatte, ablief. In meinem Fall war ich aufgrund meiner ausgiebigen psychoanalytischen und meiner zusätzlichen körperpsychotherapeutischen Selbsterfahrungen in der Lage, meiner Analytikerin zu vermitteln, was sich zwischen mir und ihr ereignet hatte. Leider habe ich von dem Erleben der Analytikerin nicht so viel erfahren, dass ich auch noch die andere Seite mit in die Erklärung einbeziehen könnte. Diese Phänomene werden so selten behandelt, weil die betreffenden Wirkungszusammenhänge dem Analytiker nicht auffallen bzw. überhaupt nicht auffallen können und dem Patienten selten bewusst werden.

Ein weiterer Grund liegt in der subtilen Verschiebung, auf die ich oben hingewiesen habe. Indem die unmittelbaren Wirkungen an den Horizont des Erkennens projiziert werden, verschafft sich der Analytiker das Bewusstsein, dass sein Verstehen oder seine Deutung den therapeutischen Effekt bewirkt haben. Das dient sicherlich seinem Selbstbewusstsein, blendet aber die schöpferischen Kräfte des Seelischen, die hier in basaler Weise am Werk sind, aus. Das erklärt wohl auch, dass in Untersuchungen zur Wirksamkeit von Psychotherapien so zahlreiche Hinweise auf unspezifische Faktoren gefunden werden. Nach den bisherigen Überlegungen möge der Leser ein weiteres Beispiel Streecks, das typisch für die Darstellung von Enactments ist, lesen und auf sich wirken lassen. Nach meiner Meinung ist die Darstellung weitestgehend auf das psychoanalytische Prinzip der *nachträglichen Bearbeitung gelebter Erfahrung* zugeschnitten:

Analytiker erwartet seine Patientin an der Tür:

»Ein Kollege schilderte mir folgende Situation: Um zu seiner Praxis zu gelangen, mussten seine Patienten einen etwas längeren Weg von der Gartenpforte bis zur Haustür zurücklegen. An der Gartenpforte war eine Klingel, aber das Tor stand immer weit auf; außerdem wurde die Klingel von wuchernden Büschen verdeckt. Deshalb fiel Besuchern gewöhnlich gar nicht auf, dass es da eine Klingel gab, und sie gingen durch die geöffnete Gartenpforte und betätigten die Klingel an der Haustür. Eine Patientin von ihm klingelte jedoch regelmäßig an der Gartenpforte, sodass sie noch auf dem Gartenweg war, während er an der Haustür stand und ihr auf ihrem Weg zum Haus entgegensah. An einem kühlen, regnerischen Tag, als er sich etwas krank fühlte und fröstelte, lehnte er, nachdem die Patientin geklingelt hatte, die Haustür an und wartete im warmen Praxisraum auf sie. Sie betrat das Behandlungszimmer sichtlich erzürnt und schwieg, und sie hielt es für ausgeschlossen, sich an diesem Tag bei ihm auf die Couch zu legen. Da er sie nicht empfangen hatte und nicht wie sonst sie mit wohlwollenden, freundlich-zugewandten und interessierten Blicken auf ihrem Weg durch den Garten begleitet hatte, gab es für sie keinen Zweifel, dass sie unerwünscht war.« (Streeck 1998a, S. 72)

Die diagnostische Betrachtung der Szene steht im Vordergrund und stellt die unmittelbaren Wirkungszusammenhänge während der Inszenierung in den Schatten. Die Szene wird aus der diagnostischen Perspektive beschrieben. Das unmittelbare Geschehen gerät dabei in den Hintergrund, d. h., es finden sich keine Hinweise auf ein operatives Verstehen und eine unmittelbare Selbstbehandlung des Patienten sowie auf eine unmittelbare Unterstützung durch den Analytiker.

2.2   Eine weiterführende Erfahrung

Diese Phänomene werden offenbar, wenn der Patient sie dem Analytiker erst einmal erläutern muss, insbesondere in den Fällen, in denen es gegen die konzeptuellen Widerstände des Analytikers geschieht. Dazu möchte ich ein weiteres Beispiel aus meiner letzten Reanalyse berichten:

Philemon und Baucis:

Ich komme zur vereinbarten Zeit zu meiner Analytikerin, drücke die Klingel und warte darauf, dass sie zur Tür kommt, was wegen der Distanz zwischen Praxisraum und Hauseingang immer eine gewisse Weile in Anspruch nimmt. Diesmal dauert es länger, und ich schelle ein zweites Mal, weil ich vermute, dass das erste Läuten überhört wurde. Da ich selber schon gewisse Beeinträchtigungen meiner Hörfähigkeit spüre, kann ich mir bei meiner noch älteren Analytikerin solche umso eher vorstellen. Ich warte also weiter und beschäftige mich mit dem Gedanken, ob ich mich oder die Analytikerin sich vielleicht doch im Termin geirrt haben, oder ob wir uns nur bei der Terminabsprache missverstanden haben. Schließlich denke ich daran, was ich dann, wenn die Stunde ausfallen würde, unternehmen würde. Dann würde ich noch früher zu meiner Tochter und meinen Enkelkindern kommen, die ich anschließend besuchen will und worauf ich mich schon sehr freue. Während ich meinen Einfällen folge, öffnet sich die Tür doch noch, aber nicht meine Analytikerin, sondern ein älterer Herr öffnet mir und lädt mich mit einer freundlichen Geste ein hereinzukommen, während er meiner Erinnerung nach sagt: »Meine Frau ist im Therapieraum und hat Sie vermutlich nicht gehört.«
Nachdem er die Tür hinter mir geschlossen hat, geht er langsam den gewohnten Weg vorweg zum Therapiezimmer, klopft an, öffnet die Tür, geht hinein – während ich noch in einem gewissen Abstand vor der Tür warte – und sagt – zumindest glaube ich zu hören: »Schätzelein, da ist jemand für dich.« Seine Freundlichkeit zu mir, seine liebevollen Worte zu seiner Frau, meiner Analytikerin, dieser Moment der liebevollen Kontaktaufnahme insgesamt berührt mich sehr. Mir wird warm ums Herz, und eine tiefe Freude durchströmt mich.

Vielleicht kennt der Leser auch die bewegende Erfahrung eines alten Paares, das liebevoll und zärtlich miteinander umgeht, das sich so wohltuend abhebt von der leider viel häufigeren Erfahrung verbitterter alter Paare. Das tiefe Glücksgefühl, das mich durchflutet, war natürlich das erste Thema, das mich und meine Analytikerin längere Zeit beschäftigt. Schmunzelnd erinnere ich mich heute an die Schwierigkeiten, die meine Analytikerin hatte, mein Erleben bei dieser kurzen Begegnung zwischen ihr und ihrem Mann zu verstehen, insbesondere zu validieren. Ich weiß noch genau, dass es mir zunächst das Wichtigste gewesen wäre, wenn sie bei diesem für mich hoch bedeutsamen Glück eines alten Paares geblieben wäre, und die Bedeutung für meine Zukunft mitbedacht hätte. Stattdessen – vielleicht war sie, wie ich das aus ähnlich gelagerten Situationen selber kenne, nach der eigenen Fehlleistung noch mit sich bzw. mit der Präsentation als Paar vor einem ihrer Analysanden beschäftigt – schoben mehrere ihrer Interventionen mein Glücksgefühl zunächst immer wieder beiseite: Es war einer der für mich seltenen Fälle, in dem ich mich einmal gegen meine sonst so empathische Analytikerin zu behaupten hatte. Zunächst war mein Gefühl durch ihre Versuche gefährdet, in ihren Formulierungen zu umschreiben, dass es sich wirklich um ihren Ehemann handelte. Sie sprach z. B. »von dem Mann, von dem Sie meinen, dass es mein Ehemann ist«. Ich merkte ihr Bemühen, neutral zu bleiben und die Übertragungsszene zu erhalten. Wenn ich in meinem Erleben nicht so sicher gewesen wäre, hätte ich mich von meiner Analytikerin wohl verunsichern lassen. So blieb ich bei der Formulierung »Ihr Mann« und war froh, als die Analytikerin schließlich auch nur noch von ihrem Mann sprach. Das vermied eine unnötige Künstlichkeit und ließ die Übertragungsszene nur noch klarer werden.

Aber ich musste mein Glücksgefühl noch weiter schützen gegen die nahe liegenden Vermutungen einer Psychoanalytikerin, für die der Ödipuskomplex der Dreh- und Angelpunkt der Behandlung ist: Ob ich mich denn nicht ausgeschlossen, also draußen vor der Tür erlebt hätte, ausgesperrt aus der Besonderheit ihrer Paarbeziehung, wütend auf den »Vater«, der eine besondere Beziehung zu seiner Frau hat, verraten von der »Mutter«, die nicht auf ihn hört und eine exklusive Beziehung zum »Vater« hat, oder zerrissen zwischen der Liebe zum »Vater« und der Rivalität zu ihm? Gegen diese aus dem ödipalen Konzept nur zu verständlichen Zweifel und Fragen musste ich weiterhin mein Gefühl behaupten. Ich hatte mich nicht wütend, nicht neidisch, nicht ambivalent und auch nicht ausgeschlossen erlebt, sondern war tief erfreut angesichts des liebevollen Kontaktes zwischen diesen beiden! Mir war auch nicht der Unterschied zwischen der realen Situation (Kontakt meiner Analytikerin mit ihrem Mann) und der Übertragungsszene (meine Freude beim Anblick eines liebevoll miteinander umgehenden alten Paares) abhanden gekommen.

Ich rang also weiter mit meiner Analytikerin um eine Validierung meiner Glücks- und Freudegefühle. Wenn ich mich richtig erinnere, führte nun ein biographischer Ausflug zu dem abstoßenden Bild eines feindseligen Großelternpaares mütterlicherseits, das meine gesamte Kindheit und Jugendzeit überschattete. Im Kontext meiner belastenden Erfahrungen wurden meine unbewussten Ängste vor dem bzw. vor einem solchen Altwerden und meine Sehnsucht nach glücklicheren Entwicklungsbildern offenbar. Darüber fiel mir der antike Mythos von Philemon und Baucis ein.

Nachträglich möchte ich hier einfügen, dass mir dieses Bild vertraut war, seitdem mein alter und humorvoller Deutschlehrer uns in den ersten Jahren des Gymnasiums erklärt hatte, dass man ein nettes, liebevolles älteres Paar als »Philemon und Baucis« bezeichnen würde. Er wird uns, da er auch Latein unterrichtete, sicherlich auch erklärt haben, dass dieses Bild aus den Metamorphosen des Ovid stammt. Jedenfalls erinnerte ich mich sofort wieder an die warmen und möglicherweise mit strahlenden Augen untermalten Erklärungen dieses alten weisen Mannes, der uns auch öfter von seiner Frau, seinen Kindern und Enkelkindern erzählte. Ich verdanke ihm wohl den Keim einer Ahnung, dass man auch anders alt werden kann, als ich das bei meinen primären Bezugspersonen erlebt hatte. Und diese »Pflanze« blühte nun in der analytischen Situation auf: zum einen unmittelbar bei der Anteilnahme an der liebevollen Begegnung zwischen meiner Analytikerin und ihrem Mann und zum anderen mittelbar, weil dieses antike Bild auch zu der erhofften responsiven Antwort meines »Übertragungsobjektes«, dessen fundierte humanistische Bildung mir schon lange aufgefallen war, führte. Allmählich wandte sich unser Blick von der Retrospektive zur Prospektive, und die ursprüngliche Freude klang an, als ich zu ahnen begann, dass ich ein schönes Hoffnungsbild für meine und die gemeinsame Zukunft mit meiner Frau und meiner Familie gefunden hatte, ein hoffnungsvoller Entwurf in die Zukunft, den ich als haltbar und flexibel erlebe.

Die Geschichte von Philemon und Baucis stammt aus den »Metamorphosen« des Ovid (8, 618–724). Tripp fasst sie folgendermaßen zusammen: »Baukis und Philemon, älteres armes Ehepaar in Bithynien. Während Zeus und Hermes als Sterbliche verkleidet durch Phrygien wanderten, wurde ihnen in unzähligen Häusern die Gastfreundschaft verweigert. Am Abhang oberhalb einer besonders ungastlichen Stadt kamen sie schließlich zu der ärmlichen Hütte von B. und P. Das alte Ehepaar nahm sie mit großer Freundlichkeit auf. Während der Mahlzeit bemerkten die Gastgeber, dass der Weinkrug sich auf wunderbare Weise beständig wieder füllte, und es wurde ihnen klar, dass ihre Gäste keine Sterblichen waren. Die beiden Götter gaben sich zu erkennen und führten die alten Leute auf die Spitze des

Hügels. Als sie sich umdrehten, sahen sie, dass die ungastliche Stadt im Tal in einem See verschwunden war. Ihre eigene Hütte war jedoch zu einem Tempel geworden. Zeus sagte ihnen jede Gunst zu, um die sie bitten würden. P. wünschte sich nur, dass sie den Rest ihres Lebens als priesterliche Hüter des Tempels verbringen dürften und am Ende keiner länger als der andere leben solle. Der Wunsch wurde erfüllt. B. und P. kümmerten sich um den Tempel, solange sie lebten, und wurden, als sie starben, der eine in eine Eiche, der andere in eine Linde verwandelt, die Seite an Seite wuchsen.« (Tripp 1991, S. 127)

In diesem Mythos hat Ovid ein bewegendes Bild für die Metamorphosen des Seelischen geschaffen. Am Beispiel eines alten Paares zeigt er uns, was es bedeutet, sich auf die »Verwandlungswirklichkeit« (Salber 1993) des Seelischen einzulassen und ein individuelles und ein gemeinsames Maß für ihre Gestaltung zu finden. Während andere im »Sumpf« symbiotischer Verschmelzungen und Verstrickungen untergehen (Überschwemmung), unterscheiden die beiden sich als Individuen (Eiche und Linde) und bleiben doch aufeinander bezogen (Gegenüberposition und sich berührende Äste). In vielfältiger Weise lassen sich Philemon und Baucis auf die intrapsychische und interpsychische Dialektik der seelischen Wirklichkeit ein. Besonders anschaulich zeigt sich das darin, dass sie sich dem Fremden, dem Anderen, dem Dritten öffnen. Darin veranschaulicht sich eine postödipale Reife, in der die Spannungen triangulärer Konstellationen reguliert werden. Das Dritte und Ungelöste kann auch die umfassende Wirkungseinheit des Paares sein, die mehr und anders ist als ein additives Zusammen zweier Individuen. Bei Philemon und Baucis ist das Schöpferische der umfassenden Wirkungseinheit in der gemeinsamen Hütte und besonders in dem Heiligtum des Tempels versinnbildlicht. Im Tempel findet die Verehrung des Schöpferischen in ritualisierter Form ihren Ort. Die Metamorphose der Wirklichkeit geht über das Leben hinaus. Philemon und Baucis stehen für Wirklichkeiten, die selbst in heftigen und schicksalhaften Verwandlungen ihre Kontinuität nicht verlieren und sich über den Tod hinaus in biologischen Kreisläufen und in kosmischen Bahnen aufgehoben fühlen.

So weit eine kurze Analyse der Symbolik, die mir bei meinem Einfall nicht in dieser Differenziertheit zur Verfügung stand, sondern ein Produkt meiner nachfolgenden Selbstanalyse ist. Ich hatte also durch die Erfahrung mit meiner Analytikerin und ihrem Mann ein hoffnungsvolles Entwicklungsbild für meine Zukunft entworfen. Ich belebte wieder oder erfand neu die Imago eines glücklichen alten Paares, das seine Zukunft gemeinsam gestaltet, dabei offen bleibt für das Fremde und Andere und auf das Schöpferische seiner Wirklichkeit baut. In einer späteren Sitzung, als ich noch einmal auf diese Szene einging, reagierte meine Analytikerin in einer Weise, dass ich an meiner freudigen Berührung bemerkte, was ich schon damals ahnend gesucht hatte. Die Tiefe und Intensität meiner Bewegtheit kontrastierte dabei in auffälliger Weise mit der Einfachheit ihrer Reaktion. Ich hörte, wie sie hinter mir in persönlicher Weise auflachte und sagte: »Es hat Ihnen gut getan wahrzunehmen, dass sich auch alte Leute noch gern haben können.« Ich merkte, wie sehr ich mich freute, diese unmittelbare Bestätigung meines Erlebens durch sie doch noch erhalten zu haben. Ich habe hier selbst noch einmal erfahren, wie das eigene Erleben eine ganz andere Fundierung erhält, wenn es vom »Übertragungsobjekt« validiert wird. Ich spürte unmittelbar, dass ich nun die Antwort erhalten hatte, die ich in der damaligen Stunde gesucht hatte.

2.3   Merkmale impliziter Wandlungs-erfahrungen

Ich möchte die beschriebenen Phänomene als *implizite Wandlungserfahrungen* bezeichnen und versuchen, sie weiter zu präzisieren. Es ist nicht leicht, diese präsentischen Ereignisse sprachlich zu fassen. Ohne noch so vorläufige Beschreibungsversuche würden sich die betreffenden Vorgänge und Erscheinungen wieder verflüchtigen und im Hintergrund der psychoanalytischen Praxeologie verschwinden.

1. Die implizite Wandlung wird nicht gemacht, sondern sie ereignet sich, sie geschieht mit einem. Analytiker und/oder Analysand machen hier eine neue Erfahrung. Sie ist jedoch nicht planbar. Da eine derartige Feststellung in der Literatur immer wieder mit einer Kritik an Alexanders Konzept der »corrective emotional experience«

(1956) verbunden wird, erscheint mir hier eine klärende Anmerkung notwendig. Einige wenige seiner Formulierungen, die seine Kritiker bis auf den heutigen Tag bevorzugen, scheinen nahezulegen, als könne und solle der Analytiker *dem Patienten bewusst andere Erfahrungen machen.* Wenn man die entsprechenden Zitate jedoch auf den ursprünglichen Gesamtzusammenhang bezieht und sich insbesondere einmal vor Augen führt, dass sie aus einer Zeit stammen, in der Paula Heimann (1950) erst begann, ihr bahnbrechendes Verständnis für eine Nutzung der Gegenübertragung zu formulieren, könnte Alexander als ein höchst verdienstvoller Vorreiter der Enactmenttheorie angesehen werden, der seiner Zeit weit voraus war. Stattdessen wird er immer wieder in ahistorischer Weise rezipiert und sein Begriff der »corrective emotional experience« als Stigma für anders denkende heutige Kolleginnen und Kollegen verwendet. Der Hintersinn offenbart sich auch, wenn diese Redewendung als »*korrigierende* emotionale Erfahrung« übersetzt wird und nicht als »*korrektive* emotionale Erfahrung«. Im letzteren Falle geht es um eine Veränderung und im ersteren um eine gezielte Einwirkung (»Erziehung«). Es handelt sich hier um eine translative Fehlleistung, die in der psychoanalytischen Literatur sehr verbreitet ist. Es wäre genauso verfälschend, statt von einer *mutativen* von einer *mutierenden* Deutung zu reden.

2. Auch das Erleben einer impliziten Wandlungserfahrung ist nicht einfach zu beschreiben. Am besten passt für mich noch, *dass ich etwas gewahr oder eines seelischen Geschehens inne werde.* Das Erleben einer unmittelbaren Verwandlung ist deutlich verschieden von den klar fokussierten Erlebensprozessen kognitiver Umstrukturierungen. Eher ist es mit dem Strömungserleben vergleichbar, das sich ergibt, wenn sich muskuläre Verspannungen als leibfundierte Abwehr- und Sicherungsformen auflösen. Aber auch diese Erlebensprozesse sind noch zu spezifisch, körperlich meistens ziemlich genau zu lokalisieren, um mit den Erfahrungen impliziter Wandlung gleichgesetzt werden zu können. In meinem Beispiel war es mir, als wenn mich ein Hauch des Verstehens ganzheitlich durchweht hätte. Es ist weder nur mental noch nur leiblich zu qualifizieren. Der Prozess erfasste mich jedenfalls *ganzqualitativ.* Solche Erfahrungen sind denen verwandt, die im religiösen Bereich wohl mit »Erleuch-

tung« und »Offenbarung« umschrieben werden. Wenn man von dem theologischen Kontext der Begriffe absieht und das Erleben mit den schöpferischen Tendenzen des Seelischen in Verbindung bringt, würden diese Begriffe wieder besser passen: Ich werde meiner eigenen schöpferischen Lebensbewegung inne. Ich merke, wie sich meine Wirklichkeit wandelt. Erlebensmäßig durchzieht mich tatsächlich ein neuer Geist. In mir erhellt sich etwas, das bisher nicht zugänglich oder nicht da war. Ich glaube, dass sich in den Therapien immer wieder derartige »Pfingsterlebnisse« ereignen.

3. Die impliziten Wandlungserfahrungen gehören zu bestimmten Situationen, die man mit Adler (1929a) als prototypisch oder mit Lichtenberg (1987, 1989) als modellhaft bezeichnen kann: Ich lebe meine lebensstiltypische Wirklichkeit, und diese erfährt über das authentische Sosein einer besonderen Bezugsperson einen *Wandlungsruck*. Diese Veränderung wird staunend erfahren und nachträglich erinnerlich. Anders als bei den von Stern (1998) beschriebenen »now-moments« geht dieser impliziten Wandlungserfahrung keine Prägnanzphase voraus, in der sich der Analytiker bewusst in einer kritischen Situation erlebt, die zu einer Entscheidung nötigt. Die Erfahrungen kommen quasi unvermittelt über einen.

4. Wenn die impliziten Wandlungserfahrungen auch nicht zielgerichtet herstellbar sind, so heißt das nicht, dass sie von keinem praxeologischen Interesse wären. Das zeigt sich schon daran, dass sie durch rigide Auslegung von Spiegelung, Neutralität, Abstinenz, Nichtaktivität, Nichtbefriedigung usw. behindert oder ausgeblendet werden. Ihre therapeutische Wirksamkeit bleibt z. B. bei mangelnder Validierung oder beim Übergehen heilsamer Ressourcen ungenutzt. Je bewusster sich der Analytiker der aktionalen Dimension wechselseitiger Behandlung ist, je mehr er sein Tun und Lassen und das des Patienten als umfassende Wirkungseinheit wahrzunehmen gelernt hat, umso mehr schöpft er aus dem dem intersubjektiven Geschehen immanenten therapeutischen Wirkungen, die er nicht kontrollieren, sondern die er nur über seine Teilhabe mitgestalten kann. Je weniger ihm diese bewusst sind und je mehr er an Fiktionen von falsch und richtig hängt, umso wahrscheinlicher werden sich unbewusste wechselseitige Benötigungen entwickeln.

5. Wenn die beschriebenen Beispiele auch Ereignisse sind, die nicht planbar sind, ja durch den Versuch, sie zu arrangieren, schon ver-

hindert werden, so kann der Analytiker wiederum vieles tun und bereitstellen, damit sie möglich werden. Es leuchtet sicher ein, dass solche Erfahrungen vom Übertragungs- und Gegenübertragungsgeschehen abhängig sind, noch präziser: von den zirkulären Wirkungszusammenhängen, die wir mit solchen »spaltenden« Begriffen meinen. Der so genannte psychotherapeutische Raum ist eine solche *Bereitstellung* für mögliche explizite und implizite Wandlungen. Ohne meine vorhergegangenen Erfahrungen von Resonanz und Akzeptanz hätte ich die in den Situationen beschriebenen wohl nie machen können. Sie wurden durch analoge Verstehensprozesse in vorausgegangenen Phasen und früheren Analysen sowie natürlich durch meine bisherige Lebenserfahrung vorbereitet.

Der allgemeine Hinweis auf den Erfahrungsraum der psychotherapeutischen Situation muss noch spezifiziert werden. Es sind gerade die *operativen Züge dieses therapeutischen Wirkungsgeschehens*, welche die unerledigten und unbewältigten Tendenzen des Seelischen (z. B. Bedürfnisse, Mangelzustände, Konflikte, Abwehrmaßnahmen, Selbstsicherungen usw.) wieder aktualisieren und sie damit wieder wahrnehmbar, verstehbar und neu bearbeitbar machen. So hat in meinem Beispiel das Begrüßungsritual als ein relativ formales Handlungsmuster dem Seelischen einen Anhalt geboten, um abgewehrte Ängste, verschüttete Bedürfnisse und Hoffnungen wiederzubeleben, die – recht verstanden und validiert – in heilsamer Weise mein künftiges Leben vorstrukturieren konnten. Wir müssen hier nicht mystische und magische Hilfsvorstellungen bemühen, weil uns die neuere Säuglingsforschung viel plausiblere Erklärungen anbietet, die nach den entwicklungspsychologischen Entdeckungen von Piaget (1946), Lichtenberg (1987, 1991, 1998) und Stern (1989, 1996, 1998) mittlerweile gut nachvollziehbar sind. Ich sehe hier von den differenzierten Erörterungen der verschiedenen Positionen – wie sie bei Dornes (1993, 1996, 1997) sehr detailliert nachzulesen sind – ab und fasse die Ergebnisse so zusammen: Kleinkinder machen ihre prototypischen Lebenserfahrungen nur im Rahmen umfassender »Handlungseinheiten« (Salber 1965). Im Vollzug dieser Erlebniseinheiten nehmen sie wahr und wenden sich ab, begreifen und missverstehen sie, behalten und vergessen sie, fühlen und reagieren sie, produzieren und reproduzieren sie, gestalten sie und gestalten sie um. Hierbei geht es keineswegs nur um die Erfahrungsniederschläge des frühen Handlungsdialogs. Erfassen, Begreifen und

Denken sind bis ins siebte Lebensjahr in senso-motorische Schemata eingebettet und bleiben während der gesamten Grundschulzeit ein operatives Geschehen (Aebli 1966, Piaget 1946, Piaget und Inhelder 1966). Insbesondere die Kategorien, die seelische Erfahrungen symbolisieren, haben eine bis in die Pubertät reichende operative bzw. interaktive Vorlaufzeit.

Wenn diese Erfahrungen (z. B. aus Abwehrgründen) nicht bzw. nicht angemessen symbolisiert werden konnten, bleiben sie Deutungsbemühungen gegenüber – zumindest erlebensmäßig – unzugänglich. Wenn jedoch die leiblichen Andeutungen entwicklungsanalog aufgegriffen werden und ihnen ein entsprechender Bewegungsspielraum geboten wird, entfalten und formieren sie sich bald zu prototypischen Situationen der früheren und der gegenwärtigen Wirklichkeit und werden darüber erst dem reflexiven bzw. repräsentierenden Verstehen zugänglich. Indem und während sie sich prozedural und operativ ausformen, vollziehen sich allerdings bereits ein präsentisches Verstehen und eine *unmittelbare Selbstbehandlung* des jeweiligen Komplexes. Durch die über lange Zeit verpönte aktionale Dimension gewinnt das therapeutische Wirkungsgeschehen einen besonderen regredienten Tiefgang. In den Handlungsdialogen werden sprachlich unzugängliche Komplexe und Selbstzustände erst wieder zugänglich und fassbar.

6. Mit der Reaktualisierung früher Handlungsdialoge eröffnet sich eine *neue Dimension regressions- und entwicklungsanaloger Behandlungen*. Es werden – oft zur Überraschung von Analytiker und/oder Patient – Verhaltensweisen des Analytikers unmittelbar therapeutisch wirksam, die bei adultomorpher oder traditioneller Betrachtung inadäquat oder gar peinlich wirken. Ich denke hier an Verhaltensweisen erfahrener Kolleginnen und Kollegen, die mir aus Literatur oder Supervision bekannt sind, die zuweilen Patienten in spezifischen Situationen – analytisch reflektiert – konkrete unterstützende Handlungen angeboten haben: z. B. einen Gegenstand oder ein Plüschtier aus der Praxis mitgeben, zum Geburtstag gratulieren, sich ausdrücklich über Erfolge und Fortschritte freuen, besonders wichtigen Ereignissen (z. B. einer Premiere im Theater, einem Abschiedsgottesdienst, einem Vortrag) als Zeuge beiwohnen, einen imaginären Schutzengel für eine anstehende Operation mitgeben, zu Weihnachten oder im Krankenhaus anrufen usw. Ich er-

innere mich noch gut an die strahlenden Augen einer Kollegin, als sie mir erzählte, wie beglückend es für sie gewesen sei, als sie während einer längeren Krankheit genau in der Stunde, zu der sonst die Analysesitzung stattfand, von ihrer Lehranalytikerin angerufen wurde.

Man kann aus dem Elfenbeinturm der reinen Lehre darüber den Kopf schütteln, wir alle wissen aber, dass diese Szenen noch häufiger auftreten, als Publikationen das ohnehin schon nahe legen. Wer die Wirksamkeit solcher konkreten, oft naiv anmutenden Hilfen bezweifelt, sollte einmal nach Beendigung der Analyse Patienten befragen, was ihnen besonders geholfen habe! Wer dann noch zweifelt, könnte Lehranalysanden oder sich selbst befragen, in welchen Situationen der Analyse er oder sie sich gefreut und was ihm oder ihr besonders gut getan habe. Viele der Antworten werden Erstaunen auslösen, dies allerdings nur aus einer adultomorphen Perspektive. Aus einer entwicklungspsychologischen Sichtweise ist es selbstverständlich, dass Eltern ihre Kinder mit Worten und Taten unmittelbar unterstützen und sie ebenso unmittelbar bei Enttäuschungen trösten, aber auch ebenso unmittelbar frustrieren und verletzen können. Wenn Patienten auf dieses Entwicklungsniveau regredieren, werden diese ermutigenden »elterlichen« Interventionen wirksam, und das nicht nur im Sonderfall besonders schwer und früh gestörter Patienten. Ein schönes Beispiel verdanke ich einer Kollegin, die mir auf die Frage nach freudigen Analyseerinnerungen freundlicherweise dieses mitteilte:

Ein Hustenbonbon vom Analytiker:
»Die erste Szene, die mir einfällt, spielt in einer klassischen Psychoanalyse: ich hatte einen furchtbaren Husten, schon mehrere Sitzungen hintereinander. Ob somatisch oder psychisch – in den Analysestunden war er so stark, dass ich kaum sprechen konnte. Und er wich auch keiner Deutung. *Und dann schenkte mir der Analytiker ein Hustenbonbon!* Ich weiß nicht mehr, was mit dem Husten geschah, jedenfalls trug ich das Hustenbonbonpapier lange mit mir herum wie einen Talisman.« Abschließend fügte sie noch hinzu, es würde wohl nicht verwundern, »dass diese Szene in der Analyse **nicht** weiter erwähnt wurde«.

In solchen Übertragungssituationen kann sich die therapeutische Haltung und alles, was damit operativ verbunden ist, heilsam auswirken: Annehmen, Verabschieden, Begrüßen, Freuen mit dem und über den Patienten, die gütige Stimme, die beruhigenden Worte, der Glanz im Auge des Analytikers, seine Freude über das Weiterkommen des Patienten, sein Humor, seine Ermutigungen, seine Unterstützungen, die Anteilnahme bei Enttäuschungen, die vermittelnde Weise der Abgrenzung und die dosierten Formen des Konfrontierens usw. In demselben Sinne können sich auch ganz konkrete Reaktionen des Analytikers, sogar solche wie die oben beschriebenen, zum Schaden des Patienten auswirken.

Zusammengefasst: Implizite Wandlungserfahrungen sind nicht machbar, sondern sie ereignen sich. Sie sind jedoch durch rigide Regeln im Sinne eines fiktiven Reinheitsgebotes der Psychoanalyse verhinderbar. Im Unterschied zu einer objektalen und kognitiven Umstrukturierung (»Einsehen«) handelt es sich um eine ganzheitliche Erfahrung (»Gewahren«, »Innewerden«). Sie beziehen sich auf prototypische Lebenssituationen (»Modellszenen«) und haben ihre biographische Geschichte. Diese aktualisiert sich im Wirkungsgeschehen zwischen Patient und Analytiker. Die operative und leibliche Dimension dieser Interaktionen hat einen besonderen Tiefgang. Dabei vollziehen sich immer wieder Akte präsentischen Verstehens und unmittelbarer Selbstbehandlung. Mit der Aktualisierung früher Handlungsdialoge eröffnet sich eine basale Dimension entwicklungs- bzw. regressionsanaloger intersubjektiver Behandlung.

2.4   Hinderliche und förderliche Enactments

Die obigen Überlegungen legen nahe, das bisherige Verständnis von Enactments zu erweitern und zwischen *entwicklungshemmenden und entwicklungsförderlichen Enactments* zu unterscheiden. Die ersteren stellen unbewusste Verstrickungen dar, deren Spannungen ausgehalten und deren latenter Sinn erarbeitet werden müssen, damit die im Agieren zum Ausdruck kommenden Abwehr- und Sicherungsformen sich lockern bzw. auflösen und die festgefahrene Entwicklung wieder in Fluss kommt. Daneben gibt es aber Inszenierungen, die einer schöpferischen Behandlung dienen, wobei der

Patient die operativen Wirkungszusammenhänge zwischen sich und dem Therapeuten zum eigenen Wachstum nutzt. Diese unmittelbaren Wandlungserfahrungen können durch ein nachträgliches Verstehen noch ausdrücklich validiert und besonders fundiert werden. Darüber hinaus lassen sich möglicherweise die auf dieser Ebene neu gewonnenen Erfahrungen und Einsichten umfassender auf die aktuelle Lebenswirklichkeit übertragen. Insbesondere rufen unmittelbare Wandlungserfahrungen oft sporadische glückliche Kindheitserinnerungen wach. Aus diesen »biographischen Oasen« erwachsen glücklichere Entwürfe und Bilder für die eigene Wirklichkeit. So ergeben sich *drei verschiedene Formen des Verstehens und eine des Nichtverstehens* mit negativen Folgen für den psychotherapeutischen Prozess. Ebenso unterscheide ich *vier Typen der Bearbeitung*, von denen drei der Heilung des Patienten dienlich sind und eine in die Mesalliance wechselseitiger Be-Nötigung führt, in der der eine den anderen zur eigenen Selbstsicherung nötig hat und nötigt bzw. zur Abwehr seiner Konflikte benutzt. Das folgende Schema auf Seite 54 fasst die obigen Überlegungen noch einmal zusammen.

Enactments haben eine grundlegende Bedeutung. Sie werfen die praxeologischen Fragen auf, wie sie überhaupt entstehen und geschehen, wieso sie so oft unentdeckt bleiben, wie sie verhindert werden und wie sie ermöglicht werden können, wie sie wahrgenommen und validiert werden können. Insbesondere machen sie auf behandlungsmethodische Andeutungen, die diesen Wirkungseinheiten von Patient und Analytiker innewohnen, aufmerksam und wecken das Interesse dafür, wie sie für den therapeutischen Prozess fruchtbar werden könnten. Sie sollten deswegen in die Behandlungslehre einbezogen werden. Solche unmittelbaren therapeutischen Wirkungen können durch rigide Therapieregeln stark eingeschränkt und sanktioniert werden. Ein puristisches Bemühen um und eine entdialektisierte Auffassung von Abstinenz, Neutralität und Nichtaktivität schaffen jedenfalls eine therapeutische Atmosphäre, die die unmittelbaren therapeutischen Wirkungen im Kontakt nicht nur erstickt, sondern neue seelische Störungen geradezu provoziert bzw. alte fixiert. Unsere basale Heilungsfunktion besteht deswegen darin, den Raum für die Prozesse des Neubeginns und der Selbsterneuerung nicht nur nicht einzuschränken, sondern zu bereiten. Im Sinne Winnicotts könnte man davon sprechen, es dem Patienten immer wieder zu ermöglichen, sich seiner eigenen Existenz bewusst zu wer-

Enactments

hinderliche Enactments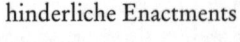förderliche Enactments

Verlaufsphasen:
1. Aktualisierung
2. Inszenierung
3. Bearbeitung

3.1	3.2	3.3	3.4.
ausdrückliche	fehlende	unausdrückliche	nachträgliche
Verstrickung	Verstrickung	Interaktion	Interaktion
bemerkt	unbemerkt	unbemerkt	bemerkt
Verstehen	Nicht-Verstehen	Verstehen	Verstehen
mittelbar	unmittelbar	unmittelbar	mittelbar
Auflösung	Stagnation	Stabilisierung	Validierung
Fortsetzung	Eskalation	Ermutigung	Fundierung

wechselseitige

Behandlung heilsam	Benötigung unheilsam	Behandlung heilsam	Behandlung heilsam

den bzw. zu wagen, originär zu existieren und – wie heute hinzugefügt werden könnte – auch dazu angeregt und ermutigt zu werden. Wenn in der Psychoanalyse von Handlungsdialogen oder Enactments die Rede ist, sind damit in der Regel interaktive Szenen gemeint, die sich unbewusst zwischen Patient und Analytiker ereignen. So wird versucht, zwischen einem Handeln, »*das nicht bewusst und aktiv durch den Analytiker angeregt wird*« (Müller-Braunschweig 2001b, S. 10), und einem vermeintlichen unanalytischen Handeln zu unterscheiden, das bewusst und aktiv vollzogen wird und gewöhnlich als »manipulativ« bzw. »strategisch« kritisiert wird. Diese Unterscheidung lässt sich jedoch nicht aufrechterhalten. Sie dient vermutlich ebenso der fiktiven Reinhaltung der psychoanalytischen Behandlung. Eine solche Aufteilung blendet wesentliche und basale Formen des psychotherapeutischen Wirkungsgeschehens aus. Das wird offensichtlich, wenn der Patient angeregt oder aufgefordert wird, sich auf die Couch zu legen oder sich in den Sessel zu setzen. Freud wollte durch das Liegesetting (Entsprechendes gilt für das Sitzsetting) ausdrücklich den expressiv-motorischen Bereich des Verhaltens und Erlebens blockieren, da er glaubte, durch die Einschränkungen der Motilität die motorische Abfuhr nach außen zu unterbinden, den Druck nach innen zu verstärken und damit die Wahrnehmung der Patienten auf ihre seelische Tätigkeit zu konzentrieren. Ganz abgesehen davon hatte dieses Arrangement auch noch persönliche Gründe, da er es nicht vertrug, »acht Stunden täglich (oder länger) von anderen angestarrt zu werden«. Freud war sich darüber im Klaren, dass es sich um eine dem Patienten »aufgezwungene Situation« handelt (Freud 1913, 467 ff., 1904b, S. 4 ff.). Es lassen sich noch viele weitere Situationen finden, in denen der Analytiker bewusst handelt: Wenn er seine Patienten auf die Assoziationsregel verpflichtet, wenn er die Behandlungsfrequenz dosiert, wenn er den Patienten einen geschützten therapeutischen Raum in einem freundlichen Ambiente bereitstellt, wenn er sich Projektion und projektive Identifizierung offen hält, wenn er quälende Selbstzustände des Patienten aufnimmt und stellvertretend für diesen transformiert, wenn es immer wieder zu konkreten Begegnungen und now-moments am Rande der Behandlung kommt, wenn Patienten den Rahmen des herkömmlichen Settings verändern und den Analytiker, ob er will oder nicht, in konkrete und überraschende Handlungsdialoge einbeziehen, ganz zu schweigen von der permanenten gestischen, mimischen, stimmlichen und respiratorischen Interaktion. Tatsache ist, dass es für den Analytiker überhaupt nicht möglich ist, nicht zu handeln. Auch die Trennung zwischen bewusst und unbewusst ist nicht durchzuhalten, insofern es ein unbewusstes Verstehen ebenso gibt wie ein bewusstes Tun, das unverstanden bleibt. Letztlich ist wohl auch der Handlungsbegriff zu eng, um das gesamte intersubjektive Geschehen zu erfassen. Da die Prinzipien Deutung, Beziehung und Handlung nur Teilaspekte erfassen, spreche ich lieber von einem Wirkungsgeschehen. Analytiker und Patient schaffen durch ihr bewusstes und unbewusstes Tun und Lassen jeweils *spezifische Handlungs- und Erlebniseinheiten, die als solche bereits heilsam und unheilsam wirken,* noch bevor sie überhaupt wahrgenommen bzw. durchgearbeitet werden.

3. Behandlungsmethodische Implikationen von Enactments

3.1 Verstrickungen als Begegnungssuche

In einem kurzen und verdichteten Beispiel Klüwers, »das es in sich hat«, deutet sich an, wie die behandlungsmethodischen Implikationen psychotherapeutisch zu nutzen sind. Ich möchte es deswegen der Anschaulichkeit halber meinen Ausführungen voranschicken und die komplexen Zusammenhänge, die es m. E. enthält, hier in einem eigenen Kapitel darstellen.

Eine vergewaltigte Patientin angemessen anfassen:

»Eine im Alter von zwölf Jahren durch ihren Freund vergewaltigte 21-jährige Patientin behandelt den Analytiker so, dass dieser unbemerkt Angst bekommt, er könne sie, wenn er mit ihr spricht, mit seinen Worten in unangemessener Weise ›angreifen‹. Er bleibt, um ihr nichts Böses und Abträgliches zu tun, von ihm selbst unbemerkt so fern, weil er sie nicht anzufassen wagt. Solange er sie aber nicht anfasst, kann keine emotional überzeugende Veränderung in dem Sinne stattfinden, dass die Patientin erkennen kann, dass sie in der Übertragungsbeziehung eine Wiederholung der Vergewaltigung befürchtet. Der Analytiker muss den Mut fassen, sie anzufassen, eine Form finden, wie er das vollziehen kann, und sich klar darüber werden, dass es sich dabei nicht um eine Vergewaltigung handelt.« (Klüwer 2000, S. 33)

Klüwer hat die praxeologische Bedeutung des Enactment-Konzepts unter dem von ihm eingeführten und mittlerweile verbreiteten Begriff des »Handlungsdialogs« am weitesten fortgeführt. Zunächst einmal vermeidet das Konzept des Handlungsdialogs die Nachteile des »szenischen Verstehens«, nämlich die Einengung der psychoanalytischen Perspektive auf die einer Ein-Personen-Psychologie. Während in der »szenischen Funktion des Ichs« (Argelander 1970b) die Beteiligung des Therapeuten am psychotherapeutischen Wirkungsgeschehen ausgeblendet wird, ist mit Begriffen wie Handlungsdialog oder Enactment oder Inszenierung der Therapeut immer auch als Mitgestalter erfasst. Dennoch wahrt das Konzept des Handlungsdialogs die Vorzüge des »Szenischen Verstehens«, nämlich die ganzheitliche, bildhafte Erfassung von komplexen Abläufen. Es erleichtert das Entdecken unbewusster Sinnzusammenhänge. Als operatives, anschauliches und prozedurales Geschehen, also als sich aktualgenetisch entwickelnde Handlungseinheit, ist es dem unmittelbaren Verstehen sehr nah. Es entfaltet die konkreten Verlaufsgestalten, aus denen erlebensmäßig fundierte prototypische Einsichten erwachsen. Darüber hinaus handelt es sich um einen wichtigen behandlungsmethodischen Fortschritt, insofern die tradierte, regressive Einseitigkeit der Psychoanalyse zugunsten der progressiven Seite psychoanalytischer Behandlung kompensiert wird. Im Handlungsdialog wird ein psychologischer Ort des Wirkungsgeschehens zwischen Patient und Therapeut fokussiert, in dem sich Vergangenheit (biographischer Sinn) und Gegenwart (aktuelle Wirklichkeitsgestaltung) verbinden. Aus der individualpsychologischen Perspektive Adlers sollte hier auch nicht der finale oder der Zukunftsaspekt (Entwürfe, Ziele) übersehen werden. In dieser Koinzidenzstätte von Vergangenheit, Gegenwart und Zukunft liegt auch die Quelle seelischer Veränderung. Sie ist von einer hohen Komplexität und birgt eine umfassende Sichtweise. Sie entspricht der »Gesamtsituation« von Joseph (1994, S. 231 ff.), den »generalisierten Interaktionsrepräsentationen« (RIGs: Representations of Interactions that have been Generalized) von Stern (1992, S. 143 ff.), dem zentralen Beziehungskonflikt (»The Core Conflictual Relationship Theme«) von Luborsky (1990) sowie Balints (1973) Konzept des Fokus. Auch der historische Bezug zu Freuds früher Auffassung, dass eine Neurose durch die Blockierung hoch bedeutsamer Handlungskreise entsteht (Salber 1973), sollte hier ebenso wenig übersehen werden wie Adlers (1912b, 1930–32) originär holistischer Ansatz, nach dem der Mensch gar nicht anders kann, *als sich auch in der Praxis in seinem unbewussten Bewegungsmuster vorzustellen.* Die genannten Begriffe zielen auf die größeren Sinnzusammenhänge, die sich im zirkulären Übertragungsgeschehen herausbilden. Sie kommen der komplexen Wirklichkeit des Seelischen näher und entfernen sich nicht so weit von den Phänomenen wie z. B. die abstrakten Konstrukte des »seelischen Apparates« oder auch der »Repräsentanzen« oder die Modellvorstellung geologischer Schichten.

Die häufig verwandten Theatermetaphern sind sehr ansprechend, weil sie eine zeitliche Aufeinanderfolge berücksichtigen. Die »inneren« Objektbeziehungen sind organisiert in Szenarien, die sich in Handlungsdialogen oder Enactments aktualisieren und ins Bild setzen. Wenn der Patient die in ihm aktualisierten Tendenzen nicht benennen kann, muss er sie inszenieren und versuchen, das Gegenüber zu bewegen, sich im Sinne seines Entwurfes zu verhalten. Der Therapeut ist in seiner analytischen Haltung besonders empfänglich für solche Einwirkungen. In manchen Fällen ist der Patient auf die sich daraus ergebenden Verstrickungen angewiesen. Die Aktualisierung seines Konfliktes und dessen Abwehr bzw. die Inszenierung seiner Selbststörungen und seiner Selbstsicherungen erhalten dadurch eine zentrale Bedeutung für die Behandlung. Klüwer bezeichnet die Tendenzen von Patienten, ihre Analytiker zu verstricken und deren persönliche Betroffenheit zu erfahren, als »*Begegnungssuche*« (Klüwer 2001, S. 354). In seinem Festbeitrag zu Argelanders 80. Geburtstag verfolgt er diese vom Patienten gesuchte Verstrickung oder Begegnung noch weiter, spürt den unbewussten Bedürfnissen des Patienten nach und gelangt zu den praxeologisch bedeutsamen Folgerungen, die einen Übergang zu den behandlungsmethodischen Implikationen von Enactments, wie ich sie verstehe, liefern:

»In meiner eigenen recht breiten Supervisionserfahrung finde ich diese Beobachtungen auch in allen anderen Verläufen bestätigt, egal in welchem Rahmen sie verlaufen. Es ist offensichtlich so, dass jeder Patient seinen Therapeuten zu ›bewegen‹ sucht, wobei es scheint, dass die Bewegung für den Patienten erst dann eine wirklich überzeugende Qualität annimmt, wenn der Analytiker die vom Patienten aufgenötigte Bewegung zunächst nicht bemerkt, aber an ihr, oft in leidender Form, teilhat, und das heißt auch: sie noch nicht versteht. Der Patient hat aus einer Reihe von Gründen ein Interesse an einer unbewusst spürbaren Verwicklung des Analytikers: Sie enthält zum einen immer ein Befriedigungs- oder Entlastungsmoment für den Patienten, zudem kann er sich an- und ernst genommen fühlen, und schließlich erfährt er emotional, dass er eine Wirkung auf den Analytiker ausüben kann.« (Klüwer 2000, S. 37)

Diese Überlegungen verweisen über das szenische Verstehen hinaus: Der Patient braucht offenbar die spürbare Verwicklung des Analytikers. Darin liegen ihn befriedigende und lustvolle Momente sowie die Erfahrung, sich an- und ernst genommen zu fühlen und eine Wirkung auf den Analytiker ausüben zu können. Ich fasse zusammen: Was im frühen Handlungsdialog entgleist ist, kann auch nur in einem entsprechenden Handlungsdialog wieder in die Spur und in Bewegung gebracht werden. Die regressionsanaloge Behandlung im wörtlichen Sinne findet zu den Quellen der Störung und zu den Ressourcen des Neubeginns zurück. Ein interessantes Beispiel dazu berichtet Edeltrud Meistermann-Seeger vom Beginn ihrer Analyse. Sie lebte in Köln und machte ihre Lehranalyse bei Balint in London. Sie beschreibt in einem autobiographischen Aufsatz die *Initialszene* ihrer Lehranalyse. Meistermann-Seeger, die sich selbst als schwierige Lehranalysandin bezeichnete, eröffnete ihre Analyse in dem großen Raum Balints mit der altmodischen Chaiselongue folgendermaßen:

Hände weg:
»Ich legte mich herzklopfend hin, er sagte nichts, ich zitterte und sagte schließlich: ›Wenn Sie die Hand nach mir ausstrecken, bringe ich Sie um.‹ Weder Balint noch ich haben in dieser Stunde noch ein weiteres Wort gesprochen.« (Meistermann-Seeger 1992, S. 271)
Schmunzelnd wird der kundige Leser feststellen, dass Meistermann-Seeger einen weiten Weg von Köln nach London bzw. einen aufwändigen Umzug in Kauf nehmen und eine sehr spezielle Auswahl treffen musste, um überhaupt dieses Arrangement herstellen zu können: nämlich auf der Couch eines zur damaligen Zeit äußerst selten anzutreffenden Analytikers zu landen, der seine Patienten zuweilen physisch berührte. Um sich ihrer Abgegrenztheit und der ihres Lehranalytikers zu vergewissern, brauchte sie einen, der sie potenziell berühren könnte, aber gleichzeitig ihr Bedürfnis, auf keinen Fall berührt werden zu wollen, respektierte. Die »normale« Abstinenz der vielen anderen, viel leichter zu erreichenden Lehranalytiker reichte ihr nicht. Indem sie einen Lehranalytiker gewählt hatte, der bereit war, seine Patienten in besonderen Ausnahmesituationen auch zu berühren und für seine unkonventionellen Behandlungsmethoden bekannt war, kündigte sie bereits die Regressionsebene an, auf der sie tief verunsichert war und wie sie diese Verunsicherung vermutlich beheben wollte. Da ich eine solche Initialszene mit einer Reihe von Lehranalysanden und Patienten ebenfalls erlebt habe, vermute ich, dass sich im Schatten dieser Szene ein Bedürfnis nach basaler Unterstützung verborgen hielt.

3.2 Schöpferische Enactments

Neben den Verwicklungen, die der Patient braucht, um – mit Hilfe seines sich »herauswickelnden« Analytikers – weiterzukommen, gibt es auch Enactments, die unmittelbar entwicklungsförderlich sind. Analysanden kennen sie als die Analysesituationen, die über viele Jahre hinweg bzw. lebenslang in freudiger Erinnerung behalten werden. Eine solche klingt z. B. an, wenn Hoppe hervorhebt, dass er es als freundschaftlich erlebt hat, wenn I. H. Schultz, sein erster Lehranalytiker, sich von seinem Sessel hinter seiner Couch erhob und ihm Quellen und Zitate aus seiner reichhaltigen Bibliothek anbot (Hoppe 1995, S. 116). Noch deutlicher wird die operative Form der Behandlung in dem folgenden Beispiel, das ich den autobiographischen Anmerkungen von Benedetti zu seiner eigenen Lehranalyse entnommen habe:

Kompetition und Anerkennung:

»Eine kleine Episode zeigt, wie Bally die Kompetition behandelte: ich wurde von ihm einmal beauftragt, einen grenzpsychotischen Patienten während seiner zweimonatigen Abwesenheit zu betreuen. Dies gelang mir so gut, dass der Patient mir nach der verstrichenen Zeit sagte, er fühle sich von mir besser verstanden als von seinem früheren Analytiker und er wolle deshalb bei mir bleiben. Die Sache war mir auf der Ebene des Bewusstseins peinlich genug. Bally reagierte in einer Weise, die seinem Wesen entsprach: auf der einen Seite freute er sich über meinen Erfolg; das Erleben und Verlangen des Patienten sei ihm das Wichtigste, auch glaube er, dass ich besser als er auf den jüngeren Mann eingegangen sei. Auf der anderen Seite analysierte er meine unbewusste Genugtuung in der Übertragung. Rückblickend messe ich dieser Episode eine größere Bedeutung zu als damals. Ich war einst kein Chirurg geworden, weil ich glaubte, mich niemals mit meinem Vater in der Chirurgie messen zu können. Im Augenblick, wo Bally mir seinen Patienten überließ, wusste ich, was ich konnte.« (Benedetti 1994, S. 34 f.)

Bei Weiterbildungskandidaten ergeben sich viele zusätzliche Handlungsdialoge, weil sie ihren Lehranalytikern am Institut des Öfteren auch in anderen Funktionen begegnen. Viele berichten, dass sie ihre Lehranalytiker in offiziellen Funktionen als deutlich anders, meistens »strenger«, erlebt haben als in der Dualsituation der Lehranalyse. In solchen »öffentlichen Situationen« ergeben sich oft auch entwicklungsförderliche und modellhafte Erfahrungen. Erika Danneberg, die so frei ist, ihren autobiographischen Beitrag im dritten Band der »Psychoanalyse in Selbstdarstellungen« u. a. ihrer »geliebten Lehranalytikerin« zu widmen, berichtet authentisch von einer solchen glücklichen und heilsamen Erfahrung.

Sich die Freiheit nehmen:
Tea Genner-Erdheim hatte die Mitglieder der Wiener Psychoanalytischen Vereinigung verblüfft, als sie eine wissenschaftliche Sitzung in der altehrwürdigen Wohnung Aichhorns mit der rauchigen Stimme Lotte Lenyas eröffnete, die den »Surabaya Johnny« von Bert Brecht interpretierte. Am Beispiel von Fallvignetten und den entsprechenden Übertragungs- und Gegenübertragungsphänomenen interpretierte sie den Text als Metapher für frühe Objektbeziehungen:
»Ich weiß nichts mehr vom Diskussionsverlauf nach dieser ungewöhnlichen Präsentation – die ›Ratlosigkeit‹ der Kolleginnen und Kollegen ist mir eher als Atmosphäre in Erinnerung geblieben, nicht belegbar durch verbales Material. Und sie hat beigetragen zu dem narzisstischen Glücksgefühl, das ich an jenem Abend verspürt und geglaubt hab, es mit meinem Analyse-Bruder zu teilen, der das Tonbandgerät bediente. Wir beide, damals noch Kandidaten kurz nach Abschluss unserer Lehranalysen, fühlten uns nicht ratlos: ein Teil des im Vortrag verarbeiteten Materials stammte aus unsren Analysen – ›die Genner‹ hatte unsre Zustimmung eingeholt –, und ich war sehr stolz auf meine Lehranalytikerin, die sich die Freiheit einer ungewöhnlichen Präsentation genommen hatte. ›Sich die Freiheit nehmen …‹ Das war das eigentliche Thema meiner langen Analyse. Nie hab ich das Gefühl gehabt, dass meine Analytikerin, ›die Hexe‹, mir die Freiheit ›gibt‹. Aber ihr unkonventionelles Beispiel hat mich zu allerhand ›Unkonventionellem‹ in meinem Leben als Frau und als Analytikerin ermutigt.« (Danneberg 1995, S. 46)

Die berührende Authentizität solcher Erfahrungen kontrastiert scharf zu dem Mangel eines entsprechenden Platzes in der psychoanalytischen Behandlungslehre. Die programmatische Auffassung von Psychotherapie als einer wechselseitigen *Behandlung* muss noch durch eine operativ fundierte Praxeologie gefüllt werden. Ich möchte das kurz an dem Begrüßungsbeispiel (S. 35) erläutern: Wie es etwas anderes ist, über Tröstung zu phantasieren, als tatsächlich getröstet zu werden, ist ebenso die Besprechung des Bedürfnisses, willkommen zu sein, nicht zu vergleichen mit der Erfahrung, willkommen geheißen zu werden. Das Gefühl, unerwünscht zu sein, kann sich auf den verschiedensten Entwicklungsebenen gebildet haben. Jede Stufe hat ihre eigenen Formen des Wiederbelebens, des Verstehens und Behandelns. Ohne eine operative Perspektive fällt es dem Therapeuten schwer, die Wahrnehmungen und Handlungen des Patienten oder der Patientin (die z. B. keinen Zweifel hat, dass sie unerwünscht ist, wenn der Analytiker nicht an der Tür auf sie wartet) auf der entsprechenden Entwicklungsebene wahrzunehmen. In einem operativen Behandlungsverständnis kann er hingegen die Szene als einen Glücksfall betrachten, insofern sich hier für einen bislang unzugänglichen seelischen Komplex ein konkreter Anhalt zur handelnden und behandelnden Reinszenierung gefunden hat.

Der Handlungsdialog dient nicht nur dazu, um etwas Unbewusstes ins Bild zu rücken, sondern er stellt schon eine mehr oder weniger schöpferische Form der Selbst*behandlung* dar. *Indem* die Patientin mit ihrem frühzeitigen Schellen ihren Analytiker vorzeitig zur Tür holt und es so arrangiert, dass sie realiter auf einen sie vermutlich freundlich anlächelnden Analytiker zugeht, behandelt sie in entwicklungs- und regressionsanaloger Weise ihre frühen Ängste und ihre Formen der Selbstsicherung. Die unmittelbare Erfahrung, von einem bedeutsamen Menschen bzw. Mann, der in seiner eigenen Nötigung die Not der Patientin nachspüren kann, freundlich oder liebevoll erwartet zu werden, ist auf einer ganz anderen Ebene wirksam als z. B. die mentale Einfühlung während der Stunde, wenn diese Situation *nachträglich* sprachsymbolisch re-präsentiert und analysiert wird. Diese mental-empathischen Erfahrungen sind oft die Auslöser für derartige Enactments, da Patienten unbewusst die *Differenz zwischen hinlänglichen und notwendigen Erfahrungen* spüren und ebenso unbewusst nach Anhaltspunkten für eine operative Bearbeitung im analytischen Setting suchen. Hier bieten uns selbstverständlich auch die Gegenübertragungsgefühle des Analytikers wesentlichen Aufschluss. Vermutlich würde dann auch die Art und Weise relevant, in der der Handlungszyklus unterbrochen wurde. Jedenfalls wird ein Analytiker, der diese Formen der Selbstbehandlung nicht aus eigener Erfahrung kennt und nicht gelernt hat, sie auf der im Enactment angedeuteten Entwicklungsebene zu verstehen, wohl eher verunsichert sein. Wenn er seine Kompetenz nur in der nachträglichen Analyse sieht, wird er auch nicht merken, wie eine sich anschließende verbale Form der Bearbeitung den therapeutischen Prozess – analog zu adultomorphen Reaktionen von Eltern auf ihre Kinder – möglicherweise behindert.

Ich möchte noch weitergehen und fragen, ob nicht beide – also Patient *und* Analytiker – unbewusst auf einen Mangel oder einen Konflikt im bisherigen Behandlungsprozess, der sich nicht anders artikulieren konnte, antworten, aber die in der gemeinsam arrangierten Handlungseinheit verborgenen Entdeckungen aus Gründen vermeintlicher Abstinenz »draußen vor der Tür« lassen müssen.

Ein ganz neues Kapitel tut sich auf, wenn wir auf diese Weise noch die behandlungstechnischen Implikationen solcher Enactments herausarbeiten. Analytiker könnten sich die (die herkömmliche Praxeologie erweiternde) Frage stellen, welche behandlungsmethodischen »Hinweise« oder »Fingerzeige« oder »Andeutungen« – alles *etymologische Wurzeln von »Deuten«* – in den Handlungseinheiten enthalten sind und wie sie in der weiteren Behandlung zu berücksichtigen wären. Als ich in einem Informationsseminar auf der Psychotherapietagung 2000 in Lindau von meinen impliziten Freudeerfahrungen aus meiner ersten Reanalyse berichtete, fiel einer Teilnehmerin, wie sie mir nachher mitteilte, in einer freudigen Rührung eine wiederholte Szene aus ihrer Lehranalyse ein.

Ein Licht im Erker des Analytikers:
Wie sie morgens auf dem Weg zur Analyse von weitem schon das Haus ihres Analytikers sah und ihren erwartungsvollen Blick auf den Erker des Zimmers richtete, in dem die Sitzungen stattfanden; wie sie sich von der leuchtenden Lampe im Fenster begrüßt fühlte und sich freute, »willkommen geheißen zu werden, willkommen zu sein«. Die leuchtende Lampe wurde für sie zum Zeichen, dass er auf sie wartete und sich auf die Stunde mit ihr freute. Sie wisse überhaupt nicht, ob das überhaupt der Fall gewesen sei, da sie nie darüber gesprochen hätte und ihr das erst bei meiner Schilderung eingefallen sei. Nachher wurde sie unsicher und sagte, vielleicht hätte sie doch darüber gesprochen; aber wenn sie darüber gesprochen hätte, so sei sie sicher, dass er ihr diese Wahrnehmung nicht zerstört hätte. Wenn es so gewesen wäre, dann sei er sicherlich nur kurz darauf eingegangen, ohne sich zu äußern, was er selber bei ihrer Ankunft gefühlt hätte. Sie war sich jedenfalls sicher, dass ihre Wahrnehmung für ihre Entwicklung sehr bedeutsam war.

Ich kann das bestätigen und meine, auch gute psychologische Gründe dafür zu besitzen. Man könnte aus der bloßen diagnostischen

Perspektive meinen, hier handele es sich um ein peripheres oder sekundäres Phänomen, das im Übertragungs- und Gegenübertragungsgeschehen schon seinen Fokus habe. Nach meinen bisherigen Erkenntnissen fundieren derartige operative Erfahrungen mit dem Analytiker oft erst die mentale Empathie und das mentale Verstehen. Ich gehe also von einem umgekehrten Weg der Bildung einer Repräsentanz von Willkommensein aus. Wenn sich die Analysandin z. B. aufgrund ihrer Familienkonstellation oder Geschwisterposition sehr früh verunsichert fühlte, ob sie wirklich gewollt und willkommen war, hat sie offenbar bei ihrem Analytiker in der Konstanz und Präsenz seiner verstehenden Begleitung eine korrektive emotionale Erfahrung gemacht. Diese kann allerdings auf verschiedenen Ebenen der Regression erfolgen. Ein streng um die »Reinheit« des analytischen Settings bemühter und distanzlastiger Abstinenzbegriff versperrt dann den Zugang zu der Ebene, bis zu der die aktuelle Unsicherheit zurückreicht. Manchmal findet sich unbemerkt ein *Geheimweg*: wenn z. B. der Glanz im Auge des Analytikers einen regredienten Tiefgang eröffnet, der bis in früheste Entgleisungen des präverbalen Handlungsdialogs zurückreicht und seine heimlichen, aber heilsamen Wirkungen erzeugt. Hier finden die schöpferischen Kräfte des Seelischen, von Analytiker und Analysand unbemerkt, einen heilsamen Weg der Fundierung und Festigung späterer responsiver Erfahrungen. Obwohl schon erwachsen, kehrt die Analysandin in die Phase handelnder, vielleicht auch magischer Wirklichkeitsgestaltung zurück und macht über die konkrete Inszenierung eine nachbereitende Erfahrung:

»Ich gehe zu meinem Analytiker, der sich auf mich freut. Er stellt eine Lampe ins Fenster und zeigt mir damit, dass er schon lange auf mich wartet. Das Leuchten der Lampe kündigt den Glanz in seinen Augen an. Indem er sich über meine Ankunft freut, erfahre und merke ich, dass mein Existieren einen tiefen Sinn hat, den ich selber schon geahnt habe.«

Auf dieser basalen Ebene braucht das Kind ein Selbstobjekt, das ihm eben über die unmittelbare Freude an seiner Existenz und an seinen spontanen Handlungen ein Gefühl von selbstverständlichem Wert verleiht. Ich nehme an, dass die Selbstheilungskräfte des Seelischen diese operativen therapeutischen Bedingungen, wenn die Situation es eben hergibt, in einem *Akt von kreativer Selbstbehandlung* selbst schaffen. Sie konstellieren sie so, wie sie sie benötigen, um ihr Prob-

lem (hier die labile Selbstsicherheit) entwicklungs- und regressionsanalog zu inszenieren und – was meines Erachtens leicht übersehen
wird – selbst, wenn auch mit bewusster oder unbewusster Unterstützung des Analytikers, zu behandeln.

In typisierender Vereinfachung: Über die kontinuierliche Begleitung
des Analytikers werden immer tiefere, bis in die aktuelle Wirklichkeitsgestaltung hinein nachwirkende »schemes of being with« (Stern
1989, 1996) belebt. Je mehr die Störungen bis in die präverbalen Erfahrungen aus dem frühen Handlungsdialog zurückreichen, umso
mehr beginnt der Analysand auch den Mangel zu ahnen und diffus
die unmittelbaren Erfahrungen mit dem Analytiker zu suchen, die
zur operativen Wiederbelebung und Wiederbearbeitung des Grund-
problems geeignet sind. In dem beschriebenen Falle, so nehme ich
an, macht die Analysandin eine Beziehungserfahrung, die besonders
durch mentalen Halt und mentales Verstehen geformt ist. Sie merkt
dabei, dass das Selbstwertgefühl, das sie über die Teilhabe an dem
mentalen Austausch erreicht, noch so lange fragil bleibt, wie diese
Form der Erfahrung noch nicht die Entwicklungs- und Regressionsebene erreicht, in die die schädigenden Erfahrungen zurückreichen. Im Sinne *selbstanalytischer Suchbewegungen* nutzt sie wie mit
einer geheimen Intelligenz die sich bietenden Szenen, die eine Fundierung der mentalen Erfahrungen ermöglichen und zu einer basalen Erneuerung der Selbst- und Fremdrepräsentanzen führen können. Die Aufgabe des Analytikers wäre in diesen Fällen, diese typischen Konstellationen oder therapeutischen Szenen entwicklungsgemäß zu verstehen und im Sinne der allgemeinen Überlegungen
Streecks (s. o.) sein Handeln und Mithandeln realiter so zu gestalten, dass es für den Patienten entwicklungsförderlich ist.

Das hieße für das konkrete Lampenbeispiel, dass der Analytiker
zunächst nicht verbal deutet oder rekonstruiert, sondern unmittelbar antwortet und reagiert. Im Einklang mit seinen mimischen, gestischen und stimmlichen Ausdrucksbewegungen könte er antworten: »Ich freue mich auch auf die Stunde mit Ihnen.« Erst danach
wäre es sinnvoll, diese Freude als bedeutsame Gegenübertragungsreaktion des Analytikers verstehen zu wollen. Ich nehme an, dass
im gehemmten Umgang vieler Analytiker mit freudigen Gegenübertragungsgefühlen eine Fülle von Wachstumsquellen ihrer Patienten ungenutzt bleibt. Zur Vorbeugung von Missverständnissen sei
eigens hervorgehoben, dass ich bei der unmittelbaren Antwort des

Analytikers auf die Patientin voraussetze, dass sie auch seinem Selbsterleben entspricht. Dieser Schluss ist ja nach den Übertragungsgefühlen der Patientin wahrscheinlich. Wenn er die Situation jedoch komplementär, d. h. die Stunden mit seiner Analysandin in dieser Phase als belastend erlebt hätte, hätte sich auch eine andere Szene herausgebildet, die wiederum ein anderes Verhalten vom Therapeuten erforderlich gemacht hätte. Bei der Seminarteilnehmerin reichten offenbar die Erzählung meiner entsprechenden Willkommenserfahrungen (S. 35) sowie meine Validierung ihrer Gefühle, um ihr morgendliches Begegnungsritual wiederzubeleben und tiefer zu verstehen. Das ist ein mich beeindruckender Akt seelischer Selbstbehandlung, der sich dem an der herkömmlichen Praxeologie orientierten Psychoanalytiker leicht entzieht. Obwohl wir im Seminar nur kurz auf diese Situation der Teilnehmerin eingegangen waren, erzählte sie mir nachher erstaunt, dass ihr bereits während der noch relativ allgemeinen Überlegungen ihre Großmutter eingefallen sei, die sich im Gegensatz zu ihren Eltern über ihre Geburt gefreut hatte!

Wenn wir solche interaktiven Vorgänge aus dem Feld der gleichschwebenden Aufmerksamkeit verlieren, gehen dem analytischen Prozess immer wieder fruchtbare Situationen verloren. Der »leuchtenden Lampe im Erker des Analytikers« entsprechen nicht nur Momente in Übertragung und Gegenübertragung, sondern auch Episoden im Lebenslauf. So kann die Analysandin einen *Zugang zu den basalen Ressourcen ihrer Entwicklung* und eine konkrete Grundlage für ihr weiteres Lebensglück finden. Diese Quellen sind oft schwer zugänglich, insbesondere wenn sie sich nicht auf nächste Bezugspersonen beziehen, sondern auf Personen, die möglicherweise nur aus Erzählungen bekannt sind oder von den primären Objekten entwertet wurden. Hierher gehört der Einfall der Seminarteilnehmerin, die sich plötzlich an ihre Großmutter, die sich über ihr Ankommen gefreut hatte, erinnerte. Die Selbstbehandlung bedarf der handelnden Reinszenierung nicht nur, um die Situation nachträglich zu bearbeiten. Wir bedürfen ihrer insbesondere wegen des unmittelbaren operativen Verstehens und Behandelns, das sich in prozeduralen und impliziten Handlungseinheiten unmittelbar vollzieht. Nachträglich können wir uns dann noch sprachlich, also mittelbar, darüber verständigen. Auf diese Weise halten wir unsere Grunderfahrungen mit Hilfe der Sprache dauerhaft fest. Über die

Abstraktion machen wir sie leichter handhabbar und mitteilbar. Diese Einsichten werden so zu abstrahierten lebendigen Erfahrungen, die die Integration bzw. Kohäsion des Selbst fördern.

Die äußerlich oft wie therapeutische Fehlleistungen anmutenden Enactments sind als basale Deutungen des Gesamtgeschehens für den Therapeuten sehr nützlich. Sie sind gewissermaßen Fingerzeige des gemeinsamen Unbewussten, wie eine von Analytiker und Patient diffus wahrgenommene Engstelle oder Sackgasse des therapeutischen Prozesses erweitert oder umgangen werden könnte. Hier sind die Patienten mit ihrem Analytiker und diese mit ihrem Patienten in ein Dilemma geraten, aus dem die geheime Intelligenz des Unbewussten einen Ausweg andeutet. Das allgemeine Dilemma des Patienten könnte darin bestehen, dass die empathische Begleitung durch den Analytiker ihm einerseits wohl tut und die Hoffnung auf eine Heilung weckt und dass andererseits die Form der Interaktion auf einer tieferen Ebene ein Selbstbedürfnis des Patienten frustriert. Das Dilemma des Analytikers könnte sein, dass er einerseits merkt, wie seine Behandlung zwar für den Patienten bekömmlich ist, wie er ihn jedoch auf einer tieferen Ebene mit seiner angelernten emotionalen Zurückhaltung verfehlt (z. B. seiner nicht gezeigten Freude über die Existenz des Patienten bzw. dessen Fortschritte). Ihr gemeinsames Unbewusstes und die ihm innewohnende geheime Intelligenz schafft nun eine Szene, die operational verdeutlicht, wie es auf einer anderen Ebene und in einer anderen Form weitergehen könnte.

3.3 Praxeologische Leitlinien

Die bisherigen Überlegungen möchte ich in einer Skizze praxeologischer Leitlinien zusammenfassen. Zur Veranschaulichung greife ich auf ein interessantes Beispiel zurück, das ich einem befreundeten Kollegen verdanke. Ich habe weder Einsicht in die spezielle Psychodynamik des Patienten, noch bin ich vertraut mit der einmaligen Behandlungsgeschichte, die dieser Patient mit seinem Analytiker entwickelt hat. Ich benutze lediglich die Szene, um daran in prototypischer Weise die Konturen einer Praxeologie der Enactments zu entwerfen, also um über die Anschaulichkeit der Behandlungsszene den Bezug zur konkreten Praxis zu erhalten.

Räuberleiter:

»Freitag, kurz vor 18.00 Uhr, meiner letzten Stunde, räume ich wie üblich noch ein paar Sachen in die außerhalb der Praxisräume gelegene Abstellkammer. Um 18.00 Uhr hat Herr X wie immer seinen Termin. Es schellt und ich stelle mit Erschrecken fest, dass durch den Windzug die Praxistür zugeschlagen ist und ich keinen Schlüssel dabeihabe. Daraufhin gehe ich zur Haustür, um Herrn X hereinzulassen, und teile ihm mit, dass wir leider nicht in die Praxisräume können, weil mir die Eingangstür durch einen Windstoß zugeschlagen ist und ich keinen Schlüssel dabeihabe. Dabei fällt mir ein, dass ich wie üblich das Fenster zwischen den Stunden zum Lüften geöffnet habe.

Ich sage zu Herrn X, dass ich bei den Nachbarn versuchen werde, eine Leiter zu organisieren, um von außen durch das geöffnete Fenster in die in der Hochparterre gelegene Praxis einzusteigen.

Herr X macht dann den Vorschlag, ob wir nicht eine Räuberleiter machen sollten. Im ersten Moment bekomme ich einen leichten Schreck (›Kann ich von der therapeutischen Distanz so einfach umschalten?‹). Er hatte ja bislang immer großen Wert darauf gelegt, Distanz zu mir zu halten und nie Gefühle zu zeigen.

Wir gehen dann schnell zu Werke. Von vorne herein ist klar, wer welche Rolle übernimmt: Er schafft die ›Trittstufe‹, ich setze meinen rechten Fuß in seine Hände und ziehe mich dann an der Mauer hoch, sodass ich in das geöffnete Fenster einsteigen kann. Ich öffne dann mit dem Türdrücker, wie sonst auch, die Haustür, er kommt herein und legt sich wie üblich hin.

Daraufhin haben wir einige Facetten des miteinander Erlebten bei Wahrung der bis dahin geübten Distanz besprochen.«

An diesem amüsanten Beispiel möchte ich einige sicherlich noch vorläufige praxeologische Überlegungen anstellen:

1) *Unerwartetes Ereignis:* Das Enactment ereignet sich unmittelbar und überraschend. Die sich ergebenden Szenen sind so vielfältig, wie die Patient-Therapeut-Beziehungen einmalig sind. Da der Analytiker sie nicht vorher erwarten (»annehmen«) kann, wirken sie oft »un-angenehm«. Sie sind umso peinlicher, als sie aus dem gewöhnlichen analytischen Rahmen herausfallen. Oft fordern sie den Analytiker heraus und sind ihm unangenehm, weil sie nicht in die her-

kömmliche Behandlungslehre passen. Sie werden deswegen in Verlaufsdarstellungen gern verschwiegen. Die Situation wird jedoch annehmbar, wenn bedacht wird, dass in allen Situationen der tiefe psychologische Sinn wiederzufinden ist, sich in basaler Weise wirksam zu erleben. So erzählte mir eine Kollegin, dass ihr die Schamesröte ins Gesicht gestiegen war, als eine Patientin sie darauf aufmerksam machte, dass sie ihren Termin vergessen hatte. Die Patientin war über diese Reaktion ganz entgegen der Erwartung meiner Kollegin nicht gekränkt, sondern darüber sehr erfreut, bei ihr eine solche Wirkung erzielt zu haben. Einer meiner Lehranalysanden berichtete mir, dass er – obwohl er unterwegs zu mir feststellte, dass er sich im Termin geirrt hatte – nicht umgekehrt sei, sondern trotzdem bei mir geschellt und sich gefreut habe, wie er mich mit seinem unerwarteten Auftritt habe irritieren können.

2) *Vermeintliche Fehlleistung:* Im klassischen Verständnis könnte der Analytiker die Situation als Ausdruck einer typischen »Fehlleistung« verstehen oder befürchten, dass ihm bei einer Publikation solcher Szenen Behandlungsfehler unterstellt würden. Die interferierenden Tendenzen, die als Kompromiss das Symptom produziert hätten (s. Freud 1904a), wären auch leicht auszumachen: Wenn er einerseits seinen Patienten empathisch begleiten möchte und sich andererseits durch dessen schizoide Selbstsicherungen in seiner Frustrationstoleranz so arg strapaziert fühlt, dass er ärgerlich reagieren möchte. Wenn der Analytiker sich seine Reaktionen unter dem Diktat eines strengen analytischen Über-Ichs als Versagen vorwirft, wird er die Szene möglichst schnell und ohne viel Aufhebens hinter sich zu bringen versuchen. Das führt allerdings zur Einschränkung seiner »Übertragungskapazität« (Bollas 1997).

3) *Repräsentische Verschiebung:* Im Prinzip der Nachzeitlichkeit psychoanalytischer Behandlung versteckt sich oft ein Übertragungs- und Gegenübertragungswiderstand. Die Handlungseinheit wird als Szene verdinglicht. Die in dem unmittelbaren Wirkungsgeschehen wirksamen Formen basalen Verstehens und Behandelns werden umgeformt zu Gegenständen am Bewusstseinshorizont, die *angesehen* und *eingesehen* werden können. Es öffnet sich eine andere Erlebensdimension, ob die Räuberleiterszene im Wirkungskontext einer praktischen Problemlösung verbleibt oder ob sie in handlungsanaloger Weise mit in die Analysestunde genommen wird, um die

Situation unter der beziehungsanalytischen Perspektive operativ auszuloten. In der einseitigen Ausrichtung auf die nachträgliche sprachliche Analyse und in der Überbewertung des Sprechens gegenüber dem Handeln engt sich der Blickwinkel des Analytikers ein. Einen interessanten Zwischenschritt bildet Sterns (1996) »mikroanalytisches Interview«. Diese verbale Explorationstechnik zielt nämlich auf eine Reaktualisierung von Erlebniseinheiten.

4. *Stellvertretendes Nacherleben:* Zunächst ist der Analytiker gewohnt, nach einem solchen Enactment sein Unbewusstes zu befragen. Vielleicht gibt es ihm bisher geheime Tendenzen frei und antwortet etwa: »Ich bin in den letzten Stunden mit allen meinen tiefen Verstehensbemühungen an der Verschlossenheit meines Patienten abgeprallt. Warum laufe ich immer wieder vor diese undurchdringliche Wand und lasse mich frustrieren? Am liebsten würde ich den Spieß einfach umdrehen und ihn einmal richtig spüren lassen, wie kränkend es ist, trotz aller wohlwollenden Bemühungen nicht beim anderen anzukommen.« In seiner Gegenübertragungsanalyse ahnt der Analytiker, wie sich die schizoide Verfassung seines Patienten wohl entwickelt haben mag und wie dieser sich vor den antizipierten Verletzungen und Bedrohungen durch eine Umkehrung der Ohnmacht des Erleidens in die Initiative des Zufügens zu schützen gelernt hat.

5. *Operative Teilhabe:* Über die konkrete Interaktion macht der Analytiker aber noch tiefere Erfahrungen, als mit der sprachsymbolischen Transformation seiner Gegenübertragung ausgedrückt wird. Der Patient lässt ihn ja wirksam und grundlegend *spüren*, wie quälend es ist und wie wütend es macht, immer wieder vor die Wand fehlender Resonanz zu laufen. Also: Über die konkrete Teilhabe an diesem Geschehen vertieft sich die Einfühlung in die Psychodynamik des Patienten operativ. Weiterhin erfährt er über die konkrete Inszenierung, wie weit er sich im bisherigen Verlauf über die latente Zurückweisung durch seinen Patienten hinweggesetzt hat, sodass ein Enactment notwendig wurde. Er kann an dessen und an seinem Handeln merken, wie sehr die Beziehungsatmosphäre unter ein erträgliches Maß an Bezogensein gesunken ist, sodass eine Fortsetzung seiner Arbeit in dieser Form schädigend für ihn selber werden könnte. Er hat sich möglicherweise in der Idealisierung seiner Methode und durch ein »Mehr-desselben« bereits in ein Quäl-

werk von Behandlung hineinbewegt, in dem er selber Schaden zu nehmen droht.

6. *Schöpferische Produktion:* Wenn die analytische Weiterbildung und die eigenen Lehranalyseerfahrungen mit einschlössen, dass nicht nur schwer belastete Patienten auf die handelnde Reinszenierung angewiesen sind, sondern gerade reife Analysanden immer wieder aus dem unermesslichen Fundus biographischer Handlungserfahrungen sowie aus dem unendlichen Kosmos archetypischen Bewusstseins schöpfen, dann könnte in der »Fehlleistung« auch ein schöpferischer Akt der operativen Intelligenz des Analytikers und des Patienten gesehen werden. Indem Analytiker und Patient ihr unbewusstes Zusammenspiel der »Räuberleiter« auf die Bühne ihrer therapeutischen Beziehung bringen, partizipieren sie an der basalen Kompetenz des Seelischen, sich immanent zu verstehen und selbst zu behandeln. Das Schöpferische gelangt quasi durch die Hintertür wieder ins Bewusstsein. Enactments deuten operativ an, wo der therapeutische Prozess in einen Engpass zu geraten droht, wie dieser umgangen werden könnte und wo der therapeutische Weg weitergeht.

7. *Ubiquitäre Selbstbehandlung:* Mit der Selbstbehandlung sollen alle schöpferischen Kräfte des Seelischen (s. Adler 1912b, 1929a, 1933) bzw. die Vermittlungsfunktionen des Ichs, das permanent mit der Regulierung des »psychischen Apparates« befasst ist, benannt werden. In einer Weiterführung der tiefenpsychologischen Überlegungen spricht Salber (1998, 2001) in seiner Morphologischen Psychologie von einem Seelenbetrieb, der sich permanent selber behandelt. Erst wenn diese Selbstbehandlung in eine Sackgasse geraten ist, sucht der Patient einen Psychotherapeuten auf. Dieser macht dann nichts anderes und kann auch nichts anderes machen, als diesen sich normalerweise selbst regulierenden »Seelenbetrieb« wieder in Bewegung zu bringen, dem Patienten also dabei zu helfen, aus seiner notgeborenen Selbsteinschränkung wieder herauszufinden. Wie das berichtete Lampenbeispiel anschaulich gezeigt hat, nutzt das sich selbst verstehende Seelische die sich ihm bietenden Strukturierungsanreize. Im Räuberleiterbeispiel bieten die verschlossene Tür des Analytikers und das offene Fenster dem Seelischen des Patienten eine Gelegenheit, sich operativ zu strukturieren. Handelnd legt der Patient sein Problem auseinander, beispielsweise: Wenn ich dir

helfen kann und du auf mich angewiesen bist, kann ich mich dir annähern. In dieser sprachlichen Übersetzung der Handlung liegt aber eine Verschiebung in eine andere als die vom Patienten angedeutete Entwicklungsstufe. Wenn der Analytiker diese Szene in dieser Weise ansprächе, behinderte er das Seelische, sich auf der Ebene zu artikulieren und sich selbst zu behandeln, die es gerade gefunden hat. Wenn eine solche Handlung nur als eine Erinnerung aufgefasst und wie eine sprachlich gefasste Kindheitserinnerung analysiert wird, wird eine entwicklungsanaloge Bearbeitung verunmöglicht, und die Chancen unmittelbarer Selbstbehandlungen werden vergeben. Es geht hier nicht nur um das, was erinnert wird, sondern auch darum, in welcher Art und Weise sich hier unbewusste Tendenzen des Patienten und des Analytikers artikulieren.

8. *Behandlungsmethodische Hinweise*: Wenn der Analytiker diese dem Regressionsniveau entsprechende Perspektive einnimmt, offenbaren sich in dem schöpferischen Enactment zwischen beiden auch die behandlungstechnischen Weiterführungen. Die Handlungseinheit der »Räuberleiter« gibt die Entwicklungsebene an, in die die aktuelle Selbst- und Beziehungsstörung des Patienten zurückreicht. Sie ist die basale Keimform, aus der alle späteren Beeinträchtigungen bzw. alle nachfolgenden Selbstsicherungen hervorgegangen sind. Die unbewusste Aktion des Analytikers und die unbewusste Antwort des Patienten zeigen, dass die Sprechhandlung bereits defizitär geworden ist und dass die Reparation auf einer basalen Ebene notwendig erscheint. Das Enactment ist bereits ein kreativer Akt wechselseitiger Behandlung. Es veranschaulicht die Störung des Patienten und zeigt gleichzeitig die Ebene sowie die Form der not-wendigen Behandlung auf. In den ständigen Such- und Strukturierungsbemühungen organisiert der Patient die sich bietende Szene im Sinne einer unbewusst geahnten Heilung. Im Schutz einer rationalen Absicherung, also im Schutz einer Umwandlung seiner Notlage in eine Helferposition, sucht er einen körperlichen Kontakt. Hierin liegt möglicherweise schon eine Quelle vieler unergründlich scheinender Heilungen in der Psychotherapie.

9. *Verlaufsanalytischer Kontext:* Die Reaktion des Patienten erfolgt selbstverständlich aus einem Behandlungsverlauf heraus. Sie macht die Frage erforderlich, an welcher Stelle des Behandlungsverlaufs diese Episode auftritt und worauf sie antwortet. Das Beispiel legt

z. B. nahe, dass der Patient in dem vorausgehenden Teil der Analyse Vertrauen zu seinem Analytiker und eine positive Übertragung entwickelt hat, in der das unerledigte Problem seines Individuationsprozesses, nämlich sich vertrauensvoll auf andere einzulassen, immer mehr zur Inszenierung drängt, ohne dass er es je so formulieren könnte. Gleichzeitig ruft dieser Prozess auch wieder alle Widerstände und Selbstschutzmaßnahmen wach. Dabei könnte er die haltenden und stützenden Momente des Settings und der Beziehung durchaus schon gemerkt haben. Gleichzeitig kann sich eine erste Ahnung entwickelt haben, dass der fehlende Halt ganz konkret durchgeführt werden muss, dass er ruhelos sein Problem bewegt und spürt, dass er erst dann seinen Handlungszyklus befriedigend abrunden könnte, wenn er realiter gehalten würde. Der häufig gehörte Einwand, der Therapeut wollte hier das Rad der Geschichte zurückdrehen und versuchen, dem Patienten eine bessere Mutter oder ein besserer Vater zu sein, als er sie hatte, verkennt, dass der Patient oft erst in diesen operativen Erfahrungen eine Ebene findet, um eine Repräsentanz für Unterstützung und Kontakt wiederzufinden oder überhaupt erst auszubilden. Das Bewusstsein von Vertrauen ist aus einem langen intersubjektiven Prozess sensomotorischer und operativer Handlungserfahrungen erwachsen. Wenn diese mangelhaft waren, fehlt das Fundament, auf dem Sicherheit und Zuversicht nachreifen können. Bemühungen, die nicht auf dieser konkreten Erfahrungs- und Erlebensebene des aktuellen Mangels ansetzen, führen oftmals zu erlebensleeren Formen.

10. *Frei werdende Ressourcen:* Regelmäßig erinnern Patienten, nachdem sie konkreten Halt erfahren haben, vereinzelte Situationen, in denen sie unterstützt wurden. Im Lampenbeispiel fiel der Patientin die Großmutter ein, die sich über ihre Geburt gefreut hatte. Wenn solche stimmigen Einfälle, die bisher noch nicht erwähnt wurden oder noch nicht zugänglich waren, auftauchen, könnten sie zunächst mit Freud als »eine Bestätigung aus dem Unbewussten« (1905a, S. 217) angesehen werden. Der therapeutische Gewinn der frei werdenden und aufsteigenden Erinnerungen geht über eine kognitive Vergewisserung hinaus. Über handlungssymbolische Erfahrungen gelingt es Patienten, einen basalen Halt, der ihren Sicherungen und Abwehrformen zum Opfer gefallen war, wiederzufinden, eventuelle positive Lebenserfahrungen wieder freizulegen, dadurch zu den

Quellen ihrer Lebendigkeit zurückzufinden und die Ressourcen ihres bisherigen Lebens besser zu nutzen.

11. *Fundierung und Validierung:* Da der Patient im Räuberleiterbeispiel seine frühesten Beziehungserfahrungen mit dem Gehaltenwerden noch durch eine Wendung von der Passivität zur Aktivität abzuwehren scheint, wird früher oder später die Frage auftauchen, wie weit er sich selber tragen lassen könnte und welche Einfälle er dazu hat. Wenn sich der Fluss der Assoziationen auf den Analytiker und die analytische Situation zubewegen, würde ich insbesondere herauszuarbeiten versuchen, wodurch er sich in der Analyse operativ gehalten und geborgen fühlt. Wenn er dabei nur auf mentale und sublimierte Formen des Halts hinweisen würde (wie z. B. »sich verstanden fühlen«), würde ich die strukturelle Differenz zwischen der Szene und den Einfällen beachten und mich fragen, ob wir diese Erfahrung tiefgehend genug behandelt und verstanden hätten. Wenn der Patient aber auch auf Handlungsdimensionen des analytischen Settings (z. B. die Lage auf der Couch, die Stimme des Analytikers, seinen Blick, seine Präsenz, sein freundliches Lächeln, seinen Händedruck, die Kontinuität der Sitzungen, die Atmosphäre der Praxis usw.) hinweisen würde, wären das für mich Anzeichen, besonders auf diese basalen Formen des konkreten operativen Halts einzugehen und diese zu validieren.

12. *Aktive Imagination:* Die obigen Überlegungen führen von der virtuellen zur aktiven Imagination (C. G. Jung 1916/1958). Wenn diese »ein konzentrierter Extrakt der lebendigen körperlichen sowohl wie seelischen Kräfte« (Jung 1944, Par. 394) ist, liegt es nahe, dem Patienten die Chance zu bieten, mit seinen unbewussten Szenen im Sinne ihrer impliziten Andeutungen weiter zu spielen. Ähnlich wie Malen, Tonen, Dichten und Tanzen ist auch das achtsame Spiel in und mit den Inszenierungen eine unmittelbare Form kreativer Selbsterfahrung und Selbstbehandlung (s. Ware 1980, 1984, 2002). Aus körperpsychotherapeutischer Sicht könnte die Szene vor dem Fenster handlungssymbolisch in die Stunde hereingeholt und operativ zerdehnt werden. Bei dieser Erprobung würde sich ein Handlungsdialog entwickeln, in der der wachgerufene Komplex in basaler Weise erforscht und durchgearbeitet werden könnte. So könnte der Therapeut z. B. vorschlagen, sich noch einmal von dem Patienten »halten« zu lassen, indem er sich vor ihn stellt und sich

mit dem Rücken gegen dessen Hand lehnt. Beide würden darauf achten, welche Handlungsgeschichte daraus entstünde. Der Patient könnte reflexiv erproben, wie er es erlebt, und vielleicht käme auch der Einfall oder Impuls, die Rollen einmal zu tauschen. Hier würde der Patient wahrscheinlich leibhaftig spüren, wie sicher er sich als Haltender fühlt und wie unsicher er sich als Gehaltener erlebt. Die unmittelbare Erfahrung ruft regelmäßig erstaunlich frühe Erinnerungen wach, die als Bestätigung des Unbewussten angesehen werden können, dass das adäquate Regressionsniveau gefunden worden ist. Auf diese Weise würden die bereits sprachlich erfassten Kindheitserinnerungen tiefer oder neu verstanden. Wir erhalten auch Zugang zu den frühen Erfahrungen, die nur als Handlungseinheiten begreifbar werden. Kindheitserinnerungen lassen sich als Formen primärer Begriffsbildung ansehen (Heisterkamp 1990, S. 92 f.). Das ist relativ einfach zu erklären, da alle unsere Grundbewegungen, z. B. Halten und Gehaltenwerden, in personcharakteristischer Weise durchformt sind. Indem wir uns verkörpern, bilden sich für jeden charakteristisches Szenen heraus. Diese Handlungsdialoge werden erst so einer Umstrukturierung zugänglich. Der Patient kann sich auf dieser Ebene spielerisch selbst behandeln. In der angenommenen Erprobung mit seinem Therapeuten würde er sowohl in der gehaltenen als auch in der haltenden Position operativ an seinen Selbstrepräsentanzen und Objektrepräsentanzen bzw. an seinen Beziehungsschemata arbeiten und neue Entwicklungsspielräume ausloten.

3.4 Beispiele impliziter operativer Behandlung[1]

Die intuitive Behandlungspraxis von Psychotherapeuten eilt den aktuellen Behandlungstheorien oft voraus. Diese Tatsache an sich impliziert schon das Vorhandensein einer geheimen Intelligenz bzw. einer unbewussten Kompetenz des »Seelenbetriebes«, sich selbst

---

1 s. H. (2001b): Mittelbares und unmittelbares Verstehen im psychotherapeutischen Handlungsdialog. In: Milch, W. und Wirth, H. J. (Hg.): Psychosomatik und Kleinkindforschung. Psychosozial-Verlag, Gießen, S. 191 ff.

und andere zu behandeln (s. Salber 1998, 2001). Zur Veranschaulichung möchte ich auf die detaillierte Beschreibung des Behandlungsverlaufes einer Patientin mit »primitiv strukturiertem Ichsystem«, die Müller-Braunschweig vor über dreißig Jahren erstmalig vorgestellt hat (1970, S. 662 ff., 2001a, S. 21 ff.), zurückgreifen, in dem sich viele Beispiele für die operative Selbst*behandlung* der Patientin und die unterstützende Mit*behandlung* durch den Analytiker finden. Damit sie nicht vergessen werden, seien hier schon einmal die haltenden Funktionen des analytischen Settings überhaupt und die damit verbundenen basalen Beziehungserfahrungen erwähnt, die sich aus der konstanten Bereitstellung des Analytikers und seiner verstehenden Begleitung ergeben (s. Kap. 4). In diesem haltenden Rahmen fallen darüber hinaus noch spezielle operative *Behandlungs*szenen ins Auge. Ich möchte die prägnante und ungewöhnlich offene Verlaufsbeschreibung nutzen, um auf die Formen des präsentischen Verstehens und der unmittelbaren Behandlung, also auf basale Erfassungs- und Behandlungsmodi, aufmerksam zu machen. Dabei werde ich auch die eine oder andere körperpsychotherapeutische Phantasie (s. Moser 1989) äußern. Insbesondere möchte ich aber mit meinen folgenden Ausführungen zeigen, *wie sich in dem unbewussten Wirkungsgeschehen zwischen Patient und Analytiker salutogene Phantasien von beiden verwirklichen.* Es folgt zunächst die Darstellung des Behandlungsverlaufes:

Verlauf der Behandlung einer Patientin mit einer frühen Ich-Störung:
»Eine zu Beginn der Behandlung 35-jährige Patientin suchte wegen tetanischer Anfälle und plötzlicher Blutdruckerhöhungen die Psychosomatische Klinik auf. Die Blutdruckschwankungen hatten wegen Verdachtes auf ein Phäochromozytom zu einem operativen Eingriff geführt, der jedoch keinen organischen Befund ergab.
In der bisher etwa 700-stündigen Behandlung ergaben sich die folgenden anamnestischen Daten: Die Mutter war kurz nach der Geburt der Patientin wegen einer depressiven Verstimmung stationär aufgenommen worden. Sie kehrte nach etwa 3 Monaten zur Familie zurück und übernahm die Pflege des Kindes. Erinnerungen der Patientin an die Kleinkindzeit weisen auf pathologische Züge der Mutter hin. So erinnert die Patientin, wie die Mutter mit wirren Haaren in einem offenbar hysteriformen Zustand durch die Zimmer lief, an Schränke hämmerte, schrie und die Patientin zeitweilig aus dem Bett riss. Die Patientin reagierte darauf einige Male mit Bewusstseinsveränderungen: ›Plötzlich

wurde es dunkel, ich hörte die Stimme der Mutter nicht mehr.‹ Über die Reinlichkeitserziehung der Mutter habe der Vater später noch empört berichtet. Sie wurde so vorgenommen, dass die Patientin zeitweilig glaubte, man dürfe ›eigentlich gar nicht defäzieren‹. Es kam zum Zurückhalten des Stuhls und ›explosionsartigem‹ Einkoten mit Erbrechen. Obstipationen wurden von der Mutter mit Klistieren behandelt.

Eine besonders traumatisierende Verhaltensweise der Mutter wurde in der ersten Phase der Behandlung bereits in erregten Dämmerzuständen von der Patientin angedeutet. In diesen Dämmerzuständen sprach sie zunächst monoton, dann in steigender Erregung die Worte: ›Hier sind meine Hände ... ich lege sie dir um den Hals ...‹ Dann warf sie plötzlich unter lautem Schreien ihre Handtasche ins Zimmer oder riss eine Leiste von der Wand. Etwa 400 Stunden später erinnerte sie mit heftiger Angst, dass die Mutter ihr in der frühen Kindheit mit unbewegtem Gesicht wiederholt die Hände um den Hals gelegt und wieder zurückgezogen habe. (Es handelte sich offenbar um durchbruchsartige Zwangsimpulse.) Diese Erinnerungen seien bereits in den Dämmerzuständen ›wie Filmbilder‹ aufgetaucht.

Die Mutter cremte die Tochter bis zum 8. Lebensjahr ein und löste dabei sexuelle Erregungen aus. Die Mutter sei dabei auch in Erregung geraten. Ihr Gesicht habe sich häufig verzerrt. Die Patientin spricht von ›orgasmusähnlichen Zuständen‹, ›es war wie eine Flamme durch meinen Körper‹. Neben Angst und Erregung durch Stimulation zeigen sich früh auch Identitätsstörungen. Die Mutter habe zuweilen zu ihr gesagt: ›Wenn du nicht artig bist, tauschen wir dich im Warenhaus um.‹ Die Patientin dachte häufig: ›Bin ich nun noch dieselbe B... oder bin ich schon vertauscht?‹

Der Vater bildete nur selten ein Gegengewicht. Er war ein versponnener Mensch, vielseitig begabt, mit narzisstischen Zügen. Er wollte von der Tochter seine Begabungen wiederholt sehen und überforderte sie. Gleichzeitig zeigte er zuweilen sadistische Züge: So habe er ihr einmal erzählt, dass er etwas mitgebracht habe, und dann feierlich einen Rohrstock ausgewickelt. Mit diesem Rohrstock schlug sie sich in der Latenzzeit zuweilen selbst. Er sei oft mit ihr in Gemäldeausstellungen gegangen. Dann habe er völlig selbstvergessen neben ihr gestanden und sie nicht mehr beachtet. Die Patientin hatte das Gefühl, als ob sich zwischen dem Vater und dem betrachteten Bild ein besonderer Kontakt herstellte, als ob der Vater ›in das Bild hineingezogen‹ würde. Auch wenn sie bei ihm auf dem Schoß saß, habe er monologisiert. Wenn sie ihn malend und nicht ansprechbar im Atelier erlebte, habe sie ihn zuweilen lange angestarrt und dabei das Gefühl gehabt, sich seiner zu bemächtigen. Sie konnte ihn durch konzentrierte Anstrengung optisch ›verschwinden‹ lassen.

Beide Eltern seien in früher Kindheit – offenbar in einer Ehekrise – nicht ansprechbar gewesen. Aber: ›Wenn man nicht im Bewusstsein der Eltern ist, ist man eigentlich gar nicht da.‹ In Angstträumen ›trudelte‹ sie allein durch den Weltraum. Bis zum Alter von 3 Jahren war die Patientin ein sehr lebhaftes Kind mit häufigen Wutanfällen. Dann sei sie still und schüchtern geworden. Sie fühlte sich immer ›schlecht‹, wusste aber nicht warum.

Kurz vor Kriegsende kam sie mit 16 Jahren nach Hause zurück. Sie fand die Mutter verändert vor: Finster, unzugänglich, zuweilen verwirrt. Nach der Besetzung der Stadt redete die Mutter ›monoton wie ein Tonband‹ auf sie ein, um sie von der Notwendigkeit eines gemeinsamen Suizids zu überzeugen. Die Patientin wehrte sich zunächst gegen diesen Vorschlag, erzählte aber niemandem davon. Eines Tages saß sie am Rand der mit Löschwasser gefüllten Badewanne und starrte in das unbewegte Wasser. Sie dachte über den Plan der Mutter nach. Dabei geriet sie in einen seltsam abwesenden Zustand. Als sie zu sich kam, war ihr Widerstand gegen den Suizid verschwunden. ›Es war, als ob mein Ich beiseite rückte.‹ Und später: ›Ich war der Mutter hörig.‹ In einer seltsam irrealen Atmosphäre aß die Familie alle Vorräte auf. Die Patientin half der Mutter, den mit Schlaftabletten betäubten Bruder in die Schlinge zu hängen. Dann sagte die Mutter plötzlich zur Patientin ein Kosewort aus früher Kindheit und fügte hinzu: ›Wenn du es nicht kannst, dann lass es.‹ Danach erhängte sie sich. Die Patientin blieb unbeweglich stehen und barg später die Toten. Erst als diese ihr auf die Schulter fielen, sei ihr die furchtbare Wirklichkeit bewusst geworden. Dann habe aber sofort ein Zustand des ›Abschaltens‹ begonnen, der eigentlich erst nach langer analytischer Behandlung nachließ.

Nach der Rückkehr des Vaters traten Verwirrtheitszustände auf. Sie wurde 1947 unter der Diagnose ›Hebephrenie‹ stationär behandelt und geschockt. 1953 lautete die Diagnose einer anderen Klinik ›Hysterische Dämmerzustände bei schizoid-hysterischer Struktur‹. Sie hatte dort erstmalig Gelegenheit zu psychotherapeutisch orientierten Gesprächen.

Zu Beginn der Behandlung traten – besonders nach längeren Schweigepausen – die schon beschriebenen Dämmerzustände auf. Die Patientin sah in dieser Zeit häufig halluzinationsartig zwei Gesichter der Mutter an der Wand des Behandlungszimmers: ein böses, hexenhaftes und ein gutes.

In einer weiteren Phase äußerte sie zunächst steigende Angst vor dem Therapeuten. Dann erklärte sie bewusstseinsklar und ichsynton mit zeitweilig erregter, zeitweilig ruhiger Stimme, dass sie nur noch einen Wunsch habe: den Behandler zu töten. Da ich das Gefühl hatte, dass die Patientin von destruktiven Impulsen überschwemmt wurde, schlug ich ihr vor, die Behandlung im Sitzen weiterzuführen. Bei der ersten derartigen Sitzung erklärte sie, dass sie einen größeren Stein mitgebracht habe, um ihn von der Couch aus nach mir zu werfen. (Das Gleiche hatte sie mit der Handtasche beim Vorbehandler ausgeführt.) ›Da war ich ganz ich‹, sagte sie später zu ihrem Wunsch.

Es traten dann im Sitzen stuporöse Dämmerzustände im Zusammenhang mit kurz bewusst werdenden positiven Gefühlen gegenüber dem Therapeuten auf, in denen die Patientin bis zu zehn Minuten maskenhaft unbeweglich wie hypnotisiert im Stuhl saß. Später wieder liegend: ›Ich habe das Gefühl, als ob Sie ruhig weggehen könnten, ich habe Sie in mir.‹ ›Ich kann Sie anzapfen, ohne dass Sie es merken.‹

Ihr Gehör war überscharf. Sie behauptete (auf der Couch liegend), hören zu können, wie ich die Fingerspitzen zusammenlegte. Das traf tatsächlich zu, verschwand aber später, als Angst und Impulsdurchbrüche zurückgingen. Häufig rollte sie sich auf der Seite liegend auf der Couch zusammen, war nicht ansprechbar, die Erinnerung an die vorhergehenden Stunden war nicht mehr da.

In langen Perioden erlebte sie den Analytiker als ›gefühllosen Roboter‹ und konstellierte mit wachsendem Geschick Situationen, in denen der Therapeut ihrer Meinung nach sadistisch handelte. Später schilderte sie, dass sie ihn ›hintergründig‹ erlebt habe, als ob er eine Maske trüge. Wenn sich ihr Bewusstseinszustand veränderte, veränderte der Behandler sich auch mit, wurde zu einem ›nichtmenschlichen Wesen‹. Sie schilderte sich in diesen Zuständen auch als ›von einem Raum in den anderen fallend‹. *›Ich habe eigentlich nie genau gewusst, was andere meinten, wenn sie ›ich‹ sagten, das war für mich nie etwas Festes.‹*

Musste die Patientin einmal längere Zeit warten, traten wiederum Blutdruckerhöhungen auf. Diese Reaktion ging aber langsam zurück, als die Patientin bewusster die Wut spürte, die sie auf Grund des Wartens auf den Analytiker hatte.

Später kam es aber nach vorübergehender Besserung ihres Zustands bei geringfügigen Anlässen wiederum zu depressiven Zustandsbildern mit starker Gewichtsabnahme. Die Stimme der Mutter befahl ihr in diesen Zeiten ›monoton wie ein Tonband‹, Suizid zu begehen. Sie träumte den Therapeuten in dieser Zeit als Figur auf einer großen Schautafel, auf der ein Gehirn mit einer schwarzen und einer weißen Hälfte dargestellt war. Sie versuchte im Traum angestrengt, diese beiden Hälften voneinander zu trennen oder auch eine Brücke zwischen beiden zu finden. Zweimal wurde sie wegen drohender Suizidgefahr stationär in der Psychiatrischen Klinik aufgenommen. Depressive Zustände traten nach der Entlassung aus der Psychiatrischen Klinik auch in der Stunde intensiv auf. Die Patientin weinte mir gegenübersitzend einmal stark, war dann sehr erschöpft. Ich bot ihr an, sich hinzulegen. Sie schlief auf der Couch ein, während ich mich an den Schreibtisch setzte. Sie wachte nach etwa 15 Minuten mit leichtem Schreck auf, verließ die Stunde aber sehr beruhigt. Nach diesem Ereignis war ihre Spannung in den folgenden Stunden wesentlich geringer, das Gefühl der Unheimlichkeit war lange Zeit verschwunden. Wie sehr häufig kam es nach einiger Zeit wieder zur Verschlechterung des Zustands. Neue Übertragungsinhalte tauchten auf, damit auch erstmalig bewusste Erinnerungen an traumatische Ereignisse aus der Kindheit. So entwickelte sich im Zeitraum einen Jahres eine besonders dramatische Phase. Die Patientin stand einige Male von der Couch auf, kam mit halb geschlossenen Augen auf mich zu, nahm die Schnur eines Elektrogeräts wie eine Schlinge in die Hand oder legte mir ihre Hände sekundenlang um den Hals. Ich sagte ihr u. a.: ›Sie müssen mir die gleiche Angst einjagen und mich so behandeln, wie Sie die Mutter behandelt hat.‹ Daraufhin hatte die Patientin unter heftiger Affektentwicklung die oben erwähnte Erinnerung an die Würgegriffe der Mutter in der Kindheit.

Es trat dann das Gefühl auf, die Mutter zu verraten, es dürfe nicht besser gehen, sie dürfe keine Entspannung fühlen. Als später dahinterliegende Vorwürfe gegen die Mutter angesprochen wurden, hörte die Patientin sofort die Stimme der Mutter: ›Bring dich um.‹ Es folgte dann ein stuporartiger Zustand, aus dem sie erwachte und mich hasserfüllt ansah. Sie krallte dabei die rechte Hand in den linken Oberarm. Dann stieß sie schließlich ruckartig an den Tisch, sodass einige Bücher herunterfielen. ›Ich war ganz starr, es war nur der Hass auf Sie da, aber meine Starre ist der einzige Schutz für Sie.‹ Diese Abfolge wiederholte sich einige Male in den folgenden Stunden. Die Patientin hörte wieder die Stimme der Mutter: ›Du musst dich töten.‹ Dann folgte: ›Du musst den Analytiker umbringen.‹ In diesen Stunden erlebte ich sehr stark, wie sich die Persönlichkeit der Patientin plötzlich ändern konnte: Zunächst relativ geordnet und ruhig, wurde sie nach einer Bemerkung von meiner Seite oder nach Pausen schweigsamer, der Gesichtsausdruck starrer, dumpfer und gespannter. Es folgte eine fast körperlich spürbare, aggressive Spannung, in der der Ausdruck der Patientin psychotisch verändert wirkte. Schließlich kam es zum Wegstoßen oder Umwerfen des Tisches. Am Schluss einer dieser Stunden kam es dann zu einem heftigen depressiven Zustand mit Weinen, wonach sie wiederum entspannt wegging.

Als ich später noch einmal den Versuch machte, die Patientin in der Behandlung liegen zu lassen, sprang sie gegen Ende einer Stunde, als sie Stimmen im Flur hörte, auf und versuchte minutenlang mit verzerrtem Gesicht ihren Knöchel in meine Kehle zu stoßen. Sie hatte von einer Bekannten gehört, dass man auf diese Weise das Zungenbein brechen kann. Ich musste der recht kräftigen Patientin die Hände festhalten, bis sie sich plötzlich beruhigte, sich auf die Couch setzte und weinte.

Die Behandlung wird seitdem wieder durchgehend sitzend durchgeführt. Es ist zu keinen Ausbrüchen mehr gekommen, die Patientin fühlt sich eher subdepressiv und erinnert in ihren Klagen an die depressive Phase der Balint'schen ›Grundstörung‹. Nach ihren Worten ist die Erstarrung gewichen, sie wirkt integrierter. Die Berufstätigkeit wird weiter ausgeübt, sie hat einen Fortbildungskurs begonnen.« (Müller-Braunschweig 1970, S. 663 ff., 2001a)

In der Anfangsphase der Therapie geriet die Patientin nach längeren Schweigephasen in einen Dämmerzustand, wobei sie ein »gutes« und ein »böses« Gesicht der Mutter an die gegenüberliegende Wand des Behandlungszimmers halluzinierte. Während sie auf der Couch lag, vermutlich keinen Blickkontakt zum Analytiker hatte und in eine abgrundtiefe Verlorenheit zu versinken drohte, rettete sie sich notdürftig durch einen fiktiven (ambivalenten) Blickkontakt. Mittlerweile beugen viele Analytiker dem vor, indem sie sich so zur Couch setzen, dass der Patient jederzeit durch eine leichte Kopfbewegung mit ihnen in eine visuelle Beziehung treten kann. Der Blickkontakt hat einen regredienten Tiefgang und kann deswegen sowohl frühe Traumatisierungen wiederbeleben als auch frühe Formen des Containments bereitstellen. Da die Patientin wahrscheinlich zu diesem Zeitpunkt auch noch von dieser Konstellation überfordert gewesen wäre, wurde die Liege- in eine Sitzposition verändert. Die Umwandlung des Settings in eine Face-to-face-Position stellt selbst wieder eine konkrete Handlung dar. Das gilt ebenso für den stimmlichen, mimischen und gestischen Handlungsdialog. Letztlich ist jedes Gespräch mehr als ein Austausch von Worten, da jede Sprechhandlung ihre eigene interaktive Dramaturgie entfaltet. Das gesamte Wirkungsgeschehen des analytischen Settings bildet bereits einen eigenen Halt aus, in dem die Patientin sich so weit geschützt fühlen konnte, dass sie nicht mehr in dem Ausmaß wie vorher von ihren seelischen Erregungen und Impulsen bedroht wurde. Die intersubjektive Bezogenheit vermittelt ihr eine relative Sicherheit, die sie allein für sich noch nicht herstellen konnte. Erst in der wiederholten Teilhabe an einem solchen interaktiven Geschehen machte sie die konkreten Beziehungserfahrungen, die ihr möglicherweise den bislang verschlossenen Zugang zu partiellen salutogenen Selbsterfahrungen erschlossen und/oder aus denen allmählich vertrauensvolle Selbst- und Fremdrepräsentanzen abstrahiert wurden.

Eine weitere Handlungsszene ergab sich, wenn die Patientin länger auf den Analytiker warten musste und sich ihr Blutdruck erhöhte: Als pars pro toto raste ihr Blut, klopfte und drückte es gegen die verengten Gefäßwände. In dem gesteigerten Blutdruck drückte sich ein gehemmter Bewegungsentwurf aus, der zum Selbstschutz auf das Kreislaufsystem verschoben werden musste. Was würde wohl der Patientin eingefallen sein, wenn sie sich einmal mit diesen organismischen Bewegungen identifiziert hätte? Welche Modellszenen hätte sie herausgebildet, wenn sie im therapeutischen Raum einmal spielerisch den leiblichen »Assoziationen« und den motorischen »Andeutungen« nachgegangen wäre? Welche strukturbildenden Selbsterfahrungen und Selbstbehandlungen hätten sich wohl im Konzert der Interaktionen ereignet?

Die Patientin schläft im Beisein des Analytikers ein und findet ihn beim Wachwerden wieder vor: Hier ist anzunehmen, dass die Patientin selbstaktiv ihr tiefes Misstrauen bearbeitet und unbewusst überprüft, ob sie die nächsten Behandlungsschritte mit ihrem Analytiker wagen kann. Die basale und operative Form der Entwicklung von Vertrauen heißt: In der Gegenwart eines bedeutsamen Objektes einzuschlafen und in seiner Gegenwart wieder wach zu werden. Die Patientin schafft sich hier eine operative Fundierung der Entwicklung von Objektkonstanz.

In den folgenden aggressiven Attacken gegen sich, gegen das Mobiliar des Analytikers und direkt gegen seine Person löst sie ihre mörderische Wut aus der leibhaftigen Erstarrung und wendet sie statt gegen sich nach außen. Indem sie ihren Analytiker scheinbar umzubringen versucht, verschafft sie sich gewaltsam mit ihm und an ihm, der ihre destruktiven Impulse im wahrsten Sinne des Wortes aushält und übersteht, die Selbsterfahrung, in ihren archaischen Affekten gehalten zu werden. Sie nimmt leibhaftig bzw. handelnd wahr – unterstützt von ihrem Analytiker, aber auch nach seinem Modell –, dass ihre Erregungen und Impulse aushaltbar, betrauerbar und integrierbar sind. Der Analytiker wird hier zu einem frühen Selbstobjekt, das aktiv ein in seiner Kohäsion bedrohtes Selbst entwicklungs- und regressionsanalog stabilisiert.

Auch wenn die Patientin den Vorbehandler mit ihrer Handtasche bewarf oder aus derselben Absicht einen Stein mit in die Therapie zu Müller-Braunschweig brachte, könnte das als operative Andeutung für die Ebene und Form der notwendigen Behandlung angesehen werden. In körpersymbolischer Weise »schreit« die Patientin hier nach einem basalen Kontakt, agiert sie, was sie sprachsymbolisch nicht artikulieren kann: Ich verliere mich im sprachlichen Austausch und benötige eine frühere Form des Handlungsdialogs.

In diesem Sinne ließe sich auch noch eine weitere Szene als praxeologisch bedeutsames Körperzeichen der Patientin verstehen: Indem die Patientin sich immer wieder auf der Couch liegend zusammenrollte, entwarf sie eine Szene, bei der sie den Analytiker im Rücken hatte. Wenn sie auch den Analytiker kurzzeitig in sich spürte und sogar zu hören glaubte, wie er seine Fingerkuppen zusammenlegte, war diese Objektrepräsentanz für ihre archaischen Affekte nicht stabil genug. Die langen Perioden, in denen sie den Analytiker als gefühllosen Roboter oder als maskenhaft und hintergründig erlebte und in denen sie Situationen arrangierte, in welchen sie sich sadistisch behandelt fühlte, können wieder als ein aus der vorausgehenden Mangellage resultierender diffuser Schrei nach einer Behandlung auf früherer Entwicklungsebene verstanden werden. Aus dieser Sicht hat sie mit ihrer Wut zum Ausdruck gebracht, dass sie ein leiblich spürbares Selbstobjekt im Rücken benötigt hätte. Der leibfundiert arbeitende Analytiker hätte der Patientin das konkrete Deutungsbild angeboten, sich an ihren Rücken zu setzen, ihr sozusagen leibhaftig den Rücken zu stärken. Die Art und Weise, wie die Patientin mit dieser körperpsychotherapeutischen Phantasie des Analytikers umgegangen wäre, hätte dann gezeigt, ob eine entsprechende Erprobung sinnvoll oder unpassend gewesen wäre. Wenn dann auch noch die Phantasien vor der eventuellen Ausführung bearbeitet worden wären, hätten sie nachher mit den sich realiter ergebenden Erfahrungen verglichen werden können. Die häufig zu bemerkenden Unterschiede zwischen den phantasierten und den erlebten Folgen haben nämlich immer eine erhebliche therapeutische Valenz (s. Heisterkamp 1993a, S. 149 ff.). Der leibliche Handlungsdialog hätte die Behandlung auf einem frühen Niveau fortsetzen und über Wiederholungen die operativen Erfahrungsmuster herausbilden können, aus denen durch die begleitende bzw. nachträgliche Verbalanalyse allmählich Bilder einer lebenswerten Wirklichkeit elaboriert worden wären.

Bei Ogden (1995) findet sich ein weiteres Beispiel, das sowohl in basaler leiblicher als auch in differenzierter sprachlicher Weise die Vorgänge verdeutlicht, die in dem Wolldeckenbeispiel von Ghent

(S. 24 f.) eine Rolle gespielt haben mögen. Das Beispiel illustriert in eindrücklicher Weise die behandlungsmethodischen Implikationen von Enactments.

Analytiker schaltet die Heizung an:

»Frau L., eine 29-jährige Patientin, hatte, als sie zu einer Therapiestunde kam, unmittelbar zuvor einige Zeit mit ihrer Mutter verbracht und fühlte sich aus Gründen, die sie festzustellen unfähig war, in einem Zustand schrecklicher Angst und diffuser Angespanntheit, sodass ihr als einzige Möglichkeit, diesen Spannungszustand zu lösen, die Idee erschien, sich überall am Körper mit einer Rasierklinge zu schneiden. Es kostete sie große Anstrengung, zur Therapiestunde zu kommen und sich nicht, wie sie das in der Vergangenheit gemacht hatte, diese Schnittwunden zuzufügen. Die Patientin weinte während der ganzen Sitzung hemmungslos. Ich interpretierte diese Situation, so weit ich sie zu verstehen glaubte, auf der Grundlage dessen, was ich über die Beziehung der Patientin zu ihrer Mutter wusste, und der Verbindung zwischen diesen Gefühlen und den Übertragungs- bzw. Gegenübertragungsängsten der wenigen vorangegangenen Sitzungen. Frau L. sagte, dass sie sich fühle, als ob sie ›aus allen Nähten platze‹. Ich sagte, dass ich dachte, dass sie dieses Aufplatzen im wahrsten Sinne des Wortes fühle, so als ob ihre Haut bereits aufgeschnitten sei, wie sie das vorher imaginiert hatte.

Es war bereits am späten Nachmittag, und im Arbeitsraum wurde es allmählich kühl. Ich sagte: ›Es ist kalt hier drin‹ und stand auf, um die Heizung einzuschalten. Sie sagte: ›Ja, tatsächlich … es ist kalt.‹ Gleich danach schien sie sich zu beruhigen. Sie sagte dann, dass sie aus Gründen, die sie selbst nicht verstand, außerordentlich ›gerührt‹ gewesen sei, weil ich gesagt hatte, dass es kalt sei und weil ich die Heizung eingeschaltet hatte: ›Es war etwas ganz Alltägliches, das zu sagen und zu tun.‹ Ich glaube, dass das Einschalten der Heizung das Bekenntnis zu einem gemeinsamen Erleben der Abkühlung in der Luft war und zur Schaffung einer sensorischen Oberfläche zwischen uns beitrug. Ich machte von meinen eigenen Gefühlen und Empfindungen mehr oder weniger unbewusst auf ›alltägliche Weise‹ Gebrauch (vielleicht wie eine ›ausreichend gute Mutter‹ (Winnicott 1949). Der Patientin mag das vorgekommen sein, als ob ich sie körperlich berührt und ›zusammengehalten‹ hätte. Die auf diese Weise gegenseitig geschaffene Oberfläche war das Gegenteil der Erfahrung des ›Aus-den-Nähten-Platzens‹; es erleichterte das Wiederherstellen ihrer psychisch-sensorischen Oberfläche, die sich angefühlt hatte, als ob sie im Verlauf der Interaktion zwischen der Patientin und der Mutter zerschnitzelt worden sei.« (Ogden 1995, S. 34 f.)

Die zusammenfassende Erklärung folgt allerdings noch einer für die Psychoanalyse typischen Idealisierung des Settings:

»Dieses ›Halten‹ (Winnicott 1960a) als sensorische Dimension der analytischen Beziehung und des Settings wurde zusammen mit der verbindenden Kraft der symbolischen Interpretation (die auf der Basis der Intersubjektivität von Übertragung und Gegenübertragung formuliert wurde) wirksam.« (Ogden 1995, S. 35)

Diese Aussagen sind m. E. zu relativieren. Die sensorische Dimension der analytischen Beziehung und des Settings steht außer Frage. Die Frage ist allerdings, ob die herkömmliche Beziehung und das herkömmliche Setting in vielen Fällen einen ausreichenden sensorischen Halt bieten können. In diesem Beispiel besteht dieser ja darin, dass der Analytiker unmittelbar seine Körperempfindungen wahrnimmt und auch auf die Kälteempfindungen der Patientin reagiert, nämlich aufsteht und die Heizung anmacht. Er versucht also nicht, die Situation zu deuten, sondern er versteht operational bzw. intuitiv wie eine »gute Mutter«. Gehört es noch zum sensorischen Modus des Settings und der Beziehung, dass er die Heizung während der Stunde höher dreht? Wie wäre es, wenn er wie Ghent der Patientin unaufgefordert eine Decke bringen würde? Wie wäre es, wenn er sie selbst behutsam zudecken oder wenn er ihr gar seine Hände auf die »Platzwunden« ihrer Haut legen würde und damit handlungssymbolisch die tiefen Verletzungen ihrer Integrität *behandeln* würde?

Die verbindende Kraft der symbolischen Interpretation steht völlig außer Frage. Aber die Verknüpfung von sensorischer Dimension und Interpretation folgt wieder dem psychoanalytischen Wunschdenken. Zwischen beiden besteht nicht eine additive, sondern eine nachgeordnete und wahrscheinlich sogar subsidiäre Beziehung. Die Patientin macht erst eine sie selbst zutiefst berührende Erfahrung, die dann nachträglich noch durch das einfühlende Verstehen von Ogden verständlich gemacht und validiert wird. Ohne die sensorische Fundierung wäre die Interpretation zwar sehr differenziert und auch zutreffend gewesen, aber wahrscheinlich ohne besondere therapeutische Wirkung geblieben, nur das falsche Selbst weiter stabilisierend.

Die Wirklichkeit des klinischen Alltags verweist verständlicherweise besonders auf die Handlungsdimension von Psychotherapie. Der durch die Rahmenbedingungen abgesteckte therapeutische *(intermediäre)* Raum ist *ein Erfahrungsraum spielerischer Interaktion.* Streeck (2000) verweist auf ein Klinikbeispiel, in dem die Therapie sich als ein fortwährendes Ringen um Rahmenbedingungen und als ein kontinuierlicher Prozess von handelnd und mithandelnd gestalteten szenischen Darstellungen erwies, der über korrektive emotionale Erfahrungen allmählich von der *Selbstobjekt-Beziehung* hin zu der Entwicklung von *Selbst-Objektbeziehungen* führte (2000, S. 16). Die folgende Vignette veranschaulicht konkret und deutlich eine interaktive Form der Behandlung.

Nicht eintreten:

»Eine Patientin, die von der Vorstellung gequält war, dass andere in sie hineinsehen und ihr Inneres kontrollieren könnten, die deshalb oft panische Ängste ausstehen musste und sich vor anderen Menschen extrem abgeschirmt hatte, hatte große Angst, dass andere in ihr Zimmer eindringen würden, das sie nicht abschließen konnte. Sie lag oft lange geängstigt unter ihrer Bettdecke, und die wichtigsten therapeutischen Interventionen bestanden anfangs darin, mit ihr Möglichkeiten zu finden, wie sie diese Gefahren abwenden könnte. Als Möglichkeit fiel ihr dazu u. a. ein, ein Schild mit der Aufschrift ›Nicht eintreten‹ an die Tür zu hängen, und Mitpatienten sagten ihr zu, dass sie sie nur nach Vorankündigung in ihrem Zimmer besuchen würden. Ihrem Wunsch, ihr Zimmer abschließen zu können, wurde dagegen nicht entsprochen, aber das therapeutische Personal achtete darauf, vor Eintreten in ihr Zimmer laut und unüberhörbar zu klopfen und in jedem Fall ihr ›Herein‹ abzuwarten. Manchmal testete die Patientin die Verlässlichkeit dieser Verabredungen, indem sie auf das Klopfen nicht reagierte, während Grund zu der Annahme bestand, dass sie sich in ihrem Zimmer aufhielt, ohne aber zu schlafen.« (Streeck 1998b, S. 162)

Das Beispiel veranschaulicht, wie die Intrusionsangst der Patientin auf einer operativen Ebene bearbeitet wird: Im Klinikalltag aktualisiert sich ein konkretes Problem; die Behandler helfen der Patientin dabei, eine reale Form zu finden, um sich abzuschirmen; Patientin und Behandler praktizieren die vereinbarte Lösung; das gemeinsame Handeln bereitet einen Spielraum, in dem eine neue Wirkungseinheit (Selbstsein *und* Bezogensein) eingeübt wird. In diesem intersubjektiven Feld holt die Patientin auf operativer Ebene Erfahrungen nach, die für die Internalisierung von Beziehungsmustern bzw. -repräsentanzen grundlegend sind.

4. Unmittelbare Wirkfaktoren der psychotherapeutischen Situation

4.1 Der Rahmen als Modellsituation

Bei vielen Patienten und Lehranalysanden führt allein die Tatsache, vom Analytiker ihrer Wahl als Patient oder Lehranalysand angenommen worden zu sein, zu heilsamen Therapieerfahrungen, die als freudige Erinnerungen die Behandlung oder Weiterbildung lange Zeit überdauern. Ich erinnere mich selbst immer wieder gern daran, wenn meine Nachfragen erfolgreich waren und ich mich allein schon dadurch angenommen fühlte, weil die Analytikerin oder der Analytiker bereit waren, mit mir psychotherapeutisch zu arbeiten. In einer noch nicht veröffentlichten Untersuchung über freudige Situationen von Psychoanalytikern in ihren Lehranalysen fehlen trotz der sicherlich vielfältigen tiefen Wandlungserfahrungen aus den langjährigen Analysen nicht die Beispiele, die bereits auf die wohltuenden Wirkungen dieser Initialszene verweisen. Das hängt sicherlich damit zusammen, dass der Behandlung bzw. Lehranalyse eine längere Phase phantasierter Beziehungsherstellung vorausgeht und sich diese in den Erstkontakten bereits bedeutsam aktualisiert. *Das Urmuster dieser Begegnung sehe ich im erstmaligen Kontakt mit dem Neugeborenen*, wenn Mutter, Vater und Kind sich erstmalig freudig ansehen und glücklich begrüßen. Es gibt bei Eltern, die sich auf ihr Kind gefreut haben, einen markanten Punkt, den man nicht selten auch im Tagebuch der Eltern wiederfindet, in dem diese Erstbegegnung mit dem glücklichen Gefühl eines »Wie schön, dass du da bist« ausgedrückt ist.

Solche Vorgänge des Willkommenheißens und der Annahme sowie die entsprechenden Komplikationen ereignen sich ebenfalls bei den Erstkontakten zwischen Therapeut und Patient. Moser schildert in der gewohnten Offenheit und Authentizität eine solche Erstbegegnung und die sich dabei in ihm vollziehende emotionale Wandlung von einer mehr ablehnenden zu einer annehmenden Position.

Adoption im Erstgespräch:

»Zunächst hatte ich fast widerwillig eine Beratungsstunde zugesagt, weil ein Verwandter von ihm, den ich kenne, mich darum gebeten hatte. Der erste Eindruck ist eher so, dass ich denke, ein depressiver Langweiler, ich werde ihn weiterschicken.

Doch dann berichtet er, wie verzweifelt er ist, weil er seinem lebendigen Sohn kein Vater mehr ist, weil er auf dessen Spiel- und Raufangebote nicht reagieren kann, sondern ihn grob abweist. Er fühlt sich also von einer seiner wichtigsten Lebensquellen abgeschnitten und intensiv als Versager. Die tiefe Trauer um den Sohn oder um die verlorene Väterlichkeit weckt in mir die Bereitschaft, mit ihm zusammen die Brücke zum Sohn wiederzufinden. Nachträglich nehme ich an, dass ich in der Gegenübertragung etwa Folgendes erlebte: den dringenden Appell des Patienten als Vierjährigen an seinen Vater, ihn nicht wieder wegzuschicken, nur weil er seine Lebendigkeit nicht erkennt oder weil er müde ist vom Geschäft. Denn er könne, wenn man sich um ihn kümmere, ein ebenso lebendiger und fröhlicher Junge werden wie sein Sohn. Da findet in mir eine Art Adoption statt, und als Antwort – und dies alles vollzieht sich vollkommen averbal – kommt ein Leuchten aus den Augen. Er scheint zu spüren, dass er mich erreicht hat, und zwar der verschüttete kleine Junge in ihm.« (Moser 1991, S. 105)

Wie bedeutsam Erstkontakte sind und welchen Anreiz sie für die Wiederbelebung früher Erfahrungen bieten, merken wir auch daran, wie enttäuscht oder wütend Patienten oft sind, wenn wir sie – aus welchen Gründen auch immer – nicht als Patienten übernehmen können, selbst dann, wenn wir uns bemühen, sie an eine Kollegin oder einen Kollegen zu vermitteln. Noch deutlicher wird die Problematik, wenn wir mit Patienten arbeiten, die nach einer solchen Absage an uns delegiert wurden. Hier spürt man noch sehr lange die Beziehungsschwierigkeiten einer »*Stiefmutter*« bzw. eines »*Stiefvaters*«. In dieser Konstellation des »zweiten Anlaufs« kommen manche Behandlungen gar nicht erst zustande oder nehmen einen unbefriedigenden Verlauf bzw. scheitern ganz.

Die Situation, von einer bedeutsamen Person nach einer Vorphase des Suchens, Wählens und Wartens als Analysand angenommen worden zu sein, ist prototypisch für die *Wiederbelebung menschlicher Grunderfahrungen von Annahme und Ablehnung, Zuneigung und Abneigung, Liebe und Hass.* Vor dem Hintergrund solcher Ichbedürfnisse wirken kühle Erstbegegnungen entsprechend abweisend. Smirnoff berichtet von dem kalten Empfang durch den damaligen Präsidenten der Société Psychoanalytique de Paris, mit dem er wegen der Aufnahme einer Psychoanalyse und einer psychoanalytischen Ausbildung nach monatelangem Hinauszögern der Terminabsprache Kontakt aufgenommen hatte.

Herablassende Erstbegegnung:

»Dr. Nacht empfing mich eines Morgens sehr früh in seinem herrschaftlichen Privathaus in der Rue du Docteur Blanche. Ein Zimmerdiener führte mich in ein winziges Wartezimmer, wo mich Dr. Nacht nach recht langer Zeit abholte. In dem weiträumigen Büro, in dem er mich empfing, brannten einige Holzscheite im Kamin. Er wies mir einen niedrigen Sitzplatz zu und machte es sich mir gegenüber in einem Sessel bequem – mir kam es vor, als säße ich ihm regelrecht zu Füßen. Er stellte mir einige Fragen zu den Büchern, die ich über Psychoanalyse gelesen hatte und zu meinem Studiengang, und ich hatte den Eindruck, dass ihn das Ganze zutiefst langweilte. Er riet mir, mich an einen Lehranalytiker der ›Pariser Gesellschaft‹ zu wenden, und erhob sich. Die Unterredung, die ungefähr eine Viertelstunde gedauert hatte, hatte eine verheerende Wirkung auf mich: Für eine geraume Zeit waren mir die Lust und der Mut, eine Analyse zu beginnen, vergangen.« (Smirnoff 1994, S. 371)

Székely (1992) berichtet in seinem autobiographischen Aufsatz, wie eine solche Anfangsbegegnung wechselseitig misslang und 25 Jahre lang (!) einen Schatten auf sein weiteres Leben warf. Als er als junger Mann für eine Zeitschrift Abonnenten zu werben versuchte, lernte er Ferenczi kennen, der ihn bald fragte, ob er nicht Analytiker werden wollte. Székely wollte schon, da er sich sowohl für die Psychoanalyse als Wissenschaft interessierte als auch eine eigene Analyse für sich persönlich als notwendig erachtete. Ihm fehlten aber die finanziellen Mittel, eine solche zu bezahlen. Die beiden kamen sich näher, als Ferenczi ihm zu seiner großen Freude ein Exemplar seines neuen Buches »Versuch einer Genitaltheorie« (1924) schenkte und sie an zwei Abenden über das Buch diskutierten. (Vor dem Hintergrund eines operativen Verständnisses von Psychoanalyse lässt sich hier bereits die väterliche Unterstützung ahnen, die mit dem Buchgeschenk zu diesem Thema und der Diskussion darüber für die Entwicklung seiner männlichen Identität verbunden gewesen sein wird und welche unbewussten Hoffnungen damit wohl geweckt worden sind.) Danach schlug Ferenczi ihm vor, eine Analyse für ihn zu arrangieren, die seine finanzielle Situation berücksichtigen würde. In Budapest, Berlin, Wien, Amsterdam und London war es damals üblich, dass jeder Analytiker sich verpflichtete, einen Patienten, dem es an entsprechenden finanziellen Mitteln mangelte, in Analyse zu nehmen, falls dieser für den analytischen Beruf begabt schien. Zu seiner Enttäuschung schlug Ferenczi aber vor, ihn zu Frau Kovács, Balints Schwiegermutter, zu schicken. Zwischen den Zeilen ist zu lesen, dass er wohl am liebsten zu Ferenczi selbst in Analyse gegangen wäre und nicht bei der, wie er anklingen lässt, in der Literatur unbekannten Frau Kovács.

Eine unaufgelöste Geringschätzung:

»Ich war unzufrieden, konnte aber nichts dagegen tun. An dieser Enttäuschung scheiterte die erste Analyse frühzeitig. Ich hatte nicht den Mut dazu, meine Geringschätzung von Frau Kovács zu bekennen. Während der Analyse war ich monoton, gefühlsarm. Zu dieser Zeit wurde mit Ferenczis aktiver Technik experimentiert. Nach sieben Monaten teilte mir Frau Kovács mit, ich hätte keine Gefühlsübertragung entwickelt; vielleicht sei ich für Experimentalpsychologie begabt, aber nicht für Psychoanalyse. [...] Dieses Verdikt hat über ein Vierteljahrhundert über mir gelastet.« (Székely 1992, S. 304)

Nach dem Separationsmodell Meltzers (1967) »wird der Beginn der Analyse wie zu einer symbolischen Geburt«:

»Bei dieser Betrachtungsweise bekommt die Trennungserfahrung einen besonderen Stellenwert, weil alle Trennungen – insbesondere also Stundenende, Wochenende und Ferien – vom Patienten als Einbrüche in das bestehende Kontinuum mit dem Analytiker erlebt werden. Aus den Versagungserlebnissen der Getrenntheit wird immer wieder ein Prozess angestoßen, zu weiterem Wachstum angeregt und eine reifere Verarbeitungskapazität entwickelt.« (Klüwer 2000, S. 26)

Ich finde es im Übrigen erstaunlich, dass hier nur die eine Seite der Dialektik (des Trennens und des Verbindens) betrachtet wird, als ob die wiederholten Erfahrungen, sich vom Analytiker zu *trennen und wieder zu ihm zurückzukehren* und vielleicht sogar freundlich begrüßt zu werden, keine Bedeutung hätten! Ferner wird nur die Versagungsseite des Trennens beachtet. Trennung kann jedoch auch Erleichterung und Befreiung bedeuten. Die Entwicklung der Person ist nicht nur ein Prozess kontinuierlicher Loslösung und Selbstwerdung, sondern komplementär auch immer ein Prozess der Entwicklung neuer Formen des Bezogenseins und der Integration. Darin liegt eine Grundthese Adlers, die erst relativ spät in der Freud'schen Entwicklungslinie der Tiefenpsychologie beachtet wurde (Ansbacher und Ansbacher 1982, Petra Heisterkamp 1996, Antoch 2001). Die endgültige Loslösung vom Therapeuten bzw. Verselbstständigung resultiert oft aus dem glücklichen Gefühl, dass das Leben schönere, lustvollere und freudigere Gelegenheiten bietet, als immer nur selbstreflexiv an seinen Problemen zu arbeiten. Diese Gefühle sollten neben denen der Trauer nicht übersehen werden.

Unter einer operativen Sichtweise ist ferner zu berücksichtigen, dass das Verständnis vom Beginn der Analyse als einer symbolischen Geburt eine Formulierung darstellt, die bereits in hohem Maße von den unmittelbaren und konkreten Operationen, die sie meint, abstrahiert ist. Auf den Patienten warten, ihn freundlich oder gar herzlich begrüßen und sich ebenso von ihm zu verabschieden bildet erst die Erfahrungsgrundlage für solche Symbolisierungen. Die Handlungseinheit aus *Zusammenkommen und Sich-Entfernen*, diese regelmäßige Inszenierung ist als ritualisierte Handlungseinheit *mehr als ein bloß symbolischer Vorgang*, d. h., sie liegt viel näher an der konkreten Realisierung als an einer abstrakten Repräsentanz. Als Handlung hat sie deswegen einen größeren regredienten Tiefgang und vermittelt einen unmittelbaren Zugang zu den Ressourcen des Seelischen, die durch die Fehlentwicklung blockiert wurden. Was sagt diese Skalierung aus? Sie stellt den allmählichen Abstraktionsprozess dar, in dem aus konkreten Handlungen wie Geboren-, Empfangen- und Begrüßtwerden sowie separiert und für sich gelassen werden, über viele Episoden des Bindens und Lösens sowie zahllose Spielvariationen des Versteckens und Wiederfindens die Handlungsmuster, Bilder und Sprachsymbole entstehen, die diesen Prozess verdichten. Das Seelische erwächst aus so einem Elaborations- oder Abstraktionsprozess. Unser Problem in der Analyse von Erwachsenen besteht darin, dass wir oft die Entwicklungsebene nicht mehr erreichen, in der die Störung ihren Ursprung hat und wo auch die entsprechenden Ressourcen verschüttet sind.

Wenn wir von der psychoanalytischen Situation oder dem psychotherapeutischen Ambiente sprechen und dabei auf Rahmen und Setting verweisen, in denen sich unsere Arbeit vollzieht, sowie das Arbeitsbündnis hervorheben, das wir vorher mit unseren Patienten schließen, weiß jeder Psychoanalytiker, wovon die Rede ist. Begriffe wie »Rahmen« oder »Umgebung« scheinen »äußere« Grenzen zu bezeichnen, in denen die eigentliche therapeutische Arbeit erst geschehen kann. Die substantivische Rede vom therapeutischen Rahmen verdeckt allerdings die grundlegenden externen und internen Handlungen, durch die sich die Als-ob-Situation der Therapie immer wieder konstituiert: Der Patient kommt und geht zu abgesprochenen Zeiten, und der Analytiker steht seinem Patienten in dieser Zeit zur Verfügung. Mein eigenes Begrüßungsbeispiel (s. S. 35) zeigt, dass solche Formulierungen bereits zu abstrakt und statisch sind und die operativen Vorgänge bereits verdecken. Genauer müsste es heißen: Zu jeder Stunde erwartet der Therapeut seinen Patienten, begrüßt ihn – meistens – freundlich und verabschiedet sich auch in derselben Weise wieder von ihm. Ein entsprechendes Interaktionsmuster wiederholt sich nach der bekannten Theatermetapher innerhalb der analytischen Situation. Immer wieder inszenieren beide etwas miteinander, um sich dann gewissermaßen nebeneinander ins Parkett zu setzen und zu reflektieren, was sie da zusammen ins Bild gesetzt haben.

Die analytische Situation entsteht, indem ein konkreter und symbolischer Raum aus den alltäglichen Lebensvollzügen herausgenommen wird, quasi ein Spielfeld der psychotherapeutischen Behandlung geschaffen wird, in dem sich die seelische Wirklichkeit des Patienten realiter ereignen kann und wegen der Als-ob-Situation immer wieder auch angehalten, zerdehnt, herausgestellt, ins Bild gerückt, durchgearbeitet und umgeformt werden kann. Der Analytiker lässt sich in die Wirklichkeit seines Patienten einbeziehen, indem er ihn verstehend bei seinen Nöten der Strukturierung und Umstrukturierung begleitet, d. h. seine eigenen Selbst- und Mitbewegungen um diesen Strukturierungs- und Umstrukturierungsprozess des Patienten zentriert bleiben. Die therapeutische Situation selbst ist bereits eine psychologische Konstruktion, die in der empathischen und resonanten Begleitung des Patienten begründet und als solche therapeutisch wirksam ist. Ich habe die therapeutische Verfassung deswegen an anderer Stelle auf den Begriff der Mit-Bewegung gebracht (Heisterkamp 1993b, 1996b).

Hier kann man eine Analogie zur Wirksamkeit der griechischen Tragödie und Komödie erkennen. Indem ich die »Vorstellung« menschlicher Dramen besuche und damit eine Situation schaffe, die mich einerseits berührt und betrifft, zu der ich aber gleichzeitig in meiner Rolle als Zuschauer immer wieder auch Distanz finde, haben Theateraufführungen eine implizite therapeutische Funktion. Sie machen in einer spielerischen Situation auf Grundprobleme und Grundkonflikte des menschlichen Lebens aufmerksam, schützen jedoch, anders als im wirklichen Leben, vor einer Überforderung und Überflutung und ermöglichen über diese Verschiebung gleichzeitig die unmittelbare (als imaginierter Mitspieler) und mittelbare Bearbeitung (als reflexiver Beobachter). Dieser Wechsel zwischen der Herausbildung der Wirklichkeit und ihrer reflexiven Bearbeitung, also von Inszenierung und szenischem Verstehen, ist selbst eine heilsame Handlung, die sowohl einer intrapsychischen als auch einer interpsychischen Differenzierung dient. In diesem Interaktionsmuster vollziehen sich operativ Verstrickung und Auseinandersetzung, Verbindung und Lösung. Die Theatermetapher findet ihre Grenze bei den Patienten, die diese Trennung oder Unterscheidung zwischen Inszenieren und Reflektieren und den kontinuierlichen Wechsel zwischen beiden noch nicht leisten können. Das konstante Bewegungsmuster von Hineingehen und Hinausgehen, von Einlassen und Gegenübertreten, ist die operative Fundierung, aus der allmählich eine Selbst-Objekt-Differenzierung erwächst.

Beim Vergleich von Theater und Therapie wird meistens die Funktion der Distanzwahrung und Gegenüberstellung überbetont. Dabei gehen meistens die therapeutischen Funktionen verloren, die dem Pol einer Verwirklichung nahe kommen: nämlich die erlebnisintensive aktualgenetische Teilhabe an einem Handlungsgeschehen, in dem künstlerisch verdichtete Seelenkomplexe bewegt werden, die alle Menschen angehen, die den Zuschauer »packen« und ihn »mitreißen«, wie wir es von guten Theateraufführungen und spannenden Filmen kennen. Die »äußerliche« Distanzierung ermöglicht eine »innere« Identifizierung. Anverwandlung und Verwirklichung (Salber 1965) sind in eine kunstvolle Dialektik gebracht. Mehr als im realen Leben kann der Zuschauer sich probeweise auf das Wagnis sonst unerträglicher Formen des Seelischen einlassen. Einlassen und Distanzieren, Mitgehen und Fernhalten sind in einen fruchtbaren Austausch gebracht (s. Dossche 2000, Blothner 1999).

Auch das Arbeitsbündnis zu schließen und während des gesamten Therapieverlaufes durchzuhalten, hat eine operative Dimension mit unmittelbaren Wirkungen. Wenn wir den Patienten anregen, dass er möglichst alles, was ihm in den Sinn kommt, ausdrückt, und wir auch die leiblichen Artikulationen des Selbst mit einbeziehen, dann entwerfen wir einen analytischen Prozess, in dem es kontinuierlich um die seelischen Selbst- und Lebensbewegungen des Patienten geht. Mit jedem Einfall, mit jeder Regung und mit jeder Intervention reorganisieren Patient und Therapeut prototypisch das Entwicklungsmodell der Selbstwerdung, die bei unseren Patienten ja zumeist beeinträchtigt ist. Es handelt sich um einen Prozess mehr oder weniger behinderter Selbstartikulation, die vom Analytiker unter Nutzung seiner Gegenübertragung verstehend begleitet wird. Dieses Behandlungsmuster von therapeutischer Mit-Bewegung wird noch konturiert, wenn der Analytiker seinem Patienten die Funktion des therapeutischen Raumes erläutert und den Patienten auch auf eventuelle überraschende, affektgeladene Übertragungskonstellationen vorbereitet und alle erscheinenden Einfälle und Reaktionen als therapeutisch aufschlussreich erklärt. Es ergeben sich beglückende Erfahrungen in Psychotherapien, wenn sich scham- und schuldbesetzte Komplexe in geradezu wunderbarer Weise in schöpferische Ressourcen der Selbstwerdung verwandeln. In der Honorierung des Therapeuten materialisiert sich noch einmal, dass die gesamte Behandlung um die Heilung des Patienten zentriert ist.

Vertraulichkeit und Verschwiegenheit schützen den Patienten vor Verletzungen, reduzieren seine verständlichen Ängste, seine intime Wirklichkeit im Behandlungszimmer auszubreiten, und laden ihn ein, möglichst alles zu artikulieren, was er denkt, fühlt und empfindet. Die auf sein Selbsterleben gerichtete Aufmerksamkeit und die kontinuierliche Bereitschaft, sein Verhalten und Erleben an- und aufzunehmen sowie es zu verstehen, lässt den Patienten unmittelbar an einem responsiblen Geschehen teilhaben, wie er es wohl in seiner Kindheit kaum erlebt hat und auch später im Leben nicht mehr erfahren wird. Unabhängig vom Inhalt des bearbeiteten Komplexes: *Dieses Wirkungsgeschehen ist in sich und als solches schon ein Therapeutikum.* In dieser responsiblen Atmosphäre findet der Patient einen Erfahrungsraum der Erholung, der Nachsorge, des Neubeginns, der Selbstheilung, der Selbstbehandlung und der Intersubjektivität bereitgestellt. Kontrollanalysanden, die ihre Selbstunsicherheit noch nicht hinlänglich bearbeitet haben, können es anfangs noch gar nicht fassen, dass bereits ihre bloße zugewandte Gegenwart lange Zeit den einzigen wirklichen Halt für Patienten darstellen kann. Trotz des noch selbstentfremdeten sprachlichen Dialogs, in dem sich noch keine therapeutischen Wirkungen entfalten können, stabilisiert sich über dieses unausdrückliche Mitsein mit einem sicheren Objekt der in seinem Selbst verunsicherte Patient.

4.2 Die Frequenz und ihre Modifikationen

Auch die räumlichen und zeitlichen Bedingungen, die wir mit »Setting« bezeichnen, sind mehr als bloß formale Parameter. In ihnen offenbart sich das Handeln des Analytikers in prägnanter Art und Weise. Zur Selbstverständlichkeit ist geworden, was uns Freud (1918) bereits bei der Analyse des Wolfsmannes vorgemacht hat: nämlich die Behandlung des Patienten durch aktive Terminierung zu beeinflussen. So ist die Reduktion der Stundenzahl gegen Ende der Behandlung als Ausdruck zunehmender Verselbstständigung häufige Praxis. Psychoanalytiker, die die hoch frequente analytische Psychotherapie von mindestens vier Wochenstunden für die vertragsärztliche Versorgung erhalten möchten (z. B. Danckwardt u. Gattig 1996), heben die spezifischen Auswirkungen einer hohen Frequenz auf den analytischen Prozess hervor, »wobei sie die besondere Dichte der Deutungen und Intensität des Übertragungs-Gegenübertragungsgeschehens herausstellen, mit deren Hilfe der analytische Prozess die emotionale Unmittelbarkeit erreicht, die zur Erlangung eines bestimmten Behandlungserfolges erforderlich ist« (Lehmkuhl 1997, S. 245).
Loch berichtet in seiner Autobiographie, dass er, als seine Analyse bei Margarete Mitscherlich eine Zeit lang sechsmal in der Woche stattfand, die Erfahrung machte, »dass zwischen fünf Mal und sechs Mal ein deutlicher Unterschied besteht« (Loch 1992, S. 225). Auch Carl Klüwer betrachtet die Lehranalyse mit anfänglich sechs Wochenstunden bei Riemann als »eine kostbare Erfahrung an Dichte und Intensität« (1995, S. 190 f.). Selbst die Festlegung der Tageszeit für die Analyse hat ihre unmittelbaren Wirkungen auf den Analysanden und den psychotherapeutischen Prozess. Wyatt liefert dafür ein eindrückliches Beispiel aus seiner Lehranalyse bei Bertha Grünspan:

Analyse zu einer gottlos frühen Zeit:

»Zuzeiten setzte sie meine Stunden für 7.00 Uhr früh an, eine selbst unter Analytikern ungewöhnliche Zeit. Da ich übrigens von Floridsdorf, dem großen Gemeindebezirk nördlich der Donau, bis zum Schottenring in der Innenstadt mit der Straßenbahn zu fahren hatte, musste ich zu einer gottlos frühen Zeit aufstehen. Die Analytikerin hatte gewiss ihre Gründe für diese Termine. Dennoch habe ich mich oft gefragt, ob solche Arrangements nicht Analysen mehr hindern als fördern – weil sie zu der ohnedies beträchtlichen Portion Unlust, die jede Analyse verursacht, noch mehr Unlust hinzufügt, was entweder zu einer masochistischen Unterwerfung unter den idealisierten Analytiker oder zu einem wachsenden unausgesprochenen Groll führt. Beide Einstellungen sind geeignet, die Analyse ernstlich zu unterlaufen. – Ich weiß noch, dass ich mir nach den Stunden aus meinen damals sehr beschränkten Mitteln eine Schinkensemmel gönnte, zur Belohnung für meine Leiden.« (Wyatt 1992, S. 358 f.)

Auch Verspätungen und Verfrühungen der Patienten oder auch des Analytikers eröffnen ein weites Feld intersubjektiven Handelns und Behandelns. Für den Therapeuten entsteht, ob er es will oder nicht, eine Handlungsnotwendigkeit. Was auch immer er tut oder lässt, er kann nicht anders, als darauf handelnd einzugehen, und dabei ergeben sich dann wieder spezifische Wirkungszusammenhänge. Das große Agierfeld der Bezahlung möchte ich in diesem Zusammenhang nur erwähnen. Dieses erweitert sich ja bekanntlich noch einmal dadurch, dass Dritte (Krankenkassen, Beihilfestellen, Kassenärztliche Vereinigungen, Eltern, Ehepartner usw.) dabei mitwirken. Hier können vielfältige Allianzen entstehen oder sich andeuten, welche die Störungen und Konflikte des Patienten sowie seine Parentifizierungen widerspiegeln bzw. institutionalisieren.

Bei den hoch frequenten wöchentlichen Sitzungen handelt es sich nicht nur um isolierte Treffpunkte. Sie finden in einem Lebenskontext statt, der nicht zu vernachlässigen ist: Wenn ich an meine Lehr- und Nachanalysen denke, bei denen ich weite Strecken bzw. Reisen quer durch Deutschland und ins benachbarte Ausland auf mich genommen habe, um zu den Lehranalytikern und Lehrtherapeuten meiner Wahl zu kommen, hat das mir und meiner jeweiligen Therapeutin bzw. meinem jeweiligen Therapeuten auch gezeigt, wie wichtig mir die Behandlung bei ihnen war. Sie werden davon in ihrer Weise tangiert worden sein, was dann natürlich wieder auf die

Arbeit ausstrahlte. Ich denke an meine erste Stunde bei Ernest Freud in London. Als ich am verabredeten Tag um elf Uhr an der Tür 20 Maresfield Gardens klingelte und er mir öffnete, habe ich ihn wohl nicht wenig verblüfft, denn ich war viel zu früh. Unsere Stunde war für 16.00 Uhr ausgemacht, wie sich dann herausstellte. Ich war selber sehr erstaunt über mich, da mir eine solche Fehlleistung bis dahin nicht und später auch nicht mehr unterlaufen ist. Konnte ich ihm mit meiner Reise nach London und mit meiner massiven Verfrühung noch deutlicher zeigen, wie sehr ich ihn brauchte und wie gerade er mir besonders wichtig erschien? Das ist auch eine besondere Form seiner »Behandlung« durch mich gewesen. Ich weiß es natürlich nicht von ihm, bin aber mittlerweile davon überzeugt, dass Psychoanalytiker, trotz anderslautender verbaler Beteuerungen, auf dieser Ebene viel persönliche Resonanz von ihren Patienten bekommen *und* genießen. Ich halte es für viel bedenklicher, das zu verleugnen, als es sich bewusst zu machen und es für den therapeutischen Prozess zu nutzen. Ich erinnere mich auch noch gut an das Erstaunen von Jan Velzeboer, als ich auf seine entgegenkommende Frage, wann ich denn morgens von Ratingen (nahe Düsseldorf) nach Laren (nahe Amsterdam) kommen könnte, mich für die früheste Stunde um 8.30 Uhr entschied, da ich gern früh aufstehe, ich so dem Berufsverkehr vorauseilen und mittags wieder in der Universität zurück sein konnte. Lotte Köhler (1998, S. 175) berichtet mit verhaltenem Stolz davon, wie sie bei jedem Wetter mehrere Jahre lang zweimal wöchentlich in einer wackeligen zweimotorigen Convair-Metropolitan nach Zürich flog, um zur Analysestunde bei Parin zu kommen.

4.3 Das Ringen um die Termine

Besonders in Fällen, in denen Patienten Vereinbarungen nicht mehr einhalten können und der Therapeut die zu scheitern drohende Beziehung aktiv zu retten versucht, stellen seine Bemühungen, den Rahmen wiederherzustellen oder zu erhalten, Enactments dar, was auch immer er tut oder lässt. Ein instruktives Beispiel bietet eine Fallvignette von Hazel R. Ipp, die sie erstmals 1999 auf dem 22.

Kongress für Selbstpsychologie in Toronto vorgestellt hat und mit der das erste Heft der Zeitschrift »Selbstpsychologie« im Jahre 2000 eröffnet wurde (S. 18 ff.). Es eignet sich wegen seiner detaillierten Beschreibung sehr gut, die häufig unbeachtete operative Dimension hervorzuheben. Die Falldarstellung bezieht sich auf die Behandlung einer Patientin im mittleren Lebensalter mit einer schweren narzisstischen Persönlichkeitsstörung, die mit Kohut auch als eine leere Depression bezeichnet werden könnte. Die entscheidende Veränderung im psychotherapeutischen Prozess erfolgte nach Meinung der Verfasserin sowie mehrerer Kommentatoren (Hartmann u. a. 2000a, S. 11 ff., Fisch 2000, S. 70 ff., Lichtenberg 2000, S. 61 ff.) durch eine besonders wirksame Deutung. Dabei vermittelt Ipp ihrer Patientin, dass sie, die Analytikerin, versteht, was in ihr vorgeht, auch wenn sie selbst glaubt, sie würde nicht verstanden. So kann die Patientin ihre »Existenz im Anderen wahrnehmen und gelangt so von einer dualen in eine trianguläre Beziehungssituation«, die sie selbst, ihre Analytikerin und deren Repräsentanz von ihr umschließt (Hartmann, Milch und Kratzsch 2000a, S. 13).

Analytikerin telefoniert hinter einer Patientin her:

Ich referiere kurz den Zusammenhang: Vor dieser umstrukturierenden Deutung hatte sich ein »verwirrendes Muster« entwickelt. Nach einer besonders gelungenen Sitzung sagte die Patientin die nächste Sitzung kurz vor dem Beginn ab. Sie zog sich danach ins Bett zurück, bis sie sich wieder in der Lage fühlte, zur nächsten Sitzung zu kommen. Nachdem nun einige Monate nach diesem Muster vergangen waren, teilte sie ihrer Analytikerin über den Anrufbeantworter mit, dass eine solche Behandlung nur vergeudete Zeit sei. Die Therapie würde bei ihr niemals gut gehen und sie werde nicht wiederkommen. Die Analytikerin entschloss sich jedoch aufgrund ihrer Gegenübertragungsgefühle dazu, die Patientin anzurufen, mit ihr kurz den Sinn ihres Fernbleibens anzusprechen und ihr mitzuteilen, dass sie es sinnvoll fände, darüber weiter zu sprechen. Angerührt durch diese Bemühungen entschied sich die Patientin, die Analyse fortzusetzen. Einige Wochen später erschien sie ein weiteres Mal nicht zu ihrer Stunde, erstmals ohne vorher telefonisch abgesagt zu haben. Die Analytikerin rief sie wieder an, hinterließ auf dem Anrufbeantworter ihrer Patientin eine Nachricht, erhielt aber keine Antwort. Nachdem sie viermal nicht gekommen war, rief die Analytikerin erneut an und hinterließ sowohl auf dem Anrufbeantworter zu Hause als auch an ihrem Arbeitsplatz eine Nachricht. Wieder blieb die Antwort aus.

Die Analytikerin fühlte sich gekränkt und ärgerlich, und diese Gefühle steigerten sich noch, als sie einige Tage später eine Nachricht auf ihrem eigenen Anrufbeantworter vorfand: In einem überheblichen Tonfall und ohne die geringste Andeutung einer Entschuldigung kündigte die Patientin an, zur nächsten Stunde wieder zu kommen. Zur verabredeten Zeit rauschte sie in hochmütiger Art ins Behandlungszimmer und setzte sich, anstatt sich auf die Couch zu legen, auf den Stuhl. Sie berichtete, dass ihr jegliche Energie und Motivation gefehlt hätten, um zu den Sitzungen zu kommen oder um sie auch nur anzurufen. Als es ihr dann besser gegangen sei, habe sie wieder das Gefühl bekommen, dass sie so etwas Gutes nicht verdiene. Während Ipp ihrer Patientin ruhig zuhörte, spürte sie, dass ihr Ärger langsam schwand. Sie nahm immer mehr wahr, wie einsam sich die Patientin fühlte. Als diese aufhörte zu sprechen, sagte die Analytikerin:
»›Es muss sehr schwer sein zu glauben, dass ich mir wirklich Sorgen um Sie machen könnte; wenn Sie sich zurückziehen und isolieren, fühlen Sie sich so allein und nicht liebenswert, dass Sie sich nicht mehr vorstellen können, dass ich immer noch da bin und mir Sorgen um Sie mache.‹ Sie fing zum ersten Mal während unserer gemeinsamen Arbeit an zu weinen. Dies war eine wichtige Stunde, die eine lange Periode ohne Unterbrechungen in der Analyse einleitete, in deren Verlauf sich eine Liebesbeziehung zu einem Mann entwickelte.« (Ipp 2000, S. 21)

Die Analytikerin schildert sehr offen das Enactment in seinen verschiedenen Phasen und setzt sich damit sicherlich der Kritik klassisch orientierter Psychoanalytiker aus. Sie bleibt in ihrer Darstellung jedoch dem für Psychoanalytiker typischen Modus der Nachzeitlichkeit verpflichtet. Es entsteht der Eindruck, dass die auf das Ringen um den Rahmen erfolgte Einfühlung in das Selbstobjektbedürfnis der Patientin die Wende gebracht hat. Im Epilog führen allerdings die Herausgeber Hartmann, Milch und Kratzsch das Verständnis für den Therapieverlauf weiter, indem sie darauf hinweisen, wie not-wendig bereits das Handeln der Analytikerin für die Patientin war. »Die Patientin brauchte somit das aktive Zugehen der Psychoanalytikerin, um innerlich die Beziehung überhaupt wieder aufnehmen zu können« (Hartmann u. a. 2000b, S. 92). Die Selbstobjektbeziehung der Patientin zu ihrer Analytikerin war unterbrochen. Die Analytikerin musste handelnd die Behandlungskontinuität wiederherstellen, da die Patientin selbst nicht über belebbare innere Repräsentanzen oder Bilder von Bezogenheit zur Analytikerin verfügte, also *keine Vorstellung über ihre Weiterexistenz im Erleben der Analytikerin* hatte.

Die Antwort auf die Frage, was aus selbstpsychologischer Sicht zu der entscheidenden Veränderung führte, lässt sich aus der operativen Perspektive noch vertiefen. Wieso »*brauchte*« die Patientin eigentlich das aktive Vorgehen der Analytikerin? Was kommt hier zur mentalen Empathie hinzu? Das Tun der Analytikerin impliziert ein unausdrückliches Wissen und Verstehen, das sich im Handlungsvollzug implizit vermittelte. Die Analytikerin gestaltete die Situation mit, indem sie auf der Regressions- und Entwicklungsebene antwortete, in der der Handlungsdialog mit den primären Bezugspersonen entgleist war: Sie wartet auf die Patientin, sie bemerkt ihr Fehlen, sie ruft nach ihr und lässt nicht locker, bis sie sie gefunden hat. Eine Repräsentanz von Bezogensein entwickelt sich spätestens von Geburt an aus den wiederholten Erfahrungen konkreter Kontaktaufnahmen und Kontaktunterbrechungen. Mustergültig sind die operativen Vorformen in den Versteckspielen kleiner Kinder zu beobachten. Wenn die Analytikerin nach dem »Patientenkind« ruft und immer wieder ruft, reagiert sie genau auf der Ebene dieser sensomotorischen oder operativen Keimformen, aus denen sich über einen langen Weg der Abstraktion allmählich Repräsentanzen herausbilden, die dann später auch sprachsymbolisch gefasst werden können. Indem die Analytikerin das tut, was sie tut, entsteht keine Sprachverwirrung. In dieser für die Analytikerin sehr irritierenden Phase *deutet* die Patientin mit ihrer sensomotorischen und operativen »Intelligenz« an, auf welcher Ebene sie eine verstehende Antwort benötigt. Ohne dieses »learning by doing« wären vermutlich alle mentalen Formen der Empathie zu adultomorphen Reaktionen missraten und an ihr abgeperlt. Über den regredienten Zugang zur Patientin hat die Analytikerin sich und der Patientin eine unmittelbare Erfahrungsbasis geschaffen, wie ein operativer Möglichkeitsraum eröffnet wird, in dem mit einer responsiblen »Mutterfigur« die brüchigen Erfahrungen repariert werden können, wenn die zugrunde liegenden Handlungserfahrungen selber defizient sind. Neben der mentalen Form der Empathie gibt es also auch eine operationale, welche die erstere fundiert. Diese bildet für die Einfühlung der Analytikerin in die Selbstobjektbedürfnisse der Patientin die Erlebensgrundlage und die Anknüpfungsmöglichkeit. Das aus orthodoxer analytischer Sicht sicherlich fragwürdige Handeln der Analytikerin gewinnt hier die Bedeutung eines basalen Wahrnehmens, Verstehens und Behandelns.

Ein beinahe handgreifliches Ringen um den therapeutischen Rahmen berichtete Wolfgang Milch bei der Eröffnung des 7. Internationalen Selbstpsychologie-Symposiums 2001 in Dreieich:

Was würden Sie machen, wenn ich jetzt aus dem Fenster springe?
Zu Beginn der Behandlung eines wegen akuter Suizidalität in die Klinik eingewiesenen Patienten fragte dieser ihn – und das in einem Behandlungszimmer im 3. Stockwerk eines Hochhauses –, was er, also der Behandler, denn machen würde, wenn er jetzt aufspränge, das Fenster aufreißen und in die Tiefe springen würde. Während er das sagte, deutete er bereits eine Bewegung an, als ob er seine Absicht in die Tat umsetzen wollte. Milch berichtete, wie er unmittelbar auf diese Bewegung antwortete, indem er seinen eigenen Körper in eine sprungbereite Position brachte und spontan sagte: »Dann würde ich mit allen meinen Kräften versuchen, Sie davon abzuhalten.« Dieses Enactment wurde, wie Milch resümierte, zu einer Modellszene der anschließenden Analyse, die immer wieder im Verlauf der erfolgreichen Behandlung als prototypische Situation herangezogen wurde.

Ich selbst habe mit einem Patienten im fortgeschrittenen Stadium der Analyse eine Situation erlebt, die sich auch als basale Be-Handlung eines strukturellen Problems herausstellte. Der etwa 40-jährige Wirtschaftsprüfer, der mich wegen seiner psychosomatischen Beschwerden und Spannungen mit seinem Vorgesetzten sowie wegen eines eskalierenden »Rosenkriegs« mit seiner Ehefrau aufgesucht hatte, litt an einer quälenden Überichproblematik. Selbstpsychologisch gesprochen, hatte sich durch einen unerbittlichen Empathiemangel der Bezugspersonen ein fragiles überlastetes Selbst (s. Wolf 1996, S. 99, Milch 2001, S. 114) entwickelt, das notdürftig zusammengehalten wurde von der existenziellen Leitlinie: »Ich bin, was ich recht und richtig mache.« Wer seinen perfektionistischen Ansprüchen nicht genügte, bedrohte die Kohärenz seines ohnehin fragilen Selbst. Darüber strukturierte sich seine Wirklichkeit nach dem Muster eines Entweder-oder. Es erübrigt sich zu betonen, dass er seine Termine immer äußerst zuverlässig und pünktlich wahrnahm. Vor diesem psychodynamischen Hintergrund ergab sich nun an einem Tag im dritten Jahr der Analyse folgende Szene:

Eine abgesagte Sitzung wird durchgeführt:
Wir hatten bereits vor längerer Zeit einen speziellen Sitzungstermin (montags 18.00 Uhr) ausgeklammert, da ich an diesem Tag erst später

von einem weiter entfernten Tagungsort zurückkehren würde. Ich hatte alle Einzelsitzungen abgesagt, nicht aber eine Gruppe, die erst um 19.00 Uhr begann. Ich kam nun doch etwas früher als geplant zurück, sodass ich noch vor Beginn dieser Gruppe joggen konnte. Von meinem Lauf kam ich etwas nach 18.00 Uhr, also kurz nach Beginn der sonstigen Stunde meines Patienten, zurück. Während des Laufes fiel er mir ein, und ich wurde etwas unsicher, ob ich ihm auch wirklich abgesagt hatte. Ich kenne diese Sorge, da mir hin und wieder einmal eine Doppelbelegung oder eine Fehlbelegung passiert war.

Als ich nun, im Auto sitzend, nach dem Joggen in die Straße einbog, sah ich, wie mein Patient gerade zu seinem Auto ging. Ich war irritiert und überlegte erneut, ob ich nicht doch vergessen hatte, ihn zu informieren. Wie ich nachher von meiner Frau erfuhr, hatte sie ihn bereits in die Praxis hereingelassen und ihm mitgeteilt, dass ich ihres Wissens alle Einzeltermine abgesagt hätte. Er schien aber fest davon überzeugt, einen Sitzungstermin zu haben bzw. über den Ausfall der Stunde nicht informiert worden zu sein. Meine Frau hatte ihm vorgeschlagen, noch etwas zu warten, da ich in den nächsten Minuten wohl zurückkehren würde. Nach etwa zehn Minuten hat er die Praxis wieder verlassen. Jedenfalls sah ich ihn dann bei seinem Auto stehen, im Begriff einzusteigen und davonzufahren. Da er mein Auto nicht kannte, betätigte ich die Lichthupe. Ich wollte ihn, der ansonsten vergeblich von ziemlich weit her gekommen wäre, nicht einfach wieder wegfahren lassen. Überrascht schaute er zu meinem Auto, erkannte mich und kam zu mir. Mit dem Brustton der Überzeugung und mit einem vorwurfsvollen Unterton sagte er, wir hätten jetzt eine Stunde, die ich wohl vergessen hätte. Ihm schien es jedenfalls selbstverständlich, dass seine Stunde hätte stattfinden müssen. Er machte mir jedoch das Angebot: Wenn es jetzt nicht ginge, führe er wieder nach Hause, wir würden uns ja am Mittwoch bereits wiedersehen. Ich war mir unterdessen nicht mehr sicher, ob ich nicht doch vergessen hatte, ihm abzusagen. Vielleicht ging auch etwas von dieser Unsicherheit in meinen spontanen Vorschlag ein: Da er einmal da sei, würde ich ihm anbieten, dass ich mich eben duschen und in die Praxis kommen würde und wir dann noch eine halbe Stunde miteinander arbeiten könnten, egal, wer sich da nun vertan hätte. Nach leichtem Zögern stimmte er – wie mir schien – erleichtert zu.

Nachdem ich mich geduscht und umgekleidet hatte, ging ich ins Behandlungszimmer, wo er auf mich wartete. Obwohl ich meinen Kalender mitgebracht und ihm auch das Ergebnis meiner kurzen Überprüfung mitgeteilt hatte, bat er mich, die Bearbeitung unserer Szene bis zur nächsten Sitzung in zwei Tagen zu verschieben, um in der verbleibenden Zeit über drängende aktuelle Probleme zu sprechen. Ihm werde alles zu viel. Er fühle sich sehr unter Druck. Viele unerledigte Dinge würden ihn bedrängen, er habe die Sitzung bitter nötig. Obwohl ich mich mit seinem Wunsch selbst in die unangenehme Verfassung eines unerledigten Problems versetzt fühlte, folgte ich ihm.

In die nächste Sitzung kam er mit dem eigenen Kalender in der Hand. Mich überraschte und erleichterte seine heiter gelöste Stimmung. Ich hatte wohl mit einer Art Gerichtsverhandlung gerechnet, da er mich schon früher bei manchen Gelegenheiten in einen quälenden Disput zu ziehen versucht hatte und ich mich auch hin und wieder darin hatte verwickeln lassen. Lächelnd berichtete er dann, wie er sich gefühlt hatte, als er mich in der vergangenen Sitzung zuerst nicht angetroffen hatte. Zunächst habe er gedacht: »Der hat die Stunde vergessen.« Dann habe er angenommen, es wäre etwas passiert. Schließlich habe er sich gefragt, ob eventuell in seinem Büro eine Nachricht von mir nicht an ihn weitergeleitet worden wäre. Bei diesem Gedanken hätte er eine heftige Wut auf eine Mitarbeiterin gespürt. Es hätte ja auch etwas Aktuelles sein können, wie seinerzeit, als ich einmal kurzfristig zum Arzt gemusst hätte.

Auch nachdem er mit meiner Frau gesprochen hatte, habe sich nichts an seiner festen Überzeugung, dass ich den Termin abzusagen vergessen hätte, geändert. Da ihm meine Frau aber in Aussicht gestellt hätte, dass ich gleich zurückkehren würde, und ihm angeboten hätte zu warten, sei er noch geblieben. Auch nachdem ich ihm die halbe Stunde angeboten hätte, sei er felsenfest davon überzeugt gewesen, dass ich einen Fehler gemacht hätte. Seine Überzeugung habe auch während der Zeit angehalten, als er auf mich wartete. Er sei gleichzeitig wütend auf mich gewesen und habe gedacht: »So ein Mist, jetzt habe ich diesen weiten Weg vergeblich gemacht, wo ich doch so unter Druck stehe und die Stunde so notwendig brauche.« Als ich dann zu Beginn der verkürzten Sitzung meinen Kalender mitgebracht und darauf verwiesen hätte, dass ich diesen Termin bereits als Zeichen einer bereits erfolgten Absage durchgestrichen hätte, habe er das überhaupt nicht verstanden: Wieso könne ich einfach einen Strich durch eine geplante Sitzung machen? Meine Erklärung hätte ihn nur noch in seiner festen Annahme bestärkt, dass ich mich geirrt haben müsste. Er sei von der Richtigkeit seiner Wahrnehmung so überzeugt gewesen, dass er sich nicht einmal dazu veranlasst gesehen hatte, sich in seinem eigenen Kalender zu vergewissern. Während er auf mich wartete, hätte er ja dazu Zeit genug gehabt. Ein Irrtum seinerseits wäre zu diesem Zeitpunkt für ihn noch völlig ausgeschlossen gewesen.

Als ich ihm die halbe Stunde angeboten hätte, habe er auch darüber nachgedacht, wie das denn wohl für mich sei, unerwartet einen Analysanden vor der Tür zu haben. Dann habe er sich entschieden: »Wenn er mir die Sitzung anbietet, dann nehme ich sie auch an. Was soll ich mir seinen Kopf zerbrechen.« Ich freute mich darüber, wie er sich hier selbst aus den Verwicklungen einer für ihn typischen Überverantwortlichkeit selber wieder herauswickelte, und bestätigte lächelnd den erfolgreichen Akt seiner Selbst-Objekt-Differenzierung: »So ist es.« Zu Hause habe er dann auch einmal in *seinen* Kalender geschaut. Und da sei es ihm wie Schuppen von den Augen gefallen: Er stellte fest und erinnerte sich dabei auch wieder, dass wir den Termin bereits vor langer Zeit ausgeklammert hatten, wobei er – und hierüber müssen wir beide lachen – dieselbe Technik wie ich anwendet, um abgesagte Regeltermine zu kennzeichnen. Die ganze Episode habe er abends zuvor noch seinem Bruder, mit dem er sonst nicht über solche Dinge spreche, erzählt. Er sei völlig überrascht gewesen, von diesem zu erfahren, dass er auch eine Therapie mache und ihm das auch schon einmal passiert sei. Sie hätten beide herzhaft darüber gelacht. Auch wir müssen über diese kuriose Situation erneut lachen. Anschließend stellte er noch fest, dass er und sein Bruder sich in dem Gespräch näher gekommen seien. Im Laufe dieser Episode hatte er eine Gefühlsgeschichte erlebt. Als er noch von einem Irrtum meinerseits ausgegangen sei, habe er vermutet, dass ich ihm aufgrund eines schlechten Gewissens die verkürzte Stunde angeboten hätte. Nun fände er die Situation aber sehr wohltuend. »Ich habe mich sehr darüber gefreut und fand Ihr Angebot sehr freundlich.« Er habe es besonders angenehm erlebt, dass ich nicht darauf bestanden hätte, dass die Stunde wie vereinbart ausfalle. »Sie haben gezeigt, dass es Ihre Entscheidung ist, wer auch immer das Terminproblem verbockt hat. Sie haben sich gelassen und undogmatisch verhalten«, sagte er und lachte anerkennend. Die Situation sei für ihn völlig anders abgelaufen als die unerbittlichen Auseinandersetzungen und unversöhnlichen Streitereien, in denen er sich in seiner aktuellen Lebenssituation verstrickt fühlte.

Auch das prototypische Beziehungsmuster, das er aus seiner Familie kennt, stehe dazu im Gegensatz. Eine solche Situation wäre dort zu einer wahren Katastrophe eskaliert. Schlussendlich wären alle wütend und hasserfüllt in einem unentwirrbaren Knäuel von Beschuldigung und Rechtfertigung, Anfeindung und Verteidigung, Angriff und Gegenangriff verstrickt gewesen. »Und demgegenüber standen Sie einfach da, blieben gelassen und haben gezeigt, wir können ja unabhängig davon etwas Gutes aus der Situation machen.« Zu Hause wäre allein schon vom vorwurfsvollen Ton her alles auf einen fatalen Beziehungskrieg hin angelegt gewesen.

Auch *sein* Beitrag zu einer anderen Strukturierung der Situation ist deutlich geworden: Er konnte seine Enttäuschung und seinen Ärger halten, ohne die Situation mit einem Wutanfall zu zerstören, und selber das Beste aus der Situation machen und schließlich noch die eigene

Beteiligung daran erkennen, sodass sich die Episode als Folge einer menschlichen Fehlleistung erwies, über die man herzhaft lachen kann. Abschließend betonte er noch einmal das gemeinsame Werk: »*Wir* haben geguckt, wie die Lage ist, und haben eine unabhängige und souveräne Entscheidung getroffen. Das ist eine schöne kooperative Ebene.« Und lächelnd ergänzte er: »Für den Umgang mit anderen Menschen eine interessante und bereichernde Erfahrung.«

Das Beispiel veranschaulicht eine behandlungsmethodische Anpassung an die vom Patienten vorgegebene Bearbeitungsebene. Der Entwurf eines derartigen Enactments ist bereits ein Hinweis auf die Notwendigkeit einer operativen Bearbeitung. Das unbewusste Ziel war hier, das Beziehungsmuster eines Entweder-oder intersubjektiv zu bearbeiten und zu bewältigen. Ein Patient, dem eine selbstberuhigende Struktur fehlt, bekommt in einer solchen Handlungseinheit die Gelegenheit, an der Ruhe und Gelassenheit eines Selbstobjektes teilzuhaben (s. Wolf 1996, S. 99, Milch 2001, S. 114). Im Rückblick auf die Analyse meines Patienten habe ich den Eindruck, dass diese Erfahrung einen wichtigen Beitrag dazu geleistet hat, ihm die nötige Sicherheit zu vermitteln, um später eine »negative Übertragung« zu entwickeln, in der er an mir und mit mir eine frühe Vernichtungsthematik durcharbeitete. Seiner seelischen Gesundung wurde so ein fruchtbarer Boden bereitet.

4.4 Das Spiel mit dem Setting

Ich sehe es als einen ersten grandiosen körper- und bewegungstherapeutischen Einfall an, den Patienten anzuregen, sich auf die Couch zu legen und – während der Analytiker für den Patienten nicht sichtbar hinter ihm sitzt – alles auszusprechen, was ihm in den Sinn kommt. Zumindest in den Anfängen des vergangenen Jahrhunderts war das eine sehr erotische Situation und für den Analytiker, der die Libido und ihr Schicksal zum Ordnungsträger seines Neurosen- und Behandlungskonzeptes gemacht hat, eine stimmige Methode. Außerdem lädt die Liegeposition sicherlich zu einer Regression ein, d. h., sie bietet situative Anregungen, die eigenen unerledigt gebliebenen und bis in die aktuelle Wirklichkeit hinein störend nachwirkenden Konflikte und Defizite sowie deren Abwehr und Sicherungen wiederzubeleben.

Schamgefühle auf der Couch:
Eine Kollegin berichtete mir von einem Patienten, bei dem allein die Aktion, sich hinzulegen, tiefe Schamgefühle hervorrief. Es war für ihn ganz schlimm, sich in eine Situation zu begeben, in der er auf der Couch liegt und die Analytikerin ihn »beobachten« und dabei »feststellen« würde, wie »minderwertig« und »nichtig« er sei. Allein diese Erprobung »Patient liegt und Analytikerin sitzt daneben« belebte einen zentralen Komplex des Patienten und eröffnete das intersubjektive Feld für eine basale Behandlung.

Ich selber habe zu Beginn meiner psychotherapeutischen Weiterbildungen den Übergang vom Sitzen zum Liegen am »eigenen Leib« kennen gelernt. Die erste Erfahrung war so nachhaltig, dass ich sie bis heute nicht vergessen habe und sie zu einer meiner überdauernden Analyseerinnerungen geworden ist. Sie bezieht sich auf den Unterschied, den ich erlebte, als ich mich nach einer damals noch sehr verkürzten und kognitiven Lehranalyse in der Individualpsychologie bei einem Analytiker freudianischer Herkunft in eine Analyse begab. Ich werde nie vergessen, wie ich – als ich mich als informierter Analysand wie selbstverständlich auf die Couch gelegt hatte – unmittelbar gewahr wurde, dass ich mit meinem vorherigen Lehranalytiker *nur geredet* hatte und genau dem Prozess, dem ich mich nun ausgeliefert fühlte, ausgewichen war. Ich erlebte mich meinem Seelischen geradezu ausgeliefert, und das war eine beängstigende Erfahrung für einen Mann, der ursprünglich Mathematik, Physik und Sport studieren wollte, also Bereiche avisiert hatte, in denen das seelische Erleben wenig Raum hat. Ich habe auch eine der ersten Interventionen meines Analytikers nicht vergessen, als ich nach einer für mich relativ lange Phase des Assoziierens bemerkte, dass ich jetzt eigentlich gern einmal etwas von ihm hören würde und er mich freundlich darauf aufmerksam machte, dass ich wohl gerade an einer besonders wichtigen, aber vielleicht auch sehr ängstigenden Stelle angelangt sei, an der ich mich lieber von meinem Erleben abwenden wolle.
Je mehr allerdings dieses Setting idealisiert und je weniger es auf die Struktur des Patienten und auf seinen Prozess bezogen ist, also

einen Selbstzweck erhält, umso mehr tritt es in den Dienst der Abwehr und der Sicherung. In psychoanalytischen Publikationen gibt es einen auffälligen Zusammenhang zwischen der Selbstverständlichkeit, mit der das Liegen des Patienten vorausgesetzt wird, und der Ausblendung der Vorgänge, wie der Patient überhaupt zur Couch gefunden hat. Wie gelangt er eigentlich dahin? Wie bringt der Analytiker ihn dahin? Im Bewusstsein einer »reinen«, »puristischen« oder »strengen« Psychoanalyse, in der alles Manipulative und Strategische verpönt ist und die nach der Fiktion einer losgelösten Selbstbestimmung des Patienten strebt, ist das eine heikle Angelegenheit. Es wäre interessant zu untersuchen, wie Analytiker ihre Patienten veranlassen, sich auf die Couch zu legen. Ich kann mir alle möglichen Formen vorstellen zwischen dem voreiligen Aufsuchen der Couch des aufgeklärten Patienten – sozusagen im vorauseilenden Gehorsam – bis hin zur manipulativen Platzierung durch den Analytiker. Diese offene Ausgangsszene, die sich im Zögern des Patienten und eventuell auch in der Unsicherheit des Analytikers ausdrückt, lässt sich therapeutisch u. a. nutzen durch das schlichte Angebot, das Liegen einfach einmal auszuprobieren und nachzuspüren, was dabei erlebt wird. Besonders hilfreich wäre, wenn der Patient vor der Erprobung noch die Gelegenheit fände, seine Phantasien zu äußern, was er wohl im Sitzen bzw. im Liegen erleben würde. Aus der immer wieder zu beobachtenden Differenz zwischen phantasiertem und tatsächlichem Erleben würden sich bereits zu Beginn wichtige Impulse für die Behandlung ergeben. Es ist außerordentlich selten, einen Therapiebericht zu lesen, in dem mit der Anordnung der Position gespielt und experimentiert wird. Das folgende Beispiel ist eine instruktive Ausnahme, wobei auch die präsentischen Selbsterfahrungen und Selbstbehandlungen anklingen.

Experimentieren mit dem Setting:
»Von Beginn der Therapie an testete die Patientin mich aus. Für mich war es nie eine Frage, dass ich die von ihr angeregten Settingveränderungen zunächst unwidersprochen mitmachte. Das begann damit, dass sie den Stuhl mit mir tauschen wollte. Dass sie sich auf die Couch legen wollte. Dass sie nach einigen Stunden mir wieder gegenübersitzen wollte, dass sie aktiv die für sie optimale Nähe/Distanz durch das Verrücken der Stühle herausbekommen wollte, u. a. m. Sie bemühte sich also, den für sie wirklich *hilfreichen therapeutischen*

Raum zu gestalten. Wie wir später erarbeiten konnten, war es eine ungeheuer wichtige Erfahrung für sie, in einer Beziehung zu einem Menschen *Selbstbestimmung* erleben zu dürfen, was sie vorher in ihrem Leben fast nie hatte.« (Auchter 1995, S. 72)

Auch für Moser ist es wichtig, dass die Patienten wählen können, wo der Analytiker sitzt und dass sie mit dem Setting experimentieren (2001, S. 46). Es ergeben sich regelmäßig beeindruckende Szenen, wenn Teilnehmer von Supervisions- und Weiterbildungsveranstaltungen einmal in der Patienten- und in der Therapeutenrolle mit der Sitz- oder der Liegeposition experimentieren oder wenn sie einmal eine längere Zeit, ohne zu sprechen, in einen Blickkontakt treten. Hier stoßen die Probanden mit verblüffender Deutlichkeit und Regelmäßigkeit auf eigene frühe Beziehungsmuster, die ihnen im verbalen Austausch und in ihren angesprochenen Themen meistens verborgen bleiben. Sie machen hierbei häufig eine grundlegende Erfahrung für ihre Behandlungspraxis: Während auf der verbalen Ebene die Widerstände lege artis bearbeitet werden, stabilisieren sie sich – geradezu systemisch abgesichert – im leiblichen Dialog der beiden Beteiligten.

In seinen »Körperpsychotherapeutische(n) Phantasien« geht Moser auf eine entsprechende Szene aus Argelanders Fallstudie »Der Flieger« (1972) ein. Er arbeitet dabei heraus, wie der Patient mit seinem »strahlend verbindlichen Lächeln« auf einer basalen Ebene der Kontaktsuche abgewiesen wird, indem der Analytiker ihn auf das unhinterfragbar scheinende Standardsetting festlegt und sich damit für den Patienten unsichtbar und unerreichbar macht. Die Anverwandlung des Patienten an das psychoanalytische Standardverfahren kristallisiert sich für Moser in der Art und Weise heraus, wie der Analytiker dem Patienten die Liegeposition zuweist: »Mit einer Handbewegung biete ich ihm die Couch an …« (Argelander 1972, S. 35) Nachdem Moser bereits im Erstinterview auf den sich in Diskussionen, Konfrontationen, Verdächtigungen und Ermahnungen und in den defensiven Reaktionen des Patienten konstituierenden Machtkampf aufmerksam gemacht hat, sieht er in dieser Eröffnung eine Fortsetzung des »psychoanalytischen Schlagabtauschs«:

»(…) der Analytiker diktiert mit, wie mir scheint, imperialer Geste die *Regeln*: hier liegt man, so wollen es das Ritual oder meine Regeln. Der Patient zeigt aber noch Widerstandskraft und *setzt* sich, gehorcht aber doch halb, indem er sich auf die Couch begibt, was ihn in die denkwürdige Lage bringt, sich nach dem Analytiker umdrehen zu müssen, wenn er Sichtkontakt haben will, den er dringend braucht.« (Moser 1989, S. 39)

Nachdem der Analytiker weitere operative Mitteilungen des Patienten übergeht und stattdessen den Patienten an die Assoziationsregel erinnert sowie eine Deutung gibt, die den Patienten in seinem Entwicklungsniveau überfordert, taucht eine traumatisierende Erinnerung auf, wie er zu seinen Großeltern geschickt wurde, als sein eineinviertel Jahre jüngerer Bruder geboren wird. Moser vermutet, »dass die Geste des Analytikers ›ab auf die Couch‹ diese Trennungserinnerung hervorgerufen hat ...« (Moser 1989, S. 41) In diesem Zusammenhang ist das Wesentliche an Mosers Kritik, dass sie an der basalen Handlungs- oder Wirkungsdimension des psychotherapeutischen Geschehens ansetzt und auf unbewusste Wirkungszusammenhänge hinweist, wenn bestimmte Parameter der analytischen Behandlungslehre nicht funktional angewendet werden. Je weniger sich der Psychoanalytiker der operativen Dimension des Geschehens bewusst ist, umso eher realisieren sich unbewusste Beziehungsphantasien des Patienten und des Analytikers »jenseits« des verbalen Dialogs. Im Schatten des üblichen Austausches etabliert sich dann eine geheime Sphäre wechselseitiger Behandlung, an der oder trotz der Patient wie Analytiker gesunden oder auch erkranken können.

Wenn diese Ausführungen von Moser in einem behandlungstechnischen Seminar vorgetragen würden, könnten Zweifel an seiner Auslegung geäußert werden und daraus eine Diskussion um die zutreffende Interpretation entbrennen. Über diesen Methodenstreit ginge leicht die Dimension wieder verloren, auf die ich hier hinweisen möchte. Ich nutze die Annahme eines solchen Streites didaktisch, um noch einmal auf die Verschiebung des Fokus vom operativen zum interpretativen hinzuweisen: Wenn wir einmal annehmen, dass eine positive, meinetwegen verklärend positive Deutung der Kritik Mosers entgegengestellt würde: z. B. dass der Analytiker mit seiner Geste den Patienten freundlich zu sich einlädt, ihn ermutigt, sich auf sich und seine Einfälle einzulassen, ihm körperlich zu verstehen gibt, dass er ihn verstehend begleiten will, dass er ihn im Rücken hat und er bereit ist, ihn zu unterstützen usw. Ob sich nun unser Deutungsmuster nach dem Prinzip »Reglementierung« oder nach dem

Prinzip »Unterstützung« richtet, ist für den Gegenstand dieses Buches sekundär. Entscheidend ist: Allein die Diskussion ist schon ein Ausweichen vor der operativen Dimension des zirkulären Übertragungsgeschehens. Wenn diese operative Dimension berücksichtigt wird, werden die Diskrepanzen zwischen Behandlungspraxis und Behandlungstheorie oft eklatant. Viele theoretische Abhandlungen haben mit dem eigentlichen Wirkungsgeschehen zwischen Patient und Therapeut kaum mehr etwas zu tun.

Wenn auch die Einrichtung des Settings höchst selten in den publizierten Fallvignetten wiederzufinden ist, so kommen doch Weiterbildungskandidaten nicht so leicht daran vorbei, wenn sie zum Abschlusskolloquium den kompletten Bericht einer analytischen Behandlung vorzulegen haben. Meiner Erfahrung nach bleibt die Situation, wie das Liegesetting etabliert worden ist, sogar in diesen umfassenden Darstellungen von Therapieverläufen oft ausgeklammert. Ich verdanke hier der Kollegin Barbara Jancik einen anschaulichen Einblick in diese Situation. Die folgenden Ausschnitte aus einer analytischen Psychotherapie konnte ich freundlicherweise ihrem Abschlussbericht entnehmen:

Aber eigentlich ist doch Ihr Ziel, dass ich mich hinlegen soll:

Die zu Beginn 24-jährige Patientin litt unter einer »Konversionsneurose mit Panikattacken auf der Grundlage einer frühen Traumatisierung«. Da Angst ihr vorherrschender Affekt war und diese sich in ihren Träumen und Schilderungen zu Beginn der Analyse auch auf die Liegeposition bezog, erklärte die Analytikerin ihrer Patientin, dass es sinnvoll sein könnte, zunächst einmal die Analyse im Sitzen zu beginnen, und dass sie dann selber entscheiden könne, ob sie sich legen wolle. Die anfängliche Phase der Therapie gestaltete sich, wie nicht anders zu erwarten war, recht schwierig und komplizierte sich noch dadurch, dass die angehende Analytikerin ja einen Therapiefall für den Abschlussbericht benötigte, bei dem der Patient in klassischer Weise auf der Couch lag; zumindest hatte sie keine anderen Informationen während ihrer Weiterbildung erhalten. Die anfängliche Testphase lief manchmal wie ein kleiner Machtkampf ab. Frau M. versuchte ihre Analytikerin zu verleiten, Vorgaben zu machen, um sich an ihnen zu orientieren bzw. gegen sie zu rebellieren. Die Patientin zeigte immer deutlicher, wie verunsichert sie in ihrer eigenen Wahrnehmung war, wie sehr sie eine Validierung derselben durch die Analytikerin benötigte. Die Schwierigkeit kam dann in der 30. Stunde auf den Punkt: Nachdem die Analytikerin – als Weiterbildungskandidatin selber wohl um die Gültigkeit ihres Berichtes fürchtend – sie noch einmal darauf ansprach, ob sie sich mittlerweile vielleicht vorstellen könne, sich auf die Couch zu legen, antwortete die Patientin, welche die Lage ihrer Therapeutin offenbar erspürt hatte: »*Aber eigentlich ist doch Ihr Ziel, dass ich mich hinlegen soll?!*« (S. 11) Die Analytikerin erfasste die schwierige Situation sofort. In ihrem Bericht heißt es:

»Ich fühlte mich hierbei recht ertappt, denn ich hatte in der Tat so gedacht, weil ich Zweifel hatte, ob eine Analyse im Sitzen vom Institut anerkannt wird, dieses hatte sie sehr richtig wahrgenommen. So antwortete ich: ›Ja, das haben Sie richtig wahrgenommen, es ist schon meine Vorstellung von Analyse, aber es ist Ihre Analyse und wir haben vereinbart, dass Sie das entscheiden.‹ Dass ihre Wahrnehmung gestimmt hatte, beruhigte sie. Das Thema Hinlegen kam in Abständen immer wieder einmal, so in dem Sinne: ›*Ich glaube, ich will mich gar nicht legen, warum soll ich mich zu etwas zwingen, wovor ich Angst habe. Andererseits es könnte ja auch was bringen.*‹« (S. 11)

Als hoch sensibilisierte und parentifizierte Tochter spürte die Patientin wohl weiterhin, dass auch die Analytikerin – bezüglich der Liegeposition – auf sie angewiesen war, und konnte hier ihre Gebundenheit aufrechterhalten und im Dagegen ihre notdürftige »Selbstständigkeit« wahren. Dementsprechend fühlte die Analytikerin sich weiterhin unwohl in ihrer Haut:

»In meiner Gegenübertragung war ich mir einerseits sicher, dass es richtig war, die Entscheidung Frau M. zu überlassen, doch wurde ich zunehmend verunsichert, dass sie sich nicht entschied, sich zu legen. Ich sprach es mehrere Male an, doch Frau M. wich heftigst aus, sodass ich mir sehr invasiv vorkam.« (S. 12/13)

Es dauerte dann auch noch bis zur 90. Stunde, bis sich die Patientin auf die Couch begab. Nachdem sie mehrere Stunden darüber phantasiert hatte, legte sie sich plötzlich in der vorletzten Stunde vor dem Urlaub der Analytikerin mit den Worten »Ich möchte mich hinlegen« blitzschnell auf die Couch, noch bevor die Analytikerin ein Kissen anbieten konnte. Die Analytikerin war in dieser Situation so aufgeregt, dass sie die Stunde 10 Minuten früher beendete. Und in der hundertsten Stunde setzte sich die Patientin noch einmal hin, als sie der Analytikerin einen kurzfristig geplanten Urlaub nach dem der Analytikerin ankündigte.

Der Bericht, der in seiner Offenheit beeindruckt, zeigt, wie lange die Frage des Settings in die insgesamt 317 Stunden dauernde Behandlung hineinspielte, und lässt ahnen, wie viele Anläufe Patientin und Analytikerin dazu wohl gemacht haben werden. Das Problem ist verständlicherweise durch die Not der Ausbildungskandidatin mitbedingt, insofern sie trotz mehrjähriger Ausbildung nicht sicher sein konnte, ob eine analytische Behandlung im Sitzen auch als Abschlussarbeit an ihrem Institut akzeptiert worden wäre. In einer ähnlichen Situation befinden sich Analytiker, die für einen Patienten die Liegeposition (Entsprechendes gilt natürlich auch für das Sitzsetting) für angemessen halten, aber auf einen Patienten treffen, der diese Auffassung, aus welchem Grund auch immer, nicht teilt. Im günstigen Falle können sie dann das tun, was die Analytikerin im vorliegenden Beispiel gemacht hat, nämlich ihre Vorstellung von Analyse authentisch zu vertreten. Darin liegt ja bereits eine ganz wichtige Form operativer Behandlung. Die Patientin konnte hier schon eine basale Erfahrung von Intersubjektivität machen, insofern sie einer mit sich identischen Therapeutin begegnete, die ihre eigene Auffassung vom Setting nicht zurückhielt und gleichzeitig die Entscheidung der Patientin respektierte. Dieses dialektische Wirkungsgeschehen birgt bereits die Möglichkeit des operativen Verstehens in sich. Insofern war es für die Patientin ausgesprochen förderlich, sich selber entscheiden zu können, wenn auch die Weiterbildungskandidatin damit auf eine harte Probe gestellt wurde.

Unter dem Aspekt des operativen Verstehens bzw. unter regressivem Aspekt frage ich mich hier jedoch, ob nicht viele der dabei entstandenen Schwierigkeiten iatrogen sind und ob dieses Problem nicht in demselben Sinne, aber *auf einer anderen Entwicklungsebene*, hätte be-handelt und durchgearbeitet werden können: nämlich durch das einfache und beinahe selbstverständliche Angebot, die beiden Positionen einmal versuchsweise durchzuspielen und sozusagen am eigenen Leibe auszuprobieren, welche unmittelbaren Erfahrungen dabei gemacht werden, welche als bekömmlich und welche als weniger bekömmlich erlebt werden. Wenn der Analytiker dann auch noch gelernt hat, diesen Handlungen die ihnen entsprechende Zeit und den ihnen adäquaten Raum zu bieten, damit sie sich überhaupt entwicklungsgemäß artikulieren können, ohne dass die sich ausformenden Erlebenseinheiten gleich wieder in adultomorpher Weise durch verbale Kommentare und Deutungen unterbrochen werden, dann hat der Patient eine eminent heilsame Möglichkeit gefunden, seine Probleme auf basale Weise zu bearbeiten. Ob ein Patient über das Liegen und Sitzen phantasiert oder ob er es in für ihn erträglichen Dosierungen handelnd ausprobiert, ist ein großer Unterschied, der zu einem wesentlichen wird, wenn die aktuellen Störungen bis in die präverbale Phase zurückreichen. Durch die ausschließlich mentale Bearbeitung wird ferner eine immer wieder beeindruckende unmittelbare Erfahrungsmöglichkeit ausgeklammert: die antizipierten Phantasien mit den sich realiter ergebenden Erprobungen zu vergleichen und völlig neue ungeahnte Phantasien handelnd ins Bild zu rücken. Für die basale Form der Bearbeitung spricht noch eine weitere Erfahrung. Lange nach einer getroffenen Entscheidung zweifeln solche Patienten nämlich noch immer daran, ob sie diese nicht doch ihrer Analytikerin, also ihrem Übertragungsobjekt, zuliebe getroffen haben. Von der Mutterfigur ermutigt zu werden, etwas selber auszuprobieren, und damit unmittelbar bedeutet zu bekommen – »Du kannst selbst aktiv herausfinden, was für dich gut ist, und ich helfe dir dabei, dich selbst zu finden und zu bestimmen. Ich freue mich, wenn dir das gelingt.« – hat einen basalen Tiefgang. Die leibhaftigen Bewegungen werden somit in die Fundierung einer originären Selbstbewegung hineingenommen. Darüber hinaus scheint mir in diesem Beispiel die behandlungsmethodische Implikation des berichteten Handlungsdialogs (hinlegen und wieder aufstehen) eine solche operative Erprobung bereits anzudeuten.

Mit dem Sitzen oder Liegen habe ich allerdings die beiden für die Tiefenpsychologie typischen Positionen erwähnt. Patienten oder auch Therapeuten, die es oft nicht mehr auf der Couch oder im Sessel hält, werfen bei aller Widerstandsanalyse auch die Frage auf, wieso Psychotherapie nicht auch im Stehen, in der Bewegung oder beim Spiel erfolgen kann. Darin liegt ein von der Geschichte der Tiefenpsychologie wenig beachteter, aber wesentlicher Unterschied zwischen der Freud'schen und der Adler'schen Position. Adler erschien es unerheblich, besondere klinische Vorkehrungen dafür zu treffen, dass eine Übertragungsneurose entsteht. Er war vom Anfang seines Wirkens an davon überzeugt, dass der Patient gar nicht anders kann, als seine lebensstiltypische Wirklichkeit auch im »Ordinationszimmer« auszuformen. So plädierte er für einen größeren Bewegungsspielraum und warnte davor, zu starre Regeln (»etwa einen bestimmten Platz anzuweisen, einen Diwan«) einzuführen, weil dem Therapeuten dadurch vieles entginge: »Ich sehe einen Vorteil darin, die Bewegungen eines Patienten nicht zu unterbrechen.« »Es wird sich demnach jeder in seinem Bewegungsgesetz vorstellen« (Adler

1933, S. 173 f.). Bei dieser geradezu bewegungstherapeutischen Einstellung wundert es nicht, dass er bereits sehr früh auf den »Organdialekt« und die »Sprache des Körpers« (z. B. 1912a oder 1933) hinwies:

»Recht wertvoll erweist sich mir auch der Kunstgriff, mich wie bei einer Pantomime zu verhalten, auf die Worte des Patienten eine Weile nicht zu achten und aus seiner Haltung und aus seinen Bewegungen innerhalb seiner Situation seine tiefere Absicht herauszulesen. Man wird dabei den *Widerspruch zwischen Gesehenem und Gehörtem* scharf empfinden und den Sinn des Symptoms deutlich erkennen.« (Adler 1920, S. 63)

Cremerius (1984c) hat in einem Aufsatz herausgearbeitet, wie sinnvoll es ist, die Abstinenz im Sinne des Vorbildes von Freud funktional aufzufassen. Das gilt auch für das Setting. Was mir aber besonders wichtig erscheint, ist der funktionale Bezug der Position *während* des analytischen Prozesses. Die funktionale Auffassung zeigt sich bisher zumeist in der Anfangs- und der Endphase, abgesehen von den gelegentlichen Freiheiten, die sich der Patient selbst nimmt, wenn er sich aus dem Setting herausbewegt. Mit jeder Idealisierung oder Stereotypisierung einer bestimmten Position ist für viele Patienten eine mehr oder weniger verbrämte Manipulation verbunden. Wenn es einen Patienten nicht mehr im Sessel oder auf der Couch hält, dann ereignet sich meistens ein wichtiger Wendepunkt in der Therapie. Ich habe an anderem Ort ein Beispiel berichtet, in dem ich selbst meine Position neben der Couch verlassen habe und das von mir initiierte Enactment sehr heilsame Folgen hatte (Heisterkamp 1993a, S. 105 ff., 1996a, S. 17 ff.). Es sei hier auch an das berühmte Purzelbaumbeispiel Balints erinnert, auf das ich in Kapitel 6 ausführlich eingehe, sowie an das meines Kollegen Bodo Altrock in Kapitel 7.

5. Zur leiblichen Dimension des psychotherapeutischen Dialogs

5.1 Zur Geschichte des Leib-Seele-Problems

Die abendländische Geschichte ist geprägt durch eine Jahrtausende währende Vernachlässigung und Entwertung des Körpers. Die neuen Körper- und Bewegungstherapien und ihre rasante Verbreitung im ausklingenden 20. Jahrhundert lassen sich als kulturhistorische Antworten auf diese Tradition verstehen. Ebenso ringt auch die Psychoanalyse um neue Bilder, die der fiktiven Einheit von »Körper und Seele« näher kommen. Die Antike bringt *Körper und Seele* immer wieder in ein *antithetisches Verhältnis* und räumt dabei der Seele die Priorität ein. Diese wird zu einem Kontroll- und Führungsorgan, das über die Reinheit des Körpers zu wachen und insbesondere für die eigene Lauterkeit und Tugendhaftigkeit zu sorgen hat (s. Gastgeber und Marlovits 1989). Das Christentum fand also das feindselige Verhältnis zwischen Körper und Seele bereits vor und trat nahezu ohne Bruch in dieses antike Erbe ein, »welches beherrscht war von dem tief eingewurzelten Misstrauen gegen die Verlockungen, Verführungen, Versuchungen, die von einer unkontrollierten ›Leiblichkeit‹ ausgehen« (Dörrie 1986, S. 189).

Nachdem Nietzsche vehement auf die Verachtung des Leibes in der Antike und der christlichen Kultur aufmerksam gemacht und demgegenüber auf die große Vernunft in unserem Leibe hingewiesen hatte (Nietzsche 1898, S. 300 f.), wurde der Leib in der Phänomenologie (Marcel 1986) als Inbegriff des Selbst herausgearbeitet. C. G. Jung verwunderte es daher nicht, dass der Körper, der gegenüber dem Geist so lange gering geschätzt wurde, in der Geschichte der Philosophie und Psychologie wiederentdeckt wurde. Nun erhebe dieser »einen Anspruch auf Gleichberechtigung« und übe eine Faszination aus wie die Seele (1928/31, Par. 195). Diese Entwicklung kulminiert in der Auffassung des Lebensphänomenologen Henry (1992), nach dem die Leiberfahrung mit der Ich-Erfahrung zusammenfällt und die leiblichen Ausdrucksbewegungen unmittelbare Manifestationen des Ich darstellen (Kühn 1989, Kühn und Titze 1991). Ich spreche deswegen im Folgenden gerne von der *Lebens- oder Selbstbewegung* (Heisterkamp 1985 b, 1990, 1991b).

Die Aufteilung der lebendigen Selbstartikulation in zwei unverbundene Elemente wie Körper und Seele, deren Einheit nur noch mechanistisch als Wechselwirkung berufen werden kann, hat ihren tiefen psychologischen Sinn. Die Spaltung beschwichtigt die Grundängste des Menschen, sich selbst aufzulösen oder sich nicht mehr steuern zu können, und suggeriert dem Bewusstsein die scheinbare Sicherheit, das Leben unter Kontrolle zu haben. Die überkompensatorischen Sicherungen absorbieren ein enormes Maß an Lebensenergie. Diese Anstrengungen gehen auf Kosten der Lebendigkeit und Kreativität und tun der Freude am eigenen Dasein erheblichen Abbruch. Die jahrtausendealte Unterdrückung und Entwertung der leiblichen Dimension unseres Daseins wirft ihren langen Kernschatten auch auf die Psychotherapie. Ich werde mich im Folgenden nur mit der Psychoanalyse beschäftigen. Das möchte ich aber nicht tun, ohne vorher darauf hingewiesen zu haben, dass sich die Abwehr- und Sicherungsformen ebenso leicht in anderen Therapierichtungen wiederfinden lassen, auch in solchen, die ausdrücklich den Körper auf ihr Banner gesetzt haben.

5.2 Der Körper in der analytischen Psychotherapie

Wie sieht das nun aus und welche praxeologischen Konsequenzen sind damit verbunden, wenn wir eine dingliche Auffassung vom Seelischen, in der wir von so genannten psychischen Ursachen oder in schematisierter kartesianischer Form von einer Wechselwirkung zwischen Körper und Seele sprechen, hinter uns lassen? Hinsichtlich der leiblichen Dimensionen des therapeutischen Handlungsdialogs stehen wir vor der Aufgabe, die bereits von Weizsäcker (1935, S. 36) als Einführung des Subjekts in die Pathologie benannt hat. In Abwandlung seines berühmten Satzes (1947, S. 148 ff.), nach dem der Kranke seine Krankheit nicht nur *hat,* sondern sie auch *macht* (im umfassenden Sinne verstanden, also selbst eingefangen ins Können, Dürfen, Sollen und Müssen), *macht* der Mensch seine Bewegungen, *verkörpert* er sich in seinen Bewegungen, *lebt* er seine Bewegungen, *ist* er seine Bewegungen. Das ist aber leichter gesagt und geschrieben als in eine psycho-logisch stimmige Praxeologie umgesetzt.

Die antithetische Aufspaltung und die hierarchische Zuordnung der Lebensphänomene hat sich auch auf die Psychoanalyse und ihre Behandlungstheorie ausgewirkt. Wenn wir hier in einer geläufigen Redewendung von so genannten *nonverbalen Phänomenen* sprechen, übersehen wir leicht, dass wir uns im Banne des Wortes befinden und mit einer derartigen Formulierung einen wesentlichen Bereich des Verhaltens und Erlebens durch die Negation eines anderen Bereiches (»non-verbal«) zu bestimmen versuchen. Eine solche Definition ist genauso unpräzise, wie wenn wir Metall als Nicht-Luft oder Nicht-Wasser kennzeichnen wollten. Wenn Menschen so (z. B. in Adelige und Nicht-Adelige, Akademiker und Nicht-Akademiker, Christen und Nichtchristen, Berührbare und Nicht-Berührbare) eingeteilt werden, wirkt dieses Vorgehen schnell diskriminierend für diejenigen, die der Nicht-Kategorie zugewiesen werden. Dass mit einer negativen Definition immer auch eine subtile Entwertung verbunden ist, merken wir sofort an den Reaktionen Betroffener, wenn z. B. psychologische Analytiker als nicht-ärztliche Analytiker bezeichnet oder Frauen als Nicht-Männer verstanden werden. So schleicht sich auch mit der Diktion »nonverbal« eine subtile Bewertung in die Behandlungslehre und Behandlungspraxis der Tiefenpsychologie, also in unser tägliches psychotherapeutisches Tun und Lassen, ein. Die Geringschätzung des Körpers in der griechisch-christlichen Tradition des Abendlandes wird überliefert, indem die »nonverbalen« Vorgänge nur als Epiphänomene (Begleiterscheinungen) eines Eigentlichen aufgefasst werden und die basale Dimension leiblichen Erlebens (Gewahrwerdens) aus der analytischen Praxeologie ausgeklammert wird.

Im Sinne von Nietzsches Memento, dass in unserem Leibe mehr Vernunft ist als in unserer besten Weisheit, setze ich mir in diesem und den folgenden Kapiteln das Ziel, *die leibliche Dimension des Wirkungsgeschehens zwischen Patient und Therapeut psychologisch und psychotherapeutisch zu erschließen.* Wenn die leiblichen Selbstbewegungen als ebenso bedeutsame Momente des Gesamtseelischen wie die mentalen aufgefasst werden und wenn jenen die gleiche Chance geboten wird, sich im therapeutischen Rahmen herauszubilden, erweitert sich der psychoanalytische »Möglichkeitsraum« (Khan 1991) in vielfacher Hinsicht um basale Formen des *Wahrnehmens*, *Verstehens* und *Behandelns*.

Da ich vermute, dass hier tradierte Auffassungen neue Erfahrungen erschweren, möchte ich zunächst auf die Lücke hinsichtlich der leiblichen Dimension des psychotherapeutischen Handlungsdialogs in der tiefenpsychologischen Behandlungslehre und -praxis aufmerksam machen. Es soll hier nicht die häufig von Körperpsychotherapeuten geäußerte Behauptung, die Psychoanalyse vernachlässige den Körper, wiederholt werden. In dieser allgemeinen Form ist sie nämlich unzutreffend. Sie gilt insbesondere neuerdings nicht mehr, seitdem sich einige Psychoanalytiker zunehmend durch die Veröffentlichungen ihrer Kollegen und Kolleginnen, die auch bewegungs- und leibtherapeutische Erfahrungen in ihre Behandlungen einbeziehen, herausgefordert fühlen und nun ihrerseits die Bedeutung des Körpers in der Geschichte der Psychoanalyse hervorheben: die Fundierung des Ichs im Körperlichen, die Wichtigkeit des Körpers bei der Grundlegung der Trieb- und Entwicklungslehre, das Konzept des Körperbildes und der Körperbildstörungen, die psychologische Relevanz der subjektiven Vorstellungen über den Körper und seine Krankheiten, die inkorporierten Erinnerungen, die Dissoziationen zwischen Körper und Seele, nicht zu vergessen das weite Forschungsfeld psychosomatischer Erkrankungen (Bittner 1986, 1988, 1989, Hirsch 1989, 1994, Kafka 1992, Lehmkuhl 1992, Plassmann 1993, 1994, Thomä 1992). Trotzdem erscheinen mir die in diesen Publikationen angesprochenen Konzepte ergänzungsbedürftig. Wenn auch die Psychoanalyse den Körper nicht global vernachlässigt und auch das *Erleben des Körpers* zuweilen erwähnt, so bleibt doch der Bereich des *körperlichen Erlebens* noch weitgehend unerschlossen.

Die Psychoanalyse steht an einer weiteren Schwellensituation ihrer Entwicklung. Sie muss den berühmten Satz Freuds (1912, S. 374), nach dem ja schließlich niemand in Abwesenheit erschlagen werden kann, auch auf die körperlichen Ausformungen der individuellen Abwehr und Sicherung übertragen. Ohne dass der Patient merkt, *wie* er sich versteift, verspannt, verkrampft, abwürgt, zurückhält,

d. h. die Verkörperungen seines Widerstehens leibhaftig wahrnimmt, verbleiben diese organismischen Widerstände bzw. Sicherungen außerhalb des analytischen Durcharbeitens. *Zum tiefen psychologischen Verstehen gehören ein organismisches Durcharbeiten, ein präsentisches Verstehen und ein operatives Behandeln.* Was wir abstrakt als »Widerstände« und »Sicherungen« benennen, sind prozedurale Akte leibhaftigen Sich-Formens. Indem der Patient wahrnimmt, wie er sich im aktuellen Wirkungsgeschehen verkörpert, wird ihm seine leibliche Existenz wieder zugänglich und für kreative Umbildungen verfügbar. Der Patient *begreift*, wie er sich bzw. seine Wirklichkeit in seinen individuellen »Störungen« formt, und versteht nachträglich umso fundierter, wozu sie ihm dienen und wie er sich so entwickelt hat.

5.3 Praxeologische Leerstellen

Bereits bei der Einführung der Grundregel fordern mittlerweile viele Analytiker ihre Patienten ausdrücklich auf, auch auf körperliche Empfindungen und Ausdrucksbewegungen sowie auf leibseelische Stimmungen und Selbstzustände zu achten und sie zu benennen (z. B. Gedo 1979, Lichtenberg 1983, Anthi 1983, s. Mertens 1990). Boyers Modell der »Grundregel« (s. Ogden 1995, S. 43) lässt sich in diesem Zusammenhang ebenfalls anführen. Er regt seine Patienten an, auch auf ihre körperlichen Empfindungen, die sie während der Sitzungen erleben, zu achten und diese in Worte zu fassen. *Teilweise fragt er sie sogar danach.* Ebenso versucht er seine eigenen leiblichen Reaktionen als Gegenübertragung zu nutzen. Aber auch bei ihm ist offensichtlich, dass die körperlichen Empfindungen nur sprachlich aufgegriffen werden, damit sie anschließend analysiert werden können. Sie bleiben analytisches Material, das objektal behandelt wird. Ihre Bedeutung als fundamentale Form präsentischen Selbstverstehens und immanenter Selbstbehandlung bleibt praxeologisch unerschlossen.

Tiefenpsychologische Publikationen offenbaren einen blinden Fleck. Sie beschäftigen sich zwar mit dem Körper im oben beschriebenen Sinne, befassen sich auch noch mit dem objekthaften Erleben des Körpers, blenden jedoch *das körperliche bzw. leibliche Erleben als subjektale Form der Selbstwahrnehmung und des Selbstverstehens* aus. Das wird auch in den Publikationen, die sich gerade gegen das obige Vorurteil richten oder sich ausdrücklich »De(r)n Körper des Patienten in der psychoanalytischen Psychotherapie« (Hirsch 1994) zum Thema wählen, evident, und zwar wenn – wie auch in der sonstigen Literatur üblich – jeweils ein Körperausdruck mit einer möglichen Deutung verbunden wird, z. B.: ein Körperbild mit sozialen Ängsten, eine Körperbildstörung mit verdrängter Aggression, eine gebeugte Haltung mit Depression, ein erstarrter Körperausdruck mit ungelebten Affekten, ein Gähnen mit Angst, vorgezogene Schultern mit Selbstunsicherheit, eine gebrochene Stimme und eine gebückte Haltung mit Unterwerfung, unterschiedliche Arten des Händedrucks mit verschiedenen seelischen Verfassungen usw. Es ist klar, dass keiner der Autoren sich in der analytischen Arbeit so verhält, also Ausdrucksbewegungen linear mit kurzschlüssigen Deutungen belegt. Da dieser aber praxeologisch gerade relevante Zwischenbereich der Verkörperung und Entkörperung des Seelischen nicht thematisiert wird, bleibt die Kunst der Behandlung dieser Phänomene aus dem wissenschaftlichen Diskurs sowie aus der psychoanalytischen Theorie und Behandlungslehre weitgehend ausgeschlossen. In dieser Situation erhöht sich die Wahrscheinlichkeit, dass die Kluft zwischen Körperausdruck und Verstehen mit kognitiven Kurzschlüssen oder abstrakten Verbalanalysen übersprungen wird.

Die organismischen Momente der Selbstbewegung bleiben in herkömmlichen Fallbeispielen systematisch im Hintergrund. Das lässt sich gut an Beiträgen zu den Abwehrmechanismen zeigen. Beispielsweise bleibt die Analyse der Verschiebung einer tiefen Angst in eine Nagellackphobie (s. Mentzos 1983, 1984) verkürzt, wenn nicht die leiblichen Selbstartikulationen dieser Störung mitbeachtet und behandelt werden. Ein Teil der *Verdrängungsarbeit* ist nämlich regelrechte *Muskelarbeit*, wie auch Hess-Liebers (1999, S. 29) hervorhebt. Wenn eine Patientin Angst erlebt, in ihrer gesamten Lebendigkeit erstickt zu werden, dann lässt sich mit Sicherheit vermuten, dass diesem mentalen Erleben leibhafte Formen erstickter und erstickender Lebendigkeit entsprechen: z. B. ein flacher Atemrhythmus, eine verkürzte Ausatmung, ein Luftanhalten und Luftschlucken, eine Erstarrung der Brustmuskulatur, mit der der Brust-korb chronisch hochgehalten wird, Verkrampfungen der Hals-, der Nacken- und Beckenmuskulatur usw. Die Nagellackphobie ließe sich ohne Zweifel in ganzkörperlichen Verspannungsmustern wie-derfinden und könnte durch ganzkörperliche Ausdrucksbewegun-gen relativ einfach spürbar werden. Die Darstellung der Abwehr durch Verschiebung bleibt hier also auf den mentalen Bereich be-schränkt. Dass sich dieser Mechanismus im Körperlichen aufspüren ließe und dass er in leiblichen Abwehrmaßnahmen fundiert ist, bleibt außerhalb des Bewusstseins.

Körperbilder:

Ein Beispiel von prototypischer Deutlichkeit für die Vernachlässi-gung organismischer Formen des Widerstehens und Durcharbeitens bietet ein Aufsatz von Kafka über Körperphantasien und Körper-bilder, denen er für die psychotherapeutische Behandlung von schwer traumatisierten Patienten ausdrücklich einen besonderen Stellenwert zumisst. Dazu zeigt er, wie sich in den von Patienten ge-zeichneten Körperbildern bzw. Körperphantasien (z. B. die Phan-tasie einer den Körper umgebenden Schutzhülle oder die eines Pan-zerkörpers) die Sicherungen vor Kontakt und vor den damit be-fürchteten Konsequenzen ausdrücken.

Abb. 1: »Kontakt ist gefährlich« oder »Panzerkörpergefühl«
(Kafka 1992, S. 88)

Es findet sich im gesamten Text kein Hinweis darauf, wie sich die beschriebenen Phänomene des Panzerkörpers oder der Schutzhülle im körpersprachlichen Dialog zwischen Patient und Therapeut »andeuten« oder »inszenieren«: etwa im respiratorischen oder stimmlichen Dialog, im Blickkontakt, in körperlichen Verspannungen oder spezifischen Impulsen, sei es beim Patienten oder beim Therapeuten. Der leibliche und leibfundierte Prozess, in dem sich Phantasien und Bilder verkörpern, bleibt außerhalb des Bewusstseins. Nirgendwo klingt an, wie der Patient in der analytischen Psychotherapie eine ganzheitliche Selbsterfahrung darüber gewinnen könnte, wie und wozu er sich in der Übertragungsbeziehung verkörpert, wie und wozu er sich verspannt, verhärtet, panzert, wie sich dieses subjekthafte leibliche Erleben des Patienten in den organismischen Gegenübertragungsreaktionen des Analytikers spiegelt, wie der Analytiker diese organismische Gegenübertragung selber behandelt und daraus auch die behandlungsmethodischen *Andeutungen* erhält, oder wie er seinen Patienten anregt, sich selbst zu behandeln.

Die Rede vom Körperbild lenkt bereits wieder von dem unmittelbaren Körpererleben bzw. der Körperwahrnehmung, von dem es bereits mit dieser Kategorie des Bildes abstrahiert wurde, ab. Während sprachlich höchst beweglich mit dem Begriff des Körperbildes umgegangen werden kann, verdeckt die Eloquenz die Unfähigkeit, das leibhaftige Erleben wahrzunehmen und adäquat zu behandeln. Es wird hier nicht genügend beachtet, dass das Körperbild aus einem spezifischen Körpererleben (z. B. aus so genannten propriozeptiven Wahrnehmungen) erwächst und ein »Niederschlag der sozialen Interaktion« (s. Ware 2003, S. 2) ist. Wenn das leibliche Erleben im therapeutischen Dialog nicht wahrgenommen wird und keine Resonanz findet, bleibt es auch für den Patienten unzugänglich. Da das Körperliche die selbstverständliche Basis unseres Selbsterlebens ist, bleibt das Selbst auf einer basalen Ebene fraktioniert.

Ich bin selbst der Schraubstock:

Ich habe einen solchen Prozess bei einer psychosomatischen Patientin, die sich selbst als Kopffüßler bezeichnete, über mehrere Phasen beschrieben (Heisterkamp 1994, 1996a). Entscheidende Wendepunkte in der Therapie ereigneten sich, als die Patientin leibhaftig merkte, wie sie ihre eigenen Lebensbewegungen immer wieder selbst abwürgte. Der Zweck dieser Abwehr, nämlich einer in frühester Kindheit erfahrenen und dann chronisch antizipierten Annullierung ihrer originären seelischen Existenz vorzubeugen, war viel leichter zugänglich als die leibliche Dimension dieses Selbstschutzes. Erst allmählich konnte die Patientin erspüren, wie sie in den Griff ihrer eigenen Selbstsicherung geraten, quasi selbst zum »Schraubstock« geworden war. Vorher fühlte sie sich oft von anderen eingezwängt. Die neue Selbstwahrnehmung war noch beängstigender. Sie erlebte sich von einer Selbstabtötung bedroht.

Statt von Selbstauflösung wäre es hier beschreibungsnäher, von Selbsterstarrung zu reden. Diese Erfahrungsebene liegt noch jenseits einer Bildmetapher (»Kopffüßler«, »Schraubstock«, »Panzer« usw.), die ja ihrerseits schon hilfreiche Dienste beim tiefen psychologischen Verstehen bietet. Indem wir ein Bild erkennen und sehen, rückt diese Form der Erfassung aber bereits vom Pol der unmittelbaren Leib- bzw. Selbsterfahrung ab. Ich spreche hier lieber von einem immanenten Bewegungsmuster. Der Begriff hat für mich auch noch den Vorteil, dass ich damit den morphologischen Ansatz Adlers aufgreife und weiterführe (Heisterkamp 1990).

Demonstrationsbeispiele

Oft – insbesondere bei den heftigen Prozessen der projektiven Identifikation – drängen sich die leiblichen Aspekte des therapeutischen Dialogs geradezu auf. Ich greife dazu auf einen Erfahrungsbericht über eine analytische Gruppenpsychotherapie bei Patienten mit chronisch-entzündlichen Darmerkrankungen zurück, der von Wienen und Janssen vorgelegt wurde. Sie zeigen eindrucksvoll, wie die Gegenübertragungsreaktionen des die Gruppe leitenden Analytikers die latenten psychischen Vorgänge bei den psychosomatisch Erkrankten aufschlüsseln:

Es ist zum Schreien:
»In einer weit fortgeschrittenen Sitzung befindet sich die Gruppe in einem versunken wirkenden Rückzug und zeigt sich unlebendig und unbeteiligt. Mein Bemühen, sie anzuregen, misslingt mehrfach. Dadurch entstehen in mir heftige Spannungen, sie sind so heftig, dass ich schreien könnte. Als die Patienten über Beschwerden zu sprechen beginnen, wird mir verständlich, dass mein Gegenübertragungsgefühl, schreien zu können, von ihnen ausgedrückt wird über die Beschwerden. Sie sind ihr Schrei nach innen. Dadurch verstehe ich die Patienten besser, kann ihre Unfähigkeit, ihren Rückzug als Versuch verstehen, ihrer schrecklichen Angst, verrückt zu werden, zu begegnen, weil sie glauben, der

Schrei werde nicht von der Mutter gehört und beantwortet. Die Patienten meinen, schreien dürften nur Säuglinge oder Verrückte. Sie müssten doch normal und erwachsen sein. Als darüber gesprochen werden kann, lässt das Beschämtsein vor unkontrollierten Gefühlen, vor heftigen Äußerungen des Verletztseins, des Alleinseins, nach.« (Wienen und Janssen 1989, S. 166)

Wer erfahren hat, wie sehr sich die Beziehungseinöde psychosomatischer Patienten durch das systematische Zusammenwirken der Widerstände in einer so genannten homogenen Gruppe im Vergleich zur Einzelanalyse noch steigert, der weiß die aus diesem Beispiel sprechende therapeutische Kunst im Aufnehmen, im Halten und im Umwandeln der Not der Patienten zu würdigen. Ich finde die Deutung psychosomatischer Beschwerden als leibliche Ausdrucksformen eines ›Schreis nach innen‹ sehr treffend. Dasselbe gilt für die Übersetzung der psychosomatischen Aussagen des Kranken in die Formel: »Ein affektives Lebendigwerden in Spannungssituationen, insbesondere ein Lebendigwerden primitiver Impulse, ist gefährlich und kann zu einer Vernichtung führen« (Wienen und Janssen 1989, S. 160). Ich folge den beiden Kollegen auch noch gern, wenn sie hervorheben, dass Lebendigwerden zunächst einmal auch Schreienkönnen bedeutet und dieses Vokalisieren entwicklungsmäßig vor dem Verbalisieren kommt (S. 168).

Hier stellt sich allerdings die behandlungsmethodische Frage, ob der Analytiker es beim sprachsymbolischen und abstrakten Benennen bzw. Bearbeiten der Übertragungskonstellation belässt. Warum nicht einen weiteren Schritt tun und die Patienten an dem Entwicklungspunkt, an dem ihre Weiterentwicklung nachhaltig blockiert ist, abholen und ihnen leibhaftig dabei helfen, diese Ausdruckshemmung durch einen tatsächlichen Schrei allmählich zu lockern? Janssen und Wienen vermuten zum Schluss ihrer Ausführungen, dass die Patienten schon in ihrem frühkindlichen Schreien als nicht normal galten (S. 168). Deswegen möchte ich dieselbe Vermutung auch auf die beschriebene Situation beziehen: Es könnte sein, dass sie sich insbesondere als erwachsene Patienten in einer psychosomatischen Klinik für verrückt hielten, wenn sie dort lauthals schreien würden. Dieselben Ängste träfen vielleicht auch auf Analytiker zu, die ihre Patienten dazu anregten oder dabei gar mitmachten. Auf diese Weise würde sich die ursprüngliche Notlage auch in der wohltemperierten, »rein« verbalen Analyse wiederholen. Die Patienten fühlten sich unbewusst bzw. operativ bestätigt: »Schreien dürfen nur Säuglinge oder Verrückte« (Wienen und Janssen 1989, S. 166).

Die prägnante Szene aus einer analytischen Gruppenpsychotherapie zeigt, wie die eigenen Gegenübertragungen den Therapeuten auf basale Selbstbehinderungen im Dienste der Selbstbewahrung hinweisen. Sie stellt auch genau den Fixpunkt der Entwicklung heraus, an der eine Intervention sinnvoll und förderlich erscheint. Sie zeigt aber auch, dass an dieser Stelle ein verbales Ansprechen und Deuten Gefahr läuft, die basalen Artikulationen des Selbst erneut zu behindern und wiederum nur die Äußerungen des falschen Selbst zu bestätigen. Wenn ich *die leiblichen Selbstbewegungen als ebenso bedeutsame Momente des Gesamtseelischen* in die Konzepte der »freien Assoziation« und der »gleichschwebenden Aufmerksamkeit« nehme, fällt beim Patienten eine Fülle von gehemmten Lebensimpulsen auf, die einen eigenen, dem Entwicklungsniveau ihrer Störung entsprechenden *Spielraum zur Artikulation* sowie entsprechende *entwicklungsanaloge Sinnerfassungsmodi* brauchen. Wenn ich den vielen leiblichen »Andeutungen« des Patienten zu folgen gelernt habe und ihn bei seinen Selbstartikulationen empathisch unterstütze, findet er über eine Reihe von Zwischenschritten dahin, leibhaftig zu spüren, welche Selbstaspekte sich Luft verschaffen wollen, welche Ängste ihn daran hindern, wie er sich selbst in befriedigender Weise verantworten kann.

Wenn sich ein erstickter Schrei löst:
Wenn der Patient immer mehr wagt, seine unterdrückten Selbstbewegungen, z. B. einen erstickten Schrei, zuzulassen, dann werden oft erst die grauenvollen Erfahrungen des Vernichtetwerdens und des Nichtigseins, die mit diesen Verspannungen abgewehrt werden, allmählich wahrnehmbar und bearbeitbar. Er spürt mit leibhaftiger Gewissheit sein existenzielles Dilemma von Sein oder Nichtsein, in das er geraten ist, weil er notgedrungen sein Selbst zu sichern versuchte, indem er sich selber immer mehr zurücknahm, unterdrückte oder gar abtötete. Erst angesichts dieser erlebten Bedrohungen werden die gewaltigen Abwehr- und Sicherungsformen verständlich. Besonders wichtig erscheinen mir schließlich die Gefühle eines tiefen Befreit- und Befriedigtseins, die Patienten häufig erleben, wenn sie durch reales Schreien eine Engstelle ihres therapeutischen Prozesses überwunden und ihrem Selbst einen neuen Bewegungsspielraum eröffnet haben. Diese erlö-

sende Selbsterfahrung fiel mir besonders bei einer Patientin auf, die bis zu diesem Durchbruch unter Tag- und Nachtträumen gelitten hatte, in ausweglose Situationen zu geraten und nicht schreien zu können. Hier brachten weder das Rückführen des Symptoms auf seine frühkindliche Entstehungssituation (Resignation des abgeschobenen Säuglings) noch seine Deutung (Abwehr absoluter Ohnmachts- und Nichtigkeitsgefühle und Sicherung mittels einer kompensatorischen Scheinautarkie) den therapeutischen Fortschritt, sondern *die sich aus dem therapeutischen Kontext heraus entwickelnde Realerfahrung*, im Beisein eines wichtigen Anderen wieder wirklich schreien zu können und verständnisvoll gehört zu werden. Eine Kinder- und Jugendlichenanalytikerin, die an einem meiner Seminare zur Einführung in die Analytische Familientherapie teilgenommen hatte, stellte dazu fest:

»Es war für mich ein fundamentaler Unterschied, tatsächlich nach der Mutter gerufen zu haben, anstatt über die Sehnsucht zu reden und über die Art der Beziehung nachzudenken und nachzuspüren. Ich hatte das Gefühl, mein Rufen war angekommen, gehört worden. Ich hatte eine Gestalt geschlossen. Ähnlich erging es mir mit dem Vater, der an Krebs erkrankt ist und dem ich sagen konnte ›du sollst doch nicht sterben, ich brauch dich doch noch‹. Die Worte, die mir wie die eines kleinen Mädchens vorkamen, erlösten mich. Sie sind gesagt und gehört worden.«

Hier sei auch auf die Therapiesituationen hingewiesen, in denen es Patienten – angeregt und unterstützt durch die empathische Begleitung des Therapeuten – allmählich wagen, ihre frühkindlichen Erfahrungen wiederzubeleben und szenisch zu reorganisieren: wenn z. B. die verzweifelte und hilflose Verlorenheit eines Kleinkindes, das nur noch jammern oder sich durch stereotype Bewegungen beruhigen kann, wahrnehmbar wird und die Form des Selbstschutzes (vielleicht eine inter- und intrapsychische Nichtbezogenheit) den Analytiker selbst auf einen »verlorenen Posten« stellt. Schweigen und Deuten würden die traumatisierenden Erfahrungen in der analytischen Situation wiederholen und verfestigen. Stattdessen ist eine der Regressionsebene der Störung entsprechende Behandlungslehre gefordert, die alle einschlägigen Begriffe der analytischen Psychotherapie tangiert. Um die praxeologische Leerstelle des präsentischen oder basalen Verstehens zu verdeutlichen, möchte ich weiterhin auf ein von Lichtenberg (1991) erwähntes Beispiel eingehen, das von Keiser stammt und auch von Hirsch (1994) in demselben Sinne aufgegriffen wird:

Starre Hände:

Er »beschreibt eine seltsame Erscheinung bei einer Analysandin: sie hielt ihre Hände auf besonders starre Weise. Keiser schloss daraus, dass der Patientin im Säuglingsalter die Hände gefesselt worden waren. Die Patientin konnte sich an dieses Ereignis nicht erinnern, konnte es aber durch direkte Befragung bestätigen. Dieses Wissen spielte eine nützliche Rolle in der Analyse.« Lichtenberg vermutet, dass die Erlebnisse von dieser Patientin »nur im perzeptuell-affektiven Handlungsmodus enkodiert und später nicht zu symbolischen Repräsentanzen rekodiert wurden. Sie können also nur analytisch erfasst werden, wenn sich der Analytiker (so weit wie möglich) empathisch auf die Art einlässt, in der Körperzustände, Handlungen und Affekte vom Säugling erlebt werden.« (Lichtenberg 1991, S. 182)

Die Lücke psychoanalytischen Verstehens wird zunächst deutlich aus der unmittelbaren Verknüpfung zwischen starrer Handhaltung und dem Schluss (!), den Keiser aus diesem Symptom zieht. Wohlgemerkt, ich stelle hier diese psycho-logische Folgerung überhaupt nicht in Frage. Sie weist Keiser als einen erfahrenen Analytiker aus. Ich habe auch nach meinen eigenen Erfahrungen nicht den geringsten Anlass, das bestätigende Ergebnis der Befragung in Zweifel zu ziehen. Ich sehe das Problem vielmehr in dem kognitiven Schluss, weil er auf Seiten des Patienten die Weisheit des Körpers bzw. die Gewissheit leiblichen Erlebens übergeht. Hier fehlt das Bewusstsein dafür, dass die verkrampften Hände diese Erfahrungen inkorporiert haben und das Körperselbst sie relativ einfach reorganisieren würde, wenn ihm der handlungsmäßige Modus als Anhalt zur Wiederbelebung geboten würde. Die Lücke des Verstehens entsteht, wenn die Körpersprache daran gehindert wird, sich in ihrer eigenen Weise zu artikulieren. Sonst kann die Analysandin nicht merken, was sie festhält, und zwar im passiven wie im aktiven Sinne. Mehr noch, wenn dem Körper selbst ein Spielraum für seine leiblichen »Assoziationen« geboten würde (z. B. die Empfindungen in Händen, Gelenken, Armen zu erforschen; den inkorporierten Bewegungsimpulsen nachzuspüren; die Verkrampfungen spielerisch zu variieren usw.), könnten diese frühen traumatischen Erfahrungen dem Unbewussten wieder abgewonnen werden, könnte die Patientin dieser frühen Widerfahrnisse wieder ganzheitlich innewerden.

Das wäre nicht nur eine Möglichkeit, sich zu erinnern; die sich dabei entwickelnden Erlebnis- und Handlungseinheiten funktionieren psychologisch wie komplette »Lebewesen«, in denen sich auch Behandlung, insbesondere Selbstbehandlung, vollzieht. Indem die Patientin sich ihren leiblichen Selbstbewegungen überlässt und dieses Geschehen – wie es ihrem erwachsenen Entwicklungsstand entspricht – mehr oder weniger reflexiv begleitet, arbeitet sie mit jeder Phase der Aktualgenese an der ausdrücklichen Bewusstwerdung und der verstehenden Integration der bisher abgespaltenen traumatischen Erfahrungen. Den Körper sprechen zu lassen und sich – unterstützt durch flankierende therapeutische Maßnahmen – der Dynamik des Geschehens bewusst zu überlassen, ist deswegen schon eine Selbstbehandlung. Die unerledigten Probleme werden in ihrer entwicklungsanalogen Form den reiferen Strukturierungsmöglichkeiten des Erwachsenen wieder zugänglich gemacht und dabei immanent behandelt. Wenn Patienten im reflexiven Rahmen der therapeutischen Situation die Gelegenheit erhalten, den Dialekt ihrer leiblichen Selbstbewegungen handelnd zu entschlüsseln, werden auch wieder heftige Affekte und Impulse frei. Darüber lockern sich auch die Verspannungen, die meistens über den ganzen Körper verteilt sind. Sie dienten dem Patienten bisher gerade dazu, sich vor der ungeheuren Gewalt dieser Emotionen, von denen er sich bedroht fühlt, zu schützen.

Vor dem Hintergrund meiner leibtherapeutischen Erfahrungen befürchte ich, dass von Beispielen wie dem obigen, das typisch ist für Publikationen zum Thema Psychoanalyse und Körper, eine suggestive Wirkung ausgeht, als sei die therapeutische Arbeit geleistet, wenn man die richtige Deutung gefunden hat; als könne man mit der zutreffenden Deutung nicht auch den Widerstand stützen. Wenn in dem obigen Beispiel der oft sehr *langwierige transformative Prozess zwischen körperlicher Erstarrung und leiblichem Verstehen* nicht genügend berücksichtigt worden ist, was ich nach der kurzen Darstellung nicht beurteilen kann, verbliebe die betreffende Patientin weiterhin in ihren unbewussten Fesseln.

Nehmen wir als weiteres Beispiel die geradezu »perfekten« Formen autistischer Selbstberuhigung, auf die Ogden (1995) in Anlehnung an Tustin (1980, 1981, 1984, 1986) hinweist:

Autistische Selbstberuhigungen:

»Auf eine solche der Selbstberuhigung dienende Aktivität, sei das nun Haare drehen, über das Ohrläppchen streichen, daumenlutschen, an der inneren Oberfläche der Wange saugen, schaukeln, mit dem Fuß auf den Boden klopfen, summen, sich symmetrische geometrische Zeichen oder Nummernserien vorstellen, kann mit absoluter Sicherheit jederzeit zurückgegriffen werden. Solche Aktivitäten haben immer gleichbleibende sensorische Qualitäten und Rhythmen; sie zeigen niemals Stimmungsschwankungen und finden sich niemals auch nur für den Bruchteil einer Sekunde zu spät ein, wenn sie gebraucht werden. Es ist ausgeschlossen, dass ein menschliches Wesen eine solche, gleichsam mechanische Verlässlichkeit bieten kann. Das Individuum hat absolute Kontrolle über die autistische Aktivität; gleichzeitig kann jedoch die autistische Aktivität das Individuum tyrannisieren (Tustin 1984). Die tyrannische Macht der Aktivität leitet sich von der Tatsache ab, dass ein Individuum, das sich auf den autistischen Abwehrmodus verlässt, absolut abhängig ist von der Fähigkeit, die sensorische Erfahrung vollkommen wiederherzustellen, um sich gegen unerträglichen Schrecken (»formloses Grauen«) zu schützen. Beeindruckt hat mich, welch wichtige Rollen die beiden Aspekte dieser Tyrannei (die Kontrolle der autistischen Aktivität durch das Individuum und das Kontrolliertwerden desselben durch die Aktivität) selbst in der Psychoanalyse jener erwachsener Patienten spielen, die die Fähigkeit erreicht und gefestigt haben, Erfahrung in einem vorwiegend depressiven Modus zu generieren.« (Ogden 1995, S. 43 f.)

Die Differenziertheit und Prägnanz der Ausführungen beeindrucken. Sie lassen den Leser aber mit seinen praxeologischen Fragen allein. Das hängt damit zusammen, dass die leiblichen Artikulationen des Selbst noch immer als Sekundärerscheinungen, die das eigentliche Seelische nur begleiten, angesehen werden. Als subjektale Artikulationen des Selbst bedürfen sie einer eigenen Behandlung. Wenn autistische Bewegungen bereits in ihren Andeutungen aufgegriffen werden und vorschnell nach dem Sinn der Ausdrucksbewegungen gefragt wird bzw. entsprechende Deutungen dazu bereitgestellt werden, zerstört der Analytiker mit seinem Tun *ein höchst fruchtbares Feld intersubjektiver operativer Behandlung,* und zwar in vielfacher Hinsicht. Wenn dem Patienten ausdrücklich der Bewegungsspielraum geboten wird, diesem Schaukeln, Stampfen, Summen, Klopfen, Stoßen, Drehen usw. einmal eine Weile ohne Worte nachzugehen, nachzuspüren und darüber nachzusinnen, was er hier verinnerlicht und verkörpert hat, findet er regelmäßig und in beeindruckender Weise zu frühen Erfahrungen, die aus Abwehr- und Sicherungsgründen nicht symbolisch gespeichert werden durften. Insbesondere findet er Zugang zu den schrecklichen Selbstzuständen, deren notdürftiger Schutz beinahe die gesamte seelische Energie aufzehrte und dennoch die leidvollen Wiederholungen nicht verhindern konnte.

Dann wirkt das therapeutische Feld, in dem diese rhythmischen Bewegungen im empathischen Mitsein des Analytikers ausdrücklich ausgeführt werden, bereits heilsam. Ein Zeuge für das frühe Elend ist da. Die strukturelle Einsamkeit und Verlorenheit wird in dieser intersubjektiven Situation bereits potenziell aufgehoben. Der Analytiker und der Patient finden einen interaktiven und operativen Zugang zu dem Grundproblem. Indem der Patient sich in Gegenwart des Analytikers so verhält, wie er sich verhält, behandelt er sich und wird er unmittelbar behandelt. Es sei hier auch noch an die behandlungsmethodischen Implikationen solcher Enactments erinnert! Der Patient regrediert auf einen frühen Modus der Erfahrungsbildung und bedarf auch einer entwicklungsanalogen Behandlung. Ohne die vielfältigen Möglichkeiten hier zu eruieren, denke der Leser nur einmal daran, er würde sich nicht nur mental, sondern – was er als Gegenübertragung wohl auch öfter empfinden wird – auch motorisch und stimmlich mit dem Patienten mitbewegen, er würde wie der Patient oder mit dem Patienten summen, stampfen, schaukeln und dergleichen mehr und dabei darauf achten, in welche präverbale Handlungsgeschichte er mit dem Patienten gelangt. Auf diese Weise ergeben sich oft bewegende, ergreifende und beglückende Erfahrungen von basaler therapeutischer Wirksamkeit.

Oft deuten sich derartige Hospitalisationsbewegungen nur ganz zaghaft an und benötigen noch eine Unterstützung, damit sie sich überhaupt angemessen ausformen können. Manchmal offenbaren sie sich erst, wenn sie einen ausdrücklichen Bewegungsspielraum erhielten. Wenn sie vorschnell ausgesprochen werden, werden sie durch Sprache und Deutungsbemühen immer wieder aus dem Rhythmus gebracht. Der Patient spürt sofort, ob seine Bewegungsansätze als schöpferische Artikulationen des Selbst begrüßt werden. Hier spiegelt sich die frühkindliche Modellsituation: ob der Analytiker – analog zu Eltern, die dem Spiel ihrer Kinder achtsam folgen – interessiert die schöpferischen Produktionen seines Patienten abwartet oder ob er die sich anbahnenden Handlungseinheiten durch eine unpassende Intervention unterbricht. Intersubjektiv entstehen völlig verschiedene Enactments: notreife Verständigung bzw. regressionsgemäße Behandlung.

Letztlich hängen Unklarheiten, wie sie oben beschrieben wurden, damit zusammen, *dass die Psychoanalyse Ausdrucksbewegungen noch als gegen-ständliche (objektale) Phänomene ansieht. Der Umgang mit ihnen ist üblicherweise durch das Prinzip »Ansprechen und Deuten« gekennzeichnet.* Die leiblichen Selbstbewegungen werden als subjektale Formen der Artikulation und Manifestation übergangen. Die subjektale Äußerung des Patienten wird in eine objektale Position gebracht, die nunmehr aus einer diagnostisch abständigen Haltung heraus betrachtet und analysiert werden kann. Der körpersprachliche Dialog wird dann, noch ehe er sich weiter entfalten kann, durch eine verbalisierende Intervention unterbrochen. Es besteht die Gefahr, dass die für viele Patienten so typischen Selbstentfremdungen durch diese Art und Weise der Intervention eher festgeschrieben als geheilt werden. Statt mit dem Patienten einen körpersprachlichen Dialog zu führen, wird reflektiert, was der Körperausdruck bedeutet.

Der zeitweise Verzicht auf den verbalen Austausch bedeutet nicht, das für die Psychoanalyse typische hermeneutische Verstehen aufzugeben. Das sprachsymbolische Verstehen läuft gewissermaßen parallel zum Handlungsgeschehen, aber es läuft nicht leer mit, sondern es begleitet die originären Selbstaffektionen im leiblichen Dialog, ist also ständig mit Leben und Erleben erfüllt. Indem das Sprechen zeitweise ausgeklammert wird, werden die primären Erlebensprozesse fokussiert. Wenn Patient und Therapeut sich nicht vorschnell in Abstrahierungen hinein verlieren und sich beide auf den Organdialekt einlassen, entwickelt sich ein körpersprachlicher Dialog, in dem der Patient auf basaler Ebene seinen charakteristischen Bewegungsspielraum auslotet. Indem der Therapeut den Ausdrucksbewegungen eine subjektale Rolle zubilligt, überwindet er auch hinsichtlich der leiblichen Dimension das Stadium der Ein-Personen-Psychologie.

5.4 Annäherungen

Spielerisches Nachahmen[1]

In dem bereits erwähnten Aufsatz von Hirsch gibt es eine Stelle, an der er auf die Schwelle vom objekthaften Erleben des Körpers zum subjekthaften Körpererleben tritt, und zwar, als er einen Vorschlag von Fromm-Reichmann (1959) aufgreift, um »körpersprachliche Mitteilungen zu entschlüsseln: Der Therapeut soll das Körpererleben des Patienten durch Nachspielen mit dem eigenen Körper nacherleben« (Hirsch 1994, S. 154). Hier wird also dem Körpererleben – sogar im Nachspielen – ein eigener Erkenntniswert (eine eigene »Erkenntnisdignität«) zugebilligt. Der Therapeut soll etwas nachmachen, um es dadurch besser erfassen und begreifen zu können. Dabei taucht die Frage auf, wieso und wozu der Analytiker das quasi hinter dem Rücken des Patienten machen muss. Vor allem: Warum wird nicht dem betroffenen Patienten der Möglichkeitsraum für »leibliche Assoziation« geboten, um diese lebendigen Erfahrungen selber zu machen, und ihm dabei die Chance eingeräumt, sich in der Gewissheit leibhaftigen Erlebens immer wieder selbst zu finden und in basaler Weise die Kohärenz seines eigenen Selbst zu erfahren.

In ihrer Monographie »Intensive Psychotherapie« (1959) führt Fromm-Reichmann den *therapeutischen Kunstgriff der gezielten Identifizierung* ein. Im Kapitel über Wesen und Anwendung der Deutung wirft sie die Frage auf, wie der Therapeut Zugang zur unbewussten Bedeutung der inhaltlichen Mitteilungen seines Patienten erlangen kann, »wenn bloßes Zuhören diesen Sinn nicht erschließt« (S. 99). Sie findet ihre Antwort in dem »Hilfsmittel der absichtlichen Nachahmung von körperlichen Erlebnissen eines Patienten zu dem Zwecke, seine chiffrierten Mitteilungen zu verstehen« (S. 100). Sie veranschaulicht diese Verstehenshilfe an zwei Beispielen, von denen schon das erste hinreicht, um die Charakteristika dieses Entwicklungsschrittes der *stellvertretenden Nachahmung* bzw. des *stellvertretenden Nacherlebens* zu kennzeichnen.

---

[1] s. H. (2000b): Die leibliche Dimension in psychodynamischen Psychotherapien. In: Reimer, C. und Rüger, U. (Hg.): Psychodynamische Psychotherapien. Springer, Berlin, S. 406 ff.

Stellvertretende Nachahmung:

»Der erste Patient berichtete von folgendem wiederholten Erlebnis: Bei den verschiedensten Gelegenheiten hatte er das Bedürfnis verspürt, tief Atem zu schöpfen, die Brust ganz voll Luft zu pumpen und die Luft so lange wie möglich anzuhalten. Er hatte das Gefühl, dass er damit etwas zu seinem Körper Gehöriges loswerden wollte. Der Vorgang wurde als außerordentlich lustvoll geschildert. Der Zeitpunkt des Berichts fiel mit der dritten Schwangerschaft seiner Frau zusammen.

Die Psychotherapeutin spürte aus dem staunend interessierten und amüsierten Ton der Erzählung, dass es vielleicht wichtig wäre, wenn der Sinn dieser Körperempfindung auf der Stelle gedeutet werden könnte. Sie konnte jedoch zunächst nicht darauf kommen; sie verfiel aber auf ein Mittel, wie sie einen Hinweis erhalten könnte; es ist ein Mittel, das in manchen Fällen zum Verständnis der Körpersprache empfohlen werden kann. Sie versuchte nämlich, das physische Erlebnis des Patienten nachzuerleben. Sie atmete tief ein, bis die Lunge ganz gefüllt war, und hielt die Luft so lange wie möglich an. Zugleich versuchte sie, etwas mit ihrem Körper Verbundenes loszuwerden. Das ging jedoch nicht. Sie dachte sich, dass der Patient vielleicht von einem Teil seines Körpers sprach, den sie an ihrem Körper nicht fühlen konnte, etwa von seinem Penis. Jetzt verstand sie, was es für den Patienten bedeutete, seinen Leib aufzublähen und das dabei entstehende Gefühl verlegen und doch auch interessiert zu genießen. Der Patient versuchte, sich als schwangere Frau zu erleben. Diese Deutung erwies sich als richtig. Der Patient nahm sie begierig auf, so wie man eine große Entdeckung erlebt, und sprach sogleich von seinem Neid auf seine Frau, die nun schon das dritte Mal eine Schwangerschaft erlebte, ein Vorrecht, das ihm versagt war. Dieser Gebärneid erwies sich später als ein wichtiger Zug in der Psychopathologie des Patienten« (Fromm-Reichmann 1959, S. 99).

In diesem Beispiel finde ich folgende praxeologisch bedeutsamen Gesichtspunkte:

1. Es wird ausdrücklich herausgestellt, dass es seelische Phänomene gibt, die »jenseits der Wörter« (Bregman Ehrenberg 1996) liegen und damit auch »jenseits der Deutung« (Lichtenberg 1987, S. 138) verbleiben können und einer phänomen- und entwicklungsanalogen Form der Sinnerfassung bedürfen.

2. Das für die tradierte psychoanalytische Interventionstechnik typische »Ansprechen und Deuten« wird auf Seiten der Analytikerin durch den Zwischenschritt der Nachahmung ergänzt.

Ihr Verstehensprozess wird dadurch direkt und der des Patienten indirekt differenziert.

3. Hier wird neben dem für die Psychoanalyse typischen repräsentierenden Verstehen auf eine basale Form der Sinnerfassung hingewiesen, die sich aus dem Vollzug von Handlungseinheiten heraus, eben durch Nachahmen unmittelbar ereignen. Hirsch (1994) spricht mit Bezug auf Fromm-Reichmann auch treffend von Nachspielen.

4. Es fällt allerdings auf, dass trotz des Bemühens der Analytikerin, sich durch Nachahmung in den Patienten einzufühlen, das Erleben des Patienten kaum beachtet wird. Nach der Deutung des Gebärneides konstatiert die Therapeutin nur: »Diese Deutung erwies sich als richtig.« Die Reaktion des Patienten auf die Deutung wird nicht erwähnt. So können wir auch nicht feststellen, auf welcher Ebene der Patient durch diese Deutung erreicht worden ist.

5. Es bleibt weiterhin zu fragen, wieso die Analytikerin das hinter dem Rücken des Patienten machen muss. Vor allem: Warum wird nicht dem betroffenen Patienten der Möglichkeitsraum für »leibliche Assoziationen« geboten, um diese lebendigen Erfahrungen selber zu machen? Warum wird ihm nicht die Chance eingeräumt, sich in der Gewissheit seines leibhaftigen Erlebens selbst zu finden und in basaler Weise die Kohärenz seines eigenen Selbst zu erfahren?

6. Der Therapeut bringt sich um eine unerschöpfliche Quelle neuer Erfahrungen und Entdeckungen, die er durch seinen Patienten machen könnte. Jeder Bewegungs- und Körperpsychotherapeut weiß um die originären, durch kein therapeutisches Konzept vorhersehbaren Selbsterfahrungen, die sich bei leibfundierten Erprobungen und szenischen Interaktionen ergeben.

7. Obwohl Fromm-Reichmann unmittelbar nach dem obigen Beispiel vor kulturspezifischen Vorurteilen warnt, die das Verstehen des Patienten und des Therapeuten eintrüben oder verzerren, sehen heute Psychoanalytiker in den Konstrukten von »Penisneid« und »Gebärneid« selbst gesellschaftsspezifische Chiffren. Ohne mich in ahistorischer Weise über eine 40 Jahre zurückliegende Deutung zu erheben, möchte ich hier jedoch be-

tonen, dass sich der Therapeut stärker vor der Reproduzierung konzeptueller oder kultureller Voreingenommenheiten bewahrt und offener für die Wahrnehmung der Phänomene bleibt, wenn er gelernt hat, auf basale Weise mit den Lebensbewegungen des Patienten mitzuschwingen.

8. Wir wissen übrigens seit Reich (1933, 1942), dass die »Bauchpresse« (s. o.) eine bei Kindern verbreitete Technik ist, um intensive Affekte, die die eigene Abwehr zu überfordern drohen, zu unterdrücken. Das Selbst kann sich auf diese Weise gegen vielfältige Bedrohungen schützen. Dem Erwachsenen fallen entsprechende chronifizierte Verspannungen erst wieder auf, wenn sie neues Leiden erzeugen (z. B. Bauch- oder Rückenschmerzen).

Wenn das stellvertretende Nacherleben noch um das darin bereits implizierte stellvertretende Verarbeiten ergänzt wird, sind wir bereits beim Umgang mit der Gegenübertragung und insbesondere bei der therapeutischen Transformation der projektiven Identifizierung angelangt. Dabei lässt sich der Analytiker bekanntlich von Selbstaspekten des Patienten, die dessen Strukturierungsmöglichkeiten gefährden, quasi infizieren, um sie so lange zu halten, bis er sie selbst reguliert und verstanden hat und sie in heilsame Interventionen umformen kann. Unter der Perspektive der Objektbeziehungstheorie lässt sich sagen, dass sich der Therapeut passager in die archaischen Beziehungsmuster seines Patienten hineinziehen lässt, um sie dann interaktiv mit ihm zugunsten reiferer Formen zu bearbeiten. So kann der Analytiker z. B. von seinem Patienten in eine so unerträgliche Seelenverfassung gebracht werden, dass er z. B. vor Schmerz und Verzweiflung laut schreien könnte (s. Wienen und Janssen 1989) oder in so bedrohliche Zustände der Selbstauflösung oder Selbsterstarrung geraten kann, dass ihn eine lähmende Müdigkeit überkommt (s. Zwiebel 1992).

Gehen wir dabei noch von dem Fall aus, dass die im Analytiker provozierten seelischen Ausnahmezustände nicht durch die persönliche Gleichung des Analytikers verformt wurden und denen des Patienten annähernd entsprechen, dann entsteht doch eine gravierende verstehenspsychologische Schwierigkeit. Wie kann das von hoch spezialisierten psychotherapeutischen Experten in kunstvoller Kompetenz (s. Moser 1992, 2001, S. 75, S. 175 ff.) dem Unbewussten des Patienten Abgerungene heilsam an diesen zurückvermittelt werden? Wer diese didaktischen und entwicklungspsychologischen Schwierigkeiten, die mit den Selbstsicherungen (»Widerständen«) eine unheilsame Allianz eingehen, nicht genügend ernst nimmt und nicht merken darf, wie er sich und seinen Patienten im traditionellen Setting mit diesen archaischen Wirkungszusammenhängen überfordert, setzt sich in der tradierten analytischen Position selbst schachmatt. Bei einer systematischen Mit-Bewegung (s. Heisterkamp 1996b) mit dem therapeutischen Prozess, zu dem auch die leiblichen »Assoziationen« als ebenso bedeutsame wie die mentalen gehören, bringt der Patient den Therapeuten mit einer tiefen psycho-logischen Konsequenz in Modellsituationen, in denen der frühe Dialog entgleiste.

Wenn Ogden die Gegenübertragungsreaktion, dass er in Gegenwart mancher Patienten seine Atmung reduziert, als projektive Identifizierung versteht und diese dann so deutet, geht die leibliche Dimension des aktuellen leiblichen Handlungsdialoges verloren.

Zwei in ein kleines, ungelüftetes Zimmer gepferchte Menschen:
»Im Verlauf des dritten Jahres der Arbeit mit Frau N. wurde mir allmählich die Intensität eines ganz speziellen Stressgefühls bewusst, das ich erlebte, wenn ich mit ihr war. Ich fühlte mich unbehaglich, verlegen und unsicher auf eine Art und Weise, wie das sonst im Umgang mit Patienten selten vorkommt, mit denen ich schon längere Zeit gearbeitet habe. Es hatte den Anschein, als ob mein gewohntes Verhalten als Analytiker ihr gegenüber zu unflexibel oder unpassend war, ohne dass ich in der Lage war zu sagen warum. Manchmal kam es mir vor, als ob ich versuchte, in ihrer Gegenwart nicht zu atmen. Als mir diese Gegenübertragungsgefühle zunehmend bewusst wurden und ich sie im Sinne projektiver Identifikation zu verstehen begann, sagte ich zu Frau N., dass ich dachte, dass unsere gemeinsame Gegenwart in diesem Raum für sie den Anschein von zwei in ein kleines, ungelüftetes Zimmer gepferchten Menschen haben müsse, von denen jeder eine andere ansteckende Krankheit hatte.« (Ogden 1995, S. 99)

Diese Beschreibung erinnert an die Imitation von Fromm-Reichmann. Dabei fällt eine große Diskrepanz auf zwischen der flach atmenden Patientin und den hoch differenzierten Einsichten, zu denen der Analytiker – und das aufgrund einer langjährigen Spezialausbildung – gekommen ist. Zwischen diesen beiden Positionen entsteht eine Kluft, die erst durch einen aktualgenetischen Prozess der Erfahrungsbildung der Patientin überbrückt werden könnte. Es fehlen Zwischenschritte, die es dieser Patientin möglich machen würden, in basaler Weise zu verstehen, was mit ihr abläuft. Zwischen den verschiedenen Modi, in der die Patientin sich artikuliert und der Analytiker sie analysiert, klafft eine Lücke.

Der Selbstbehandlung wird offenbar nur eine geringe Bedeutung beigemessen. Der Patientin wird ein hoch artifizieller und differenzierter Beziehungsmodus angeboten, der vom basalen Bezug der Teilhabe an einer absterbenden Lebendigkeit weit entfernt ist. Mein Umgang damit wäre, dass ich mich als Analytiker erst einmal wieder aus dieser organismischen Verschmelzung mit dem Patienten lösen und tiefer atmen würde. Die Veränderung des Patienten beginnt ja bekanntlich im Analytiker (s. Bauriedl 1994, Herberth u. a. 1997). Dabei wäre ich neugierig, welche Gefühle und Empfindungen bei mir wachgerufen würden, wenn ich nicht mehr projektiv identifiziert wäre. Bezüglich meiner Atmung würde mich in einem solchen Fall noch interessieren, an welcher Stelle ich angefangen hätte, flacher zu atmen. Eine solche Stelle, an der ich den Atem anhalte und der Patient möglicherweise in eine intellektualisierende Bearbeitung ausgewichen ist, markiert meistens sowohl eine besondere Notlage des Patienten als auch einen möglichen Wendepunkt des Therapieprozesses. Die Deformationen des Atemrhythmus sind letztlich Interpunktionen des gesamten Erlebensprozesses. Sie verweisen auf die urtümlichen Bedeutungen des sich gerade artikulierenden Erlebens. Den reduzierten Atem in der therapeutischen Situation in einer abstrakten Weise zu behandeln bedeutet zumeist, den Kontakt zum Patienten auf der leiblichen Ebene zu verlieren.

Für mich ist die Frage, wieso der Analytiker diese Selbstunterdrückung nicht viel unmittelbarer aufgreift. Selbst wenn eine differenzierte Deutung wie die von Ogden zutrifft, besteht die Gefahr, dass sie bei dem enormen Entwicklungssprung, der mit einer solchen Deutung vollzogen wird, unwirksam bleibt. Der Patient wird jedoch nicht aus dem Auge verloren, wenn wir ihn da abholen, wo er ist, nämlich bei der Unterdrückung seines Atems, bei der Verspannung seiner Brustmuskulatur, d. h. ich rege an, dieses Verhalten wie einen leiblichen Einfall aufzugreifen. Es sind verschiedenste Interventionen denkbar. Die praxeologische Leitlinie dabei ist, dass der Patient sich mit seiner Atmung in operativer Weise bzw. im operativen Durcharbeiten seines Atmens und seiner Atemhemmung spielerisch den ihn bedrohenden Affekten und Tendenzen nähert, die ihm selbst und auch dem Therapeuten noch gar nicht bekannt sein können. Selbst wenn der Analytiker eine zutreffende Ahnung hätte, würde sie dem Patienten nicht in dem Maße helfen wie in dem Fall, wenn er mit leibhaftiger Gewissheit der sich wiederbelebenden Affekte und Tendenzen im Kontakt mit seinem Analytiker gewahr würde.

Die leiblichen Selbstartikulationen bilden einen Königsweg zu den sensorischen Fundamenten der Selbsterfahrung. Wenn die leibfundierten Handlungsdialoge beschädigt sind, brauchen wir einen regredienten Zugang unterhalb der Sprachschwelle, wie ihn die sensomotorische Phase der Selbstwerdung bereitstellt. Viele mentale Selbststörungen sind nur dadurch zu begreifen, dass der sensorische Modus die Keimform für die späteren operativen und abstrahierenden Formen der Selbstbildung ist. Man stelle sich nur vor, dass sich ein Kind in Anpassung an die für sein Überleben wichtigen Bezugspersonen bereits in der frühesten Phase in eine vitale Selbstunterdrückung und Selbstabtötung einlebte, dann wird auch die weitere Selbstentwicklung im mentalen Bereich durch Ängste eingeschränkt. Die erstorbene Lebendigkeit lässt dann oft nur noch krank machende Kompensationen und Schutzmaßnahmen zu.

Diese Auffassung stimmt weitgehend mit der neueren Säuglingsforschung überein. Ich teile die beiden Vorbehalte, die Dornes (1997, S. 69 ff.) gegen die metaphorische Auffassung der projektiven Identifizierung äußert, nach der der Patient den Analytiker mit unerträglichen Selbstzuständen infiziert, um ihn zu bestimmen und zu kontrollieren, und der Analytiker die Funktion hat, die in ihm deponierten Affekte zu entgiften und in metabolisierter Form zurückzugeben. Diese ideale Anforderung steht noch unter dem fiktiven Reinheitsgebot der Psychoanalyse. Sie setzt den Analytiker unter einen Überich-Druck und erzeugt in ihm Schuldgefühle. Ein gewisses Mit- und Gegenagieren ist unvermeidlich, und die zurückgegebene Antwort ist eine Mischung aus »verdaut« und »unverdaut«. Der regulierende Umgang mit den eigenen Affekten hat als ein realistisches Modell einen eigenen kurativen Effekt. »Was verinnerlicht wird, ist nicht so sehr der verdaute Affekt, sondern in erster Linie die *Fähigkeit zur Affektregulation*.« (Dornes 1997, S. 70)

Der zweite Einwand betrifft die intentionale Betrachtungsweise, nach der dem Patienten die bewusste oder unbewusste Absicht unterstellt wird, er wolle den Analytiker manipulieren. Solche Deutungen unwillkürlicher Wirkungszusammenhänge zwischen Patient und Analytiker belasten den Patienten mit einer Verantwortung für seine Affekte und für ihre Wirkungen, die er noch gar nicht übernehmen kann. Dazu berichtet Dornes ein instruktives Beispiel:

Im Analytiker breitet sich Angst aus:
»Ein Patient betritt den Behandlungsraum, legt sich auf die Couch und schweigt. Nach einer Weile breitet sich Angst im Analytiker aus. Nichts wurde bisher gesagt. Wie entstand diese rätselhafte Angst? Der Analytiker beginnt, darüber nachzudenken. Seine Phantasien können in alle möglichen Richtungen gehen. Dem Modell der projektiven Identifizierung folgend, wird er sie als Abkömmlinge unbewusster Phantasien des Patienten verstehen. Er wird ihm vielleicht eine Auswahl davon probeweise anbieten. Das ist nicht unriskant, denn schließlich sind es seine Phantasien, und wieso sollte er den Patienten damit belasten? Andererseits kann er ihn damit auch anregen, über bisher Unsagbares und Undenkbares nachzudenken. Das muss jeweils im Einzelfall entschieden werden. Nehmen wir an, der Analytiker schweigt zunächst, folgt weiter seinen Phantasien und kommt zu dem Schluss, dass sie seine Angst nicht recht erklären. Belehrt von der Säuglingsforschung oder auch ohne sie besonders begabt, lenkt er die Aufmerksamkeit auf seine Körperprozesse. Er bemerkt, dass er auf eine eigenartige Weise atmet – nicht wie sonst, ruhig und tief, sondern kurz, gepresst und angespannt. Dann spürt er seine ungewöhnlich feuchten Hände, und seine Aufmerksamkeit wandert wieder zum Patienten, der immer noch daliegt und schweigt. Er sieht Schweißperlen auf dessen Stirn und bemerkt einen eigenartigen Atemrhythmus. Langsam wird ihm klar, dass der Patient von Anfang an so dalag und er (der Therapeut), ohne es zu merken, den Atemrhythmus des Patienten übernommen hat. Die Angst des Analytikers war eine Folge dieser vom Patienten übernommenen Atmung. Der Patient wollte seine Angst nicht loswerden und hatte auch (noch) gar keine Phantasien darüber, sondern seine Angst transpirierte buchstäblich in die analytische Situation und in/auf den Analytiker.« (Dornes 1997, S. 71)

Der Patient befindet sich, wie Dornes schreibt, in den »Klauen« der Angst, und der Analytiker lässt sich in seiner offenen therapeutischen Verfassung auf einer organismischen Ebene in die Wirklichkeit seines Patienten einbeziehen. Das geschieht über die oft un- und vorbewussten intersubjektiven Prozesse eines gestischen, mimischen, motorischen und insbesondere respiratorischen Dialogs. Hier würde eine intentionale Deutung den Patienten nur noch zusätzlich verstören. Vor dem Hintergrund meiner obigen Überlegungen zu behandlungsmethodischen Implikationen von Handlungsdialogen würde ich sogar in Frage stellen, ob der Therapeut »richtig liegt«, der sich nur mental in den Patienten einfühlt bzw. wenn er meint, er würde nur das und nichts anderes tun. Wenn sich dem Analytiker die Angst nur oder vorwiegend auf organismische Weise vermittelt und auch so beim Patienten (z. B. durch Schwitzen) ausdrückt, würde mit einer bloß mentalen Empathie die Regressionsebene des Patienten verfehlt bzw. versäumt, die eventuell beruhigenden Züge des therapeutischen Ambientes zu validieren. Unter einer körperpsychotherapeutischen Sichtweise ist die oben beschriebene Szene eine Indikation zu einem Körperkontakt: z. B. die Hand reichen, die Hand auf die Schulter oder aufs Brustbein legen. Der operative und der empathische Beistand (»Es muss etwas Entsetzliches sein, was Sie so geängstigt hat. Es ist gut, dass Sie es hier erlebt haben, wo ich Ihnen beistehen kann.«) ist das wichtige Erleben. Die Hand wird so zum Symbol einer schützenden Berührung, die dem Patienten über seine nächtlichen Angstanfälle hinweghilft (Moser 2001, S. 178 ff.). Wer nicht auf körperpsychotherapeutische Interventionen zurückgreifen kann oder will, sollte über die mentale Einfühlung hinaus herausarbeiten, was den Patienten in basaler Weise in der analytischen Situation beruhigt oder beruhigen könnte: z. B. die Gegenwart des Analytikers, sein ruhiges Atmen, seine wohltuende Stimme, sein liebevoller Blickkontakt, seine freundliche Begrüßung, ein Kissen auf dem Bauch, ein Plüschtier aus seiner Praxis, die wohltuende Atmosphäre.

Auf der Schwelle: ein Händedruck[1]

Die Unterschiede zwischen dem reflexiven und dem operativen Verstehen sowie das Zusammenwirken dieser beiden Formen des Erfassens lassen sich exemplarisch an einem Beispiel von Hirsch erläutern, der in seinem Aufsatz über den Körper in der analytischen

---

1 s. H. (1997a): Die leibliche Dimension im psychotherapeutischen Dialog. In: Heigl-Evers, A.; Heigl, F.; Ott, J. und Rüger, U. (Hg.): Lehrbuch der Psychotherapie. Fischer; Stuttgart Jena, S. 419 ff.

Psychotherapie auch auf einen gesellschaftlich erlaubten und sogar gewünschten Körperkontakt zwischen Patient und Therapeut eingeht, nämlich den Händedruck vor und nach der Sitzung. An diesem jedem Analytiker vertrauten Berührungsbeispiel zeigt Hirsch in differenzierter Weise, dass das Handgeben oder Händeschütteln »oft ein treffender Hinweis für den inneren Zustand eines Menschen« (1994, S. 156) ist:

Arten des Händedrucks:

»Er kann von weich, gummiartig, schlaff und kraftlos bis hin zu forsch, kräftig und schmerzhaft aggressiv reichen. Hände können auch kalt oder heiß, trocken oder feucht, hart oder weich sein. Das fehlende Zueinanderfinden zweier Menschen kann auch durch das Verfehlen der beiden aufeinander zu strebenden Hände ausgedrückt werden. Im Handgeben können auch wieder aversive Tendenzen erscheinen, man denke an extreme Schweißhände oder ekzematöse Hände, sodass die Berührung auch von daher einen gewissen Vorbehalt, eine Abgrenzung enthält. Ambivalenzen entstehen auch, wenn einer der sich Begrüßenden an einem Infekt leidet, den zu übernehmen der andere durch das Handgeben fürchten muss.
Auf eine besondere Eigenart mancher Menschen, und eben auch mancher Patienten, bin ich nicht zuletzt durch meine ärgerlichen Reaktionen aufmerksam geworden. Ich meine das eigenmächtige Intensivieren und Verlängern des doch meist harmonischen, selbstverständlichen Kontaktes im Händedruck, der in gegenseitiger Übereinstimmung gestaltet wird. In solchen Fällen wird die Hand des anderen deutlich länger festgehalten, teilweise geradezu zwischen Daumen und Finger geklemmt, die Handinnenfläche des »Opfers« geradezu ausgewischt, als ob es da noch etwas zu holen gäbe. Sicher handelt es sich bei diesem Phänomen um ein Zeichen von Bedürftigkeit und ist dem »Täter« auch nicht bewusst, vielleicht vorbewusst, aber die ärgerliche Reaktion gibt doch den Charakter der Grenzüberschreitung exakt wieder. Dieses Symptom kann im Laufe der Therapie auftreten und wieder verschwinden, immer zeigt es wohl Phasen der erhöhten Bedürftigkeit an. Auch das Gegenteil kann man finden, dass nämlich im Händedruck eine Kontaktverweigerung ausgedrückt wird, indem er flüchtig gestattet oder abgebrochen wird.« (Hirsch 1994, S. 156 f.)

An den prägnanten Ausführungen lässt sich zunächst noch einmal exemplarisch der Umgang mit dem Körper in der Psychoanalyse erläutern. »Handgeben« und »innerer Zustand« werden unmittelbar verknüpft, ohne dass das leibliche Erleben selbst als Brücke über die

Leib-Seele-Kluft wichtig würde. Der Körper und sein Ausdruck verbleiben in einer objektalen Position. Was hierbei »übergangen« wird, sind die möglichen unmittelbaren Wirkungen solcher Berührungen, besser solcher leiblichen Kontakte. Immerhin hat Fosshage 2001 in einem Vortrag auf dem »5. Bonner Symposium zur angewandten KörperPsychotherapie« auf grundlegende Erfahrungen des Halts, der Sicherheit, des Willkommenseins, der Anteilnahme, der Solidarität *im körperlichen Kontakt* aufmerksam gemacht. Hierbei werden allerdings nur punktuelle Erfahrungen erwähnt und von diesen wiederum nur die »positiven«. Es werden sicherlich auch »negative« Erfahrungen (z. B. von Distanzierung, Ablehnung, Kälte) gemacht. Diese bleiben leicht unter ritualisierten Formen verborgen. Auch der schlaffe oder aggressive oder verlängerte oder verkürzte Händedruck deuten leibdramatische Szenen an, die ebenfalls auf Ausformung drängen, um so ins Bild zu bringen, was die Patienten anders nicht ausdrücken können. Das gilt selbstverständlich auch für die Beispiele, die bereits durch eine übertrieben korrekte Ausführung auf intensiv Abgewehrtes hinweisen. Schließlich könnte der Handschlag als Begrüßungsritual, das den Umgang der Menschen kultiviert, psychotherapeutisch genutzt werden, indem er entritualisiert und in eine zerdehnte Handlungsprobe überführt würde. Dabei würde auch die lineare diagnostische Perspektive, die aus der obigen Darstellung des Händedrucks spricht, aufgegeben. Der Analytiker würde sich auch selbst für die leibliche Gegenübertragung seines Patienten öffnen, d. h. für die interpersonale Dimension des Händegebens. Ich denke z. B. an eine Therapeutin, der von einer jungen Patientin mit einer Borderline-Struktur ein schlaffer Händedruck vorgeworfen wurde. Hier eröffnete die Patientin einen basalen Zugang zum Zentrum ihrer Störung, die im frühen Handlungsdialog mit ihrer Mutter wurzelte. Diese hatte aus einer reaktiven, überkompensatorischen Angst, den anderen zu bestimmen, eine gewaltige Hemmung entwickelt, der Tochter gegenüber eine eigene Position zu vertreten und sie ihre Grenzen spüren zu lassen. Über das imaginative Spiel mit dem Händegeben und dem Händedruck würde das Seelische einen erweiterten Möglichkeitsraum erhalten, sich zu artikulieren, sich zu erfahren und sich zu begrenzen. Was würde ein Psychoanalytiker, der körper- oder bewegungstherapeutische Verfahren in seine Arbeit integriert, anders machen? Der wesentliche Unterschied bestünde darin, dass er dem Patienten seine Beobachtungen mitteilen würde mit dem Hinweis, ihren tiefen psychologischen Sinn verstehen zu wollen. Dazu würde er ihm vorschlagen, das Handgeben mit in die Analysestunde hineinzunehmen und einmal auszuprobieren, was für ein nonverbaler Handlungsdialog sich dabei ergäbe. An dieser Stelle könnte sich ein Analytiker, der in diesen Handlungs- und Berührungsproben unerfahren ist, fragen, wieso eine solche nötig sei, da er und der Patient die entsprechenden Berührungserfahrungen doch schon viele Male vor und nach der Stunde gemacht hätten. Eine angemessene Antwort auf diese Frage könnte eigentlich nur die faktische Erprobung selber bieten. Dabei könnte er »am eigenen Leibe erfahren«, wie sich trotz aller formalen Ähnlichkeiten das Wirkungsgeschehen verändern würde.

Der Leser kann sich einer solchen Erfahrung ebenfalls annähern, und zwar durch eine phantasierte Handlung, über die sich der wesentliche Unterschied zwischen der gesellschaftlichen Geste und dem therapeutischen Handkontakt erahnen und erspüren lässt. Selbst wenn das Handgeben schon vielfach praktiziert wurde, so wird eine völlig andere Situation daraus, wenn diese Handlung im psychotherapeutischen Kontext, in dem es immer um ausdrückliche Beziehungsklärung geht, geschieht. Der Leser stelle sich einmal vor, wie es wohl wäre, wenn er die Berührungsprobe mit einem/r Patienten/in durchspielen würde. Dabei wird er wohl, obwohl die Handlung in beiden Fällen sehr ähnlich ist, schon deutliche Unterschiede zwischen dem gesellschaftlichen und dem therapeutischen Kontakt erleben. Allein auf meinen Vorschlag sind schon viele personcharakteristische Reaktionen denkbar: Skepsis, Neugier, Spaß, Unsicherheit, Angst, Ärger, Widerwillen usw. Hinsichtlich potenzieller Mitspieler tauchen vermutlich spontane Sympathie- oder Antipathiegefühle auf. Wahrscheinlich werden in diesem Zusammenhang auch viele frühere Berührungserlebnisse erinnert. Mit den Einfällen zu einem solchen Vorschlag wird eine Handlungsprobe auch im therapeutischen Prozess meistens eingeleitet, manchmal auch ohne dass sie dann tatsächlich ausgeführt wird. Dabei würden basale Erfahrungen wahrnehmbar, die den symbolischen Bedeutungen der Hand und des Handkontaktes entsprechen. Diese klingen an, wenn wir von der haltenden, führenden, schützenden, segnenden oder von der zerrenden, abweisenden, strafenden Hand sprechen.

Darüber hinaus ist der Handkontakt »in den meisten Fällen eine Ermutigung zur Vertiefung der Beziehung« (Moser 2001, S. 62).

Es gibt noch einen weiteren Unterschied. Noch so sorgfältige vorherige Erwägungen können nicht näherungsweise den Spielraum möglicher Selbstbewegungen abstecken, der durch eine oft einfach anmutende Erprobung eröffnet werden kann. Meine therapeutische Arbeit hat sich dadurch immer mehr von der Aufdeckung hin zur Entdeckung verändert. Dieses setzt beim Therapeuten die Bereitschaft voraus, sich zu einer Expedition in einen unerforschten Kontinent aufzumachen, bei der er sich auf die unsichere Führung des Patienten einlässt und seiner eigenen analytischen Kompetenz als Kompass vertraut. Schließlich – und darin liegt ein fundamentaler Unterschied – werden damit *die leiblichen Äußerungen als originäre Manifestation des Ich* (Kühn 1994), *als Selbstbewegungen beantwortet.* Damit gibt der leiborientierte Psychotherapeut seine objektale Sichtweise auch bezüglich der leiblichen Selbstbewegungen auf. *Patient und Therapeut lassen in diesem Falle tatsächlich ihre Hände in dem ihnen gemäßen Organdialekt miteinander reden.* Wer sich darauf einlässt, wird sich basaler Formen unmittelbaren Verstehens und Behandelns bewusst.

6. Leibliches Erleben und basales Verstehen

6.1 Ein historischer Purzelbaum[1]

Von Balint, einem Schüler Ferenczis, stammt eine berühmte Fall-vignette zur Veranschaulichung der Regression im Dienste der Progression und des sich dabei ereignenden Neubeginns. Sie ließe sich auch ohne weiteres als ein Beispiel für analytische Körperpsychotherapie anführen. Ebenso kann man daran die Kritik von Psychoanalytikern an dieser Form der Behandlung verdeutlichen. Dabei werden auch die Schwierigkeiten deutlich, die die Psychoanalyse damit hat, die betreffenden Wirkungszusammenhänge in ihre Gegenstandsbildung zu integrieren. Wenn man die therapeutischen Experimente Ferenczis noch als Vorphase ansieht, könnte diese Stelle als Meilenstein der Entdeckung einer analytischen Körperpsychotherapie herausgestellt werden. Hier nun der entsprechende Behandlungsausschnitt:

Ein Purzelbaum:
»In der zweiten Hälfte der zwanziger Jahre nahm ich eine attraktive, lebhafte, ziemlich kokette junge Frau Ende der zwanzig in analytische Behandlung. Ihre hauptsächliche Beschwerde war, dass sie nichts durchführen konnte. Sie hatte schon vor mehreren Jahren ihr Studium praktisch beendet, brachte es aber nicht fertig, sich zum Abschlussexamen zu melden. Sie war sehr beliebt, mehrere Männer hatten sich ihr genähert, einige mit ernsthaften Heiratsabsichten, aber sie konnte ihre Liebe nicht erwidern. Allmählich kam heraus, dass ihre Hemmung mit einem lähmenden Gefühl der Unsicherheit einherging, sobald sie ein Risiko eingehen und eine Entscheidung fällen sollte. Sie hatte eine enge Bindung zu ihrem energischen, ziemlich zwanghaften, aber äußerst zuverlässigen Vater; sie verstanden und schätzten einander, während ihre Beziehung zu der etwas eingeschüchterten Mutter, die sie als unzuverlässig empfand, offenkundig ambivalent war.

1 s. H. (2000b): Die leibliche Dimension in psychodynamischen Psychotherapien. In: Reimer, C. und Rüger, U. (Hg.): Psychodynamische Psychotherapien. Springer, Berlin, 303 ff.

Es dauerte fast zwei Jahre, ehe diese Zusammenhänge für sie einsichtig wurden. Es war etwa zu jener Zeit, als ich einmal die Deutung gab, es sei für sie sehr wichtig, immer den Kopf oben und die Füße fest auf den Erdboden zu behalten. Darauf erwähnte sie, dass sie es seit frühester Kindheit nie fertig gebracht habe, einen Purzelbaum zu schlagen, obwohl sie es oft versucht hatte und ganz verzweifelt war, wenn es nicht ging. Ich warf ein: ›Na, und jetzt?‹ – worauf sie von der Couch aufstand und zu ihrer eigenen größten Überraschung ohne weiteres auf dem Teppich einen tadellosen Purzelbaum schlug. Dies erwies sich als ein wahrer Durchbruch. Es folgten Veränderungen in ihrem gefühlsmäßigen, sozialen und beruflichen Leben in Richtung auf größere Freiheit und Elastizität. Sie erreichte es, zu einer schwierigen Prüfung zugelassen zu werden, bestand sie, verlobte sich bald darauf und heiratete« (Balint 1970, S. 156 f.).

An anderen Stellen (Heisterkamp 1998a, 2000b) habe ich dieses Enactment bereits unter die Lupe des klassischen psychoanalytischen Behandlungsverständnisses genommen. Dabei hat sich gezeigt, dass sich alle Kritikpunkte, die bisher an der analytischen Körperpsychotherapie geäußert worden sind, auf das berühmte Purzelbaumbeispiel bezogen werden könnten. Auf diese habe ich dann Balint mit einer fiktiven Gegendarstellung antworten lassen. Durch die historische Rückverlagerung eines aktuellen wissenschaftlichen Disputes lässt sich mit Scharff (1995) die Frage aufwerfen, ob nicht vielleicht die oft sehr heftige Kritik an Analytikern, die psychodynamische Verfahren in ihre Arbeit einbeziehen, eine Verschiebung des Methodenstreits *zwischen* den Vertretern der klassischen und den Vertretern neuerer Positionen *innerhalb* der psychoanalytic community auf die Körperpsychotherapie generell bzw. auf die Minderheit der Psychoanalytiker darstellt, die Körperpsychotherapie in die Behandlung ihrer Patienten einbezieht. Wir kennen ja bereits seit Adler (1912b, 1920) und spätestens seit Mentzos (1984, 1988) interpersonale Formen der Abwehr und wissen, wie sehr diese psychosozialen Arrangements der Sicherung des individuellen Selbst und/oder der korporativen Identität dienen.

Balint aus heutiger Sicht

Etwa 50 Jahre später problematisiert Thomä den Neubeginn als ein plötzliches und einmaliges Ereignis, als einen wunderbaren und einzigartigen Wendepunkt. Er verweist dazu auf den langen Prozess des Durcharbeitens und die vielen Einfälle sowie das häufige Probehandeln, die einem Neubeginn erfahrungsgemäß vorausgehen. Wenn man von dem psychoanalytischen Behandlungsverlauf als fortgesetzter Fokaltherapie mit wechselndem Fokus ausgeht, kann man den Neubeginn als neue Erfahrung mit wechselndem Fokus betrachten. Die Kritik relativiert sich allerdings, da Balint bereits selbst betont, was Thomä auch aufgreift, dass in der Psychotherapie fast nie ein einzelner Neubeginn genügt (Balint 1934, S. 223) bzw. dass die analytische Arbeit selten mit einem einzigen Schub von Neubeginn beendet wird (1932, S. 194). Nach meiner Einschätzung kommt Balint der Auffassung einer kontinuierlichen Wandlung im Seelischen bereits sehr nahe. So begrüßt er die Ausweitung des Begriffes auf alle jene Situationen, in denen irgendein komplizierter Abwehrmechanismus aufgegeben werden kann (1952b, S. 294). Schließlich hat er den Begriff ausdrücklich in Analogie zu den biologischen Erscheinungen gewählt (1952b, S. 284) und sieht in der lebendigen Welt eine grundlegende »Fähigkeit zum *fortwährenden* Neubeginn« (1930, S. 39, Hervorhebung von mir, G. H.). Die Entmythologisierung scheint mir insofern zu radikal betrieben, als den schöpferischen Akten der Selbstbehandlung und Selbstverwandlung sowie der interaktiven Teilhabe des Analytikers daran oft etwas Wunderbares und Faszinierendes, eben der Zauber eines Neuanfangs, anhaftet. Diese »Pfingsterlebnisse« zu würdigen, bedeutet nicht, die langwierigen und oft auch beschwerlichen Bemühungen, die den Möglichkeitsraum für diese Erfahrungen bereiten, zu leugnen.

Ein anderes Argument Thomäs halte ich für gewichtiger: Da Balint den Neubeginn mit dem regressiven Wiederfinden des Ursprungs (Rückkehr zur Phase der primären Objektliebe) verbinde und er dort auch den Bereich des Schöpferischen und der Verwandlung lokalisiere, entstehe die Gefahr, dass die Gegenwart vernachlässigt werde und statt eines Neubeginns maligne Regressionen drohen (Thomä 1984b, S. 540 f.). Ich halte diese Warnung für berechtigt. Dennoch trifft diese Kritik auf die Ausführungen Balints wiederum nur teilweise zu. Selbst die Zitate und Beispiele Balints, die Thomä anführt, weisen auch immer wieder auf das Zusammenwirken von Regression und Progression in der aktuellen therapeutischen Situation hin. Der Purzelbaum ist da ja geradezu von prototypischer Bedeutung. Ich teile allerdings die Skepsis von Thomä, ob es sich hier um eine Regression auf oder gar vor der Ebene der Grundstörung handelt. Ich halte es für ebenso wichtig, auf das – wie auch immer gebundene – kreative Potenzial des Patienten hinzuweisen, mit dem dieser auch die aktuelle therapeutische Situation angeht. Im obigen Beispiel bringt die Patientin die kreative Phantasie mit, einmal einen Purzelbaum zu schlagen, die dann in Balints Deutung einen konkreten Anhalt findet, als Entwurf die therapeutische Situation vorstrukturiert und durch Balints Ermutigung dann auch realisiert wird.

Besonders deutlich werden auch die in einem solchen Wirkungszusammenhang freigesetzten Wachstumspotenziale, wenn nach diesen Wandlungserfahrungen – trotz allen Leids und Mangels, trotz aller Sicherungen und Abwehrmaßnahmen – oasenhafte Freude- und Glückserfahrungen freigelegt werden, die als Ressourcen den Neubeginn fundieren und forcieren. Über die Betonung der *schöpferischen Kräfte, die in der aktuellen therapeutischen Situation liegen*, dürfen auch diejenigen nicht übersehen werden, die der Patient mit in sie hineinträgt. Er stützt sich – und hierbei kommt das regressive Moment wieder zum Zuge – auf die im individuellen Lebenslauf herausgebildeten Muster der Wirklichkeitsgestaltung sowie auf seine gesamte archetypische Seelenausrüstung. Wenn ich den Weg zur Grundstörung mehr als einen vertikalen oder teleskopischen Weg in die Tiefe früher und noch aktuell nachwirkender Bewegungs- und Beziehungsmuster ansehe, kann ich mir durchaus vorstellen, dass z. B. perinatale Störungen als unerledigte Gestalten bis in die aktuelle Lebensgestaltung ausstrahlen (s. Reinert 1997b) und archaische intrauterine Erfahrungen in einer langen operativen und leibfundierten Analyse als basale Quellen seelischer Entwicklung fruchtbar werden können.

Um Balints Gedanken weiterzuführen, möchte ich das Fallbeispiel einmal aus meiner heutigen Perspektive erläutern, indem ich mich aus den methodologischen Fesseln der Trieb- und Ichpsychologie löse und mich an einer beschreibungsnahen Analyse des Geschehens orientiere: Die eingeschüchterte Mutter und der zwanghafte Vater von Balints Patientin fühlen sich in ihren eigenen Selbstsicherungen durch die spontane Lebendigkeit ihrer Tochter tief geängstigt und müssen sich vor der als bedrohlich erlebten Unberechenbarkeit seelischer Veränderungen schützen. Um die sie bedrohenden Gefühle und Affekte abzuwehren, mussten die aufkeimenden Impulse des

Kindes so lange chronisch unterdrückt werden, bis sie auf das für die Eltern erträgliche Vitalitätsmaß reduziert waren. Die missbilligenden Behinderungen lustvoller und interessanter Erlebniseinheiten können bei der Patientin auch zu tiefen Schamgefühlen geführt haben (Lichtenberg u. a. 1996). In der unausdrücklichen Teilhabe an der Einschränkung des frühen Handlungsdialogs entwickelte die Patientin prozedural bzw. operativ ein gehemmtes Bewegungsmuster, das als basale Matrix ihre künftige Wirklichkeit vorstrukturierte.

Durch die chronische Behinderung ihrer vitalen Handlungs- und Erlebenseinheiten (s. Freud, Spitz, Winnicott) geriet Balints Patientin bereits in der präverbalen Phase ihrer Entwicklung *in den existenziellen Konflikt von Sein oder Nichtsein* (Kutter 1981), d. h. in ein existenzbedrohendes Dilemma: Wenn sie ihre vitalen Tendenzen aus Angst vor deren Annullierung unterdrückte, würgte sie sich selber ab. Wenn sie sie zu leben versuchte, wurde sie durch die ihr unverzichtbaren primären Objekte abgewürgt. Das wirkte als prozedurales Wissen oder als implizite Phantasie bis in die aktuelle Wirklichkeitsgestaltung der Patientin nach. In der Regression setzte sich diese »Grundstörung«, nämlich die notgeborene Selbstabtötung im Dienste des Überlebens, wieder in Szene.

Nachdem sich nun dieses frühe Bewegungsmuster immer deutlicher herausformte, bot sie Balint ein schönes Bild für ihre Ängste vor der Realität seelischer Wandlungen an, wie es prototypisch für sie und ihre Eltern war. Mit dem seit frühester Kindheit vergeblich gehegten Wunsch, einmal einen Purzelbaum schlagen zu können, vermittelt sie Balint in anschaulicher Weise: Ich würde mich so gerne auf die Verwandlungswirklichkeit des Seelischen und das damit geahnte Lebensglück einlassen, wenn ich nicht so katastrophale Folgen befürchten würde. Das Grandiose von Balint ist nun: Er vermeidet eine adultomorphe Bearbeitung des Problems im repräsentierenden sprachlichen Verstehen, das in der guten alten Tradition der Übertragungsanalyse gestanden hätte. *Er versteht das von der Patientin vorgebrachte Problem auf ihrem entsprechenden Entwicklungs- und Regressionsniveau.* Seine grundlegende Intervention besteht darin, sie zu ermutigen, dieses frühe Individuationsproblem entwicklungsanalog zu begreifen und – was er ohne Piaget, Lichtenberg und Stern noch nicht sehen kann – selbst zu behandeln. Durch die Aufforderung: »Na, und jetzt?« bietet er ihr eine basale und präsentische Form des Verstehens an, welche die sprachliche erst begründet und ein »Erinnern« im Sinne Freuds erst möglich macht. Gleichzeitig ist dieser frische Einwurf Balints die basale therapeutische Hilfestellung, dass sich ihre traumatischen Erfahrungen in der Übertragung nicht wiederholen, sondern dass sie eine exemplarische neue Erfahrung macht, indem eine elterliche Figur ihr die nötige Sicherheit in der »Verwandlungswirklichkeit« (Salber 1993) des Seelischen bietet und sich an ihrer Existenz erfreut.

Wenn man von der Notwendigkeit regressions- und entwicklungsanaloger Sinnerfassungs- und Behandlungsmodi ausgeht, wird deutlich, dass eine Bearbeitung des Einfalls im Sinne der Übertragungsanalyse (z. B. dass sie vielleicht dem Vater/Therapeuten gefallen oder ihn gar verführen wolle) auf diesem Regressionsniveau einer Retraumatisierung gleichgekommen wäre. Wieder wäre sie durch die Reaktion eines gehemmten Gegenübers selber in ihrer Lebendigkeit gedämpft und latent beschämt worden. Balints Behandlungsbeispiel ist für mich eine beeindruckende historische Stelle in der Entwicklung der Psychoanalyse, und meine Wertschätzung für Balint wächst mit der Dauer der Schwierigkeiten der psychoanalytischen Forschung, seinen Beitrag an dieser Stelle voll zu würdigen und zu integrieren. Das »Na, und jetzt?« ist m. E. viel mehr und etwas ganz anderes als eine »suggestive Ermutigung« (Thomä 1984b, S. 520). In ihm kündigt sich *ein operativ fundiertes Behandlungsverständnis* an. Der Neubeginn der Patientin und die Wende in Balints Therapieverständnis haben innerhalb der Psychoanalyse noch keine Schule gemacht. Seine revolutionären Gedanken und Erfahrungen tradieren sich nur in der nachsichtig belächelten Akzeptanz des »Händchenhaltens« bei Patienten in gewissen Phasen der Regression.

6.2 Jenseits der Deutung: Gewahrwerden

Den therapeutischen Dialog zu führen und die leibliche Dimension dabei einzubeziehen ist einfacher, als man denkt. Lichtenberg (1987, S. 138) verweist in einem Beispiel aus seiner Praxis auf beobachtbare Lebensäußerungen, z. B. Mundbewegungen, die jenseits der Deutung, d. h. unverstanden, und nach seiner Meinung der Methode der freien Assoziation unzugänglich blieben. Es handelt sich dabei um präverbale Erfahrungsniederschläge, die in der späteren Entwicklung symbolisch nicht neu aufgezeichnet worden sind. Ich möchte ein ähnliches Beispiel aus meiner Praxis aufgreifen und zeigen, wie einer Patientin, die zu einer gewissermaßen freien leiblichen Assoziation angeregt wurde, eine grundlegende Erfahrung zugänglich wurde, die sowohl ihre Einsicht in ihre früheste Entwicklung als auch das Verständnis für ihre aktuelle Wirklichkeitsgestaltung vertiefte.

Ticartige Mundbewegungen:
Während einer Grippeerkrankung, in der bei der Patientin frühere Tendenzen aus einer anorektischen Phase wieder auflebten, tauchte die Frage auf, ob diese auch etwas mit ihren ticartigen Kieferbewegungen zu tun hätten, die ihr und mir bekannt, bisher aber noch nicht verstanden worden waren. Da es sich um eine intellektuell sehr differenzierte Patientin handelte und ich aufgrund der bisherigen Erfahrung darauf achtete, dass sich die analytische Arbeit nicht vom Selbsterleben abhob, fragte ich sie, ob sie ausprobieren wollte, einmal nur den Mund zu bewegen und dabei nicht zu sprechen, allenfalls nonverbale Vokalisationen von sich zu geben. Sie war neugierig darauf, meinen Vorschlag auszuprobieren, und stellte nachträglich in ihrem therapeutischen Tagebuch fest, dass sie sich noch nie »so übergangslos schnell in eine Szene, in ein Bild eingefühlt und eingelebt« hatte: Da ich das Beispiel an einem anderen Ort schon ausführlicher dargestellt habe (Heisterkamp 1993a, S. 37 ff.), sei hier nur stichwortartig der analytische Prozess skizziert:
Nach der Feststellung, dass sie ihren Mund nur sehr geringfügig öffnen konnte, entwickelte sie über ein wohliges und genussvolles Schmatzen angenehme Phantasien: getragen zu werden, mit ihrem Mann zu schmusen, an der Mutterbrust zu liegen, Bilder von Affenbabys, die sich im Bauchfell der Mutter festklammern usw. Die Bewegungsprobe wurde – für mich in der Gegenübertragung deutlich spürbar – unvermittelt abgebrochen. Ihre Einfälle führten zu ihren bisher unzugänglichen Erfahrungen eines abrupten Abgestilltwerdens (»Jetzt ist aber Schluss«), zur verdrängten Enttäuschung und Wut bei der Geburt ihrer jüngeren Schwester sowie zu panischen Angstanfällen in der Kindheit (wenn die Eltern das Haus verließen) und in der Gegenwart (wenn ihr Mann sich verspätete). Sie erinnerte sich weiterhin, dass die Kieferbewegungen immer auftauchten, wenn sie, was öfter vorkam, in einen Hyperventilationskrampf geriet. Das geschah immer dann, wenn sie

sich verlassen fühlte. Verlassenwerden wirkte wie ein plötzlicher »brutaler Schmerz«, der gleichzeitig nicht sein durfte. Im Widerstreit zwischen Schreien und Sich-Beherrschenwollen, zwischen Wut und Angst verkrampfte sie im Mund, im Kiefer und im ganzen Körper, verkörperte sie die eigene Selbstunterdrückung im Dienste der Selbstsicherung.

Während die Patientin ein sensomotorisches Assimilationsschema aktivierte, nämlich den Mund und den Kiefer bewegte, belebte sie unbewusste inkorporierte Erfahrungen und brachte sie in einen assoziativen Handlungszusammenhang mit bereits bewussten. So bilden sich neue Sinngestalten heraus.

In den beiden ersten Lebensjahren kann das Kleinkind schon komplette Handlungseinheiten ausführen und sinnvoll modifizieren, ohne allerdings eine Gesamtvorstellung von diesen Vorgängen zu haben und ohne sich reflexiv dazu verhalten zu können. »Die sensumotorische Intelligenz ist also eine nur gelebte und nicht bewusste Intelligenz« (Piaget 1946, S. 171). Da diese Erfahrungen bei der Patientin einer frühen, organisch fundierten Abwehr zum Opfer fielen, konnten sie in der verbalen Phase nicht aufgezeichnet werden. Wenn diese frühen Muster des Wahr-nehmens und Er-fassens dem erwachsenen Erleben und Erkennen wieder zugänglich werden, erschließen sich unmittelbar die personcharakteristischen Bedeutungszusammenhänge.

Meine eigenen supportiven Erfahrungen mit der wohligen Stimme meines ersten Analytikers (s. S. 35) zeigen, dass wir den unmittelbaren stimmlichen Dialog als basalen Wirkfaktor der Psychotherapie nicht vergessen dürfen. Über die permanente Teilhabe an diesem wechselseitigen Geschehen macht der Patient seine ermutigenden bzw. entmutigenden Selbsterfahrungen. In verdichteter Form erwähnt Benedetti eine solche korrektive Erfahrung aus seiner Lehranalyse bei Bally:

Die kluge Stimme meines Analytikers:

»Die kluge Stimme meines Analytikers wurde zu einem neuen Introjekt, das mit meinem Selbst verschmolz. In manchen späteren Situationen meines Lebens glaubte ich dann, diese Stimme, die auch die meine geworden war, noch einmal in meinem Innern wahrzunehmen.« (Benedetti 1994, S. 36)

Entsprechendes gilt natürlich auch für den Blickkontakt, wie ich ebenfalls an einem eigenen Beispiel veranschaulicht habe (s. S. 37). Auch er hat einen erheblichen regredienten Tiefgang und auch eine entsprechende basale Wirkung. Gerö schildert in seiner autobiographischen Veröffentlichung, wie sich im Blickkontakt unmittelbar ein Sinn ergibt, wie das Anschauen die Deutung erübrigt, weil die Bedeutung sich im Schauen erschließt:

Herr Doktor, ich möchte Sie aufessen:

»Mit Vergnügen erinnere ich mich an die Erfahrungen mit einem meiner ersten Patienten, den ich als manisch-depressiv diagnostizierte. Er war ein einfacher Mann, ein Arbeiter mit einer guten Introspektionsfähigkeit, jedoch in keinster Weise intellektuell. Er war stark und kräftig, verhielt sich aber manchmal wie ein alter Mann und sah auch so aus, da er sich mit seinem alten Vater identifizierte. Wie uns Abraham gezeigt hat, geht die Identifizierung bei den Depressiven über die kannibalistische Einverleibung. So war es auch bei diesem Patienten, und ich versuchte ihm seine entsprechenden kannibalistischen Impulse bewusst zu machen. In einer Sitzung hatte ich das Gefühl, dass er dabei war, mit irgendetwas zu kämpfen. Deshalb sagte ich zu ihm: ›Schauen Sie mich an!‹ Und als er mich anschaute, bekam er große Angst, wendete sich ab und sagte: ›Herr Doktor, ich möchte Sie aufessen!‹ Das bedeutete den Durchbruch in seiner Analyse – die kannibalistischen Impulse seinem alten Vater gegenüber erleben zu können. Nun gut, ich wusste von solchen Vorkommnissen während einer Behandlung, aber es ist eine Sache, darüber zu lesen, und eine andere, es so lebendig zu erfahren. Es war wie ein religiöses Erlebnis, das ich niemals vergessen werde.« (Gerö 1994, S. 226)

Die letzten beiden Beispiele sind sehr verdichtet und quasi Kristallisationspunkte des psychotherapeutischen Prozesses. Sie geben Hinweise auf *die psychotherapeutische Relevanz dieser sensorischen Modi des Austauschs.* Wenn diese dem Patienten eingeräumt und ermöglicht werden, wenn er also angeregt wird, auch in der leiblichen Dimension zu »assoziieren«, folgt daraus, dass dabei basale Erfahrungen und Entdeckungen gemacht werden, die den therapeutischen Prozess grundlegend beleben. Es verhält sich nicht so, dass der unwissende Patient von einem überlegen antizipierenden Analytiker auf eine Erfahrung gestoßen werden soll, sondern eher umgekehrt: Der Analytiker geht davon aus, dass der Patient in diesem sensorischen Modus auf basale Selbsterfahrungen stoßen wird, und er weiß, dass er sie nie angemessen vorausahnen kann. Er ist sich nur sicher, dass er sich mit dem Patienten auf einen bedeutsamen Weg der Entdeckung macht. Wer dieses Vorgehen – wie geschehen – als manipulativ erklärt, übersieht die Manipulation, die mit der Ausblendung und Einschränkung dieses weiten Feldes unbewusster »leiblicher Assoziationen« verbunden ist.

Die leiblichen Artikulationen spielen immer eine fundamentale Rolle im therapeutischen Prozess. Es gibt allerdings in allen Analysen Phasen – insbesondere natürlich bei Patienten mit frühen Störungen –, in denen sich das Selbsterleben vorwiegend im sensorischen oder leiblichen Modus abspielt. Bei Ogden (1995), der eigens einen autistisch-berührenden Modus der Erfahrungsbildung konzipiert hat, finden wir viele dieser leiblichen Selbstartikulationen an eindrucksvollen Fallvignetten dokumentiert und differenziert gedeutet; dennoch bleibt auch bei ihm der objektale Zugang erhalten. Es findet sich kein Beispiel, in dem die leiblichen Selbstbewegungen über eine Andeutung hinauskommen und einen Spielraum erhalten, um die Bedeutungen, die sie implizieren, operativ auszugestalten und mit leiblicher Gewissheit ihren unmittelbaren Sinn zu entfalten. Wenn wir vom strahlenden, liebenden, freundlichen Blick, vom interessierten, neugierigen, suchenden, sehnsuchtsvollen Blick, vom bestimmenden, stechenden, durchdringenden Blick, vom unsicheren, flackernden, misstrauischen, leeren oder vom trüben, traurigen, vorwurfsvollen Blick sprechen, dann sind das keine Eigenschaften »am« oder »im« Patienten, sondern alles intersubjektive An*deutungen* eines sich besonders über den Augenkontakt abspielenden Handlungsdialogs mit dem Analytiker, der seinerseits die entsprechenden Gegenübertragungsreaktionen nutzen kann, um die unbewussten Bedeutungen in den Vordergrund rücken und erfahrbar werden zu lassen. Erfahrungsgemäß sind Analytiker wenig im operativen Durcharbeiten dieser präverbalen Formen geübt, sodass sie Hemmungen und Ängste haben, sich auf so frühe angst- und schambesetzte Formen des Austausches länger einzulassen und deswegen die herkömmliche Form des baldigen An- und Durchsprechens nutzen, um der Not einer solchen unmittelbaren Begegnung zu entgehen. Das gelingt – wie wir als Analytiker nur zu gut wissen – nur mit »faulen« Kompromissen. Die urtümlichen Bedeutungen beim Patienten und beim Analytiker setzen sich in kaschierter oder modifizierter Form doch wieder durch. Sich anzublicken ist unvermeidlich und ebenso, dass bei dem regredienten Tiefgang dieser Dimension – die Säuglingsforschung hat mittlerweile beeindruckende Beispiele für den frühen visuellen Kontakt geliefert – urtümliche Modi der Erfahrung bei Patient und Analytiker wiederbelebt werden.

Die Phänomene der leiblichen Dimension sind allen Psychotherapeuten wohl vertraut: die mimischen, gestischen, motorischen Ausdrucksbewegungen sowie die entsprechenden Verhalten- und Verspanntheiten; die Sitz- und Liegepositionen, ihre Übergänge und Wechsel; die Sprechrhythmen, die stimmlichen Melodien und die lautlichen Artikulationen; und nicht zu vergessen die vielfältigen Formen, sich selbst zu berühren oder zu versuchen, von sich selbst Abstand zu nehmen. Entsprechendes gilt für den Therapeuten, für seine leiblichen Gegenübertragungsreaktionen, für seine »verkörperte Gegenübertragung« (Downing 1996): wenn er flacher oder tiefer zu atmen beginnt; wenn sich sein Kopfdruck erhöht oder verringert; wenn er plötzlich nicht mehr klar sehen kann oder es ihm schwarz vor Augen wird; wenn der Druck in den Ohren zunimmt, Schwindelgefühle oder Ohrgeräusche auftauchen; wenn er müde oder wach wird; wenn sich sein Bauch verkrampft oder entspannt; wenn sein Herz schmerzt, rast oder heftig klopft; wenn sich sein Darm oder seine Blase meldet; wenn er zu schwitzen beginnt oder ihn Husten- und Juckreize stören; wenn er sich körperlich verkrampft oder Schmerzen verspürt oder wenn sich muskuläre Verspannungen auflösen; wenn er merkt, dass seine Arme oder Beine »eingeschlafen« sind; wenn er sich erotisch angezogen oder sexuell erregt fühlt oder keine sexuelle Erregung verspürt, wo sie zu erwarten wäre; wenn seine Stimme die Tonart wechselt, wenn er sich bewegt usw.

Alle diese Phänomene, wie hier noch einmal ausdrücklich hervorgehoben werden soll, *interessieren nicht als isolierte Variablen, sondern als Profilierungen und Formierungen sich entwickelnder dialogischer Handlungseinheiten.* Sie sind und bleiben immer Momente des interaktiven und zirkulären Geschehens zwischen Patient und Therapeut. Wegen ihrer basalen Bedeutung bilden sie verlässliche Strukturierungshilfen, durchgliedern sie als wahrnehmbare Elemente bedeutsam das psychologische Gesamtgeschehen und markieren Wendepunkte des therapeutischen Prozesses.

6.3 Behandlungsbeispiele

Wenn der Therapeut empathisch mit den Selbstbewegungen des Patienten mitschwingt und er ihnen einen entwicklungsanalogen Spielraum bietet, rücken immer wieder Modellsituationen ins Bild. Dabei kehren die Patienten oft zu den salutogenen Quellen ihrer Entwicklung zurück, die unter dem Druck der notgeborenen Selbstsicherungen verloren gegangen sind, und finden zu den ihre Selbstbewegung stabilisierenden Repräsentanzen zurück. Zumeist werden darüber auch die frühen Mangellagen der Selbstwerdung wahrnehmbar und verstehbar. In beiden Fällen bleibt die Regression im Dienste der Progression. Ich möchte hier noch weitere aufschlussreiche Beispiele berichten, in denen die Ausdrucksbewegungen sicherlich auch jenseits der Deutung geblieben wären, wenn dem Patienten nicht der psychotherapeutische Raum eröffnet worden wäre, seinen »Organdialekt« bzw. seine »Körpersprache« (Adler 1907a und b, 1912a) operativ zu übersetzen und zu einer umfassenden Erlebnis- und Handlungseinheit auszuformen.

Tantalusqualen[1]:

Ein kleiner Ausschnitt aus einer Behandlung soll das verdeutlichen. Ein Lehranalysand im dritten Jahr seiner Analyse spricht über eine intime Szene mit seiner Frau. Ich merke, wie ich mich darüber zu wundern beginne, dass er dieses Mal nicht so frei über den sexuellen Kontakt mit seiner Frau reden kann, wie ich das mittlerweile von ihm gewohnt bin. Mit einigen umschweifenden Redewendungen und deutlichen Zeichen der Scham umkreist er eine bestimmte Situation des Liebesspiels, in dem das Konzert lustvoller Interaktionen offenbar ins Stocken geriet. Er schildert, wie sie zusammen im Bett lagen, sich streichelten, wie seine Frau dann seinen Hals, seine Brust und seinen Bauch liebevoll küsste, wie sie zärtlich zum Becken hinunterglitt ... an dieser Stelle gerät sein Bericht, wie wohl auch die lustvoll gesteigerte Erlebniseinheit, ins Stocken, und er ringt immer wieder nach Worten, um das zu sagen, was er mir eigentlich mitteilen will. Es drückte sich besonders deutlich über seine Körpersprache aus, indem er, auf der Couch liegend, sein Becken hebt, als würde er es jemandem entgegenstrecken. Als ich mich in seinen Wunsch einfühle, seine Frau möge seinen Penis küssen und viel-

---

1 s. H. (2000b): Die leibliche Dimension in psychodynamischen Psychotherapien. In: Reimer, C. und Rüger, U. (Hg.): Psychodynamische Psychotherapien. Springer, Berlin, S. 309.

leicht auch in den Mund nehmen, spricht er von seinen »Tantalusqualen«, als seine Frau das Zentrum seiner Lust immer wieder umging, und er spürte, wie er in einen »verzweifelten Luststau« geriet, der ihn eine Zeit lang blockierte, bis er sich durch eine größere Eigenaktivität daraus löste und das Liebesspiel in eine andere, für ihn weniger frustrane Richtung lenkte und so doch noch zu einer für ihn lustvollen Abrundung des sexuellen Kontaktes gelangte.

Ich erinnere mich noch gut, wie ich zunächst die Tendenz verspürte, ihn, von dem ich bereits wusste, dass er eine relativ befriedigende sexuelle Beziehung zu seiner Frau hatte, zu fragen, ob er nicht mit ihr über seine und ihre Bedürfnisse sprechen könne. Das Steckenbleiben im Liebesspiel und in unserem Dialog als auch die leibliche Selbstartikulation des Problems machten mich allerdings darauf aufmerksam, dass sich hier ein »implizites Wissen«, das nur operativ und prozedural fassbar ist, artikuliert hatte und einer entsprechenden entwicklungsgemäßen Form des Wahrnehmens und Verstehens bedurfte. Deswegen machte ich ihn auf die Bewegung seines Beckens aufmerksam, die er nach meinem Hinweis überrascht und lachend aufgriff und wiederholte. Ich hatte das Gefühl, dass er diese Bewegung dann wieder ziemlich abrupt unterbrach, um dann ziemlich abstrakte Überlegungen über den Umgang mit Sexualität in seiner und der Familie seiner Frau anzustellen. Darüber verflachte auch seine Atmung. Da sich mein Kopfdruck erhöhte und ich emotional immer noch bei der »verzweifelten Stauszene mit ihren Tantalusqualen« verweilte, vermutete ich, dass sich in der Behandlungsszene bedeutsame Gefühle und Affekte, wenn auch noch in intellektualisierender Verdünnung, ankündigten. Deswegen schlug ich ihm vor, einmal, ohne zu sprechen, das Becken zu bewegen und sich seinem Erleben zu überlassen.

Sein Becken und schließlich sein ganzer Körper gerieten allmählich in eine heftige Vibration, während sich eine intensive Gefühlsgeschichte immer lauter artikulierte, die über spielerische Lust, heftige Wut bis hin zu einer tiefen Trauer führte. Wie ich nachher erfuhr, hatte sich für ihn der Vorhang zu einem frühen Drama auf dem Wickeltisch geöffnet. Er erlebte sich, wie er etwa ein- oder zweijährig auf dem Wickeltisch lag und seine Mutter ihn »sauber machte«. Sie, die er immer als selbstunsicher und hilflos erlebt hatte, machte das sehr gehemmt, insbesondere weil sie von ihrer zwanghaften und lustfeindlichen Mutter, also seiner Großmutter, über die Schulter hinweg kontrolliert wurde und jeden Eindruck zu vermeiden versuchte, ihren Sohn oder sich zu stimulieren. Dabei wird diese prototypische Erfahrung besonders traumatisierend gewesen sein, insofern hier Mutter und Tochter einen sexuellen Missbrauch eben dieser Tochter (der Mutter des Patienten) durch den Vater verdecken mussten. Hier gewann die umgangssprachliche Bezeichnung, die in dieser Familie für den Wickelvorgang verwendet wurde, seine tiefenpsychologische Bedeutung: man redete wie selbstverständlich vom »Wegpacken«, sogar vom »Wegmachen« des Kindes! Für meinen Lehranalysanden wurden in diesem Bild sowohl eine Fraktionierung im genitalen Bereich als auch die kompensatorische Überbewertung des Genitals deutlich, die sich auch in zahlreichen missbräuchlichen Zweiersituationen mit der Mutter aus späteren Jahren widerspiegelten. Auch die Ver-zwei-flung wurde als abrupte Erfahrung, unvermittelt in das Getrenntsein gestoßen worden zu sein, verständlich. Sie erwies sich später als Wiederholung eines traumatisch erlebten Abgestilltwerdens.

Patienten, die sich im Verlauf ihrer Therapie bereits unwillkürlich in den körpersprachlichen Dialog einüben konnten, wird es immer »selbst-verständlicher«, ihre leiblichen Lebensbewegungen ebenso wie die mentalen in den Prozess der »freien Assoziation« einzubeziehen. Zur weiteren Veranschaulichung möchte ich eine Vignette aus der fortgeschrittenen Analyse einer Patientin anführen, die etwa drei Jahre vorher bereits eine analytische Psychotherapie abgeschlossen hatte[1]:
Nach rund 200 Sitzungen hatte ihr Therapieverlauf eine erfreuliche Entwicklung genommen. Sie hatte großen beruflichen Erfolg und genoss, wenn auch noch mit gewissen Ängsten vor dem Neid anderer, die damit verbundene soziale Anerkennung. Besonders glücklich fühlte sie sich in der Beziehung zu ihrem Partner, für den sie immer tiefere Liebesgefühle empfand und mit dem sie »in eine wunderschöne neue Wohnung« gezogen war. Freudig überrascht stellte sie fest – was ihr früher völlig undenkbar gewesen wäre –, dass sie, wie ihr Partner, den Wunsch zu heiraten hegte und, was das Schönste sei, sie das Bedürfnis verspürte, ein Kind mit ihm zu haben, worauf er sich ebenso freute. Ich nahm selber ausdrücklichen Anteil an ihrer glücklichen Entwicklung, zumal sich die Analyse durch verschiedene Missbrauchserfahrungen im Verlaufe ihres Lebens anfänglich ziemlich kompliziert gestaltet hatte. Auffällig blieb dabei, dass sie ihre Freude, wenn ich mich mit ihr freute, nicht halten konnte, ihr Tränen in die Augen traten und sie zu weinen begann. Es reichte nicht aus, ihr Weinen als Trauer über das früher Vermiss-

---

1 s. H. (1997b): Zur Führung des nonverbalen Dialogs in der Psychotherapie. In: Kruse, G. & Gunkel, S. (Hg.): Diagnostik und Psychotherapie depressiver Erkrankungen. Hannoversche Ärzte-Verlags Union, S. 120 ff.

te zu verstehen. Sie konnte ihre Freude etwas besser halten, als ihr bewusst wurde, wie sehr sie die in der gemeinsamen Freude sich ausdrückende Verbundenheit mit mir ängstigte und ihre frühen Vereinnahmungsängste wiederbelebte.

Das kann doch ein Vater nicht mit seiner dreijährigen Tochter machen!

Das Verständnis für ihre notgeborenen Selbstbehinderungen vertiefte sich, als die Vergangenheit erneut ihre aktuelle Wirklichkeit einholte. So begann sie eine Sitzung mit der Bemerkung, dass sie und ihr Freund »eigentlich« ein sehr schönes Wochenende miteinander verbracht hätten. Bei ihnen seien Freunde zu Besuch gewesen, die sich offensichtlich sehr wohl gefühlt hätten und von ihrer neuen Wohnung sehr angetan gewesen seien. Es wurde noch einmal deutlich, wie sehr sie die positive Resonanz der Freunde auf die gemeinsam mit ihrem Partner ausgewählte und eingerichtete Wohnung – quasi als Symbol für ihre Beziehung – genossen hatte und wie sehr sie eine solche Bestätigung »von außen« noch für ihre »innere« Sicherheit benötigte.

Nach diesem wunderschönen Wochenende seien sie dann abends ins Bett gegangen, hätten lustvoll miteinander geschmust, und dann sei »es noch einmal passiert«. Ich sah, als sie davon berichtete, wie sie die Luft anhielt und die rechte Hand zur Faust ballte. Mit spürbarer Überwindung beginnt sie die erlebte Situation zu berichten: Während sie ihren Freund zärtlich streichelte, merkte sie plötzlich eine massive Hemmung, seinen Penis anzufassen, obwohl sie das sonst gerne machen würde und er sich das in dieser Situation verständlicherweise auch gewünscht hätte. Während sie das sagte, verspannte sie ihren Arm noch mehr. Ihr Handgelenk hätte sich so sehr verkrampft, dass sie es richtig absurd gefunden hätte, weil sie ja wisse, wie schön sie das Schmusen sonst empfinde. Aber es sei einfach nicht gegangen. Ihr Freund habe ein gewisses Verständnis für sie gehabt, sei aber traurig gewesen. Die schöne Situation sei schlagartig dahin gewesen.

Die Patientin teilt mir weiter mit, wie schwer es ihr falle, darüber zu sprechen, sie habe es sich regelrecht für die heutige Analysestunde vorgenommen. Wir seien schon öfter an dieser Stelle gewesen, es sei so schwer für sie, da wirklich »ranzugehen«, diese genauer anzugucken und auszusprechen. Sie fährt fort: Sie beobachte in solchen Situationen, wie sie beim Streicheln des Partners zuerst den ganzen genitalen Bereich aussparte. Wenn ihr das bewusst geworden wäre, hätte sie sich früher öfter einen Ruck gegeben und »es« dann doch gemacht. Aber sie habe danach gemerkt, dass es ihr nicht gut bekommen sei, wenn sie einfach über ihre Hemmungen und Grenzen hinweggegangen sei. Sie merke dann, wie sehr sie sich zwingen müsste, die Hand zu bewegen, wie ihre Hand verkrampfe und dass »alles falsch« würde. Während sie das

159

sagt, bewegt sie den Unterarm und die Hand, an der die Finger einwärts gekrümmt sind, auf und ab. Ich habe bald das Bild männlicher Masturbationsbewegungen vor Augen. Während sie diese Bewegungen fortsetzt, spricht sie weiter, und ich habe das Gefühl, dass die Worte erlebensleer, wie aus dem falschen Selbst, klingen. Deswegen schlage ich ihr vor, einmal nur bei der Handbewegung zu bleiben und für eine Zeit auf einen verbalen Kommentar zu verzichten, nur darauf zu achten, welche Bilder, Gefühle und Empfindungen auftauchen würden. Ihre erste Reaktion ist »nein, das will ich nicht«. Sie merke heftige Widerstände dagegen, die Bewegung fortzusetzen.

Ich ahne in dieser Situation, dass mein Vorschlag, sich nur auf die Handbewegung zu konzentrieren, eine Kindheitsszene komplettiert. Für einen kurzen Augenblick meldet sich mein analytisches Über-Ich und lässt mich fragen, ob ich die Patientin hier nicht manipuliere. Dann fühle ich mich jedoch wieder sicher, weil ich nämlich einem Gegenübertragungswiderstand aufsitzen würde, wenn ich ihrer Körpersprache nicht den nötigen Entfaltungsspielraum bieten und die leibliche Dimension ihrer Kommunikation sonst verbalisierend ausblenden würde. Noch bevor ich länger bei diesen Gedanken verweilen kann, wird ihr der über eine Vielzahl von Zwischenschritten bereits angedeutete und ausgesprochene Missbrauch durch ihren Vater zum ersten Mal in dem inszenierten Bild anschaulich fassbar: »Ich merke, dass in meiner Hand ein Penis ist, der Penis meines Vaters. Ich will die Bewegung nicht machen, ich kann mich aber auch nicht wehren.«

Dann fällt ihr noch ein, dass es nicht nur unangenehm sei, den Penis ihres Vaters zu berühren, er fühle sich ja auch warm und lebendig an, böte einen zarten Kontakt. Dann tauchen sofort Scham- und Schuldgefühle auf, als müsse sie für ihren Vater die Verantwortung übernehmen. Es wird deutlich, wenn sie die Schuld für den Missbrauch übernähme, würden ihre Ohnmachtsgefühle erträglicher und das Vaterobjekt würde weiter so gut bleiben können, wie sie es für ihre damalige Entwicklung unbedingt nötig gehabt hatte. Zwischendurch tauchen dann wieder die bekannten Zweifel auf, mit denen sie den langjährigen Wiederbelebungs- und Erinnerungsprozess mit den vielfältigsten Zwischenbildern als »hysterisches Getue« ihrerseits abtun will. Dann schaut sie wieder auf ihren Arm, der sich zwischendurch immer wieder bewegt hat, mit den Worten: »Aber das kann doch nicht wahr sein! Das darf doch nicht wahr sein!« Sie ist tief erschüttert und weint verzweifelt. Aber sie merke es jetzt ganz deutlich: »Es ist besonders schlimm«, sagt sie schluchzend, »so deutlich zu spüren, dass ich zu etwas gezwungen werden soll, was ich gar nicht will, dass ich die Hand weiter bewegen soll, den Penis weiter kneten soll. Ich will nicht weiter diese Handbewegungen machen! Ich weiß genau, was dann gleich passiert. Das will ich nicht!«

Während sie das weinend sagt, führt sie ihre linke Hand hinter den Hinterkopf. Ich folge dieser Bewegung aufmerksam, beobachte, wie sie mit dieser Hand ihren Kopf anhebt, als hätte sie keine Nackenmuskulatur, die diese Funktion übernehmen könnte. In mir steigt kein Bild zu einer möglichen Bedeutung auf. Plötzlich ist sie entsetzt und beginnt wieder herzergreifend zu schluchzen. Dann erfahre ich von ihr, was sie in dieser Handlungseinheit sensumotorisch erinnert und mit leibhaftiger Gewissheit begreift: »Und dann kam noch diese große Hand, die sich auf meinen Kopf legte, meinen Kopf nach unten zum Penis drückte, damit ich ihn in den Mund steckte.« Jetzt tauchen auch die Ekelgefühle und Brechreize auf, die sie früher oft während des Geschlechtsverkehrs überkamen. Sie hat endlich Klarheit, indem sie das Bild gefunden und in Worte gefasst hat, das als Schatten ihr gesamtes bisheriges Leben belastet und bestimmt hat. Dann schreit sie in einem Gemisch aus Wut, Trauer und Verzweiflung heraus: »Aber das kann doch ein Vater mit seiner dreijährigen Tochter nicht machen! Das ist doch unmöglich! Das ist doch unfassbar!« Ich bin selber tief bestürzt von dieser Szene und bestätige ihr das Unfassbare, dass es wirklich ungeheuerlich ist, wenn ein Vater seine kleine Tochter zur sexuellen Befriedigung be-nötigt. Dann bricht sie wieder in ein heftiges, den ganzen Körper erfassendes konvulsives Schluchzen aus.

Mein eigenes Entsetzen über diese schreckliche körperliche Bemächtigung schwand allmählich und ging über in Erleichterung, dass sie in der Lage war, ihre frühkindliche Situation in so basaler Weise wahrzunehmen und zu verstehen. Gegen Ende der Stunde, als sie sich bereits von der Couch aufgerichtet hatte, sagte sie mir, dass sie nach dieser aufwühlenden Stunde nicht gleich ins Auto steigen, sondern zur Beruhigung erst einmal einen kleinen Spaziergang machen wollte. Sie übernahm hier selber die Regulierung ihres Seelischen und die Vorsorge für ihr leibseelisches Wohl, zeigte sich nicht mehr auf meine Fürsorge angewiesen, auf die sie hier wohl auch anspielte. Sie war vor etwa einem Jahr auf dem Rückweg von der Analysestunde, als sie sich noch in einer belastenden Lebenssituation befand, in die Leitplanken der Autobahn gefahren und mit viel Glück, ohne körperliche Schäden für sich und andere, davongekommen. Ich hatte ihr danach in ähnlichen Fällen zwei- oder dreimal den Rat mit auf den Weg gegeben, sich nicht gleich hinters Steuer zu setzen und vorsichtig zu fahren.

Dieses Mal hatte ich trotz des aufwühlenden Themas nicht mehr den Eindruck, dass sie sich durch eine unbewusste Fehlleistung gefährden könnte. Deswegen gab ich ihr diesmal meine Zuversicht mit auf den Weg, dass ich mir schlecht vorstellen könnte, dass sie ihr neues Lebensglück durch einen Unfall beeinträchtigen würde. Daraufhin begannen ihre Augen zu strahlen, und sie stimmte mir lachend zu. Ich verabschiedete mich von ihr mit dem sicheren Gefühl, dass sie »über den Berg« war. Nach ihren eigenen Worten begann die Analyse »nun von neuem«. Sie nahm neu Besitz von ihrem Seelischen; ganz anders, als es bisher möglich war, wurde die Subjektseite ihres Verhaltens und Erlebens ansprechbar. Sie entdeckte ihre volle Wirk-lichkeit, auch an den Stellen, wo sie selber unter dem Druck des Wiederholungszwanges andere verführt hatte oder andere gegen ihr Bedürfnis in Positionen zu nötigen versuchte, die ihrer eigenen Selbststabilisierung dienten.

Ich habe der Patientin, die der Veröffentlichung dieses Therapieausschnittes zugestimmt hat, diesen Bericht vorgelegt. Sie hat ihn selber kommentiert. An der Stelle, an der ich vorschlage, nur bei ihrer Handbewegung zu bleiben und sie heftige Widerstände spürt, sich weiter zu artikulieren, ergänzte sie: »Etwa ein viertel oder ein halbes Jahr zuvor hatten Sie mir in einer Sitzung schon einmal diesen Vorschlag gemacht. Auch damals hatte ich mit starkem Widerstand reagiert. Seitdem hatte ich die Handbewegung (im sexuellen Kontakt) für mich aber irgendwie ›bewusster‹. Auch wusste ich genau mein Gefühl noch: An der Stelle wollte ich damals nicht weitermachen, spürbare Angst und Abwehr davor, zugleich das Gefühl: Da ist etwas Wichtiges, ich muss da noch mal ran. Ich ›wusste‹, dass die Handbewegung/-verkrampfung eine ganz bedeutsame Stelle für mich ist. Nach der Situation des Wochenendes wollte ich – sofern irgendwie möglich – unbedingt darüber sprechen; es war wie ein Vorsatz, den ich gefasst hatte. Ich wollte ›es‹ ansprechen, deutlich machen, vielleicht zeigen?«

Eine weitere Anmerkung hat sie dort eingefügt, wo ihr der Missbrauch in dem inszenierten Bild anschaulich fassbar wird und sie leibhaftig begreift, dass sie den Penis ihres Vaters in der Hand hatte und dass sie dabei spürte, dass sie die Bewegung nicht machen wollte, sich aber auch nicht dagegen wehren konnte: »Ich spüre an der Stelle damals einen irrsinnigen Widerstand und eine riesige Überwindung, dies so in Worte zu fassen. Ich weiß, spüre, dass es genau so ist, aber ich kann es kaum sagen. Als müsste ich all meine bewusste Willenskraft zusammennehmen, um das Wort ›Penis‹ auszusprechen. Es ist wie eine Worthemmung. Auch jetzt an der Stelle spüre ich ein Befremden irgendwie, habe ich das wirklich so gesagt? Zugleich: Ich weiß, dass ich es gesagt habe. Die körperliche

Gewissheit, ›*Wahrheit*‹ *habe* ich *ganz sicher: in der Handbewegung und im Drücken des Kopfes.* Es zu sagen, in Worten mitzuteilen, auszusprechen, ist wie ›fremd‹, nicht wirklich meines, leider immer wieder.«

Dabei konnte die Patientin sehr prägnant herausstellen, wie sehr sie ihren Worten, die sie für diese frühe Traumatisierung fand, immer wieder misstrauen musste, bis sie ihre Wahrheit in den konkreten körperlichen Bewegungen und leiblichen Empfindungen sicher begreifen konnte. Am Ende dieser Arbeit stand die leibfundierte Erkenntnis: Im Alter von drei Jahren konnte sie ihre Widerfahrnisse nur unzureichend sprachlich kodieren. Ihre Erinnerungen wurden nur im Rahmen einer Handlungseinheit reorganisierbar. Die schlimmen Erfahrungen konnten auch später nicht sprachlich gefasst werden, da sie die Verarbeitungsmöglichkeiten des der Sprache kaum mächtigen Kindes ebenfalls überforderten und so der Abwehr zum Opfer fielen. In der verbalen Rekonstruktion waren immer die Zweifel und die damit verbundenen Selbstvorwürfe geblieben. In der leibfundierten Aufarbeitung konnte sie begreifen, was ihr widerfahren war, konnte sie ihre traumatisierende Erfahrung integrieren und wurde frei für weitere Schritte ihrer Selbstwerdung. Aus dem prozeduralen Wissen wurde ein explizites (Dornes 1992, 1996, 1998).

Im tradierten Sitz- und Liegesetting kann der Analytiker also die sich andeutenden Selbstbewegungen aufgreifen und ihnen einen leibassoziativen Spielraum bieten, damit sie operativ ihr implizites Wissen, ihre affektiven Schemata, ihre prozeduralen Regeln, d. h. unbewusst bewusst die personcharakteristischen Modellszenen ihrer frühen und aktuellen Wirklichkeit herausbilden können.

6.4 Behandlungsmethodische Leitlinien

Zum Abschluss möchte ich kurz die praxeologischen Leitlinien hervorheben, an denen sich der Therapeut orientieren kann, um Patienten, die sich ihrer selbst entfremdet haben, dabei zu unterstützen, ihrer originären Selbstbewegungen und ihrer basalen Selbststeuerungen inne zu werden:

1. »Gegenstand« der Behandlung ist die ganze Erlebenswirklichkeit des Patienten in ihren mentalen und körperlichen Artikulationen. Sie umschließt insbesondere die Teilhabe des Therapeuten an dem interaktiven und intrapsychischen Wirkungsgeschehen. Dreh- und Angelpunkt jeder Intervention ist der sich im Rahmen des Settings entfaltende therapeutische Prozess.

2. Die Prinzipien der »freien Assoziation« und der »freischwebenden Aufmerksamkeit« werden systematisch auch auf die leibliche Dimension des Übertragungs- und Gegenübertragungsgeschehens bzw. des therapeutischen Dialogs ausgeweitet. Der Therapeut achtet insbesondere auf seine leiblichen Mit-Bewegungen und ist sich der Gefahr einer kollusiven Ausblendung bewusst.

3. Wenn der gesamtseelische Prozess zu erstarren oder zu verschwimmen droht, greift der Therapeut gezielt die verbliebenen Rudimente von Lebendigkeit, die sich im körperlichen Bereich am längsten halten, auf. So macht er auf Impulse der Zehen, Füße, Beine, Finger, Hände, Arme, Schultern, des Mundes, der Zunge, des Kiefers, des Brustkorbes, des Kopfes, der Augen, des Nackens, des Beckens oder auf ganzkörperliche Bewegungen aufmerksam und ermutigt den Patienten, seinen Körper einmal selbst sprechen zu lassen. Ebenso richtet er die Aufmerksamkeiten auf Situationen, in denen der Patient einen körpersprachlichen Dialog mit sich selber führt: z. B. wenn er einen Fuß gegen den anderen drückt, die eine Hand die andere streichelt, wenn er seine Hände aufs Gesicht legt oder er sich selbst im Nacken unterstützt usw. So greift er Atemtöne oder Modulationen der Stimme auf und bietet dem Patienten einen Spielraum für seine akustischen Lautmalereien.

4. Der Therapeut achtet, während er empathisch mit dem Patienten mitschwingt, auf seine abflachende oder auflebende Lebendigkeit und nutzt sie als organismische Gegenübertragung für die Orientierung im analytischen Prozess. Eigene körperpsychotherapeutische Erfahrungen sind hier sehr wichtig, um ein Gegenübertragungsagieren auf der leiblichen Ebene zu vermeiden und zur eigenen körperlichen Verfassung den Abstand zu gewinnen, wie er dies bereits für seine emotionalen Gegenübertragungsreaktionen gelernt hat.

5. Zwischen der Fokussierung der seelischen Engstelle und der Anregung, den Lebensbewegungen, wie sie sich gerade andeuten, nachzugehen, lässt sich oft noch ein Zwischenschritt einfügen, bei dem der Patient seinen Einfällen zu den jeweiligen Bewegungsentwürfen folgt. Oft offenbaren sich hier sehr beeindruckende und den Therapieprozess des Patienten nachhaltig fördernde Erfahrungsunterschiede zwischen dem, was er antizipierend fantasiert, und dem, was er dann realiter erlebt, wenn er seinen Körper sprechen lässt.

6. Der Therapeut trägt dafür Sorge, dass die sich artikulierende »Seelentätigkeit« (Adler 1912b) eine Möglichkeit erhält, sich aktualgenetisch und handlungssymbolisch in Szene zu setzen. Dazu brauchen die sich formierenden Handlungseinheiten eine ihnen gemäße Zeit und einen ihnen gemäßen Raum, um sich zu artikulieren. Durch höher organisierte Funktionen wie das Sprechen kann dieser Prozess zunächst beeinträchtigt werden.

7. Im Vollzug solcher Handlungseinheiten reproduziert und reorganisiert sich das Seelische, deckt es Sinn auf, produziert es seine Bedeutungen, gestaltet es sich aus und um. In diesem operativen und prozeduralen Geschehen versteht und behandelt das Seelische sich immanent.

8. Da der Patient seine Lebensbewegungen mit seinem erwachsenen Verständnis begleitet, wird er, wenn er eine charakteristische Szene herausgestaltet hat, auf die Sprache zurückgreifen, um sein Verhalten und Erleben, dessen er ganzheitlich gewahr geworden ist, zu beschreiben und einzuordnen. In dem sich anschließenden Dialog zwischen Patient und Therapeut verschiebt sich allerdings der Akzent von der Verständigung über angemessene Deutungen zu einer Verständigung über bedeutungsvolle Erfahrungen. Es wird also weniger gedeutet als das reflektiert, was in dem jeweiligen Dialog an Bedeutung gewonnen hat.

9. Oft schlüsseln die im therapeutischen Raum in Szene gesetzten Bilder auch das Übertragungsgeschehen unmittelbar auf. Manchmal braucht der Patient hierzu die Hilfe des Therapeuten, um seine Erfahrungen als prototypisch für seine gesamte Wirklichkeit zu verstehen.

10. Im Drehpunkt seelischer Verwandlung taucht beim Patienten und beim Therapeuten Freude auf. Sie stellt eine basale Form

von wechselseitiger Resonanz und Anerkennung dar. Die gemeinsam geteilte Freude über einen Neubeginn oder eine Selbsterneuerung ist eine intersubjektive Erfahrung, die heilsam für den Patienten und wohltuend für den Therapeuten ist. Sie hat in psychoanalytischen Praxeologien bisher noch nicht ihren Platz gefunden.

7. Der Umgang mit passageren Überschreitungen des Settings durch den Patienten[1]

7.1 Blickwinkel

In der analytischen Psychotherapie geht es darum, die Wirkungszusammenhänge zwischen Patient und Therapeut möglichst umfassend und tiefgehend zu verstehen. Dazu dienen auch die Bemühungen, die leibliche Dimension im Übertragungs- und Gegenübertragungsgeschehen zu erschließen. Wenn auch die leiblichen Selbstbewegungen nicht mehr zu bloßen Begleitphänomenen eines Eigentlichen herabgewürdigt, sondern als ebenso bedeutsame Artikulationen des Selbst wie die mentalen aufgefasst werden, erweitert und vertieft sich das psychotherapeutische Feld um basale Formen des Wahr*nehmens*, Ver*stehens* und Be*handelns*. Diese Bereicherung lässt sich unter mindestens drei Perspektiven beleuchten:
Unter der Perspektive einer analytischen Körperpsychotherapie würde herausgearbeitet, wie die tiefenpsychologische Behandlungslehre durch die Integration psychodynamischer Verfahren bereichert werden könnte. Das ist jedoch nicht Thema dieses Buches. Es sei deswegen hier nur auf einen Katalog einschlägiger Veröffentlichungen hingewiesen: Becker 1986, 1989; Geißler 1997a, b, c, d, 1998a, b, c, 1999, 2000, 2001a, b, c; Heisterkamp 1991a, b, 1993a, b, c, 1994, 1996a; 1997a, b, 1998b, c, 2000b; Kutter 1995; Moser 1989, 1993, 1994a, b, 2001; Müller-Braunschweig 1980, 1992, 1996a, b, 1997a, b, 2001a, b; Peter 1989, 1994; Reinert 1995, 1996, 1997a, b, 2001a, b, c; Roth 1986, 1991, 1996; Scharff 1994, 1995, 1999; Stolze 1978, 1992; Ware 1984, 1995, 1996a und b; Worm 1990, 1992, 1994, 1998, 2001.
Unter einem weiteren Blickwinkel könnte erläutert werden, wie sich der Therapeut im tradierten tiefenpsychologischen Setting, in dem

---

1 s. H. (1998b): Der Umgang des Analytikers mit passageren Überschreitungen des Settings durch den Patienten. In: Geißler, P. (Hg.): Analytische Körperpsychotherapie in der Praxis. Pfeiffer bei Klett-Cotta, Stuttgart.

der Patient entweder sitzt oder liegt, stärker auf die leibliche Dimension des Dialogs mit dem Patienten einlassen kann, wie er diesen Dialog führen kann, ohne ihn durch verbale Interventionen gleich wieder abzubrechen, und wie er ihn im Sinne des Therapiezieles besser nutzen kann. Das war der Gegenstand der vorigen Kapitel.

Es gibt noch einen weiteren Zugang, sich mit quasi körper- oder bewegungstherapeutischen Momenten im klassischen Setting zu befassen. Ich denke an all die Situationen, in denen Patienten passager den vereinbarten analytischen Rahmen überschreiten und ihren Analytiker spontan in ein überraschendes Enactment einbeziehen. Diese »Übertretungen« sind allen Therapeuten vertraut, und sie werden je nach therapeutischer Einstellung unterschiedlich genutzt. Vieles spricht dafür, sich einmal ausführlicher mit diesen Wirkungszusammenhängen zu befassen. Der erste Beweggrund liegt darin, dass diese spontanen »Überschreitungen« des analytischen Settings durch den Patienten praxeologisch noch nicht erschlossen sind. Den zweiten Grund sehe ich darin, dass es sich hier um szenische Interaktionen handelt, wie sie systematisch in der analytischen Körperpsychotherapie genutzt werden. Damit würde sich neben der leiblichen Dimension des therapeutischen Dialogs ein weiteres gemeinsames Erfahrungsfeld für Psychoanalytiker und Körperpsychotherapeuten eröffnen und eine weitere, vielleicht weniger von Missverständnissen belastete Kommunikation ermöglichen. Derartige Übertretungen bringen den Therapeuten in überraschende, teils irritierende, vielleicht auch beängstigende Situationen, in denen jedoch tiefe psychologische Zusammenhänge ins Bild rücken und unmittelbar zu behandeln sind, wenn der Therapeut kreativ damit umgehen und darauf förderlich für den Patienten antworten kann.

7.2   Beschreibung der Phänomene

Die folgenden Ausführungen beziehen sich also auf das tradierte tiefenpsychologische bzw. analytische Setting: Der Patient sitzt dem Therapeuten gegenüber oder liegt auf der Couch, und der Therapeut sitzt dahinter bzw. daneben. Wir gehen also davon aus, dass Patient und Therapeut ihren Platz gefunden haben, von dem sie sich, zumindest vorerst, optimale Arbeitsbedingungen versprechen. In dieser Situation haben viele schon die Erfahrung gemacht, von der bereits Ferenczi berichtet:

»Das Festhalten am Prinzip, dass der Patient liegen muss, wurde gelegentlich durch den unzähmbaren Impuls der Kranken, aufzuspringen, in dem Zimmer herumzugehen oder mit mir Aug in Aug zu sprechen, durchkreuzt« (1930, S. 262).

Wir können immer wieder von Patienten berichten, die es nicht mehr im Stuhl oder auf der Couch aushalten. Hier sind die allen vertrauten Szenen angesprochen, in denen Patienten durch ihr spontanes Verhalten von sich aus den Analytiker in eine »inszenierende Interaktion« (Scharff 1995) hineinziehen, also den therapeutischen Raum quasi um Bewegungs- und Berührungsproben erweitern. Was auch immer der Analytiker tut oder lässt, er handelt, und es ereignen sich dabei unmittelbare Begegnungen mit ihren basalen Erfahrungen. Auch hier liegt es entwicklungspsychologisch nahe, den leiblichen Assoziationen einen Spielraum zu bieten, damit sie sich überhaupt artikulieren können.

Die »Überschreitungen« des herkömmlichen analytischen Rahmens zeigen sich in vielfältigen Formen. Therapeuten könnten dazu sicherlich viele eigene Beispiele aus ihrer Erfahrung anführen: Wenn sich Patienten auf der Couch umdrehen, um den Analytiker anzuschauen oder seine Hand zu ergreifen; wenn sie eine Unebenheit an der angrenzenden Wand betasten und daran herumkratzen; wenn sie sich ein Kissen nehmen und es sich auf den Bauch legen oder an einem herabhängenden Faden herumspielen; wenn sie sich aufsetzen; wenn sie sich von der Couch herunterbewegen und durch den Raum gehen oder kriechen; wenn sie sich hinter oder unter einem Möbel verstecken; wenn sie sich konkreten Gegenständen in der Praxis zuwenden; wenn sie sich in einer Ecke des Behandlungszimmers niederkauern; wenn sie von der Liege herunterspringen, um im Raum hin- und herzulaufen oder auf- und abzuhüpfen; wenn sie die Begrüßung oder Verabschiedung zu einer weitergehenden Berührung nutzen; wenn sie spontan im Raum eine psychodramatische Szene oder eine Familienskulptur oder eine Pantomime darstellen; wenn sie überraschend alle Utensilien für ein Frühstück oder einen »tea for two« mitgebracht haben usw.; dann werden wohl die meisten Analytiker diese Arrangierungen als anschauliche Hilfen für das szenische Verstehen therapeutisch zu nutzen versuchen. In der Supervision habe ich ein ungewöhnliches Beispiel von einem Kollegen erfahren.

Analytiker hinter dem Schreibtisch:

Er berichtete von einem Patienten, der ihn in einer Phase der Therapie bat, den Platz neben der Couch zu verlassen, sich an den Schreibtisch zu setzen und sich dort mit den eigenen Angelegenheiten zu befassen. Mein Kollege ist auch darauf eingegangen, und der Patient berichtete anschließend von einem Wohlgefühl. Er hatte so eine Szene wohliger Gemeinsamkeit mit dem Objekt geschaffen, in der er trotzdem für sich sein konnte. Wie sich in der anschließenden Bearbeitung der Szene herausstellte, hatte die unmittelbare Nähe zum Analytiker und zu anderen etwas Ambivalentes. Einerseits fühlte er sich im Kontakt wohl, und andererseits geriet er dabei leicht unter Druck und in Gefahr, sich selbst zu verlieren. Wegen der labilen Fähigkeit, sich im unmittelbaren Kontakt abzugrenzen bzw. sich selbst zu besetzen, hatte er noch eine äußere Distanzierung nötig, um für sich zu sein und in sich zu ruhen. Über diese Erprobung konstellierte er sich einen Schonraum, unter regressiver Perspektive könnte man auch sagen, dass er zu einer Ressource seiner Selbstwerdung zurückkehrte. Wenn in seiner Kindheit die Mutter beschäftigt war und er in ihrem Beisein spielen konnte, fühlte er sich wohl, geborgen und bei sich, sobald die Situation sich in einen unmittelbaren Kontakt mit der Mutter verwandelte, wuchsen in ihm die Ängste, von ihr vereinnahmt und bestimmt zu werden und entsprechend seine kompensatorischen Sicherungen. Indem er zu dieser Phase des Wachstums zurückkehrte und diese Szene bewusst ausprobieren konnte, stärkte sich sein Selbst, und er ging gefestigter in den nächsten Kontakt.

In ihrem Buch »Verführung auf der Couch« schildert Anonyma (1988) eine anrührende Schlüsselszene aus ihrer Analyse, als sie sich in ihrer tiefen Vatersehnsucht von der Couch auf den Boden gleiten lässt, ängstlich auf ihren Analytiker zukriecht und leicht und vorsichtig seine Schläfen und seine Hände berührt. Obwohl der Analytiker sie nicht ansieht, scheint diese Selbstbehandlung für sie in dieser Form zunächst relativ heilsam gewesen zu sein. Sie hatte das sichere Gespür, dass sie diesen körperlichen Kontakt unbedingt herstellen musste. Entwicklungspsychologisch betrachtet ist das nachvollziehbar, weil sie dabei war, einen leibfundierten Begriff von Zärtlichkeit zu entwickeln bzw. eine sensomotorische Repräsentanz für die früheren, bisher unzulänglich gebliebenen zärtlichen Kontakte mit dem Vater nachzuholen, der gerade, als sie laufen lernte, wegging und nie wieder zurückkehrte. Obwohl es ihrem Analytiker, der den Blickkontakt mied, an basaler Responsibilität mangelte und er auch nicht die in der Übertragung nachgeholten Kontakterfahrungen validierte, hatte sich die Patientin hier in einem bemerkenswerten schöpferischen Akt selbst geholfen und eine *notwendige* Beziehungserfahrung exemplarisch nachgeholt. In der nächsten Analysestunde wurde dann allerdings dieser zarte Selbstheilungserfolg durch eine fatale Verkennung und einen sexuellen Überfall des Analytikers vernichtet (s. auch Moser 1989).

Ein berührendes Gegenbeispiel, in dem sich der Analytiker entwicklungs- und regressionsanalog verhielt und hoch sensibel die von der Patientin angedeutete Grenze wahrte, findet sich bei Reinert (2001a):

Eine symbolische Neu-Geburt:
»Marion wies ein schweres Borderline-Syndrom auf mit Beeinträchtigung aller Lebensbereiche und einer bedrohlichen Suizidalität; sie war etwa 700 Stunden in meiner Behandlung. In deren Verlauf durchlebte sie eine Phase, in der sie wenigstens Teile jeder Sitzung in einer Art Embryonal-Haltung liegend neben mir zubrachte, und zwar so, dass sie über einen ganz dezenten Körperkontakt, z. B. über ihre Haare oder durch die Berührung eines Ärmels meiner Kleidung, mit mir in Verbindung war, völlig schwieg, mich dabei aber sehr aufmerksam beobachtete. Diese Zustände konnten zunächst nicht verbal angesprochen und geklärt werden, sie schienen mir aber, während sie stattfanden, einen zunächst verborgenen Sinn zu haben, und ich ließ sie deshalb geschehen. Im Nachhinein stellte sich heraus, dass diese Therapiephase etwas über neun Monate gedauert hatte und an einem bestimmten Tag zu Ende ging. Infolge dieser Phase traten erhebliche Veränderungen im Leben der Patientin ein: Ihre bis dahin immer eiskalten Finger und Füße waren von da an gut durchblutet, andere körperliche Missbefindlichkeiten traten nicht mehr auf, und die Menstruation der Patientin, die jahrelang weggeblieben war, setzte wieder ein. Infolge dieser quasi symbolischen Neu-Geburt war die Patientin erst in der Lage, sich auf den analytischen Prozess in üblicher Form einzulassen.« (Reinert 2001a, S. 108)

In der Geschichte der Tiefenpsychologie gibt es viele Hinweise darauf, die »leiblichen Assoziationen«, für die ich den Begriff der leiblichen Selbstbewegungen passender finde, analytisch zu nutzen. Bereits der frühe Freud hebt ausdrücklich hervor, wie wichtig es bei der Behandlung ist, den die Erinnerungen begleitenden Affekt wachzurufen: »Affektloses Erinnern ist fast immer völlig wirkungslos; der psychische Prozess, der ursprünglich abgelaufen war, muss so lebhaft als möglich wiederholt, in *statum nascendi* gebracht und dann ›ausgesprochen‹ werden« (1895, S. 85). In demselben Sinne begründet er auch die Bedeutung der Übertragung damit, dass das störende und zu bearbeitende Verhalten in der Beziehung zum Therapeuten »aktuell und manifest« wird (Freud 1912, S. 374). Damit verweist Freud auf eine fundamentale Verstehensbedingung, nämlich dass sich die Selbstbehinderungen des Patienten anschaulich und konkret, d. h. leibhaftig, in der Beziehung zum Analytiker reproduzieren.

Über Ferenczi, Balint und Winnicott schließt sich eine Entwicklung an, in der herausgearbeitet wird, wie die leiblichen Selbstbewegungen des Patienten psychoanalytisch erschlossen werden können (s. Scharff 1995, S. 352 ff.): Ferenczi stellt bereits sehr früh heraus und greift damit der modernen Säuglingsforschung vor,

»dass gewisse frühinfantile unbewusst-pathogene Seeleninhalte, die überhaupt nie bewusst (oder vorbewusst) waren, sondern noch aus der Periode der ›unkoordinierten Gesten‹ oder der ›magischen Gebärden‹, also aus der Zeit vor der Entwicklung des Sprachverständnisses, stammen, überhaupt nicht einfach erinnert, sondern nur durch ein *Wiedererleben* im Sinne der Freud'schen Wiederholung reproduziert werden können« (1921, S. 91).

Ferenczi betont gegenüber der Freud'schen Maxime, Agieren durch Erinnern zu ersetzen, gerade die kommunikative Seite des so genannten Agierens, nämlich »bedeutsames Aktionsmaterial zu beschaffen, das man dann in Erinnerung umsetzen kann« (1931, S. 279). Sogar die Formen inkorporierter Erinnerungen hatte er schon im Blick:

»Die hysterischen Körpersymptome bei der Relaxation führten gelegentlich zu Entwicklungsstadien zurück, von denen bei noch nicht erfolgter Ausbildung des Denkorgans nur körperliche Erinnerungen registriert wurden« (1930, S. 270), wobei die so rekonstruierte Vergangenheit »viel mehr als bisher mit dem Gefühl der *Wirklichkeit* und *Dinghaftigkeit* behaftet blieb, sich der Natur einer wirklichen *Erinnerung* viel mehr näherte« (1930, S. 267).

In demselben Sinne verweist Winnicott (1974, 1983) auf die Notwendigkeit des konkreten Haltens und Balint (1970) auf die heilsamen Wirkungen, wenn der Analytiker in bestimmten Situationen der Analyse auf Formen »primitiver Befriedigung« (z. B. Hand halten, Purzelbaum schlagen usw.) oder auf höchst einfache Objektbeziehungen eingeht und reagiert. Trotz dieser Entdeckungen durch anerkannte Pioniere der Psychoanalyse sind die spontanen Settingverletzungen der Patienten behandlungsmethodisch kaum erschlossen.

7.3 Der defensive Umgang mit »Übertretungen«

Wenn Psychoanalytiker von »Übertretungen« berichten, variiert ihre Reaktion darauf zwischen sanft zurückweisend bis defensiv gewährend. Die spontanen Bewegungen werden letztlich als Überschreitungen des Rahmens aufgefasst, und das Bemühen der Analytiker tendiert dahin, möglichst bald die »Reinheit« des analytischen Settings wiederherzustellen. Es folgen zwei Beispiele, die einen Großteil des Spektrums typischer Umgangsformen mit den »Übertretungen« des herkömmlichen Settings abstecken. Ingrid Koesters (1992) berichtet über den Verlauf einer hochfrequenten Analyse mit einem zu Beginn 26-jährigen Chemiestudenten, der sie wegen seiner perversen Phantasien und seiner Potenzprobleme aufsuchte. Die Autorin gliedert die Darstellung des Behandlungsprozesses in Jahreseinheiten. Der Therapieausschnitt, auf den ich hier ausführlicher eingehen möchte, stammt aus der letzten mit »Abschied« überschriebenen Therapiephase. Sie wird von der Verfasserin folgendermaßen zusammengefasst:

Trauer und der Kampf um Wiedergutmachung:
»Im fünften Jahr der Analyse nahm Herr M. Abschied von mir. Seine Phantasien hatten den Charakter eines zwingend notwendigen Fluchtweges verloren. Mit ihnen hatte er nicht nur einen Zugang zu jener seelischen Energie gefunden, die er einstmals zum Schutz vor drohender

Vernichtung ins Phantasiereich verbannt hatte, sondern auch einen Weg, um seine Gefühle und Wünsche gegenüber Menschen tiefer zu verstehen. Seine inneren Bilder waren zur Quelle für seine Fähigkeit zum Fühlen geworden. Mit seinem bereits im vierten Jahr akzeptierten Verzicht, für frühe emotionale Entbehrungen nachträglich von anderen Menschen entschädigt zu werden, begann eine Phase der Trauer, die er zunächst zu umgehen versuchte. Er wich erneut auf seine sadistischen Phantasien aus, empfand Zorn und Rache und ließ noch einmal, wenn auch halbherzig, den alten Kampf um die Wiedergutmachung seines emotionalen Schadens aufleben.« (S. 195)

Gegen Ende der Analyse beschwerte sich der Analysand noch einmal, dass ihm wie die Liebe zu seiner Freundin auch die analytische Beziehung langweilig würde und dass ihm bei der analytischen Arbeit der intensive Gefühlskontakt zu kurz käme. Eine Erhöhung des Honorars in dieser Zeit wurde dann zum Anlass, dass seine sadomasochistischen Phantasien wieder auflebten, er wieder auf Rache sann und die Stunden für ihn quälend wurden. Die Analytikerin war in dieser Situation *»überzeugt, dass er die Qualen, die in den vergangenen Jahren weitgehend unsere Beziehung beherrschten, wieder aufleben ließ«* (S. 201). Bald darauf kam der analytische Prozess dann noch einmal in eine entscheidende Phase, die ich hier komplett wiedergebe, weil ich mich darauf im Folgenden detailliert beziehen möchte:

»Wenig später kündigte ein Traum an, dass sich seine Trauer über nicht erfüllte Wünsche wieder durchzusetzen begann. Er träumte: Er versucht, ohne Aussicht auf Erfolg hoch über dem Meer auf einem Gegenstand ähnlich einem Stopfpilz die Balance zu halten, um nicht ins Wasser zu fallen. Dazu fiel ihm ein: Ein Stopfpilz bedeute für ihn ›Reparieren‹. Auch seine Phantasien seien dazu da, ihn zu reparieren. Sein alter Mangel, seine Wunde, die immer wieder schmerze, sollte repariert werden. Deshalb seien meine Rechnungen besonders schlimm für ihn. Er empfinde sie als ein Zeichen dafür, dass die fehlende liebevolle Versorgung, unter der er seit seiner Kindheit gelitten habe, auch in einer Analyse nicht vollständig nachzuholen sei. Zugleich empfand er aber auch die Art, wie er sich mir gegenüber wegen der Honorare verhielt, als ›unhaltbar‹. Seine Vernunft sage ihm, dass ich schließlich Geld verdienen müsse. Jetzt wurde klar, dass er versucht hatte, mit seinen sadomasochistischen Phantasien seine Trauer zu umgehen. In den folgenden Stunden weinte er; ohne Tränen, erst leise, dann heftiger. In tiefer Verzweiflung bat er mich, ich solle mit einer Hand seinen Kopf halten und mit der anderen fest auf seine Brust drücken, damit seine Tränen nicht in seiner Brust ›stecken bleiben‹. Da ich auf seinen Wunsch nicht real, sondern nur mit Worten einging, tat er es selbst, indem er sich Kopf und Brust hielt. Als würde es nie versiegen, schluchzte es wie in einem Weinkrampf aus ihm heraus. Die Brust tue ihm weh, als sei ein Stein in ihr. Er fürchtete, er könne nie mehr aufhören zu weinen. Er stellte sich vor, ich würde ihn berühren, und weinte darüber, dass er sich früher selber gefühllos gemacht habe, wenn er einen Menschen berührt habe.

Sein tränenloses Weinen und seine verzweifelte Art, sich selber den Kopf zu halten, ergriffen mich. Ich verstand, dass solch ein Leid allein unertragbar sein muss und welche Dimension sein Einsamkeitsgefühl, das er seit seiner Kindheit in sich verschlossen hatte, haben musste. Ich fragte mich, ob ihm das psychoanalytische Setting, das zum Schutz von Analysand und Analytiker Berührungen des Körpers nicht vorsieht, wie eine Wiederholung seines frühen Traumas vorkam, das er mit den Worten beschrieben hatte: ›Mein Körper ist so eklig, dass man ihn nicht zärtlich berühren kann.‹ Ich sagte: Er weint über das psychoanalytische Tabu der Berührung, das ihn an die fehlende Zärtlichkeit während seiner Kindheit erinnert. Er rang um passende Worte: ›Ich brauche Berührung nicht zum Überleben. Ich brauche sie, um aufzuleben.‹ In der ersten Zeit der Analyse war es extrem wichtig für ihn, dass Berührungen ›verboten‹ waren. ›Das‹, sagte er, ›gab mir Sicherheit, weil mir meine Wünsche gefährlich erschienen.‹ Er griff nach meiner Hand. Dabei kam mir die Vorstellung, als ob er sich blitzschnell vom verzweifelten Kind in einen potenten Mann verwandelt hatte. Mein Gefühl sagte mir: Eine reale Berührung unterbricht den Prozess des Trauerns um frühe und in der Analyse erlittene Entbehrungen. Vorsichtig zog ich meine Hand zurück. Er zitterte leicht und sagte, er finde sein Gefühl ›erstaunlich‹. Er könne mir jetzt nicht mehr wehtun, weil er gefühlt habe, wie menschlich ich mich anfühle.

In den folgenden Stunden weinte er wieder. Im Gegensatz zu seinem meist trockenen Schluchzen, mit dem er seine Trauer vor seiner Berührung ausgedrückt hatte, ließ er jetzt seinen Tränen freien Lauf. Er brauche meine Nähe und erhalte so wenig davon. Er war traurig, weil er seine Sehnsucht nach Berührung wiederbelebt hatte, sie jedoch viel zu kurz gewesen war. Auf der Flucht vor seiner Trauer geriet er zunächst in eine deprimierte Stimmung. Er hielt kaum noch Kontakt zu seinen Freunden, sondern schien auf irgendetwas zu warten. Er klagte, die Analyse habe nichts geändert. In seiner Phantasie malte er sich eine Szene aus: Er setzt sich hin und beobachtet die Analytikerin, während er sich mit einer Nadel durch die Haut seiner Hand sticht. Es wurde klar, dass ich miterleben sollte, wie schmerzhaft es ist, wenn die

Berührung nicht ausreicht. Ich deutete ihm: Körperliche Schmerzen erscheinen ihm erträglicher als seelisches Leid zu sein.

Meine Worte erreichten ihn. Er stellte sich seinem seelischen Leid, das er früher einmal mit den Worten angedeutet hatte: ›Etwas in mir ist zu Eis erstarrt.‹ Er weinte Stunde um Stunde um den Mangel an zärtlichen Berührungen, die er in seiner Kindheit schmerzlich vermisst hatte. Er fürchtete, sich ›in Tränen aufzulösen‹.

Die wiedergewonnene Fähigkeit zu weinen befreite ihn von dem Zwang, seelisches Leid mit sadomasochistischen Phantasien abwehren zu müssen. Zum erstenmal in seinem Leben gestattete er einem Menschen, sein Leid mit ihm zu tragen. Zugleich trauerte er über den Abschied von seiner Hoffnung, in der Analyse für seine frühen Entbehrungen entschädigt zu werden. Durch den Prozess des Trauerns war es ihm möglich, nicht nur mit dem Verstand einzusehen, sondern auch – und das vor allem – in sein Fühlen aufzunehmen, dass seine alte Vorstellung, er habe ein Anrecht auf Wiedergutmachung für erlittenes Leid, ihn in seiner Lebens- und damit auch in seiner Liebesfähigkeit behinderte. Um seine Empfindungen, die ihm seit seiner Kindheit verboten erschienen waren, vor dem Erstickungstod und sich selbst vor seiner Angst, die ihm sein erstickendes Asthma gemacht hatte, zu retten, hatte er die Welt seiner geheimen Phantasien erfunden, in der alles erlaubt gewesen war.

Allmählich begann seine traurige Stimmung zu weichen. Er hatte sich mit den Entbehrungen ausgesöhnt, die ihm in der Analyse zugemutet worden waren.« (S. 201 f.)

Nach dem langen Weg der gemeinsamen Arbeit wird es für beide ein schwerer Abschied. Auch die Analytikerin empfindet Dankbarkeit für die vielen Erfahrungen, die ihr Patient ihr erschlossen hat. Es kommt zu einem berührenden Abschied, die letzten vier Zeilen des Berichtes lauten: »Nach einer Weile meinte er, dass nicht nur er die Regie geführt habe. Ich erwiderte: Wir beide. – Wir lachten. Zum Abschied gab er mir seine linke Hand und zog mit seiner rechten mein Gesicht kurz an seine Wange.« (S. 205)

Im Folgenden möchte ich diesen differenziert beschriebenen und emotional berührenden Therapiebericht nutzen, um daran den defensiven Umgang mit der handelnden Inszenierung des Patienten zu verdeutlichen. Von mir wurde diese Stelle ausgewählt, weil sich hier eine Modellszene zwischen Patient und Analytikerin herausgebildet hat, in der der Patient sich nicht mehr an das Berührungstabu der Analyse hält. Die Analytikerin – ergriffen durch »sein tränenloses Weinen und seine verzweifelte Art, sich selber den Kopf zu halten« – fragt sich in dieser Situation selbst, ob ihr Patient das psychoanalytische Setting nicht wie eine Wiederholung des frühen Traumas erlebt. Das ist auch die entscheidende Frage, die mich zu diesem Kommentar bewegt. Die Autorin lässt die Antwort offen. Es klingt allerdings auch ein implizites »Nein« nach, insofern sie die offizielle Lehrmeinung, nach der das Setting »zum Schutz von Analysand und Analytiker Berührungen nicht vorsieht«, konstatiert. Verwunderlich ist hierbei allerdings, dass Analytiker, die im Wahrnehmen und Erspüren dialektischer Wirkungszusammenhänge des Seelischen so hoch trainiert sind, an solchen Stellen oft linear denken und die Schattenseite der Nichtberührung übersehen. Das besonders von der Tiefenpsychologie herausgearbeitete Relativitätsprinzip gilt auch für die Patient-Therapeut-Beziehung. Bei der Definition des therapeutischen Bezuges müssen wir – Psychoanalytiker im herkömmlichen oder im erweiterten Setting – die spannungsvolle Dialektik regulieren, dass physische Berührung bzw. physikalischer Abstand nur aus dem psychologischen Kontext verstanden werden können und dieser einmal entwicklungsförderlich und ein anderes Mal entwicklungshemmend sein kann. Intensives emotionales Berührtsein kann durch leiblichen Kontakt sowohl vermieden als auch erst ermöglicht werden, wie umgekehrt das seelische Erleben ohne einen leiblichen Kontakt besonders gefördert oder verleugnet werden kann. Deswegen versuche ich »Abstinenz« als eine um den Individuationsprozess des Patienten zentriert bleibende Mit-Bewegung (Heisterkamp 1993b, 1996b) zu verstehen und »mangelnde Abstinenz« als eine Entgleisung des therapeutischen Dialogs in eine Be-Nötigung, in der sich Patient und Therapeut in ihrem labilen oder labilisierten Selbstwertgefühl wechselseitig auf Kosten des anderen zu stabilisieren versuchen. Damit ist »Abstinenz« keine Frage des physikalischen Abstandes, sondern der psychischen Verfassung. Abstinenz und Nichtberührung gleichzusetzen bzw. jede körperliche Berührung per se als Verstoß gegen die Abstinenz anzusehen, kommt einer Annullierung des die Psychoanalyse konstituierenden Relativitätsprinzips gleich.

Dass sie ihre Hand vorsichtig zurückzog, als der Patient in seiner verzweifelten Verfassung nach ihr gegriffen hatte, erklärt die Analytikerin in klassisch analytischer Weise: Die Analyse hat in der Entsagung zu geschehen, damit der Prozess des Trauerns nicht verhindert oder unterbrochen wird. Bei dieser Einstellung wird allerdings die gesamte Dimension basaler Formen des Wahrnehmens ausgeblendet, insbesondere das präsentische Verstehen, welches das für den psychoanalytischen Dialog typische hermeneutische Verstehen erst begründet. Diese Ausblendung ist auch nicht förderlich für die Psychohygiene des Analytikers und schmälert die Freude an der und den Stolz auf die eigene Arbeit.

Unter dieser Perspektive schenkt Koesters ihrer kompetenten Responsibilität jenseits der Deutung bzw. der Sprechhandlungen keine Beachtung: Sie hat den fünfjährigen therapeutischen Prozess mit tiefem psychologischen Verständnis begleitet. Sie hat sich hoch frequent und konstant für ihren Patienten bereitgestellt und sich immer wieder in seine Mangel- und Konfliktlagen eingefühlt. Wenn auch die leibliche Dimension des psychoanalytischen Dialogs praxeologisch weitgehend unerschlossen ist, so existiert sie und so wirkt sie ja dennoch. Ich gehe hier noch gar nicht auf die Wirkungen des respiratorischen oder stimmlichen Dialogs, auf die »Musik«, die aus dieser konzertierten Interaktion entsteht, ein. Es sei hier nur darauf hingewiesen, dass die Analytikerin in fünf Jahren einer Analyse von wöchentlich vier Stunden in ca. 40 Wochen pro Jahr ihrem Analysanden rund 1600-mal bei der Begrüßung bzw. der Verabschiedung die Hand gereicht und zu ihm vermutlich auch Blickkontakt aufgenommen hat. Wenn ich die einfühlsame Begleitung und Darstellung des Therapieprozesses richtig einschätze, dann werden diese Begegnungen oft in einer freundlichen, wenn nicht sogar liebevollen Atmosphäre, also einer basalen Responsibilität, die offensichtlich auch in Phasen negativer Übertragung nicht verloren ging, geschehen sein. Ich denke auch an die relativ häufigen Hinweise auf die Freude des Patienten. Unter objektbeziehungstheoretischen Gesichtspunkten lässt sich dieser Affekt kaum wahrnehmen, ohne ihn nicht auch zu spiegeln, therapeutisch betrachtet: ohne ihn auch zu validieren. Kösters berichtet sogar – was für psychoanalytische Falldarstellungen höchst ungewöhnlich ist – von zwei Szenen, in denen sie mit dem Patienten zusammen gelacht hat. Also: Auch im klassischen Setting »bekommt« der Patient ein solches Maß an Resonanz, Verlässlichkeit, Akzeptanz, Verständnis, Konstanz, Sorge, Anteilnahme, Zuwendung usw., wie er es vermutlich nie wieder im Leben erlebt und schon gar nicht in seiner Kindheit erfahren hat. Die bekannten Reparationsforderungen unserer Patienten sind etwas ganz anderes als die reparativen Beziehungserfahrungen, die die Patienten mit uns suchen und auch machen.

In der traditionellen Sichtweise der Psychoanalyse bleibt auch im Hintergrund, wie bedrohlich die analytische Situation für Patienten ist, die unter dem existenziellen Konflikt der Selbstabtötung im Dienste der Selbstsicherung leiden. Von Scharff wird diese Not- und Konfliktlage mit Bezug auf Haesler (1991) deutlich herausgestellt: »Das Unheimliche in der klinischen Situation ist, dass der Patient ständig auf eine Wirklichkeit Bezug nimmt, die sich zugleich nie psychisch ereignen darf, weil er sie nicht fassen (›containen‹) kann. Die metaphorische Struktur des Sprechens und damit auch der Übertragung fehlt, in der normalerweise etwas im Status von ›es ist – es ist aber auch nicht‹ verhandelt wird. Bei diesen Patienten ist die metaphorische Beziehung gestört« (Scharff 1994, S. 166). Wenn der Patient sich seinen traumatischen Erfahrungen annähert, droht er wieder von seinem fassungslosen Entsetzen überwältigt zu werden, ohne dass er in diesem regressiven Prozess zwischen der Realität seiner frühen Erfahrungen und der Realität ihrer Wiederbelebung in der quasi-realen Therapiesituation hinlänglich unterscheiden könnte. Damit geht ihm eine grundlegende Sicherheit verloren, die mit der dem therapeutischen Setting immanenten Distanzierung vom alltäglichen Geschehen verbunden ist.

Ich möchte hier auch noch einmal auf die Einseitigkeit eines Konzeptes eingehen, in dem Entwicklung vorwiegend als spannungsgeladene Versagung von Triebbedürfnissen im Dienste der Sublimierung (nach Freud) oder als mühsame Kompensation subjektiv erlebter Minderwertigkeitsgefühle (nach Adler) verstanden wird. Die mit Lust und Freude verbundenen Wachstums- und Individuationsprozesse werden dabei übersehen. Wenn der Patient weniger als ein triebhaftes Wesen verstanden wird, dem durch Versagung zur Reifung verholfen werden soll, sondern ein nach Selbstwerdung strebendes Wesen ist, bei dem der Prozess der Selbstbehandlung in eine Sackgasse geraten ist, dann kann ich mich als Therapeut von den unerschöpflichen Kreationen des individuellen und des kollektiven Unbewussten anregen und auf den therapeutischen Weg weisen lassen. Wir haben im obigen Beispiel an dieser Stelle schon einen relativ gesundeten Patienten vor uns, der seine Analytikerin darauf hinweist, wo es ihm an einer entwicklungsanalogen Form des Verstehens und des Geschütztseins mangelt. Selbst in der verzweifelten Verfassung, in der er selbst seinen Kopf hält, zeigt er seiner Therapeutin noch, wie sehr es ihm an Halt und Unterstützung in einer Zeit fehlte, da man noch die Hand stützend unter Nacken und Kopf des Kindes hält und das Fehlen oder der unvermittelte Entzug dieses Haltes das Kind in die katastrophale Erfahrung des Fallengelassenwerdens, der Verlorenheit und der Selbstauflösung abstürzen lässt. Die Idealisierung des analytischen Settings und die Idealisierung der sprachlichen Deutung (man erkennt sie auch in dem sich wiederholenden ritualisierten Sprachgebrauch der Psychoanalytikerin: »Ich deute«) führt zu einem adultomorphen Umgang mit dem stark regredierten Patienten. Hier könnte die analytische Praxeologie um entwicklungsgemäße, d. h. basale Formen des Behandelns und Bearbeitens ergänzt werden.

»Sein tränenloses Weinen und seine verzweifelte Art, sich selbst den Kopf zu halten, ergriffen mich.« Die regressive Notlage des Patienten teilt sich der Analytikerin unmittelbar mit. Sie scheint hier, wie ihre anschließenden Zweifel am analytischen Setting deutlich werden lassen, einer körperpsychotherapeutischen Intervention sehr nahe. Die Sorge, das idealisierte analytische Setting zu zerstören, hindert sie daran, die Übertragung des Patienten und ihre Gegenübertragung in eine haltgebende szenische Interaktion zu transformieren. Patienten haben sich zumindest auf der körperlichen Ebene eine hohe Sensibilität erhalten zu merken, was ihnen gefehlt hat, wo und wie es für sie weitergeht. Die Gegenübertragung *»ergriffen worden zu sein«* ist nicht nur sprachsymbolisch, sondern auch in ihrer ganzheitlichen Qualität ein genauer Hinweis für die Regressionsebene und die Form der zu wählenden szenischen Interaktion. Der Patient hat sich in der Therapie so weit stabilisiert, dass er diese Phase eingeschränkter Resonanz übersteht. Das wird von ihm sehr präzise ausgedrückt: *»Ich brauche Berührung nicht zum Überleben. Ich brauche sie, um aufzuleben.«* Im ersten Falle wäre er vermutlich dekompensiert, so büßt er durch diese starke Mangellage einen Teil seiner Lebendigkeit ein, die durch den enormen Energieaufwand, die frühe existenzielle Not allein zu regulieren und nicht ins Bodenlose zu fallen, gebunden wird.

Schließlich möchte ich auch noch meine emotionale Reaktion nutzen, insofern ich einen tiefen Schrecken erlebte, als ich nach der Lektüre des von tiefem psychologischen Verständnis durchzogenen Berichtes an die Stelle gelangte, wo der Patient mit seiner Analytikerin in eine Modellsituation gelangt war, in der sich die frühe Verlorenheit in Szene setzte, er sich, von Selbstauflösung bedroht fühlend, nach einer haltenden Elternfigur suchte, die Hand der Analytikerin ergriff und diese ihm ihre Hand entzog. Hier hat das traditionelle analytische Setting etwas Grausames: Erst lässt der Psychoanalytiker den Patienten auf eine frühe präverbale Entwicklungsebene regredieren, um ihn dann auf einer basalen Ebene potenzieller Mit-Bewegung wieder im Stich zu lassen. Das wird dann mit »guten« psychoanalytischen Gründen rationalisiert, sodass der Patient auch noch mit einem schlechten Gewissen für seine »frevelhaften« Bedürfnisse zurückbleibt. Vor dem Hintergrund meiner Erfahrungen mit heilsamen Berührungen (Heisterkamp 1993a) – wenn Patienten in solchen Situationen auch ein realer Halt geboten wurde und sie einen operativen Begriff oder eine sensomotorische Repräsentanz für Halt, Sicherheit und Zärtlichkeit und dergleichen mehr entwickeln konnten – hat diese Stelle etwas Schockartiges für mich. Ich frage mich hier auch, ob mein Erschrecken eine Widerspiegelung dessen ist, was die Analytikerin, die ja in ihrer Weiterbildung nicht auf solche Situationen vorbereitet worden ist und sich nach ihrer Sozialisation vermutlich in einer gefährlichen Verführungssituation wähnt, dabei erlebt hat. Die hierauf folgenden Unstimmigkeiten im Text könnten darauf hinweisen, dass hier mehr im Spiel ist:

- Zunächst erlebe ich eine Diskrepanz. Die Analytikerin wird von ihrem Patienten angefasst, und als Nächstes hat sie laut Text eine gedankliche Vorstellung wie unsichere Eltern, die ihre Phantasien auf ihre Kinder projizieren. Was hat sie wohl in dieser Situation gefühlt?

- Ohne das Erleben der Analytikerin und das des Patienten in dieser Situation erlebe ich die »blitzschnelle« Metamorphose vom verzweifelten Kind zum potenten Mann als unverständlich. Das Bild vom Kind im Patienten ist meiner Meinung nach sowieso ein unpassendes Bild, das ja je nach Argumentationslinie wie ein Kippbild benutzt wird: Einmal zieht man die Karte »Erwachsener« und ein anderes Mal die Karte »Kind im Erwachsenen«. Es geht immer um frühentwickelte, bis in das Hier und Jetzt hineinwirkende, unerledigt nachwirkende Beziehungs- und Sicherungsmuster, an und mit denen wir arbeiten.

- Dann folgt eine weitere Diskrepanz. Die Autorin kündigt mit einem Doppelpunkt ein Gefühl an (»Mein Gefühl sagte mir:«) und frustriert die Erwartung des Lesers, indem sie mit einer tradierten Lehrmeinung antwortet: *»Eine reale Berührung unterbricht den Prozess des Trauerns um frühe und in der Analyse erlittene Entbehrung.«* Gegenüber der sonstigen Offenheit und Klarheit der Analytikerin sind diese Unstimmigkeiten verwunderlich. Meine Vermutungen gehen dahin, dass sie die Angst der Analytikerin verdecken, durch eine reale Berührung ein konstituierendes Dogma ihrer analytic community zu verletzen. Vielleicht fühlte sie sich in ihrer korporativen Identität bedroht und musste die Schrecken einer marginalen Existenz abwehren.

Trotz der Flüchtigkeit der Berührung und trotz der Zurückweisung reichte der Kontakt offenbar schon dazu aus, dass der Patient eine für ihn wichtige und ihn erstaunende Gefühlserfahrung machte, nämlich dass er seiner Analytikerin jetzt nicht mehr wehtun könne, weil er gespürt habe, wie menschlich sie sich anfühle. Diese bedeutsame therapeutische Wirkung, in der er sich operativ einen Begriff von menschlichem Bezogensein erarbeitet, quasi ein basales Verständnis von Intersubjektivität erwirbt, das bei seinem frühen Mangel an Resonanz unentwickelt geblieben ist, wird nicht beachtet und auch nicht validiert. Diese grundlegende Selbst- und Fremdwahrnehmung bleibt ohne sprachliche Deutung und ohne sprachliche Integration in das bisherige Selbstverständnis. Ebenso würde ich die Vertiefung seiner Trauer, die Intensivierung seines Weinens und die Wahrnehmung des Ausmaßes seiner Sehnsucht mit dieser Berührung in Verbindung bringen. Die Deutung seiner anschließenden Phantasie, wie er sich hinsetzt und vor seiner ihn beobachtenden Analytikerin mit seiner Nadel durch die Hand sticht, würde ich unter einer entwicklungsanalogen Sinnerfassung noch ergänzen: Er will die Analytikerin nicht nur miterleben lassen, wie schmerzhaft es ist, wenn die Berührung nicht ausreicht, er will ihr, da er auf dieser Regressionsebene der handelnden Inszenierung bedarf, auch zeigen, wie sehr ihn das Zurückziehen der Hand verletzt und geschmerzt hat, und vor allem – und darin liegt m. E. ein bedenklicher Rückfall – dass er sich wie ein kleines Kind »das böse Händchen selber verletzt«, weil es etwas getan hat, »das der Mama missfiel«.

Das stundenlange Weinen um den Mangel an zärtlichen Berührungen, die er in der Kindheit schwer vermisst hatte, ist deswegen auch ein Weinen um die Zurückweisung seiner entwicklungspsychologischen Not in der Analyse, in der er auf diese körperliche Mitschwingung angewiesen war. Genau diese Vermischung der Beeinträchtigung des aktuellen Dialogs und der Entgleisung des frühen Dialogs nimmt dem Trauerprozess einen Teil seiner therapeutischen Wirkung. Durch eine szenische Interaktion hätte die Wahrnehmung seines Zärtlichkeitsbedürfnisses sowie die Wut über jene Frustrationen und die Trauer über jene emotionalen Entbehrungen vertieft werden können. Gleichzeitig wäre durch den konkreten Halt die Integration eines haltenden Objektes stabilisiert worden. Ebenso könnte der Patient dabei eine sensomotorische Repräsentanz für Anteilnahme und Mitgefühl entwickeln. Es würde der iatrogene Konflikt vermieden, dass der Patient deutlich spürt, was ihm fehlt, und sich diese Bedürfnisse gleichzeitig verbieten muss, weil die geliebte Übertragungsfigur sie missversteht und sich zurückzieht. Die kompromisshafte Aussöhnung der widerstreitenden Tendenzen absorbiert erhebliche Energien auf Kosten der Lebendigkeit des Patienten und behindert den therapeutischen Prozess. In Anlehnung an Ferenczi (1933) könnte man hier von einer »Sprachverwirrung« zwischen der Analytikerin und dem regredierten Patienten sprechen.

Zum Schluss ereignet sich dann noch eine schöne intersubjektive Abrundung des Therapieprozesses, die über den verbalen Austausch hinausgeht und von der so selten in Therapieberichten zu lesen ist: Analysand und Analytikerin lachen miteinander. In der derzeitigen analytischen Praxeologie kommen diese basalen Austauschprozesse und ihre therapeutischen Wirkungen viel zu kurz. Wenn wir uns in Zukunft mehr mit dem »Glanz im Auge« des Therapeuten und dem des Patienten befassen, werden wir viel stärker auf die heilsame Wirkung dieser frühen Formen des Austausches aufmerksam werden. Das präverbale Beziehungsgeschehen, das in Worte wie »wir lachen« gefasst wird, bedeutet dann sprachlich nur unzureichend übersetzt: »Ich freue mich, dass es mich gibt, und ich freue mich, dass es dich gibt, wir freuen uns, dass wir uns hier begegnen.« In der gemeinsamen Freude macht jeder die Erfahrung, nicht nur existieren zu können, wie man ist, was schon sehr viel bedeutet und was viele in ihrer Kindheit nicht erfahren haben, sondern auch, in seinem Sosein und Dasein sogar noch freudig begrüßt zu werden. Darüber hinaus freuen sich beide an ihrem glücklichen Aufeinanderbezogensein. Darin liegt wohl die urtümliche Quelle der Selbstfindung und Selbstwerdung.

Die bedeutsame Stelle der Beendigung der Therapie und der endgültigen Verabschiedung von seiner Analytikerin nutzt der Patient dann noch einmal, um eine Berührung mit ihr herbeizuführen. Ich frage mich, ob nicht die letzte Szene und der letzte Satz in dem umfassenden Therapiebericht *»Zum Abschied gab er mir seine linke Hand und zog mit seiner rechten mein Gesicht kurz an seine Wange«* die Berührung in der Therapie, wenn auch aus einer defensiven Position heraus und im Ausnahmezustand der Abschiedsszene, noch einmal besonders pointiert. Wie die letzte Szene eines spannenden Films bleibt die Berührung als letztes Bild besonders in Erinnerung.

7.4 Der gewährende Umgang mit »Übertretungen«

Während im obigen Beispiel die Handlung des Patienten als Beeinträchtigung des Settings, als Widerstand und Störung des Behandlungsprozesses gilt, wird in dem folgenden der therapeutische Wert einer das herkömmliche Setting überschreitenden Handlung aufgezeigt. Janssen (1990) geht davon aus, dass Patienten sich umso mehr über eine handelnde Re-Inszenierung auszudrücken versuchen, je eingeschränkter sie in ihren Ichfunktionen sind. Wie in jeder analytischen Psychotherapie, so müsse auch diesen Patienten ermöglicht werden, ihre kindlichen Wünsche und die dadurch bestimmten konfliktträchtigen und bedrohlichen Selbstanteile zu akzeptieren. Die handelnde Re-Inszenierung, in der primitive Beziehungsmuster wiederbelebt werden, wird mit dem »Handlungsdialog« Klüwers (1983) verglichen. Die dabei aktualisierten Gegenübertragungsgefühle, die die Erfahrungen des Patienten widerspiegeln, machen die Schwierigkeiten der therapeutischen Aufgabe deutlich.

»In solchen Phasen ist die Gefahr des unreflektierten Mitagierens groß. Andererseits kann ein reflektiertes Mitagieren, das gemeinsam mit dem Patienten betrachtet werden kann, den psychoanalytischen Prozess nachhaltig fördern« (Janssen 1990, S. 9).

An dem folgenden Beispiel einer neurotischen Patientin, die im Verlauf der Therapie auf eine Borderlinestörung regredierte, zeigt er anschaulich, wie sie »über eine konkrete Erfahrung am realen Objekt Analytiker in der Aktion« (S. 11) die Objekt-Subjekt-Unterscheidung wiedergewinnt und mit ihrer Symbolisierungskapazität wieder in den die psychoanalytische Situation kennzeichnenden Phantasieraum eintritt:

Sie wollen nicht, das wollte ich wissen:
»Die 35-jährige Patientin kommt in die Analyse mit einem depressiven Bild. Sie ist in einer Ausbildungssituation eine intime Beziehung zu einem Ausbilder eingegangen. Nachdem die Ausbildung fast beendet war, hat dieser das Verhältnis beendet. Sie wurde depressiv. Ich möchte darauf verzichten, Vorgeschichte und frühere passagere neurotische Symptombildung darzulegen. Es handelte sich um eine hysterische Neurose, für deren Behandlung das Standardverfahren gewählt wurde. Zunächst zeigt sie, wie jeder neurotische Patient, einen Widerstand gegen die Wahrnehmung der Übertragung. In ihren Phantasien und Einfällen lässt sich bald die Entfaltung einer idealisierenden Verschmelzungsübertragung, in der sie sich wohl und akzeptiert fühlt, entdecken. Der primitive Charakter dieser Übertragung wird am besten deutlich an einer Puppen-Phantasie: Sie schafft sich in der Phantasie eine Puppe als Gesprächspartner. Diese Puppe kann sie lieben, ärgern, sie begleitet sie überall hin, sie redet mit ihr, sie setzt sie neben sich ins Auto, wenn sie in die Analyse fährt. Die Puppe untersucht auch ihren Körper. Sie kann sie weglegen und auch töten. Die Puppe wechselt ihren Charakter, einmal ist sie weich, einmal hart und hölzern. Sie phantasiert sich also einen modellierbaren Analytiker, der immer präsent ist.
Diese Übertragung bekommt nach einiger Zeit einen erotischen und sexuellen Inhalt. Lange Zeit verbirgt sie ihre sexuellen Wünsche aus Scham- und Peinlichkeitsgefühlen. Erst als sie ihre Onanie-Phantasien mitteilt, kann deutlich werden, dass sich Verschmelzungswünsche und ödipale wie anal-sadistische Phantasien mischen. Der wesentliche Aspekt ihrer Onanie-Phantasien ist: Sie muss dem Herrn und Meister, ihrem angebeteten Gott, dienen, sich ihm zur Verfügung stellen, sich benutzen lassen, dann erst empfindet sie Lust.

Diese Deutung der Liebeswünsche und der Ängste vor Bestrafung und Ablehnung führt dazu, dass die Verschmelzungswünsche reaktiviert werden und die idealisierende und erotische Übertragung den Als-ob-Charakter verliert. Sie meint, ich müsste sie genauso lieben wie sie mich. Sie ist gekränkt, wütend und greift mich an, wenn meine deutende, analytische Haltung ihr bewusst wird. Mir wird deutlicher, dass diese Übertragung dazu führen muss, dass sie die Realitätskontrolle verliert. Stunde um Stunde füllt sie mit ihren Phantasien und Gemeinsamkeit und ihren Wünschen. Wenn sie mich zu sehr bedrängt, sage ich ihr, ich sei dazu da, sie zu verstehen und ihr dabei zu helfen, sich zu verstehen, ich könne nicht ihr Liebhaber sein. Sie ist dann enttäuscht, verärgert und erlebt meine Haltung als totale Ablehnung ihrer Person. Entweder will sie das Nein oder Prügel wie von dem Vater, damit ihr Über-Ich zufrieden gestellt ist, oder die Erfüllung. Sie hat also im Sinne ihrer projektiven Identifikation ihren erotischen Wunsch in mich hineinverlagert.

In einer solchen Stunde meint sie, nur die Vorstellung, sie gehe auf mich zu und umarme mich, könne sie noch beruhigen. Nach weiteren gequälten Äußerungen steht sie am Ende der Stunde auf, kommt auf mich zu und legt den Arm um meinen Nacken, um meinen Kopf zu beugen und zu sich zu ziehen. Das hat etwas Bezwingendes an sich. Da ich mich nicht bewegen lasse und sie in meinem Nacken Widerstand spürt, sagt sie: »Sie wollen nicht, das wollte ich wissen.« Bevor ich etwas sagen kann, verlässt sie das Zimmer. In der darauf folgenden Stunde kommt sie und entschuldigt sich für diese Peinlichkeit. Aber sie habe es jetzt wissen wollen, die Verzweiflung sei unerträglich gewesen. Die Verzweiflung sei schlimmer gewesen als die Peinlichkeit.

Diese Szene arbeiteten wir in den folgenden Stunden durch. Zum einen beschäftigten wir uns mit der ödipalen Bedeutung dieser Szene, ihren Liebeswünschen, ihrer Angst vor Ablehnung und ihren Schuldgefühlen. Die wichtigste Erfahrung in der Aktion aber ist für sie, vorgestellte und wirkliche Beziehung wieder unterscheiden zu können. Sie hat geprüft, ob ich standhalten kann und nicht umfalle. Zunächst ist es für sie enttäuschend, da sie ihre Liebesgefühle abgelehnt fühlt. Aber für ihr Identitätsgefühl ist bedeutsam, dass sie die analytische Situation wiederherstellen kann und sie ihre projektiv verzerrten Wahrnehmungen korrigieren kann. Bis zu diesem Zeitpunkt ist sie hin und her geschwankt, in einem Zustand der Konfusion, einem Zustand des Verlustes der Ich-Grenze und der Realitätskontrolle, der nur durch Aktion wieder in ein erträgliches Maß gebracht wurde. Die wesentliche Einsicht ist also, dass sie über diesen Handlungsdialog ihre und meine Identität in ihrer Wahrnehmung wieder aufrichten kann. Damit kann die Analyse wieder zum Raum ihrer Phantasien werden.

In der folgenden Phase überlässt sie sich ihren Verschmelzungswünschen, ihren oralen Bedürfnissen in ihren Phantasien und der Erkundigung des Objekts der ersten Wahrnehmung. Dies zeigt ein Traum: Sie ist in einer Höhle und leckt mich ab, wie dies ein Muttertier mit ihren Jungen macht. Dieses Traumbild führte zu Erinnerungen an den Körper der Mutter und an ihr langes Gestilltwerden.« (Janssen 1990, S. 10 f.)

Diese Fallvignette weist eindrücklich nach, wie die Patientin in einem konkreten Handlungsdialog mit dem Therapeuten eine den therapeutischen Prozess nachweislich weiterführende und grundlegende Erfahrung (Subjekt-Objekt-Unterscheidung) macht bzw. wiedergewinnt. Ferner bietet die detaillierte Darstellung eine anschauliche Grundlage, die (noch) bestehenden Unterschiede zu einer auch die leiblichen Selbstbewegungen systematisch berücksichtigenden analytischen Psychotherapie herauszustellen.

Zunächst sei darauf verwiesen, dass sich Scham und Verzweiflung der Patientin erst ins Unerträgliche steigern müssen; bis sie es wagt, sich in einem heroischen Selbstheilungsversuch von ihrem angewiesenen Platz zu erheben, bangend auf den Analytiker zuzugehen und sich zum Verstoß gegen das ausgesprochene oder unausgesprochene Berührungstabu der Psychoanalyse hinreißen zu lassen. Ist das nicht eine unnötige settingbedingte Erschwernis? Wäre es für die Patientin, vielleicht auch für den Therapeuten, nicht hilfreich gewesen, wenn die Möglichkeit eines therapeutisch definierten leiblichen Kontaktes bereits zu den analytischen Regeln gehört und die Patientin bereits entsprechende Erfahrungen gesammelt hätte? Was ist mit den Patienten/innen, die diese Ich-Leistung, eine fundamentale analytische Regel zu durchbrechen, noch gar nicht zu leisten imstande sind? Sie werden durch die bisher praktizierte, eingeschränkte Form der Abstinenz prinzipiell aus diesen Erfahrungsmöglichkeiten ausgeschlossen. Patienten dagegen sind darauf angewiesen, dass ihnen entwicklungsförderliche Hilfestellungen angeboten werden, wodurch sich ihnen neue Wege der Individuation eröffnen.

Des Weiteren möchte ich anhand des obigen Beispiels auf ein gewisses Ungleichgewicht der analytischen Wahrnehmung hinweisen. Einerseits bekundet die Patientin, sich nur noch dadurch beruhigen zu können, dass sie auf den Analytiker zugehe und ihn umarme.

Andererseits stellt sie nach ihrer Handlungsprobe fest, dass sie wissen wollte, dass er nicht will. Meine Frage lautet hier: Wieso wird der erste »Einfall« nicht ernst genommen und der zweite besonders gewichtet? Gehören nicht beide Seiten, nämlich die Sehnsucht nach zärtlichem Kontakt, meinetwegen nach Verschmelzung, und die Hoffnung, darin nicht wieder narzisstisch (sexuell) missbraucht zu werden, untrennbar zusammen? Wenn beide Momente erst die gesamte subjektive Wahrheit darstellen, die die Patientin in ihrer handelnden Re-Inszenierung wieder lebendig werden lässt, dann ist der therapeutische Erfolg, der aus diesem Handlungsdialog erwächst, vielleicht nur ein Teilerfolg. Sie macht mit dem sich zurückhaltenden Analytiker die zweifellos sehr wichtige und exemplarische Erfahrung, dass sie zwischen ihren projektiven Wahrnehmungen und ihren aktuellen Realerfahrungen unterscheiden muss.

Wofür sie ihre Wahrnehmung aber noch nicht sensibilisieren kann und was ebenso in einem konkreten Handlungsdialog differenziert werden könnte, ist: dass es auch eine Umarmung mit einem erwachsenen Mann gibt, die nicht mit erotisch sexuellen oder narzisstischen Erwartungen verbunden ist. Wie das unten folgende Beispiel zeigt, lässt sich auch der liebevolle Kontakt des Kindes zu einer väterlichen Figur (d. h. einer erwachsenen, sexuell reifen Person, die aber keinen solchen Anspruch an das Kind richtet, sondern fürsorglich und liebevoll ist) in einem Handlungsdialog symbolisieren. Er verhilft dem Patienten zu einer nachträglichen Entmischung zärtlicher und sexueller Tendenzen. Noch genauer wäre es hier, davon zu sprechen, dass die erotisch-sexuellen Tendenzen aus ihrer kompensierenden und sichernden Funktion bezüglich des Zärtlichkeitsmangels befreit und für eine neue entwicklungsreifere Erfahrung frei werden.

Wenn in einer solchen Umarmung erotische oder sexuelle Gefühle bei der Patientin und/oder beim Analytiker spürbar würden, wären diese wie alle anderen Gegenübertragungsreaktionen auch therapeutisch zu transformieren. So könnte eine latente Erotisierung oder Sexualisierung der Beziehung entdeckt und aufgearbeitet sowie einer solchen vorgebeugt werden. Davon zu unterscheiden sind die in der Literatur sehr vernachlässigten Behandlungsphasen, in denen die Spannungen der adoleszenten und der adulten Entwicklungsschwellen bearbeitet werden.

Es wäre praxeologisch nützlich, wenn wir Analytiker das kollegiale Umfeld und den Mut fänden, uns mehr und konkreter mit der letzten Phase geglückter Analysen zu befassen, in denen sich eine erotisch-sexuelle Identität beim Patienten herausgebildet hat und sich die therapeutischen Partner mit den Augen und Phantasien des Mannes bzw. der Frau begegnen (s. Worm 2001). Hierzu passt gut Pfannschmidts Konzept von der »Sexualität im intermediären Spiel-Raum« (2001). Diese Spätphase psychotherapeutischer Behandlung aber gegen die Körperpsychotherapie ausspielen zu wollen, halte ich für eine adultomorphe Verkennung der prä- und der ödipalen sowie auch noch der puberzenten Entwicklungsprobleme mit Zärtlichkeit, Liebe, Sexualität und Erotik.

Angebote zur operativen Erprobung haben auch nichts, wie häufig eingewendet wird, mit einer Manipulation zu tun; denn die Patientin gibt bereits in dem von Janssen festgehaltenen Bericht mit der Puppenphantasie, mit den Modellierungen ihres Analytikers, mit ihren Vor-Stellungen von einer möglichen Berührung, mit ihren Verschmelzungsphantasien, eine Fülle von Hinweisen für ein basales Durcharbeiten und Verstehen. Nach meiner Erfahrung sind zwar die nichtsprachlichen Tendenzen wie z. B. die Verschmelzungswünsche des Patienten auf der verbalen Ebene sehr differenziert analysierbar, sie bleiben aber dem Patienten lange unzugänglich und werden oft erst im Handlungsvollzug begreifbar.

Wenn bei dieser Patientin von einem »erotischen Wunsch« gesprochen wird, wird m. E. eine seelische Störung, die in das erste Lebensjahr zurückreicht, ödipalisiert und nicht über diese Phase hinaus bis zu dem Punkt der Entwicklung zurückverfolgt, an dem sie entstanden ist. Hier ist zwischen der unintegrierten Verschmelzungssehnsucht und ihrer quasi ödipalen Bewältigung zu unterscheiden. Meine Frage lautet an dieser Stelle, ob die Patientin nicht einen frühkindlichen Mangel durch eine entwicklungsmäßig spätere Sicherung (Erotisierung/Sexualisierung) zu kompensieren versucht. Die im Gewande des Ödipuskomplexes verwobenen frühkindlichen Frustrationen bleiben unverstanden. Wenn man den Sprung vom zweiten Absatz des Fallberichtes zum dritten Absatz beachtet, ist zu bedenken, ob sich dieses Arrangement nicht unbemerkt im Dialog mit dem Therapeuten wiederholt. In ihren möglicherweise unerfassten Verschmelzungssehnsüchten, zwar sprachlich sicher sehr differenziert angesprochen, aber nicht leibfundiert begriffen, phantasiert sie einen Analytiker, der ständig präsent ist. Ihre Phantasien könnten eine notreife Reaktion auf die Schwierigkeit sein, diese in die präverbale Phase menschlicher Entwicklung zurückreichenden Tendenzen in einer der Regressionsebene entsprechenden Form erfahren und behandeln zu können. Verbale Deutungen von präverbalen Prozessen wirken oft wie Verletzungen, wie die Wiederholung der frühen Traumatisierungen. Wenn der Therapeut an solchen Stellen operative und organismische Erfassungsformen für diese früh frustrierten, unentwickelt liegen gebliebenen und mit archaischer Wucht nach Realisierung drängenden Tendenzen findet, können sie wieder bewusst und bearbeitbar werden. Anders bleiben sie trotz aller Deutungsversuche leicht unverstanden und destruktiv wirksam. Ist es in einer solchen Situation nicht nahe liegend, dass diese Patientin den Kontakt erotisiert, um doch noch wahrgenommen und beachtet zu werden? Deswegen ist hier zu bedenken, ob die Erotisierung der Übertragung nicht auch sehr häufig ein Kunstprodukt des analytischen Settings ist.

Schließlich möchte ich auf einen defensiven Umgang mit dem »Handlungsdialog« oder der »Aktion« hinweisen, der sich sinnfälligerweise in dem Beispiel auch im Versteifen des Nackens des Analytikers als leiblichem Ausdruck seiner Zurückhaltung manifestiert. Dieser Umgang mit Berührung und Bewegung erinnert mich stark an die Geschichte des Übertragungs- und des Gegenübertragungsbegriffes. Janssen nimmt an, dass die symbolisierende Kapazität des Ichs erst wieder einsetzt, wenn eine solche Aktion wie Phantasiematerial bearbeitet wird. Dabei wird die Sprache als einzige Form der Symbolisierung angenommen und übersehen, dass es auch handlungssymbolische Inszenierungen gibt. Wenn die therapeutische Szene entsprechend eingerichtet und die Probehandlung aus dem therapeutischen Prozess erwachsen sowie in der Gegenübertragung reflektiert und mit dem Patienten entsprechend vorbereitet ist, wird der gemeinsame Handlungsdialog selber zu einer therapeutischen Form präverbalen Durcharbeitens, zu einem handelnden Reproduzieren, zu einem leibhaftigen Er-innern und zu einem operativen Be-greifen. Das Unbewusste sendet in kreativer Form – wie mit einer »geheimen Intelligenz« (Salber 1969) – ständig Signale verschütteter Selbstanteile und operative Hinweise für ihre Reintegration und Wiederbelebung aus.

Ich meine deswegen, dass wir – unter Beachtung des analytischen Prozesses – Patienten auch von uns aus Berührungs- oder Bewegungsproben vorschlagen können, insbesondere dann, wenn die ihr Verstehen basierenden Handlungsdialoge bereits sehr früh entgleist sind und die notdürftigen Reparationsanstrengungen bis in die aktuelle Wirklichkeitsgestaltung hinein störend nachwirken. Wenn Patienten operative Hilfestellungen angeboten werden, eröffnen sich ihnen oft ganz neue Dimensionen des *Wahrnehmens* und des *Verstehens*, die sie wie auch den Therapeuten nicht selten erstaunen. Es sind Erfahrungen spontaner Sinnerfassung, die allen reflexiven Verstehensbemühungen zuvorkommen und sich mit den Gefühlen leibhaftiger Gewissheit artikulieren.

Wie heilsam und beglückend »grenzüberschreitende« Erfahrungen sind, wird besonders deutlich, wenn man sie aus der Erlebensperspektive des Patienten betrachtet. Deswegen sei hier ein berührendes Beispiel meines Kollegen Bodo Altrock angeführt, der folgende Szene aus seiner Lehranalyse berichtet: In einer Veröffentlichung (1996, S. 96 f.) schildert er ein Beispiel, das dem Purzelbaumbeispiel von Balint sehr ähnlich ist und durch seine Offenheit die bei Balint noch nicht mitgelieferten Gefühle quasi ergänzt. Das von dem Autor noch einmal eigens überarbeitete und kommentierte Beispiel lautet:

Analysand tigert im Behandlungsraum herum:

»Ich will dazu in einem kleinen Rückblick eine Szene aus meiner Lehranalyse schildern, in der szenisches Interagieren und leibliches Berührtsein für mich bedeutsam waren: Es war eine Phase in meiner Lehranalyse, in der ich in den Sitzungen ›kein Land mehr sah‹, ich sprach – soweit ich mich erinnere – zwar viel, aber alles kam mir bedeutungslos und nichtig vor; gleichzeitig bemächtigte sich ein letztlich nicht mehr bezähmbarer Bewegungsdrang meines Körpers, ich hielt das motorisch Lähmende meiner Liegeposition auf der Couch nicht mehr aus: Ich sprang schließlich auf, begann im Behandlungsraum ›herumzutigern‹, um mich dann in irgendeiner Ecke des Raumes hinzusetzen. Meine Gefühle dabei waren vielfältiger Natur: Ich kam mir heroisch verboten vor, fast verrückt angesichts meiner unerlaubten Übertretung des üblichen Settings, ich war ängstlich und schämte mich wohl auch dafür, es auf der Couch nicht mehr ausgehalten zu haben. Dann wagte ich es aufzuschauen und den Blick meiner Analytikerin zu erwidern, und in dem Moment spürte ich das kaum glaubliche Wohlgefühl meiner sich lösenden muskulären Verspannungen und das Nachlassen meiner Getriebenheit. Ihre Augen strahlten mich nämlich an. Ich war fassungslos froh: Ich schaffte es nicht einmal so, sie nachhaltig zu beunruhigen oder zu erschrecken.

Diese kleine Szene ist meines Erachtens ein Beispiel für eine den Körper einbeziehende, strukturbildende Erfahrung; ich musste auf einer basaleren, sensomotorischen perzeptuellen Ebene eine Erfahrung machen, die mir rein phantastisch (ohne Blickkontakt) in dieser Behandlungsphase noch nicht reichte. Andererseits verletzte die geschilderte Behandlungssequenz ja auf eklatante Weise das verabredete therapeutische Setting, dessen Einhaltung mir doch bisher sicheren analytischen Boden unter den Füßen garantierte.«

Der Verfasser des obigen Beispiels berichtete mir im persönlichen Gespräch, dass dieser Erinnerung, trotz aller Freude, noch etwas Unerledigtes, Bitteres anhänge:

»Mir fehlte das verbale ›Nachfassen‹, um die vielschichtigen Bedeutungen dieser ›Szene‹ zu begreifen. Mit dieser ›Arbeit‹ ließ mich meine Lehranalytikerin allein und so haftete dieser Stunde auch ein Gefühl an, es habe sich um einen zwar geduldeten und irgendwie freudigen, aber eben um einen Ausrutscher meinerseits und vielleicht auch ihrerseits gehandelt.«

Nachdem er diese Situation noch einmal einer befreundeten Kollegin vorgespielt und mit ihr durchgesprochen hatte, war ihm deutlich geworden, dass hier das Herausfinden aus einem beengenden System als bedeutsamer Entwicklungsschritt nicht validiert worden war. Was aus dem »Käfig« des Systems (der Familie, der analytischen Beziehung oder gar des analytischen Settings) herausführt, bleibt etwas Besonderes bzw. Sonderliches. Die integrierende Wirkung des Erlebten konnte deswegen nicht voll genutzt werden. Die Szene blieb eine »Ausnahme«:

»Insofern war meine Erkenntnis aus der Stunde zwar einerseits sehr wohltuend und auch freudig, andererseits haftete ihr noch dieses Gefühl an, sie habe mich eben nur ausgehalten und mehr nicht. Insofern war diese Szene für mich zwar eine strukturbildende Erfahrung. Der Geruch des ›Ausrutschers‹ blieb jedoch auch. Was insbesondere unterblieb, war die verbale Integration und das direkte Ansprechen all dessen, was sich nonverbal zwischen uns ereignet hatte. Insofern fehlte die aufschlüsselnde Bedeutung und Bewertung unserer gemeinsamen Szene.«

8.   Die atmosphärische Wirk-lichkeit

8.1   Qualitäten der therapeutischen Situation

Die »klimatischen« Bedingungen des therapeutischen Feldes haben ihre unmittelbaren Wirkungen auf den Patienten. Dieses Thema ist außerordentlich schwer zu fassen, aber eminent folgenreich. In der Psychoanalyse wird es gewöhnlich unter den Begriffen der Einstellung oder Haltung des Therapeuten behandelt. Mit diesen meist identisch verwendeten Kategorien werden alle Regungen des Analytikers – also die Gegenübertragung im weiteren Sinne – angesprochen, die *nicht* als Reaktion auf den Patienten entstehen, »sondern diejenigen, die der Psychoanalytiker *primär* in die psychoanalytische Situation mitbringt und die sich dann *sekundär* auf den Patienten und auf den psychoanalytischen Prozess auswirken« (Kutter 1988, S. V). Um diese Wirkungen verständlich zu machen, wird gern auf vermögenspsychologische Erklärungen zurückgegriffen und ein stattlicher Katalog ehrenwerter Eigenschaften aufgelistet wie: Akzeptanz, Bestätigung, Unterstützung, Freundlichkeit, Wärme, Geduld, Takt, Sympathie, Respekt, Verständnis, Echtheit, Wahrheitsliebe und dergleichen mehr. Alnæs spielt auf entsprechende Attribute an, wenn er seine beiden Lehranalytikerinnen in seiner Kurzbiographie in unterschiedlicher Weise charakterisiert:

Esther war supportiver als meine frühere Analytikerin:
»Erst im Herbst 1966 konnte ich bei der Psychologin Astri Brun anfangen, die ihre Ausbildung vor dem Kriege in Berlin beendet hatte.« (1995, S. 19)
»Ich ging in Analyse zu Esther Lamm, einer Ärztin, die zum Kreise der sozialistischen Intellektuellen gehörte. Diese Analyse wurde eine sehr gute Erfahrung für mich. Esther war bestätigender und supportiver als meine frühere Analytikerin. Sie hat mein Leben sehr beeinflusst. Im Jahre 1994 widmete ich ihr meine Monographie über ›Psychoanalysis in Norway‹.« (1995, S. 20)

Solche Zuschreibungen bergen typische Probleme. Sie verhindern den methodischen Austausch zwischen der Theorie und den Phänomenen. Wenn die beobachtbaren und beschreibbaren Erscheinungen, also die konkreten Wirkungszusammenhänge zwischen Patient und Therapeut, die ja in der Psychoanalyse den Dreh- und Angelpunkt der gesamten Behandlungslehre bilden, erst einmal auf ein vermeintliches Vermögen des Analytikers weit hinter die Phänomene verschoben werden, versperrt sich dadurch leicht der Rückweg zu ihnen. Dieses Vorgehen führt stattdessen zu »Tugendkatalogen«. Sie vergrößern den Über-Ich-Druck und schüren Versagensängste des Analytikers. Sie verleiten zu abstrakten psychotherapeutischen Abhandlungen und bereinigten Falldarstellungen in der Fachliteratur, die dem Wirkungsgeschehen, auf das sie sich beziehen, nicht mehr entsprechen. Die von Psychoanalytikern geforderten Eigenschaften, Haltungen oder Einstellungen sind so allgemein, dass man sie als Soll-Vorschriften auch problemlos auf andere Berufe anwenden kann. In ihrer Plausibilität liegt ihr Problem. In ihnen werden nämlich viele konkrete praxeologische Interventionen und Handlungen mitgedacht, die sich durch die Anrufung solcher Vermögen nicht ohne weiteres ergeben. Die zu weit hinter den Phänomenen liegenden Kategorien verführen implizit dazu, die genaue Beobachtung und die detaillierte Beschreibung zu vernachlässigen. Sie gewinnen ihren Sinn bzw. das, was wir damit eigentlich meinen, erst aus dem therapeutischen Prozess heraus. Wenn wir diesen als ein Wirkungsgeschehen, als ein intersubjektives Geschehen der *verstehenden Mit-Bewegung* ansehen, finden sowohl allgemeine Haltungen (wie z. B. Wahrheitsliebe, Takt, Sympathie, Echtheit) sowie spezifische (wie z. B. Abstinenz, Aufmerksamkeit, Empathie, Konfrontation) hier ihren psychologischen Kontext: Mitschwingung mit den eigenen Selbstbewegungen und mit den Lebensbewegungen des Patienten und dabei weder den Bezug zu jenen noch den Abstand von letzteren zu verlieren. Die Fuge zwischen Mit- und Bewegung ist also sowohl Bindestrich als auch Trennungsstrich. Die fließende Regulierung und reflexive Begleitung dieses Geschehens macht die Kunst analytischer Behandlung aus. Wenn der Analytiker sein Verhalten und Erleben nicht mehr um den Heilungsprozess seines Patienten zentrieren kann, verändert sich die therapeutische Wirkungseinheit in eine *kollusive Be-Nötigung*, die wechselseitig der kompensatorischen Sicherung des Selbst sowie der Abwehr der daraus resultierenden Konflikte dient.

Das Konzept der Haltungen oder Einstellungen richtet – wie gesagt – die Aufmerksamkeit auf »Eigenschaften« des Analytikers und wenig auf die analytische Gesamtsituation. Deswegen ist der Versuch, das Wirkungsgeschehen als Ganzes zu kennzeichnen, ein Fortschritt. Hierbei wird die *therapeutische Situation* durch ganzqualitative Eigenschaften charakterisiert. Wolf (1996, S. 160) weist darauf hin, dass sie oft paarweise angeordnet werden, wie gespannt versus entspannt, warm versus kalt, akzeptierend versus feindlich, kritisch versus vorurteilsfrei, freundlich versus feindlich, kooperativ versus ablehnend, interessiert versus gleichgültig, ruhig versus unruhig usw. Eine dichotome Anordnung gerät leicht zu einer wertenden Position, die mit einer verstehenden unvereinbar ist. So merkt man diesen Gegenüberstellungen sofort die »gute« und die »böse« Seite an. Man begegnet deswegen solchen Einteilungen immer wieder als Wertungen im Methodenstreit. Dem lässt sich teilweise vorbeugen, wenn wir die dualistische Darstellung zugunsten einer dialektischen überschreiten, in der noch ein weiterer Extrempol eingeführt wird und die wünschenswerte Position sich als gelungener Ausgleich von Gegenpolen erweist: gespannt – entspannt – schlaff; kalt – warm – heiß; feindselig – akzeptierend – kollusiv usw. Die Wahl von »Eigenschaftskategorien« könnte uns allerdings glauben machen, dass es sich um überdauernde und durchgängige Qualitäten handelt, insofern »Eigenschaften« etwas Zeitloses beinhalten. In der fehlenden Wandlungsperspektive bzw. in ihren Festschreibungen liegt eine Grenze solcher Begrifflichkeiten. Man bedenke nur, dass es in der therapeutischen Situation durchaus einmal heiß und durchaus einmal kalt zugeht. Wenn die Anmutungsqualität durchgehend nur lauwarm wäre, würde das einem Stillstand der Therapie gleichkommen. Umgekehrt wäre eine chronische Überhitzung ebenso hinderlich wie eine dauernde Unterkühlung. Trotz dieser methodologischen Bedenken greife ich im Folgenden zur vorläufigen Verständigung auf diese globalen Formen der Erfassung zurück, bis sich eventuelle Relativierungen anbieten.

Es ist nicht verwunderlich, dass sich besonders die Selbstpsychologie mit den umfassenden Bedingungen der therapeutischen Situation befasst. Wenn das Selbst in seiner Kohäsion bedroht ist, wird es wichtig, wie der Patient die Atmosphäre der analytischen Situation erlebt und inwiefern sie die Kohäsion des Patienten nicht gefährdet bzw. fördert. Der Patient braucht Vertrauen, um seine archaische narzisstische Übertragung zu entwickeln. Deswegen versucht Wolf, Patienten möglichst eine Atmosphäre bereitzustellen, »die nicht teilnahmslos ist, sondern still anteilnehmend, nicht kritisch, sondern einfühlsam dazu bereit, was auch immer der Analysand an Material bringen mag, anzunehmen, zu untersuchen und es vom Standpunkt des Analysanden aus zu bewerten« (Wolf 1988, S. 203). Ein akzeptierendes Ambiente ist für Wolf die conditio sine qua non, dass Deutungen als Stärkungen der strukturellen Integrität des Selbst erfahren werden können. *Die Atmosphäre steht also im Dienste des analytischen Prozesses.* Sie hat die Funktion, »den analytischen Prozess einzuleiten und aufrechtzuerhalten« (Wolf 1996, S. 118):

»Analytiker und Analysand können davon ausgehen, dass sie einige Jahre miteinander arbeiten. Der Platz für diese Arbeit sollte deswegen ruhig, angenehm und weder zu luxuriös noch zu nüchtern sein. Analytische Neutralität erfordert nicht die Sterilität eines Laboratoriums; Analytiker zeigen unvermeidlich Aspekte ihres Stils, Geschmacks und persönlicher Vorlieben. Die Patienten wissen, dass ihre Analytiker menschliche Wesen mit charakteristischen Eigenheiten sind. Der Versuch, etwas anderes vorzugeben, ist früher oder später zum Scheitern verurteilt. Aber noch schlimmer ist zu versuchen, jemand anderen darzustellen als sich selbst, denn das widerspricht völlig dem Geist der psychoanalytischen Arbeit, die nach meiner Vorstellung darin besteht, das Selbst und seine Ausdrucksweisen anzuerkennen und zu stärken.

Der Analytiker sollte den Behandlungsraum so möblieren, dass er zu seinen ästhetischen Vorstellungen und intellektuellen Interessen passt. Der Analytiker muss weder unbedingt vieldeutig und undurchschaubar sein, damit sich eine intensive Übertragung entwickeln kann, noch verhindert seine Anwesenheit als reale Person die Übertragungsbeziehung. In der Tat stellt der Analytiker eine reale Person dar, die Vorlieben und Abneigungen hat; seine Persönlichkeit zeigt sich unvermeidlich in seiner Praxis und deren persönlicher Ausstattung, was zu bestimmten Übertragungsreaktionen führt, die wahrgenommen und gedeutet werden können. Für den Analytiker besteht überhaupt keine Notwendigkeit, so zu tun, als wäre er anonym und vieldeutig wie ein Tintenfleck im Rorschachtest. Der Analytiker kann sich nicht verstecken, jedoch sollte er auch seine Anwesenheit nicht aufdringlich zeigen. Stillschweigend kann der Analytiker so vermitteln, dass er verfügbar ist, um Selbstobjektfunktionen zu übernehmen, ohne dass er sich dem Analysanden aufdrängt. Sorgt der Analytiker in vernünftiger Weise für den Schutz seiner Privatsphäre, so macht er damit auch seinen Patienten gegenüber deutlich, dass er entschlossen ist, ihre Privatsphäre in gleicher Weise zu schützen. Schalldichte Wände und Türen sind genauso wichtig wie ein ruhiger Ort, wo der Patient bequem und ungestört auf seine oder ihre Stunde warten kann.« (Wolf 1996, S. 118 f.)

Die Umwelt- und Anregungsbedingungen klingen in dezenter Form an, wenn Edith Raisich-Jordt (1995, S. 308) schildert, wie sie von einer Angestellten der ihr zugewiesenen Lehranalytikerin Eva M. Rosenfeld hereingelassen worden war, wie sie auf die Analytikerin wartete und diese – eine dunkelhaarige und dunkeläugige Frau – erschien und sie durch Räume führte, die *eine ruhige, ästhetisch ansprechende Atmosphäre ausstrahlten.* Die Rede von einer »ruhigen« oder »freundlichen« oder gar »liebevollen« Atmosphäre enthält einen impliziten Sinn, dem ich nun folgen möchte in der Hoffnung, dass sich die Komplexität des Gegenstandes im Laufe der Überlegungen etwas aufschlüsselt. Wir verfügen alle über Erfahrungen – sowohl aus der Sicht des Analytikers als auch aus der Sicht des Analysanden –, die sich mit den einfachen Attributen für die Atmosphäre einer Praxis bedeutungsvoll verbinden.

Als Analytiker sind wir hochtrainiert, den ersten Eindruck, den der Patient auf uns macht, für die Erstellung der Diagnose, der Indikation und des Antrags auf Psychotherapie bei den Krankenkassen zu nutzen. Was würden wir nicht alles über uns selbst erfahren, wenn umgekehrt unsere Patienten ihre ersten Anmutungen zu uns und unserer Praxis äußern würden oder könnten. Was hätte ich mir nicht alles anhören müssen, wenn sich meine Patienten, die ich in meinen früheren Praxisräumen behandelt habe, insbesondere in ihrer frühesten Ausstattung, über ihren ersten Eindruck geäußert hätten, wenn sie mir ihre Anmutungen zu meiner kargen und lieblos eingerichteten Praxis mit Möbeln aus zweiter Hand mitgeteilt hätten? Ich hätte mir vielleicht vor Augen geführt oder führen lassen, wie begrenzt meine damaligen therapeutischen Möglichkeiten bei vielen Patienten und Lehranalysanden gewesen sind, ihnen dabei zu helfen, ihr Leben weniger quälend, sondern lustvoller zu gestalten. Man kann sich vorstellen, dass die Einrichtung sowohl einen Mangel (z. B. »Mönchsklause« oder »Laboratorium«) als auch ein Überangebot an Anregung (z. B. »Wohnzimmer«, »Salon«, »Separee«) enthalten bzw. nur eine sehr spezifische Ausrichtung (z. B. »Bücherei« oder »Antiquariat«) bieten kann. In der Einrichtung einer psychotherapeutischen Praxis materialisieren sich die konzeptionellen Überzeugungen des Analytikers.

Viele Patienten wählen ihre Therapeuten aufgrund ihrer mehr oder weniger bewussten Gegenübertragungen zur Atmosphäre des Erstkontaktes. Von einigen erfahren wir später, dass sie sich im Moment des Eintritts in die Praxis und während der ersten Begegnung wohl gefühlt haben. Ich erinnere mich an einen Patienten, der mir in meiner alten Praxis, mit karger Ausstattung und in einem einfachen städtischen Wohngebiet gelegen, unverblümt gesagt hat, dass er sich in diesem Milieu keine erfolgreiche Therapie vorstellen könnte. Patienten verwirrt auch, wenn sie widersprechende Botschaften erleben. Von einem erfuhr ich, dass er sich gegen einen Therapeuten entschieden hatte, weil dieser ihm zur Begrüßung zwar die Hand gereicht, aber den Oberarm zurückgehalten hätte. In diesem Moment hätte er sich nicht angenommen gefühlt. Eine Patientin war vor einer als »düster« erlebten Praxis zurückgeschreckt, in der sich diese Qualität noch steigerte, als der Analytiker beim Eintreten dunkle Vorhänge als Sichtschutz vor die Fenster gezogen hätte. Ein anderer Patient berichtete von einer irritierenden Situation bei einem Analytiker, dessen äußere Erscheinung von einer kaum übersehbaren Vernachlässigung zeugte, was in ihm sofort Zweifel weckte, ob dieser ihm bei seiner Selbstwertproblematik helfen könnte. Viele Lehranalysanden berichten von solchen Erfahrungen des ersten Eindrucks während der Erstbegegnungen in Aufnahmeinterviews und Vorgesprächen. Hier lassen sich bedeutsame Beobachtungen machen, die das Material für fundierte und vielseitige Untersuchungen von Erstbegegnungen liefern könnten.

Hier bin ich richtig:
Eine Kollegin, die vor vielen Jahren ihre Lehranalyse bei mir gemacht hatte, berichtete mir, als sie von meinen Forschungen zu diesem Buch erfuhr, schmunzelnd von ihrer Erstbegegnung mit mir, die mir längst entfallen war. Als sie zur ersten Stunde geschellt und ich sie an der Tür begrüßt hatte, sei ein bellender Cockerspaniel aufgetaucht. Ich hätte ihn liebevoll beruhigt und sie dann in den Behandlungsraum geleitet. Dabei habe sie, selber seit langem Besitzerin eines Hundes, für sich gedacht: »Hier bin ich richtig.«

8.2 Zum Klima der Praxis

Wenn nach Kategorien gesucht wird, die die bisher erwähnten und mögliche andere Wirkfaktoren einen, eignen sich dazu Begriffe wie Atmosphäre, Klima, Stimmung, Kultur. Sie sind uns aus dem Familienleben besonders vertraut. Sie lassen sich prototypisch für die ganzqualitativen Wachstumsbedingungen in Familie und psychotherapeutischem Feld heranziehen.

In seiner holistischen Sichtweise der Familie, die ihn auch zu einem der Wegbereiter der modernen Familientherapie macht (Heisterkamp 1985a), hat Adler bereits 1912 (b) und 1920 auf die benignen und malignen Auswirkungen des »Familienklimas«, der »Familienatmosphäre« oder des »Familiensinnes«, auf die Folgen des »nachteiligen Familienmilieus« für die Selbstentwicklung hingewiesen. Er macht auf »krankmachende Familiensituationen« und die »neurotische Familienluft« aufmerksam, »die das Kind frühzeitig vergiftet« (Adler 1912b, S. 207). In einer mehr salutogenen Perspektive ist auf die annehmende und ermutigende Atmosphäre gesunder Familien hinzuweisen, die die Entwicklung eines stabilen und kohäsiven Selbst fördert. Und wenn Patienten sich in Behandlung begeben, erleben sie sich auch in einem Klima, im günstigen Fall in einem annehmenden und haltenden: »Sie kommen auf einmal in eine neue Atmosphäre, wo sie merken, dass sie nicht verloren gegeben werden« (Adler 1930, S. 178). Auch die von Adler unterschiedenen Erziehungsstile der Kooperation, der Überbürdung, der Vernachlässigung und Verwöhnung (s. Adler 1929a, 1931) sowie die unvorhersehbaren Wechsel zwischen diesen Stilen charakterisieren als globale Kategorien durchgängige Stimmungen in Familien. Wie die atmosphärischen Bedingungen in Familien ermutigend und entmutigend sein können, so sind auch in psychotherapeutischen Praxen Wachstumsbedingungen zu vermuten, die für den einen oder anderen Patienten eher entwicklungsförderlich bzw. entwicklungshemmend sind.

Wenn wir Familien als gespannt, unecht, feindselig, niedergeschlagen, überbürdend, hektisch, diffus, beziehungslos, verwahrlost usw. und umgekehrt als zärtlich, heiter, ermutigend, achtsam, integrativ, differenziert usw. benennen, dann verweisen wir damit global auf familiäre Wirkungseinheiten, in die die Kinder hineingeboren werden, an denen sie schon in der präverbalen Phase partizipiert haben und die die grundlegenden Anregungsbedingungen ihrer Selbstwerdung darstellen. Über die unvermeidbare Teilhabe an diesen Wirkungszusammenhängen entwickelt ein Kind seine individuelle Struktur, die gleichzeitig wieder in spezifischer Weise zu Strukturierung und Umstrukturierung des Familiensystems beiträgt. Wenn wir mit Adler (1927) von einem ermutigenden Familienklima, mit Winnicott (1974) von einer förderlichen Umwelt oder mit Kohut (1987, S. 43 ff.) von einem spiegelnden bzw. empathischen Selbstobjekt-Milieu ausgehen, dann gewinnt das familiäre Klima eine das Selbst fundierende, stabilisierende und bestätigende Selbstobjektfunktion. Im anderen Falle entstehen durch chronische Entmutigungen, durch permanente Behinderungen des seelischen Existierens sowie durch andauernde Unempathie die uns bekannten gravierenden Selbststörungen. Die Atmosphäre strukturiert die Spielräume der Selbstwerdung vor. Ein solcher Entwicklungsrahmen, der bestimmte Lebensentwürfe nahe legt und andere erschwert bzw. verunmöglicht, wird durch die beiden Erfahrungen veranschaulicht, die ich in der Zeit des Übergangs von der Volksschule ins Gymnasium gemacht habe:

Wer auf einem Klavier herumklimpert, ist nicht ganz normal:
In meiner präödipal gebundenen, pietistischen Handwerkerfamilie war alles, was nicht mühsame Arbeit und quälende Anstrengung bereitete, im ausdrücklichen Sinne »vom Teufel«. Alles Fremde (z. B. Musisches, Luxuriöses, Lustvolles, Freudiges, Entspanntes) wirkte wie eine Bedrohung der symbiotischen Existenzform. Der Zwang solcher Systeme ist so unfassbar wie unerbittlich. Als ich etwa 8 oder 9 Jahre alt war, wurde ich von den Eltern eines Spielkameraden, die ihrem Sohn ein Klavier geschenkt hatten – wahrscheinlich als Motivationshilfe für ihr Kind –, gefragt, ob ich nicht mit diesem zusammen Klavierunterricht nehmen wollte. Sie stellten mir sogar das Klavier ihres Sohnes zum Üben in Aussicht. Aber es war mir völlig unmöglich, das freundliche Angebot zu nutzen. Darauf einzugehen, wäre mir wie eine Bedrohung meines Selbst vorgekommen. Ich hätte es wie einen Selbstverrat erlebt: Wer auf einem solchen Gerät herumklimpert, mit dem stimmte etwas nicht, der war nicht normal und taugte nichts. Da war ich mir völlig sicher. Eine solche systemische Ausrichtung funktioniert weitgehend unbewusst. So sicher ich mir in meiner aversiven Reaktion war, so sicher

bin ich mir auch, dass meine Eltern, wenn ich ihren Rat hätte einholen wollen, nichts gegen einen Klavierunterricht eingewendet und ihn mir schon gar nicht ausdrücklich untersagt hätten. Ich war mir der wirklichkeitsschaffenden Gewalt der Familienatmosphäre selber überhaupt nicht bewusst. Meine damalige Aversion gegen den Klavierunterricht blieb mir auch dann noch ein Rätsel, als sich das spätere Bedauern über meine musischen Fragmentierungen entwickelte. Meine Abneigung war Ausdruck eines familiären Tabus und sicherte die Zugehörigkeit.

Eine marginale Erfahrung:
Aus der Zeit, als ich in der Sexta des Gymnasiums war, erinnere ich mich noch gut an eine Szene, als ich mit einem Klassenkameraden nachmittags nach Hause fuhr und unausdrücklich und schockartig den Unterschied zwischen dem vornehmen, im englischen Stil eingerichteten Wohnzimmer eines Notarkindes und der beengten Wohnung meines kargen Elternhauses konfrontiert wurde. Aus heutiger Sicht verstehe ich diese marginale Erfahrung recht gut und kann nachfühlen, mit welcher Scham ich den Unterschied der beiden Wirklichkeiten erlebt haben werde. Ohne dass mir diese Gefühle oder Überlegungen nur näherungsweise zugänglich gewesen wären, hat die unmittelbare Erfahrung mit unerbittlicher Konsequenz gewirkt: Ich habe den Freund nie mit nach Hause genommen, ich bin nie mehr mit zu ihm gefahren, und auch unsere Beziehung war damit zu Ende. Eine bestimmte Atmosphäre hatte sich unausdrücklich vermittelt und hatte ihre unerbittlichen Auswirkungen.

Die den Lesern vertrauten Erfahrungen mit dem spezifischen Klima in Familien und seinen subtilen Auswirkungen lassen sich auch leicht auf die Atmosphäre in verschiedenen Praxen anwenden. Das wurde spürbar bei der Fotoausstellung »Die Couch«, für die die Pressereferentin der DGPT, Claudia Guderian, anlässlich der 50. Jahrestagung der DGPT 1999 in Hamburg einen fotografischen Streifzug durch die Behandlungspraxen von Psychoanalytikern gemacht hatte. So wurde z. B. das Bild einer Praxis ausgestellt, die so klein war und so karg und lieblos eingerichtet war wie eine Klosterzelle. Im Kommentar des betreffenden Analytikers hieß es meiner Erinnerung nach, dass eine analytische Praxis nicht wohnlich und gemütlich eingerichtet werden dürfe, da eine Psychoanalyse kein »Zuckerschlecken« sei, sondern harte Arbeit erfordere. Wenn ich zu Beginn meiner analytischen Weiterbildung selbst in eine solche Praxisatmosphäre gekommen wäre, wäre ich mit meinem puritanischen Herkommen sicherlich in eine basale Kollusion mit dem betreffenden Analytiker geraten, aus der ich wohl lange und nur mit ziemlichen Retraumatisierungen herausgekommen wäre.

Ein ganz anderes Ambiente und eine konträre Auffassung von Psychotherapie spricht aus dem folgenden Beispiel, und die beschriebene therapeutische Situation offenbart auch ganz andere Wirkungen, als sie das erste Beispiel vermuten lässt.

Eine heilsame Atmosphäre:

Ein 50-jähriger Gärtner, der u. a. unter depressiven Verstimmungen und ständigem Bluthochdruck und vielen anderen psychosomatischen Störungen litt, ging bereits im Erstgespräch bewundernd auf die Pflanzen im Arbeitszimmer ein. Das erfüllte Milch angesichts der fachlichen Kompetenz seines Patienten mit Stolz. Über die Pflanzen stellte der Patient einen guten Kontakt zu seinem Therapeuten her, der ihn seinerseits in den nachfolgenden Stunden zu bewundern begann. So konstellierte der Patient über die gemeinsame Liebe zur Natur eine heilsame Beziehung wechselseitiger Resonanz zu seinem mitschwingenden Analytiker. Die entspannte und ruhige Atmosphäre des Behandlungszimmers wirkte sich positiv auf den Patienten aus. Die Stunden wurden zu einem Ruhepol in seinem Leben. Als Milch einmal wegen eines Telefonates später in die Stunde kam, berichtete der Patient, die Minuten bis zu seinem Eintreffen wären ihm nicht lang geworden, weil er die ruhige Atmosphäre des Zimmers genossen hätte und es ihm wohl schon helfen würde, überhaupt nur eine Stunde bei ihm im Zimmer zu sitzen (Milch 2000, S. 21).

Die Vignette veranschaulicht, wie ein Patient die von seinem Analytiker bereitgestellte Situation für seine Heilung nutzen kann. Er genießt die ruhige und entspannte Atmosphäre im Behandlungsraum seines Analytikers, mit dem er sich in der gemeinsamen Liebe zur Natur verbunden fühlt, selbst wenn dieser noch gar nicht anwesend ist. Bei solchen Beispielen spüren wir, dass es psychologisch sinnvoll ist, die therapeutische Situation »freundlich«, »ruhig« und »wohlig« zu gestalten. Im Rahmen des Übertragungsprozesses konstellieren sich dann präverbale Wirkungszusammenhänge, in denen scheinbar »äußere« Dinge zu seelischem Leben erwachen: Die Atmosphäre lädt quasi ein, sie heißt willkommen, sie freut sich über den Besuch, sie beruhigt und entspannt. Die scheinbar »äußeren« Dinge werden zu »inneren«, die »inneren« verkörpern sich in den

»äußeren«. *Die Trennung zwischen einem vermeintlich Inneren und einem vermeintlich Äußeren hebt sich auf.* Sie ist psychologisch nicht mehr sinnvoll: Der Patient fühlt sich in der Atmosphäre unmittelbar wohl, willkommen geheißen, beruhigt, entspannt.

Aber es wird noch komplizierter, wenn wir bedenken, dass es »die« Atmosphäre auch nicht gibt, sondern dass sie nur vom Analytiker bereitgestellt wird und dem Patienten als Anhalt für die Erschaffung einer eigenen, bestenfalls beruhigenden Atmosphäre dient. Jeder kann sich leicht einen Patienten vorstellen, dem die Verspätung des Therapeuten genügt, eine von den meisten als freundlich erlebte Situation in eine trügerische und feindselige Wirklichkeit zu verwandeln. Das zu untersuchende Phänomen ist also sehr kompliziert. Als Bedingungen enthält es: die Gegebenheiten des therapeutischen Feldes, die persönlichen Gleichungen des Therapeuten und des Patienten, den Behandlungs- und Übertragungsprozess, die Zufälligkeiten jeweiliger Situationen usw. Wir müssen also jetzt schon feststellen, dass man »die« freundliche oder ruhige Atmosphäre nicht vom Seelischen abstrahieren kann, dass es keine absolute Wirkung des Milieus und auch kein direktes Beobachtungslernen gibt. Andererseits ist auch festzustellen, *dass ein freundliches, ruhiges und entspanntes Ambiente die Responsibilität des Analytikers ausstrahlt.* Das von ihm bereitgestellte Milieu, in das der Patient quasi »hineingeboren« wird, stellt einen *Möglichkeits- und einen Anregungsraum* dar, in dem basale Formen wohliger Präsenz und freundlicher Resonanz, aber auch fehlender Akzeptanz, kühler Distanzierung oder schwüler Vereinnahmung unmittelbar wirksam werden können.

Ein amüsantes Beispiel der atmosphärischen Wirkung habe ich in unserer Gemeinschaftspraxis, die meine Frau und ich zusammen haben, erlebt: Wir hatten die aus beweglichen Schaumstoffelementen bestehende Eckcouch in meinem geräumigen Behandlungsraum, den meine Frau für ihre Gruppenbehandlungen mit nutzt, neu beziehen lassen. Nachdem die Sitzelemente mehrere Jahre mit einem leuchtenden Gelb überzogen waren, hatten wir auf ein sattes Dunkelrot gewechselt, das nach unserem ästhetischen Empfinden ebenfalls sehr gut zum grauen Teppichboden und den gleichfarbenen Ornamenten der Fenstervorhänge passte. Meiner Frau und mir hatte die Auswahl des Stoffes viel Freude bereitet. Die neue Ausstattung wurde natürlich in den Behandlungen in verschiedenster Hinsicht zum Thema. Die Reaktion einer Analysandin auf »die rote

Couch« ist mir besonders in Erinnerung geblieben und illustriert die atmosphärische Wirkung einer Praxis:

Die rote Couch:

Nachdem sie sich in der erstmaligen Gruppensitzung im neuen Ambiente nur mühsam zurückhalten konnte, »platzte sie« in der folgenden sofort zu Beginn mit ihrem Erleben heraus. Sie könne es nicht mehr zurückhalten, wie schrecklich sie diese rote Couch erlebe. Sie habe sich wirklich überlegt, ob sie die Gruppe nicht sofort verlassen müsse. Nur mühsam habe sie sich zusammenreißen können und eine sofortige Abmeldung unterdrückt, da sie sich ja eigentlich vorgenommen habe, die Gruppe erst zu verlassen, wenn sie ihre Probleme befriedigend bearbeitet hätte. Wenn sie deutlich sagen würde, woran sie diese neuen Bezüge erinnern, dann falle ihr nur ein: »wie im Puff«. Vor dem Hintergrund ihrer Entwicklung und meines Bewusstseins freudiger Gemeinsamkeit mit meiner Frau (wir hatten uns mehrmals Arm in Arm froh unseren so schön veränderten Behandlungsraum angesehen) wurde eine Szene sehr deutlich. Die Analysandin stammt aus einer präödipal fixierten Familie, die nur zwei latent feindselige Allianzen kannte: die Dualunion von Mutter und behindertem Sohn auf der einen Seite und Vater und tüchtiger Tochter auf der anderen Seite. Meine Analysandin wurde in dieser Familie zum »Töchting« ihres Vaters, so sein Kosewort für sie, indem sie eine frühreife Hochleistungsfähigkeit (*tüch*tig) entwickelte und ihr Begehren auf ein Perfektionsstreben verschob, das so der Verdrängung anheimfiel (Töch*ting* im Anklang zu Liebling). Die farbliche Umgestaltung der Praxis führte für die Analysandin zur ruckartigen Erfahrung der erotisch-sexuellen Dimension, die sie in ihrem Erleben bisher abgewehrt hatte.

Nach einer langwierigen Phase der Bearbeitung ihrer notgeborenen Selbstentfremdung hatte sich allmählich ihr Selbst zur Freude auch der übrigen Gruppenmitglieder konsolidiert. Ich habe den Eindruck, dass diese Entwicklung auch noch besonders durch eine parallele Einzelbehandlung bei einer Analytikerin gefördert wurde und auf die Fähigkeit der beiden »analytischen Pflegeeltern« zurückgeht, ihr gemeinsames »Kind« nicht zur eigenen Sicherung und in der Beziehungsregulation zum anderen zu benötigen. Geleitet durch viele bewusste und unbewusste Hinweise, bewegte sie sich auf die Entwicklungsstelle zu, an der sie sich ihrer noch weitgehend unsicheren Geschlechtsidentität und des Mangels an erotisch-sexuellen Kontakten in ihrem Leben schmerzlich bewusst wurde. An der Schwelle dieser Entwicklung wurde sie durch die auf die Sphäre von Erotik und Sexualität hinweisende »rote Couch« aus ihrem Dornröschenschlaf aufgeschreckt. Vor meinem bzw. unserem persönlichen Hintergrund verstehe ich diese Episode wie die plötzliche Erfahrung eines Kindes, das erstmals wahrnimmt, dass seine Eltern eine besondere Beziehung haben, an der es nicht teilhaben kann, die aber offenbar sehr lustvoll ist. Nachdem die Abwehr in ihrer Wahrnehmung (»Puff«) deutlich wurde, eröffnete die erschreckende und verunsichernde Erfahrung von der roten Couch das Tor für bewegende Nachreifungen.

In einer folgenden Sitzung berichtet sie einen Traum: wie sie in einem Boot vom offenen Meer in eine Flussmündung fährt und sich immer mehr dem Land nähert. In einer folgenden Szene sieht sie mich und meine Frau »in einem intensiven Austausch«, während sie mit den übrigen Gruppenmitgliedern auf einer Wiese spielt. Dann ist sie befasst »mit einer wirklich schwierigen Aufgabe«, die ich ihr und den anderen gestellt habe. In der anschließenden Bearbeitung nehmen die Gruppe und ich freudigen Anteil an ihrer bisherigen Entwicklung und sehen darin einen Ausdruck, dass »sie wieder Land sieht«. Es wird weiter offenbar, dass sie mittlerweile zwischen den Generationengrenzen zu unterscheiden vermag und die wachstumsförderliche Erfahrung nachholt oder zulässt, dass zwischen der Beziehung der Eltern untereinander und der Beziehung der Eltern zu ihren Kindern ein wesentlicher Unterschied besteht. Den tieferen Sinn ihrer Anstrengungen mit der »schwierigen Aufgabe« zu verstehen bereitete ihr und der Gruppe noch einige Schwierigkeiten. Über ein Sprachspiel fiel ES ihr aber wie Schuppen von den Augen. Sie war auf eine Leistungsanforderung einer schwierigen Aufgabe, die ihr zur »Lösung« aufgegeben war, fixiert gewesen. Als ich auf einen Doppelsinn dieses Wortes hinwies, wurde ihr eine neue, für sie bisher völlig unbewusste Bedeutung zugänglich: Es geht um ein schwieriges Entwicklungsproblem, um die Aufgabe der Dualunion mit dem Vater, die vermutlich die mit der Mutter missglückte noch verdeckt. Es geht also um die »Lösung« von den frühen Bildern ihrer Objekte und die Aufgabe ihrer Hoffnungen und Bemühungen, die ihr versagten Bedürfnisse nach Resonanz doch noch zu erhalten und stattdessen das Risiko zu wagen, die in den aktuellen Kontakten liegenden Möglichkeiten zu nutzen.

Das nächste Beispiel gefällt mir besonders gut, weil es einen offensichtlichen Bezug zu den konzeptionellen Bedingungen des Settings veranschaulicht und darüber hinaus auch zeigt, dass die analytische Situation – wie es die Reinlichkeitsfiktion so gerne glauben lässt – *nicht nur einen Möglichkeitsraum, sondern auch einen Anregungsraum* darstellt und dass die Reaktion auf die bereitgestellte Situation zu vielfältigen Enactments mit ihren fruchtbaren behandlungsmethodischen Implikationen einlädt.

Ein Hügel lauter schöner Kelimkissen:

Von der Einweihungsfeier einer psychoanalytischen Praxis möchte ich eine interessante Beobachtung berichten: In einem stilvoll eingerichteten Behandlungsraum zog ein kunstvoll arrangierter Hügel aus lauter schönen Kelimkissen in Höhe des Fußendes der Couch meine und die Aufmerksamkeit vieler anderer Kolleginnen und Kollegen auf sich. Alle Insider wussten sofort, dass es sich um die individuellen Kopfkissen der Patienten handelte, die bei der Analytikerin, die zur Einweihungsfeier geladen hatte, derzeit in Analyse waren. Zunächst möchte ich schmunzelnd feststellen, dass hier eine in einer »strengen« Freud'schen Entwicklungslinie stehende Analytikerin in ihrer Praxis die Bedeutung der Geschwister- und Familienkonstellation, die von Adler (1912b und c, 1929a und b, 1931) in die Tiefenpsychologie eingeführt wurde, in anschaulicher Weise bewusst oder unbewusst einführt. Das Ödipuskonzept wird so um die Dynamik von Geschwisterbeziehungen und über familiäre Dreiecksbeziehungen hinaus erweitert. Auch unter behandlungsmethodischen Gesichtspunkten ist eine solche Anordnung relevant. Sie stellt eine dauernde Anregung dar, die Beziehung zu den Couchgeschwistern zu bearbeiten. Darüber hinaus ist der Akt, indem das eigene Kopfkissen geholt und weggelegt wird, die Basis für die Wiederbelebung unendlich vieler Handlungsdialoge. Vor dem Konzept der behandlungsmethodischen Implikationen von Enactments stellt sich vor allem die Frage, wie die vielen zu erwartenden operativen Andeutungen *aufgegriffen* werden. Wie geht die Analytikerin damit um, wenn Patienten Lust bekommen, mehrere Kissen mit auf die Couch zu nehmen, auf dem Boden damit zu spielen, vielleicht damit ein Soziogramm oder eine Familie zu konstellieren, oder wenn Patienten gar den Impuls verspüren, eine Kissenschlacht zu machen oder das kunstvolle Arrangement mit Füßen zu zerstören?

Wie der Begriff der Atmosphäre schon andeutet, geht es hier um stimmungsmäßige und anmutungshafte Gesamtqualitäten, die das spezifische therapeutische Interaktionsgeschehen begründen, durchtönen und umgeben. Sie sind nur mit ubiquitären klimatischen Bedingungen bzw. mit den eindringlichen Erfahrungen von Klängen zu vergleichen. Als umfassende und durchgängige Qualitäten des Erlebens legen sie das spezifische Tun und Lassen des Therapeuten aus. In dieses »Klima« gelangt der Patient. Wie das Kind die vorgefundene Atmosphäre in seiner Familie erfährt und – im Rahmen der vorgegebenen Chancen und Begrenzungen – in eigener Weise für sich gestaltet, so schafft auch jedes analytische Paar ein spezifisches intersubjektives Feld, das in Fallstudien nur andeutungsweise fass-

bar wird. Wenn wir davon ausgehen, dass wir mit dem Patienten
mitschwingen und uns in ihn hineinversetzen, gerät über die Wahr-
nehmungsgestalt einer linearen Einfühlung das Bewusstsein aus dem
Blick, dass wir uns dabei im intersubjektiven Raum bewegen und
dass die sich dabei ausbreitende Atmosphäre per se ihre heilsamen
und unheilsamen Wirkungen erzielt. Sie vollziehen sich meistens
über die unmittelbaren Erfahrungen des präsentischen Verstehens.
Die intersubjektive oder wirkungsanalytische Perspektive richtet ihr
Bewusstsein darauf, »welche Heilungsressourcen das Analytiker-
Patient-Paar in sich birgt« (Orange, Atwood, Stolorow 2001, S. 44).
Das erfordert die Aufmerksamkeit für das Besondere der sich entwickelnden Wirkungseinheit, welche der individuelle Patient und
der individuelle Analytiker intersubjektiv schaffen, und lässt sich
nicht durch behandlungstechnische Regeln bestimmen.

8.3 »Der Schatten des Objekts«

Im Atmosphärischen haben wir einen Wirkfaktor vor uns, der unter Umständen konzeptionelle Unterschiede stark nivelliert und innerhalb ein und derselben Therapiemethode zu größeren interindi-
viduellen Unterschieden führen kann als zwischen Therapeuten verschiedener therapeutischer Richtungen. Begriffe wie Atmosphäre
oder Klima stehen für durchgängige und umfassende Gefühlsquali-
täten des psychotherapeutischen Werkes. Dazu gehören: die vielfältigen sinnlichen Qualitäten der Praxis, von ihrer Lage, ihrer Ausstattung und Einrichtung bis hin zu ihrem typischen Duft oder Geruch, die in ihr herrschenden ausdrücklichen und unausdrücklichen
Umgangsregeln, das darin spürbare implizite Menschenbild, die persönliche Ausstrahlung des Analytikers, seine Behandlungsprinzi-
pien, und insbesondere deren personcharakteristische Durch- und
Ausformung. Das psychotherapeutische Feld strahlt eine mehr oder
weniger fassbare Stimmung aus. Sie qualifiziert in typischer Weise
das therapeutische Gesamtwerk und bestimmt insgeheim die therapeutischen Wirkungszusammenhänge mit. Sie lassen sich vor dem
Hintergrund einer tiefenpsychologischen Analyse der *Stimmungen*
nach Bollas (1997, S. 111 f.) noch vertieft verstehen. *In ihnen kon-*

servieren sich frühe Selbst- oder Seinszustände, mit denen belastende Erfahrungen sowohl abgewehrt als auch festgehalten werden.

»Folglich sind Stimmungen oft die existenzielle Niederschrift eines Moments, in dem zwischen einem Kind und seinen Eltern etwas in die Brüche ging, und lassen an eine Stockung in der Entwicklung der Eltern selbst denken, die offenbar nicht imstande waren, in angemessener Weise mit den besonderen, von seinem Reifungsprozess bedingten Bedürfnissen des Kindes umzugehen. Die Eltern ließen sich nicht auf eine Selbst-Erfahrung des Kindes ein, die in seine fortlaufende Selbst-Entwicklung hätte integriert werden können, und wurden ihrer Aufgabe als normale ›Verwandlungsobjekte‹ nicht gerecht. So musste es dazu kommen, dass das Kind den Selbstzustand zu etwas einfror, das ich ein konservierendes Objekt genannt habe, und ihn von da an nur noch in Stimmungen ausdrückte.« (Bollas 1997, S. 128)

In Einzel- und in Gruppentherapien wird der Therapeut Zeuge solcher belastender Selbstzustände, die für den Patienten kaum fassbar und noch weniger verstehbar sind. Sie lassen sich gut behandeln, wenn man bedenkt, dass die Patienten in ihrer aktuellen Wirklichkeit Seinszustände aufsuchen, die frühen unbewältigten Selbsterfahrungen entsprechen. Einerseits stellen die Situationen eine Verbindung zu bedeutsamen frühen Objekten dar, und andererseits drängt das Seelische auf eine Lösung. Zwei Beispiele sollen das veranschaulichen.

Spiel mir das Lied von Schwermut:

Eine depressiv strukturierte Patientin bereist wunderschöne Orte, um angesichts der ganzen Pracht in eine tiefe Niedergeschlagenheit und Verlorenheit zu versinken. Das wiederholt sich in der Gruppe, wenn andere vom Glück einer neuen Liebe berichten. Die Patientin sucht hier unbewusst einen bisher nicht fassbaren Selbstzustand auf, der ihr von frühester Kindheit vertraut ist: das Glück und Unglück eines verschmelzenden Wirs mit dem Vater, der sich in seinen Depressionen ans Klavier setzte und schwermütige Lieder spielte. Aus dieser verdrehten Form von Resonanz fand sie nicht heraus und entwickelte eine Freudehemmung. Sich seines Lebens zu freuen war gleichbedeutend mit einer Trennung vom Vater und dem Verrat des ureigenen Bedürfnisses nach entwicklungsnotwendiger Resonanz.

Im falschen Club:

Ein homosexueller Patient fragte sich nach dem Winterurlaub, was ihn dazu bewegt haben könnte, eine »Hetero-Disko« aufgesucht und sich

solchen Qualen ausgesetzt zu haben, nämlich »lauter süße, schnucke-
lige Jungs« zu sehen, die mit ihm überhaupt nichts im Sinn gehabt hätten. Ihm war es danach sehr schlecht ergangen. Im Laufe des Durcharbeitens stellte sich mit überraschender Klarheit heraus, dass er hier einen frühen Selbstzustand, eine früh gebildete seelische Verfassung ins
Bild gerückt hatte, nämlich wie verloren und leer er sich in der Nähe
seiner depressiv entrückten Mutter gefühlt hatte. Der einzige Kontakt,
den er mit ihr erinnern konnte, bestand darin, »mit dem Amulett an der
Halskette der madonnenhaften Mutter zu spielen«. Er hatte eine »ver-
traute Situation« aufgesucht. Sie setzte die ursprüngliche Notlage ins
Bild, die »messianische« Überkompensation sowie die daraus resultierenden Konflikte (z. B. Minderwertigkeitsgefühle versus Größen-
phantasien).

In »konservierenden Objekten« steckt ein therapeutisches Potenzial, weil sie originäre Selbstaspekte und Seinszustände konservieren,
in denen Kinder von ihren Eltern als responsible Selbstobjekte, die
sie bei der Verarbeitung und Integration hätten unterstützen können, im Stich gelassen wurden. Von basaler Bedeutung ist der
fruchtbare Moment, in dem der Patient *dieser kaum fassbaren Gefühle gewahr wird und dabei von einem mitschwingenden Gegenüber begleitet* wird. Den daraus resultierenden Konflikt (z. B. zwischen den Ängsten, einen »vertrauten« notdürftigen Halt und die
damit verbundenen entwicklungsgemäßen Erwartungen aufzugeben, und den Ängsten vor dem Ungewissen, die umso bedrohlicher
sind, je weniger dem Patienten Entwicklungs- und Hoffnungsbilder
zur Verfügung stehen) ist von sekundärer Bedeutung. Die psychotherapeutische Hauptarbeit liegt in der spezifischen neuen Selbsterfahrung, welche erst die psychodynamische Einsicht fundiert.
Wir können die psychotherapeutische Relevanz von Stimmungen
unter der Perspektive des Patienten und unter der des Therapeuten
betrachten. Beide haben ihre operative Dimension. Im ersten Falle
geht es um den »Umgang« des Therapeuten mit den frühen Selbstzuständen und den traumatischen Erfahrungen des Patienten, wenn
er sich mit ihnen projektiv identifiziert fühlt. Insofern wird er ja
wirklich vom Patienten in schlimme oder auch in glückliche Seinszustände versetzt. Er muss zu seiner Verfassung immer wieder einen
Abstand finden, sein jeweiliges Erleben verarbeiten und es in eine
therapeutische Intervention umsetzen. Während er dem Patienten
dabei behilflich ist, seine abgespaltenen Erfahrungen zu bearbeiten

und zu integrieren, arbeiten sich beide realiter und exemplarisch aus der jeweiligen emotionalen Verstrickung heraus. Das ist schon kompliziert genug.

Darüber hinaus möchte ich hier die Psychoanalyse der Stimmungen auf den Therapeuten selbst und das Ambiente seiner Praxis anwenden. Die Diskussion darüber, ob der Analytiker während der Behandlung seinen Ehering tragen sollte, ob er dem Patienten zur Begrüßung die Hand reichen oder ob er ihm das Kopfkissen auf der Couch bereiten sollte oder nicht, gehören der Vergangenheit an. Auch das frühe Bemühen um Neutralität hat sich nicht nur als unmöglich, sondern auch als unmenschlich erwiesen. Es herrscht sicherlich Einmütigkeit darüber, dass der Analytiker gar nicht anders kann, als sich in der Gestaltung des therapeutischen Ambientes als Subjekt zu zeigen, und dass es kontraproduktiv für das therapeutische Ziel ist, sich zu verstellen. Wenn wir betonen, dass sich der Psychoanalytiker *unvermeidlich* in seiner Praxis zeigt oder dass er sich nicht *verstecken* kann, fällt die negative Formulierung auf. Das klingt beinahe so, als wäre der Analytiker ein notwendiges Übel. Ob das nicht immer noch Auswirkungen des Purismus sind? Bollas findet eine direkte, positive Wendung, wenn er schreibt:

»Jeder Psychoanalytiker ist anders. Wir haben alle eine besondere Art, unser Sprechzimmer einzurichten. Wir unterscheiden uns darin, wie wir uns kleiden, wie wir riechen, wie wir uns einem Patienten vorstellen, wie wir im Zimmer herumgehen, wie wir eine Sitzung beenden und wie wir sprechen. Von dem Augenblick an, da ein Analysand unser Terrain betritt, üben wir Einfluss auf ihn aus. Schon unser Zugegensein ist eine Handlung, und der Patient reagiert darauf. Auf kaum merkliche Weise lässt er uns wissen, welche unmittelbaren Wirkungen unser Dasein und unser Idiom im einzelnen in ihm auslösen.« (Bollas 1997, S. 251)

Auf dieser Grundlage möchte ich noch einen Schritt weitergehen und hervorheben, dass ein gesunder Psychotherapeut seinen Arbeitsbereich – unter Berücksichtigung der praxeologischen Erfordernisse – so einrichtet, dass er Gefallen daran findet, dass er sich darin wohl fühlt und gern dort arbeitet. Sein Ambiente bringt zum Ausdruck, dass er sich seiner Arbeit freut, stolz ist auf seine erworbene und durch Erfahrung differenzierte Kompetenz. In dieser Verfassung stellt er dem Patienten ein Arbeitsfeld zur Verfügung, das der förderlichen Umwelt von Kindern zufriedener oder gar glücklicher Eltern entspricht. Auch die wirken meistens mehr dadurch, wie sie sich ihren Kindern gegenüber verhalten und was sie ihnen vorleben, als durch das, was sie ihnen erzählen.

Jenseits all seiner Kompetenz und seinem tiefenpsychologischen Verständnis von Abstinenz durchzieht die individuelle Gleichung eines jeden Therapeuten sein gesamtes therapeutisches Werk. In einer psychotherapeutischen Praxis »herrscht« eine spezifische Stimmung, in die Patienten »hineingeboren« und an der sie in der ihnen eigenen Weise teilhaben. In humorvoller Weise veranschaulichen das die karikierten Praxisbilder berühmter Psychoanalytiker in dem Bildband von Matejek und Lempa (2001). Hier äußert sich eine in der bisherigen psychoanalytischen Landschaft seltene Fähigkeit, über sich selbst zu lachen (Mentzos 2001). Kohut hat nicht umsonst den Humor als eines der Merkmale des transformierten Narzissmus hervorgehoben (1975, 140 ff., 1976, 334 ff.). Wenn wir die Eigenheiten unserer Praxis humorvoll betrachten, gewinnen wir hilfreiche Anregungen für unsere Arbeit und für unser Wohlergehen. Die schmunzelnde Akzeptanz der verschiedenen therapeutischen Wirklichkeiten, die im Humor liegende Bejahung dessen, was ist, wie es ist, in all seinen Begrenztheiten und Unzulänglichkeiten, steht in einem wohltuenden Gegensatz zu den unerbittlichen Methodenstreitigkeiten und bildet den Humus für potenzielle Verständigung und friedliche Koexistenz.

Die Stimmung in einer Praxis ist also immer auch eine Szene des jeweiligen Analytikers. In ihr aktualisieren sich die frühen und/oder heutigen Selbst- und Seinszustände des Therapeuten, und zwar zum jeweiligen Wohl und Wehe des Patienten. *Stimmungen markieren typische Entwicklungschancen und -begrenzungen des therapeutischen Raumes.* Sie können dem Analytiker bewusst und zugänglich sein und sie können die Konservierung unerledigter früher Selbstzustände sein, zu denen die jeweilige Behandlungslehre oder Schulrichtung dann nur ihre passenden Rationalisierungen liefert. Es ist uns geläufig, dass paranoide Tendenzen in feindselige Deutungen gepackt werden können, dass eigene Minderwertigkeitsgefühle mit finalen Zuschreibungen abgewehrt werden können, dass sadistische Tendenzen in denunzierenden Deutungen ausagiert werden können, dass symbiotische Tendenzen als empathisch verklärt werden können, dass leibliche Selbstbewegungen sprachlich blockiert werden können. Welcher Abwehr und Sicherung die eigene Berufspraxis auch dient, sie wird sich im therapeutischen Feld unvermeidbar in Szene setzen und dort weitgehend unbemerkt auch ihre unheilsamen Wirkungen erzeugen. Als atmosphärische Stimmung spricht das Unbewusste, das Bollas (1997) als das »ungedachte Bekannte« bezeichnet, weiterhin zum Patienten. Auf der operativen Ebene geht dieser damit um, »atmet« er diese Atmosphäre quasi ein, gelangt sie in den seelischen Kreislauf seiner Verfassung und wird entsprechend »verdaut«.

Im günstigen Falle hat der Analytiker die belastenden Selbstzustände seiner eigenen Individuation bis in die Grundformen seiner Selbstwerdung hinein bearbeiten können. Das wird m. E. häufiger vorausgesetzt, als es gerechtfertigt zu sein scheint, da nach meinen Erfahrungen die frühen Selbst- und Seinszustände oft jenseits der Worte wirken und ebenfalls oft jenseits der Deutung verbleiben und sich einer traditionellen Bearbeitung nicht selten verschließen. Wenn der Analytiker selbst sein frühes Unglück nicht tief genug bearbeiten und nicht ausreichend Ressourcen der Lebendigkeit freilegen konnte, reinszeniert sich seine gedämpfte Lebendigkeit und Lebensfreude in der Art und Weise, wie er sich einrichtet, kleidet und arbeitet. Selbst wenn die frühen Selbstzustände ansprechbar wurden, bleibt die Durcharbeitung leicht aufgesetzt und erreicht die Störungen nicht auf der Regressionsebene, auf der sie entstanden sind. Für diese Annahme spricht, dass die progressiven und differenzierten Überlegungen von Bollas erst vor wenigen Jahren publiziert wurden. An seinen Ausführungen selber zeigt sich, dass das einfühlende Verstehen gerade bei den frühen Störungen auf seine mentalen Grenzen stößt und einer operativen Fundierung bedürfte, um die unerledigten Komplexe entwicklungsanalog wieder aufgreifen und weiterführen zu können.

8.3 Benigne und maligne Simmungen

Kollusionen zwischen Praxisstimmung und Verfassung des Patienten können sich während der Behandlung immer wieder unbemerkt vollziehen. Ein Musterbeispiel für einen solchen *Gegenübertragungswiderstand* bzw. eine *Abwehrkollusion* ist die *Ausblendung der Freude* aus der analytischen Psychotherapie. Lachmann findet es »traurig aber wahr«, dass Spiel und Humor weitgehend aus dem therapeutischen Prozess ausgeschlossen sind. Freuds (1905) Auffassung vom Witz und seiner Beziehung zum Unbewussten und dessen Lokalisierung in einer Psychopathologie des Alltagslebens würden den Therapeuten dem Verdacht mangelnder Abstinenz aussetzen. Das habe dazu geführt, »dass therapeutische Behandlungen ... häufig in einer Atmosphäre der Humorlosigkeit durchgeführt werden«, in der sowohl der Patient als auch der Therapeut abstürben (Lachmann 2002, Ms. S. 1 f.).

Diese Auffassung wird von meinen empirischen Untersuchungen bestätigt. Sie zeigen, dass in psychoanalytischen Zeitschriften freudige Phänomene weitgehend tabuisiert erscheinen. Die wenigen, die benannt werden, beziehen sich nur in verschwindend geringer Häufigkeit auf die Patient-Therapeut-Beziehung. Die Ergebnisse erwecken den Eindruck, *als wäre Psychotherapie ein freudloses Geschehen.* Das ist sehr fragwürdig, wenn man bedenkt, dass Angst das Wesensmerkmal aller Regulierungsprobleme des Seelischen und demgegenüber gerade die Freude das emotionale Quale für gelingende Strukturierungen und Umstrukturierungen ist. Ist es überhaupt denkbar, wenn *Freude das typische Gefühl des Neubeginns* ist, dass es für Analytiker und Patient so wenig zu lachen gibt und dass sie kaum Anlass zur Freude finden? Selbst wenn wir unterstellen, dass hier die puristische Phase der Psychoanalyse noch ihren langen Kernschatten auf freudige Vorgänge der Analyse geworfen hat und sich Psychoanalytiker und ihre Patienten viel häufiger freuen, als sie in ihren Publikationen preisgeben, hat diese Ausdruckshemmung ihrerseits wieder ihre einengende Wirkung. Dabei ist doch anzunehmen, dass *der Glanz im Auge des Analytikers* eine entsprechende Bedeutung für die Selbstfindung des Patienten hat wie die Freude der Eltern über und an ihren Kindern.

Der häufigste und immer wieder zu beobachtende Gegenübertragungswiderstand des Analytikers ist der gehemmte oder verleugnende Umgang mit der Freude des Patienten und mit der eigenen Freude. Darüber gelangen Patient und Analytiker häufig in die Kollusion einer gemeinsamen Abwehr. Da es sich hier nicht nur um eine individuelle, sondern um eine systemische Ausblendung handelt, die wohl mit der psychoanalytischen Sozialisation zusammenhängt, ist sie bisher so wenig aufgefallen. Es scheint mir, dass gavise Aus-

drucksformen in der Psychoanalyse grundsätzlich unter Abwehr-
verdacht stehen. Dem therapeutischen Umgang mit der Freude haf-
tet noch viel von diesen Vorurteilen an. Wenn der Analytiker sich
öffentlich mit den Fortschritten seines Patienten freut, setzt er sich
leicht dem Verdikt des Mitagierens und der mangelnden Abstinenz
aus. Der Selbstschutz des Analytikers ist in diesem Zusammenhang
besonders einfühlbar, da er sich ebenso wie der Patient gerade bei
der Selbstartikulation von Freude sehr offen zeigt und damit sehr
verwundbar wird (s. Heisterkamp 2001a, S. 860 f.).

Die freundliche Atmosphäre einer Praxis birgt eine präverbale Bot-
schaft, die sich über die Stimmung vermittelt: du, der du bist, wie du
bist, sei willkommen. Wir laden den Patienten in ein Ambiente ein,
das zumeist ein Gegenbild zu dem Familienklima darstellt, aus dem
sie stammen. Nach Reinert lässt sich die durchgängige Reaktion der
Bezugspersonen bei narzisstisch gestörten Patienten in dem Kern-
satz verdichten: »Wenn du nicht so bist, wie ich dich haben will, so
bist du nicht richtig und ich verlasse dich, mag dich nicht mehr, ver-
lache dich, beschimpfe dich, mache dich klein« (Reinert 2001a,
S. 103). Und in den Familien der Borderline-Patienten herrscht die
atmosphärische Tendenz: »Wenn du nicht so bist, wie ich dich haben will, so sollst du am besten gar nicht geboren sein, sollst nicht
mehr da sein.« (ebd.)

Bollas (1997) unterscheidet zwischen benignen und malignen Stimmungen. Die Letzteren dienen dazu, den anderen in den Dienst einer Selbstfunktion zu stellen. Die Stimmung soll in diesem Fall eine bedeutsame Person beeinflussen und sie zu einem bestimmten
Verhalten und Erleben drängen. Ich habe dieses, besonders für familiäre Verstrickungen typische Geschehen als eine wechselseitige
Be-Nötigung beschrieben. Der andere wird in den Dienst der eigenen Abwehr und Sicherung gedrängt. Eine Stimmung sei nur als
fruchtbar anzusehen, »wenn der Betreffende in der Lage ist, aus der
Stimmung herauszutreten und über dieses Objekt so zu reflektieren« (Bollas 1997, S. 113). Diese Überlegungen lassen sich auch auf
die atmosphärischen Stimmungen in Praxen übertragen und führen
dann zu einer Einteilung in solche, die für den Heilungs- und
Wachstumsprozess des Patienten förderlich sind, und in solche, die
für diesen hinderlich sind und die Entwicklungsprobleme noch vergrößern. Cremerius gibt dazu zwei typische Beispiele. In einem
autobiographischen Aufsatz schildert er, wie eine anfänglich ange-

nehme Stimmung in seiner Lehranalyse bei Riemann, in der er sich stark und lebendig fühlte, unverständlicherweise umschlug in eine von beiden nicht verstandene Atmosphäre von Spannung, Gereiztheit, Rivalität und Feindseligkeit:

Eine schlimme Analyseerfahrung:
»Ich habe eine schlimme, aber auch eine für den zukünftigen Analytiker instruktive Erfahrung gemacht: ich habe die zerstörerische Wirkung, die eine Analyse haben kann, am eigenen Leibe erfahren. Für viele Jahre war ich in meinem Selbstgefühl beschädigt. Es bedurfte einer zweiten Analyse, den Schaden zu beheben.« (Cremerius 1994, S. 88)

Im Gegensatz dazu stehen seine Erfahrungen in der Analyse bei Bally sowie mit den Kollegen des Züricher Seminars:

Ich fühlte mich wohl wie ein Fisch im Wasser:
»Mein Wohlbefinden erwuchs auch aus meiner persönlichen Analyse mit Bally, von dem ich mich akzeptiert und verstanden fühlte. Er vermittelte ein förderndes Verstehen in einem *ruhigen Klima von Wohlwollen.*« (Cremerius 1994, S. 99) Als Folge seiner Eindrücke aus der Lehranalyse und den Seminaren änderte sich auch seine Arbeit mit Patienten, und er »befreite sich von den in Deutschland erlernten starren Regeln, die oft Züge von Unmenschlichkeit zeigten. Jetzt ging es nicht mehr um Schweigen oder Nichtschweigen (ein in München heißes Thema), nicht mehr um Purismus, Abstinenz und Neutralität als Prinzip, jetzt ging es darum, *ein Klima zu schaffen, in dem Analytiker und Analysand sich wohl fühlen können.* Ich erlebte immer häufiger Analysenstunden mit meinen Patienten, in denen ich mich von der Überlegung, ist das falsch oder richtig, befreien konnte, *mich wohl fühlte wie ein Fisch im Wasser.*« (Cremerius 1994, S. 98, Kursivdruck von mir, G. H.)

In den regelmäßigen Sitzungen hat der Patient die Möglichkeit, in eine freundliche Praxisatmosphäre einzutauchen und sich von ihrer Ausstrahlung »wärmen« zu lassen und in diesem Ambiente »aufzublühen«. Über die Atmosphäre der psychotherapeutischen Praxis strahlt die Freude des Analytikers auch seinen Patienten an. Ein wohlwollendes und wohliges Klima wirkt also beim Patienten ähnlich, wie es dem Analytiker selber gut tut und gut bekommt. Eine annehmende Atmosphäre evoziert entsprechend frühe, bis in die aktuelle Gegenwart nachwirkende Komplexe. Indem diese operativ und verstehend durchgearbeitet werden, nimmt der Patient teil an einer heilsamen und wohltuenden Wirkungseinheit. Hierbei erhält er die basale Möglichkeit, unmittelbare intersubjektive Erfahrungen zu machen. Sie rufen nicht selten bisher unzugängliche Ressourcen der eigenen Entwicklung wach und drängen auf ihre Realisierung in der aktuellen Lebenswirklichkeit. Auch die Befürchtungen, damit eventuell aggressive Tendenzen oder die Entwicklung einer negativen Übertragung zu unterdrücken, treffen nach meiner Erfahrung nicht zu. Zum einen artikulieren sich diese Gefühle oft in der Zeit, bevor der Patient sich überhaupt auf das freundliche Klima einlassen konnte, und zum anderen stellt die ruhige und freundliche Atmosphäre gerade eine Ermutigung dar, aggressive Übertragungen zu wagen.

Die Atmosphäre der Praxis lässt sich als ein allgegenwärtiges, vom Analytiker initiiertes Enactment ansehen, das das gesamte Geschehen bei der analytischen Arbeit durchformt. Der Patient begibt sich in eine von seinem Therapeuten induzierte Atmosphäre. Indem er sich in der ihm eigenen personcharakteristischen Weise in diese Atmosphäre einfindet, einstimmt und darauf antwortet, entsteht ein vom Analytiker ausgehender Prozess der Übertragung (des Analytikers und des Patienten) und der Gegenübertragung (des Analytikers und des Patienten). Von besonderer Wichtigkeit scheint mir die Initiation durch den Analytiker. Der Patient findet immer ein bestimmtes Praxisklima vor, auf das er quasi mit seiner Gegenübertragung antwortet. Schauen wir uns die vier von mir herausgestellten Behandlungsformen von Enactments (S. 54) an und wenden sie einmal auf diese Situation an:

Die für die Verbalanalyse typische Methode, dass der Analytiker den unbewussten Handlungsdialog bemerkt, anspricht und deutet, ist hier – vermutlich wegen seiner grundlegenden Eigenbeteiligung – wohl der seltene Fall. Ich erinnere mich selbst auch nur an punktuelle Thematisierungen.

Der zweite Fall ausbleibender Bearbeitung, weil das Enactment nicht bemerkt wird, ist hierbei die Regel. In den Fällen, in denen Analytiker und Patient in eine atmosphärische Übertragungs- und Gegenübertragungskollusion geraten, bleibt diese unbearbeitet und chronifiziert einen frühen Selbstzustand. Das gilt auch für die Fälle, in denen der Patient aus eigenen Sicherungs- und Abwehrgründen eine von ihm erlebte Unstimmigkeit oder Unverträglichkeit des

Praxisklimas nicht ansprechen kann. Das Praxisklima entfaltet hier iatrogene Wirkungen.

Die dritte Form, in der das basale Zusammenspiel von Analytiker und Patient ebenfalls nicht bemerkt und bearbeitet wird, unterscheidet sich gerade in diesen latenten Wirkungen. In diesem Fall wirkt sich das atmosphärische Miteinander heilsam aus wie das erholsame Klima eines Kurortes. Hier haben die meisten unspezifischen Wirkfaktoren von Psychotherapien ihren psychologischen Ort.

Schließlich können diese aber – wie eben auch die Anwendungen einer Kur – noch stabilisiert und gesteigert werden, wenn sie bewusst aufgegriffen und in ihrer meist basalen Bedeutung erfasst werden können. Die heilsamen Wirkungen evozieren nämlich fast immer biographische Oasen des Glücks und verweisen auf ihre potenziellen oder faktischen Entsprechungen im gegenwärtigen Leben. Sie erschließen dem Patienten dann wichtige Ressourcen und fördern seine aktuelle Lebensfreude.

9. Verwandlungen des Analytikers

9.1 Eine nicht angenommene historische Entdeckung

Es gibt im therapeutischen Raum Erfahrungen, die ihre unmittelbaren Wirkungen jenseits der jeweiligen Behandlungstechnik bzw. trotz dieser offenbaren: wenn das Interaktionsgeschehen zwischen Patient und Therapeut den Psychoanalytiker selbst verändert. Das ist einer jener Vorgänge, der sich realiter wohl viel häufiger vollzieht, als darüber berichtet wird. Zunächst einmal bestätigen solche Ereignisse die bisherigen Ausführungen: Wenn schon die »laienhafte« Beteiligung des Patienten am analytischen Beziehungsgeschehen zu therapeutischen Effekten beim hoch trainierten und lang analysierten Therapeuten führt, wieviel häufiger und intensiver werden sich ähnliche Wirkungen in der tagtäglichen Behandlungspraxis mit dem Patienten ereignen! Dieses Kapitel widmet sich ausdrücklich den eigenen Wandlungserfahrungen des Therapeuten während der Behandlung. Erstmals machte C. G. Jung 1929 (1979, S. 60 ff.) in einem Jahrbuchbeitrag unter dem Titel »Die Probleme der modernen Psychotherapie« darauf aufmerksam, dass auch der Patient den Therapeuten behandelt und dass *in der Begegnung beider eine gegenseitige Wandlung* erfolgt.

»Denn, wie man es auch drehen und wenden mag, die Beziehung zwischen Arzt und Patient ist eine persönliche Beziehung innerhalb des unpersönlichen Rahmens der ärztlichen Behandlung. Es ist mit keinem Kunstgriff zu vermeiden, dass die Behandlung das Produkt einer gegenseitigen Beeinflussung ist, an welcher das ganze Wesen des Patienten sowohl wie das des Arztes teilhat. In der Behandlung findet die Begegnung zweier irrationaler Gegebenheiten, nämlich zweier Menschen, statt, die nicht abgegrenzte, bestimmbare Größen sind, sondern neben ihrem vielleicht bestimmten Bewusstsein eine unbestimmbar ausgedehnte Sphäre von Unbewusstheit mitbringen. Darum ist auch für das Resultat einer seelischen Behandlung die Persönlichkeit des Arztes (sowie des Patienten) oft so unendlich viel wichtiger als das, was der Arzt sagt und meint, obschon Letzteres ein nicht zu unterschätzender Störungs- oder Heilfaktor mit sein kann. Das Zusammentreffen von zwei Persönlichkeiten ist wie die Mischung zweier verschiedener chemischer Körper: tritt eine Verbindung überhaupt ein, so sind beide gewandelt. Wie wir in jeder wirklichen seelischen Behandlung erwarten dürfen, hat der Arzt einen Einfluss auf den Patienten. Dieser Einfluss kann aber nur stattfinden, wenn auch er vom Patienten affiziert ist. Einfluss haben ist synonym mit Affiziertsein. Es nützt dem Arzt gar nichts, sich den Einfluss des Patienten zu verbergen und sich mit der Dunstwolke väterlich-professioneller Autorität zu umgeben. Damit versagt er sich nur die Benützung eines höchst wesentlichen Erkenntnisorgans. Unbewusst beeinflusst ihn der Patient ja doch und bewirkt Veränderungen im Unbewussten des Arztes, jene wohl vielen Psychotherapeuten bekannten, recht eigentlichen professionellen, seelischen Störungen oder geradezu Schädigungen, welche den sozusagen chemischen Einfluss des Patienten aufs Schlagendste dartun. Eine der bekanntesten Erscheinungen dieser Art ist die durch die Übertragung bewirkte *Gegenübertragung*. Aber häufig sind die Wirkungen viel subtilerer Natur, die man wohl nicht anders formulieren kann als durch die alte Idee der Übertragung einer Krankheit auf einen Gesunden, der dann mit seiner Gesundheit den Krankheitsdämon bezwingen muss, und dies nicht ohne negativen Einfluss auf das eigene Wohlbefinden. Zwischen Arzt und Patient bestehen irrationale Beziehungsfaktoren, welche gegenseitige *Wandlung* bewirken. Dabei wird die stabilere, stärkere Persönlichkeit den endgültigen Ausschlag geben. Es sind mir aber schon viele Fälle vor Augen gekommen, wo der Patient den Arzt assimiliert hat, aller Theorie und professionellen Absicht zum Trotz, und meist, aber nicht immer, zum Nachteil des Arztes.« (Jung 1929, 1979, S. 76 f.)

Solche Überlegungen führten bekanntlich dazu, dass Freud der Forderung Jungs nach einer Lehranalyse folgte und diese neben Theorie und Supervision zu einem der drei Stützpfeiler analytischer Weiterbildung wurde. Der Analytiker ist Bestandteil des interaktiven Behandlungsgeschehens und deswegen ebenfalls den verwandelnden Einflüssen dieses Wirkungsgeschehens ausgesetzt. Welcher therapeutischen Leitidee er auch immer folgt, alle Forderungen gipfeln in der einfachen Wahrheit: »Du musst der sein, als der du wirken willst« (Jung 1929, 1979, S. 78). Das Prinzip der Verwandlung impliziert die Rückwendung des jeweiligen Konzepts auf den Analytiker selbst und fordert daher auch die Eigenanalyse des Therapeuten sowie die ständige behandlungsbegleitende Selbstanalyse. Dabei stoßen Patienten ihn immer wieder auf unabgeschlossene Komplexe seiner Vergangenheit und auf die Entsprechungen in seiner aktuellen Wirklichkeit. Hier findet sich erneut eine Analogie zur Entwicklung und Erziehung von Kindern. Da die Individuation prototypischen Mustern folgt, führen Kinder ihre Eltern immer wieder mit traumwandlerischer Sicherheit an eigene mehr oder weniger erledigte Entwicklungsaufgaben heran. Das birgt die Gefahr der Wiederholung, bietet jedoch auch die Chance der eigenen Nachreifung. Ebenso deckt das Wirkungsgeschehen zwischen Patient und Therapeut unbearbeitete Probleme des Behandlers auf. Letzterer findet sich also ebenfalls oft in eigenen Modellszenen wieder. Seine Kompetenz liegt weniger darin, diese unbedingt vermeiden zu wollen, als darin, zwischen der Bedeutung der Szene für den Patienten und der Bedeutung für ihn selbst unterscheiden zu können und den Patienten nicht für die Stabilisierung des eigenen Selbst zu benötigen.

Die herkömmlichen Übertragungs- und Gegenübertragungskonzepte greifen bisher nur einen kleinen, methodologisch-technisch noch relativ gut handhabbaren Bereich aus dem gesamten Wirkungsgeschehen heraus. Letzteres umfasst jedoch viel mehr und ganz anderes als das, was üblicherweise unter den Begriffen der Übertragung und Gegenübertragung abgehandelt wird. Jedes Kapitel dieses Buches versucht Dimensionen dieser umfassenden Wirkungseinheit zu fassen. Zum Ganzen dieser Wirkungszusammenhänge gehört ebenfalls die Verwandlung des Therapeuten selbst. Hierbei ereignen sich Szenen, die sich einer behandlungstechnischen Kontrolle weitgehend entziehen. Sie bringen den Therapeuten des Öfteren selbst in eine hilflose und nicht selten peinliche Situation und/oder bereiten ihm Schuld- und Schamgefühle. Solche Handlungsdialoge zu publizieren setzt ihn der Gefahr aus, von Kollegen entwertet und beschämt zu werden, und zwar umso eher, wenn Veröffentlichungen von Therapieverläufen durch Fiktionen von Perfektion bestimmt sind.

9.2 Gegenübertragungsträume, Fehlleistungen, Enactments

Einen Übergangsbereich zu den Phänomenen und Ereignissen der Verwandlung des Analytikers in dem um die Heilung des Patienten zentrierten Wirkungsgeschehen – im Folgenden der Einfachheit halber nur immer als Verwandlung benannt – stellen die so genannten Gegenübertragungsträume des Analytikers dar. Dabei handelt es sich um Träume des Analytikers, in denen Patienten oder Patientinnen offen oder verdeckt im manifesten Trauminhalt oder im latenten Traumgedanken auftauchen: z. B. wenn der Patient in die Privatwohnung des Analytikers eindringt oder wenn der Analytiker seine Patientin gynäkologisch untersucht oder wenn er sich auf Verbrecherjagd begibt oder er sich selbst von bösen Kreaturen, zu denen ihm sogleich ein bestimmter Patient einfällt, verfolgt fühlt. So erinnere ich mich gut an einen eigenen Spinnentraum aus der Zeit nach meiner ersten, noch sehr kurzen und kognitiven Lehr- und Kontrollanalyse, in der meine beschränkte analytische Ausstattung durch die Fiktion besonderer Kompetenz kompensiert werden musste.

Ein Spinnentraum:
In der Anfangsphase der Therapie geriet ich mit einer narzisstisch strukturierten Patientin immer wieder in eine Verstrickung, weil sie sich über jede meiner Deutungen ärgerte. Wenn ich ihre aversiven Reaktionen ihrerseits wieder zu verstehen versuchte, rief auch dies wieder nur dieselben wütenden und vorwurfsvollen Proteste hervor. Ich geriet in einen fatalen Teufelskreis, in dem ich glaubte, mich immer empathischer in die Patientin einzufühlen, während diese mich immer heftiger des mangelnden Verstehens bezichtigte, was mich ärgerte und immer hilfloser werden ließ. In solchen Sequenzen fanden wir uns dann in einen Streit um die »Richtigkeit« der Deutungen verstrickt. Ich fühlte mich immer unwohler und merkte, dass etwas mit mir und meiner Arbeit mit dieser Patientin nicht stimmte.
Während dieser Zeit träumte ich von einer riesigen gefährlichen Spinne, die mir über den nackten Rücken lief und die ich trotz panischer Gegenwehr nicht abschütteln konnte. Ich fühlte mich tödlich bedroht und hilflos dem gefährlichen Tiermonster ausgeliefert. Beim erleichterten Wachwerden hatte ich sofort diese Patientin vor Augen. In der Supervision wurden meine Ängste und Ohnmachtsgefühle fassbar. Als besonders wichtig blieb mir jedoch in Erinnerung, wie ich für mich die Modellszene entdeckte, mich intensiv um mein Gegenüber zu bemühen und es emotional nicht erreichen zu können. Darüber erahnte ich eigene masochistische und sadistische Tendenzen. Ich kam damals zu der Überzeugung, von der Patientin (noch) überfordert zu sein. Als ich meine Überforderung ansprach, entspannte sich erstmals die Atmosphäre. Da sie sich selber bereits mit einem Wechsel des Therapeuten

beschäftigt hatte, fühlte sie sich erstmals verstanden. Dabei ergab es sich noch, dass sie an dieselbe ältere und erfahrene Psychotherapeutin gedacht hatte wie ich. Sie erlebte so, wie sie damals erleichtert feststellte, die erste einvernehmliche Trennung in ihrem bisherigen Leben. Ich selbst fühlte mich entlastet. Die Erfahrungen mit dieser Patientin gingen auch als ein wichtiges Motiv in meine nächste eigene Analyse ein.

Der berühmteste Gegenübertragungstraum stammt bekanntlich von Freud (1900). »Irmas Injektion« gilt geradezu als Initialtraum der Psychoanalyse (Grunert 1975, Schur 1973). Obwohl Psychoanalytiker öfters von ihren Patienten und Patientinnen träumen, ist dieser wichtige Bereich bisher wenig behandelt worden. Es ist deswegen eine Pionierleistung, wenn Zwiebel sich in mehreren Arbeiten (1977, 1984, 1985 und 1992) diesen Phänomenen gewidmet hat, in denen *»ungehörige« Tendenzen des Analytikers* (erotische, sexuelle, aggressive, sadistische, masochistische, missgünstige) zum Ausdruck kommen. Die sonstige Zurückhaltung wird verständlich als »Scheu von Psychoanalytikern, ihre intimen Erfahrungen einer Fachöffentlichkeit preiszugeben« (Mertens 1991, S. 57). Wenn der Analytiker sich auf die analytische Beziehung einlässt, dann wühlen die nicht selten archaischen Affekte und Leidenschaften des Patienten einige mehr oder weniger gut kompensierte Defekte und mehr oder weniger gut regulierte Konflikte des Analytikers wieder auf, und es droht die Gefahr einer wechselseitigen Be-Nötigung. Daneben besteht aber auch die Möglichkeit einer gemeinsamen Entwicklung. Deswegen erscheint es mir sinnvoll, die von Zwiebel gebaute Brücke zum unmittelbaren therapeutischen Wirkungsgeschehen weiterzugehen und die Vorgänge zu untersuchen, in denen der Analytiker quasi durch den Patienten behandelt wird. Auch dieser Weg ist nur über die Selbstexploration gangbar.

Es gibt viele Gründe, warum Gegenübertragungsträume bisher so selten zum Thema praxeologischer Erörterungen gemacht worden sind. Meistens tragen wohl Scham- und Schuldgefühle des Analytikers zum Widerstand bei, sich öffentlich mit den meist peinlichen Träumen zu einem Patienten zu befassen: Wenn er zum Beispiel träumt, wie er seine Patientin sexuell begehrt, ist er mit den inzestuösen Momenten der therapeutischen Situation konfrontiert. Wenn er in seinen Träumen sadistische Tendenzen gegen seinen Patienten hegt, ist er mit dem therapeutischen Ich-Ideal von Akzeptanz und Empathie in Widerstreit. Selbst wenn er den latenten Traumgedanken zum Wohl des Patienten in förderliche therapeutische Interventionen transformieren kann, wirken noch kollektive Sicherungen des Gruppenselbst als systemischer Widerstand einer Veröffentlichung seiner Erfahrungen entgegen. Denn seine Fachgesellschaft, die Herausgeber ihrer »Fachorgane«, die Veranstalter von Tagungen und die Organisatoren der Weiterbildung, die ihm sonst ein Gefühl von Zugehörigkeit und die Sicherheit einer korporativen Identität verleihen, erhalten oft eine strenge kollektive Norm aufrecht, die die Weiterentwicklung der Psychoanalyse behindert. Wurmser (1990) hat darauf hingewiesen, dass Abweichungen von dieser Norm, die im Laufe der Geschichte der Psychoanalyse zu beobachten waren, immer mit Schamsanktionen belegt wurden. Es erscheint sinnvoll, dass die Psychoanalyse auch auf ihre Gesellschaften angewendet wird, damit die sich immer wieder entwickelnden basic assumptions, die der Weiterentwicklung im Wege stehen könnten, entdeckt und verstanden werden. Seit Alfred Adler wissen wir, dass Fiktionen einer gewissen Sicherheit dienen, sich aber der Weiterentwicklung widersetzen und damit neuen Konflikten den Boden bereiten.

Zwiebel nimmt an, dass es eine typische Art von Gegenübertragungsträumen gibt. Sie tauchen in schwierigen Phasen der Therapie auf und sind meistens »Indikatoren für einen gefürchteten oder verleugneten Kompetenzverlust« (Zwiebel 1984, S. 194). Wenn das intensive Wirkungsgeschehen zwischen Analytiker und Patient traumatische Insuffizienzerfahrungen wiederbelebt, werden diese für den Analytiker zur Quelle von Träumen. Ich möchte noch eine andere Dimension dieser Gegenübertragungsträume hervorheben: Analytiker stoßen mit ihrem Bemühen, sich in den Patienten einzufühlen, häufig an den Fels einer selbstfernen Verfassung oder vor den Panzer einer unerbittlichen Abwehr. Das belebt nicht selten eigene traumatische Erfahrungen. Dabei ist zu beachten, dass es sich um einen basalen Wirkungszusammenhang handelt, der sich im ganzheitlichen Austausch der beiden entwickelt. Da sich diese Vorgänge operativ und prozedural abspielen, ist damit zu rechnen, dass hier früheste Erfahrungen des Analytikers wiederbelebt werden. Mit diesen Patienten gerät der Analytiker leicht in eine belastende Spirale der Selbstabtötung, die sich über das Nachlassen der Aufmerksamkeit sowie die Ausbreitung einer bleiernen Müdigkeit andeutet und sich in einer kontinuierlichen Reduzierung der Atmung, in einer Verspannung der Gesamtmuskulatur leiblich artikuliert. In diese malignen Prozesse wird der Analytiker immer wieder einbezogen. In schwierigen Phasen melden sich dann die Gegenübertragungsträume als Boten unbewusster Bearbeitungsformen. Mal geht es mehr um die Dimension der Kompetenz *(Versagen versus Perfektion)*, mal mehr um die des Machens *(Ohnmacht versus Allmacht)*, mal mehr um die Dimension des Kontaktes *(Vereinnahmung versus Isolierung)*, mal mehr um die Dimension der Veränderung *(Erstarrung versus Chaos)* und mal mehr um die Existenz überhaupt *(Sein oder Nichtsein)*.

Die Gegenübertragungsträume können mit Zwiebel unter drei Gesichtspunkten betrachtet werden: als *Übertragungen des Analytikers auf seinen Patienten*. Als solche gehören sie in den Bereich der Selbstanalyse. Dann können sie als *Gegenübertragung* angesehen werden, in der der Analytiker auf die Übertragung des Patienten antwortet, und schließlich geben sie noch Auskunft darüber, *was die psychotherapeutische Behandlung und die psychoanalytische Situation für den Analytiker bedeuten* (Zwiebel 1977, S. 55).

Die Schwierigkeiten der Annäherung an die Phänomene der Verwandlung zeigen sich auch an den Selbstsicherungen, auf die sich Zwiebel noch zu Recht berufen kann, wenn er seine Gegenübertragungsträume enthüllt. Er hat unser Verständnis, wenn er die eigenen Übertragungsmomente seines Traumes ausdrücklich in den Bereich der Supervision oder der Selbstanalyse verweist und seine Träume öffentlich nur als *seine spezifische Antwort auf die spezifische Übertragung des Patienten* untersucht und beziehungsanalytisch für die Behandlung nutzt. Darüber hinaus dürfte – der Konjunktiv meldet hier leichte Zweifel von Zwiebel und auch von mir an – ein Traum für jeden noch so erfahrenen Analytiker undeutbar sein, solange er sich nicht in einer Assoziationsgeschichte bzw. in einem hermeneutischen Prozess offenbaren konnte. Angenommen, der Gegenübertragungstraum wird in einer eigenen Reanalyse oder in der Selbstanalyse durchgearbeitet, unterscheidet sich dieses Vorgehen wesentlich von dem Verwandlungsgeschehen, um das es in diesem Kapitel geht. Die (Selbst-)Behandlung des Analytikers erfolgt separat vom konkreten Interaktionsgeschehen zwischen Analytiker und Patient: nämlich nachts während der Traumarbeit, während der Freizeit, in der Supervisions- oder Analysestunde. Die

Rede von der »Verwandlung des Analytikers« zielt demgegenüber auf *die unmittelbare Behandlung des Analytikers durch seinen Patienten*. Damit wird die Schutzvorkehrung, nämlich die Beschränkung auf eine bloße Gegenübertragungsperspektive, hinfällig. Dann werden gerade die Übertragungsmomente im Traum des Analytikers sowie die personcharakteristische Bedeutung seines Berufes relevant.

Auch in den manchmal belustigenden oder auch peinlichen Fehlleistungen des Analytikers blitzt die durch den Patienten angestoßene Selbstbehandlung des Analytikers öfters auf. Wer kennt nicht die vielen möglichen Komplikationen mit der Terminabsprache, die nicht oder nicht nur auf den Widerstand des Patienten zurückgehen. Ich denke an eine Situation, in der ich auf das Schellen des Patienten den Türdrücker betätigte, der Patient aber nicht in die Praxis gelangen konnte, weil die Tür noch abgeschlossen war. Eine befreundete Kollegin berichtete mir, wie sie eine Patientin mit falschem Namen angeredet hatte. Es sei hier auch an das schöne »Räuberleiter«-Beispiel meines Kollegen (s. Kap. 3) erinnert, in dem der Analytiker sich und seinen Patienten ausgesperrt hatte. Viel Spaß bereiten bekanntlich auch die Versprecher von Psychoanalytikern. Solche Episoden sind immer fruchtbare Möglichkeiten einer vertieften Selbsterfahrung. Grotjahn berichtet ein besonders amüsantes Beispiel:

Ich kann nicht jedermanns Freud sein:
»Als ich in einer Gruppe sagen wollte: ›ich kann nicht jedermanns Freund sein‹, sagte ich statt dessen: ›Ich kann nicht jedermanns Freud sein.‹ Dieser Lapsus wurde mit dröhnendem Gelächter quittiert; die Gruppe hatte mich bei dem unfreiwilligen Eingeständnis eines leicht größenwahnsinnigen Ehrgeizes ertappt.« (Grotjahn 1974, S. 155, zit. nach Frings 1996, S. 96)

Die Vorgänge der Verwandlung klingen weiterhin an, wenn sich Autoren oder Kandidaten in ihren Veröffentlichungen für die differenzierten Erkenntnisse bei ihren Patienten bedanken. Psychoanalytiker kennen den Gewinn an Sicherheit in ihrer therapeutischen Verfassung, die in langen und komplizierten Analysen erworben worden ist und auf spätere Analysen übertragen werden kann. Letztlich kann das, was wir »Erfahrung« in unserem Beruf nennen, sicher auch als ein Ergebnis der »Erziehung« durch unsere Patienten betrachtet werden. So bekennt Székely (1992, S. 325), dass die Analyse seines Patienten Alpha mit einem wichtigen Stück Selbstanalyse verbunden gewesen sei. Er habe nämlich den eigenen Neid auf die Fähigkeit seiner Frau, Kinder zu gebären, entdeckt und ihn in seiner Ungeduld mit ihr und in seiner Unzufriedenheit mit ihren Erziehungsmaßnahmen wiedergefunden. Indirekt hat er hier quasi eine Paarberatung bei seinem Patienten erhalten. Da »jeder Psychoanalytiker in jahrelangem Umgang mit Patienten in den einzelnen Gegenübertragungen und Übertragungen auf neu auftauchende Zusammenhänge stößt, die weiterer Klärung bedürfen, sind auch Nachanalysen für den Psychoanalytiker so wichtig« (Brocher 1998, S. 33).

Bei Kohut (1975, S. 196 ff., 1976, S. 321 ff.) findet sich in der ausführlichen Darstellung des Therapieverlaufes einer jungen Patientin, die unter einer narzisstischen Störung litt, ein kurzer, wenn auch noch ziemlich allgemein gehaltener Hinweis auf die Verwandlung des Analytikers. Die Behandlung erwies sich als sehr schwierig. Kohut geriet mit der Patientin in eine Beziehungskonstellation, in der seine gleichschwebende Aufmerksamkeit verloren zu gehen drohte, er mit dem Schlaf kämpfte oder sich mit der Patientin in Diskussionen über die Richtigkeit seiner trieborientierten Objektdeutungen verstrickte. In seiner Selbstanalyse bemerkte er, wie sehr es ihn kränkte, mit seinen therapeutischen Bemühungen und seinen fundierten Deutungen immer wieder abgewiesen zu werden. Darüber spürte er eigene narzisstische Fixierungen auf, was ihn unabhängiger von der Bestätigung durch seine Patientin machte. So wurde er frei für die psychologiehistorische Entdeckung narzisstischer Übertragungskonstellationen. Er verstand erstmals, dass die Patientin ihn in ihrer Spiegelübertragung ausschließlich in einer Selbstobjektfunktion benötigte, in der er zunächst als eigene Person völlig annulliert wurde. Kohut gibt ein gutes Beispiel dafür, dass solche Wiederbelebungen eigener Probleme nicht zwangsläufig zu einer malignen Wiederholung führen müssen, sondern dass sie die Chance des Neubeginns für den Analytiker bergen. Ihm gelang es, den blockierten Behandlungsprozess wieder zu beleben, und zwar mit doppeltem Nutzen: Einmal konnte er seine Selbsterfahrung vertiefen, und zum anderen entdeckte er die narzisstischen Übertragungskonstellationen.

Sie müssen sich ja gut verstehen:

Man könnte in diesem Zusammenhang auch die Frage aufwerfen, wie meine Analytikerin wohl meine freudige Reaktion auf sie und ihren Mann als Paar (Philemon und Baucis, s. S. 42) erlebt haben mag. Ich weiß, dass mein Erleben nicht mit dem des Paares übereinstimmen muss. Allerdings vermute ich, und diese Anmerkung füge ich hier als Forscher, Analytiker und Ehemann ein, dass ohne eine hinreichende reale Entsprechung in der Beziehung der beiden meine Erfahrung nicht möglich gewesen wäre. Das Spektrum der Übertragungsmöglichkeiten findet meines Erachtens auch seine Grenzen in den strukturellen Bereitstellungen des Analytikers bzw. in diesem Falle des Paares.

Vor diesem Hintergrund hat sich meine Analytikerin vermutlich über meine Rückmeldung selbst sehr gefreut, weil sie darüber eine *unverhoffte Resonanz auf ihre Partnerbeziehung* erhalten hat. Von der Selbstpsychologie wissen wir, dass wir unser Leben lang einer entwicklungsgemäßen Spiegelung bedürfen. Wenn die Analytikerin sich über meine Wahrnehmung ausdrücklich gefreut hätte, wäre dadurch meine Erfahrung nicht beeinträchtigt, sondern eher noch bestätigt worden. Ich vermute, dass viele Leser vergleichbare Erfahrungen gemacht haben, wenn sie in ähnlicher Weise unerwartete Bestätigungen von anderen erhalten haben. Eine solche überraschende Resonanz habe ich von unserer ansonsten sehr zurückhaltenden und gehemmten Haushälterin erfahren. Als sie noch nicht lange bei uns beschäftigt war, sagte sie eines Tages erstaunt zu mir: »Sie müssen sich aber gut verstehen, sie freuen sich ja sogar, wenn sie sich beide im eigenen Hause begegnen.« Ich war sehr verblüfft und erfreut zugleich. Meine Reaktion hing wohl damit zusammen, dass diese ungewöhnliche Beobachtung mich auf ein Verhalten von mir und meiner Frau aufmerksam machte, das mir selber überhaupt noch nie aufgefallen war und ich mich bzw. uns darin wirklich gesehen fühlte.

Es gehört zum Wesen solcher Now-Moments, dass man gerade nicht auf sie vorbereitet ist. Dennoch können Analytiker es sich in der strengen psychoanalytischen Tradition auch mit einer (authentischen) Antwort unnötig schwer machen. Eine Kollegin hat mir dazu eine schöne Episode aus ihrer Reanalyse erzählt:

Sie sehen aber gut aus!

Eines Tages kam sie in die Sitzung und stellte erfreut fest, dass ihre Analytikerin an diesem Tag ausnehmend gut aussah. Sie wirkte richtig aufgeblüht, und die Kollegin hatte die Phantasie, dass ihre Therapeutin verliebt sei. So fuhr ihr zur Begrüßung gleich heraus: »Sie sehen aber heute gut aus!« Die Reaktion ihrer Analytikerin erlebte sie jedoch als enttäuschend. Diese wich nämlich scheinbar auf ein anderes Thema aus, indem sie ihre Analysandin fragte, ob es ihr in dem Behandlungsraum nicht zu warm sei und sie die Heizung etwas herunterstellen sollte. Nachträglich fiel meiner Kollegin auf, dass es sich hierbei auch um ein amüsantes Beispiel einer projektiven Abwehr handeln könnte, weil es der Analytikerin bei der Frage wohl »zu heiß« geworden war.

Dieser kleine Ausschnitt aus einer Behandlung steht für die Fälle, in denen Analytiker die Resonanz ihrer Analysanden nicht verdauen oder nicht genießen können bzw. meinen, sie vor ihren Patienten verbergen zu müssen. Eine solche Situation lässt einen in seinen spontanen Reaktionen gehemmten Analytiker vermutlich in dem Zwiespalt einer sowohl beglückenden als auch verbotenen »Befriedigung« zurück.

9.3 Konkrete Verwandlungsbeispiele

Annchen von Tharau:

Im Folgenden möchte ich konkreter auf die spezifischen Wirkungszusammenhänge eingehen. Dazu beziehe ich mich zunächst auf eine Einzelsupervision mit einer sehr kompetenten Kollegin, deren frühes Selbsterleben im Wirkungsgeschehen einer heftigen Übertragungsliebe aufgewühlt wurde und die dabei eine eigene korrektive emotionale Erfahrung machte. Zum besseren Verständnis sei hier zunächst der biographische Hintergrund, der mir bereits aus einer langen Gruppenanalyse vertraut war, skizziert. Sie ist die Erstgeborene einer präödipal gebundenen Vernunftehe. Ihr Vater hatte in der Zeit des Nationalsozialismus seine große Liebe, die Jüdin war, verraten. Die große Liebe der Mutter war ein mittelloser Architekt, der, um Karriere machen zu können, Mitglied der NSDAP geworden war und die Tochter eines hohen Nazifunktionärs geheiratet hatte. So lag es nahe, dass die Eltern die Erfüllung ihrer latenten Sehnsüchte sowie die Ängste vor deren Realisierung auf ihre hübsche und begabte Tochter übertrugen. Darüber hinaus mussten sie am Ende des zweiten Weltkrieges aus der ostpreußischen Heimat des Vaters fliehen und sechs Jahre später aus der sächsischen Heimat der Mutter. In der Fremde des Rheinlandes konnten sie keine neuen Wurzeln schlagen. In dieser belastenden Familienatmosphäre von Vertrieben- und Verlorensein erfuhr die Tochter nicht die notwendige Resonanz auf ihre originäre Existenz, wie sie für die Entwicklung eines stabilen und sicheren Selbst notwendig gewesen wäre. Das Leid der mangelnden Responsivität verarbeitete sie notdürftig, indem sie ihr Leben der Reparation des elterlichen Unglücks widmete und es in einer Delegation auf sich nahm, die Eltern für das verlorene Liebes- und Lebensglück zu entschädigen. Die Selbstaufopferung folgte dem unbewussten Bewegungsgesetz: Ich bin, was ich für meine geliebten Bezugspersonen zu übernehmen und zu leisten imstande bin. So konnte sie im Bewusstsein, für die Eltern etwas ganz Besonderes zu sein, eine relative Selbstsicherheit finden, ohne allerdings das latent nagende Leid, keine Resonanz auf ihre originäre Existenz zu erhalten, je ganz abwehren zu können.

Das rückt in der folgenden Kindheitserinnerung deutlich ins Bild: Es ist Sonntagnachmittag. Die Eltern hören andächtig das Wunschkonzert. Bei dem sehnsuchtsvollen Lied »Annchen von Tharau« treten Tränen in ihre Augen. Für die lebhafte kleine Tochter breitet sich eine unverständliche und quälende Niedergeschlagenheit aus. Diese beinahe alle Lebendigkeit abwürgende depressive Stimmung ist für das Kind kaum zu ertragen und mobilisiert enorme kompensatorische Anstrengungen, die Eltern und sich aus dem dumpfen Elend zu befreien.

In diesem Zusammenhang ist die Entstehungsgeschichte des Liedes bedeutsam. Es wurde früher dem Königsberger Dichter Simon Dach zugeschrieben, so auch in der Werkausgabe von Österley (1876). Der in Preußischem Plattdeutsch verfasste Text wird auf das Jahr 1637 datiert. Nach neueren Forschungen (Riemann) wird jedoch als sehr wahrscheinlich angenommen, dass das Lied von Heinrich Albert stammt, der demselben Königsberger Dichterkreis angehörte wie Dach und der das Lied auch vertont hat. Zu einem wirklichen Volkslied ist es allerdings erst in der Vertonung von Friedrich Silcher und in der hochdeutschen Übertragung von Johann Gottfried Herder geworden. Besonders aufschlussreich für den bei meiner Kollegin angeklungenen Komplex ist wohl, dass dieses Lied zur Hochzeit der Pfarrerstochter Anne Neander aus Tharau bei Königsberg im Jahre 1636 gedichtet wurde, wobei überliefert wird, dass der es verfassende Simon Dach in die Braut unglücklich verliebt gewesen sei. Der sehnsuchtsvolle Inhalt und die schmachtende Melodie passen dazu. (Herder 1778/1779, 1990, S. 112 f.).

Annchen von Tharau

Annchen von Tharau ist, die mir gefällt;
Sie ist mein Leben, mein Gut und mein Geld.
Annchen von Tharau hat wieder ihr Herz
Auf mich gerichtet in Lieb' und in Schmerz.

Annchen von Tharau, mein Reichtum, mein Gut,
Du meine Seele, mein Fleisch und mein Blut!
Käm' alles Wetter gleich auf uns zu schlahn,
Wir sind gesinnet bei einander zu stahn.
Krankheit, Verfolgung, Betrübnis und Pein
Soll unsrer Liebe Verknotigung sein.
Recht als ein Palmenbaum über sich steigt,
Je mehr ihn Hagel und Regen anficht;
So wird die Lieb' in uns mächtig und groß
Durch Kreuz, durch Leiden, durch allerlei Not.
Würdest du gleich einmal von mir getrennt,
Lebtest, da wo man die Sonne kaum kennt;
Ich will dir folgen durch Wälder, durch Meer,
Durch Eis, durch Eisen durch feindliches Heer.
Annchen von Tharau, mein Licht, meine Sonn,
Mein Leben schließ' ich um deines herum.
Was ich gebiete, wird von dir getan,
Was ich verbiete, das läßt du mir stahn.
Was hat die Liebe doch für ein Bestand,
Wo nicht Ein Herz ist, Ein Mund, Eine Hand?
Wo man sich peiniget, zanket und schlägt,
Und gleich den Hunden und Katzen beträgt?
Annchen von Tharau, das woll'n wir nicht tun;
Du bist mein Täubchen, mein Schäfchen, mein Huhn.
Was ich begehre, ist lieb dir und gut;
Ich laß den Rock dir, du läßt mir den Hut!
Dies ist uns Annchen die süßeste Ruh,
Ein Leib und Seele wird aus Ich und Du.
Dies macht das Leben zum himmlischen Reich,
Durch Zanken wird es der Hölle gleich.

Dieser biographische Komplex an Vorerfahrungen wurde nun in einer laufenden Behandlung virulent: Im zweiten Jahr einer hochfrequenten Analyse mit einem fünfzigjährigen Priester entwickelte sich eine intensive narzisstische Übertragungsliebe, die die Kollegin so tief aufwühlte, dass sie um eine Supervision nachsuchte. Im Rahmen dieser Wirkungszusammenhänge mit heftigen Idealisierungen und Entwertungen bekam sie anfangs starkes »Herzklopfen« und »wackelige Knie«. Dies spitzte sich zu, als der Patient ihr seine Liebe gestand, er seine sie betreffenden Phantasien beschrieb, worin sie sich sehr wahrgenommen fühlte. In die entstehende Innigkeit mischte sich sowohl beim Patienten als auch insgeheim bei der Analytikerin der Wunsch und der Impuls, die therapeutische Beziehung in eine reale Liebesbeziehung zu verwandeln. Diese Bewegung wurde seitens des Patienten jäh gekippt, indem er die Analytikerin in Wiederholung einer Missbrauchsbeziehung in der Pubertät zur perversen Verführerin machte. Im Rahmen dieser Wirkungszusammenhänge machte die Kollegin die sie im Kern aufwühlende und verändernde Selbsterfahrung. Während der Patient seine Selbstobjektbedürfnisse auf sie übertrug und bei ihr die früh entbehrte Resonanz suchte, entdeckte sie in der für sie selbst so typischen Konstellation plötzlich eine tiefe Analogie zu ihrer eigenen Entwicklung und zu ihren eigenen Liebesbeziehungen, die oft himmelhoch jauchzend begannen und in einer deprimierenden Betrübnis endeten. Es war ihr, wie wenn die Zusammenhänge plötzlich aus einem lange verborgenen Hintergrund hervortraten und sich zu einer deutlichen Figur herausbildeten. Ihr fiel ein, wie sie von ihren Partnern anfangs immer heftig idealisiert wurde, wie sie diese Verklärung für die ersehnte Liebe gehalten hatte, aber immer mehr unter dieser Benötigung zu leiden begonnen hatte, wie sie ihr Leid dann durch besondere Anpassungen zu lindern versuchte und sich darüber immer mehr selbst verlor. Ihre Enttäuschungen und die komplementären Reaktionen des Partners führten dann zu einer heftigen Entidealisierung und zu Verstrickungen, aus denen sie sich zum eigenen Wohle allerdings auch wieder – erleichtert, wenn auch enttäuscht – herausziehen konnte. Ich erinnere mich, dass während der Supervision in mir eine tiefe Freude über die Verwandlung der Kollegin aufstieg und ich meine Gegenübertragungsgefühle insgeheim auch als ein hoffnungsvolles Zeichen für ihr künftiges Liebesleben wertete. Daraus wurde eine gemeinsame Freude, als sie mir bei der nächsten Gelegenheit berichtete, wie fruchtbar sich die folgenden Sitzungen mit dem betreffenden Patienten entwickelt hatten.

Nachdem diese Wirkungszusammenhänge in den Behandlungsstunden deutlich und in der Supervisionsstunde validiert worden waren, verliefen auch die weiteren Sitzungen erfolgreich. Die Kollegin fühlte sich in ihrer therapeutischen Verfassung wieder sicher und gefestigt. Sie schrieb mir u. a.:

»Die Supervision hat mich wieder zu mir selbst geführt. Ich war nicht mehr so gekränkt. In der darauf folgenden Stunde spürte der Patient wohl schon bei der Begrüßung, dass ich ihm nicht mit Kränkung, sondern mit Freude begegnete, was ihn sofort sehr entlastete. Damit war der Weg frei, dass wir in dieser und den darauf folgenden Stunden die Übertragung anschauen konnten: Entsteht zwischen ihm und mir eine innige, bezogene Atmosphäre, so entsteht der Wunsch, mich ganz für sich zu gewinnen. Er fühlt sich gesehen, wie ursprünglich damals von dem Jesuitenpater, will mich für sich gewinnen wie er es damals wollte und gerät sofort in Angst, dass ich mich nun gleichsam als ›Kinderschänderin‹ entpuppe. Dieser Begriff fiel mir plötzlich ein und indem ich ihn aussprach, hatte er für ihn etwas Erschreckendes und Befreiendes. Denn das bedeutet für ihn, er wird nicht mehr gesehen, er muss dienen bis hin zum sexuellen Bedienen, dem Narzissmus des anderen dienen. – Er gerät in ein falsches Selbst. Diese Angst bringt ihn dazu, mich zu entwerten. Nach dem Motto: Nie wieder! Lieber ziehe ich mich zurück und mache mich allein! Dieses Motto könnte auch mein Motto sein. Ich finde mich darin wieder. Diese Klärung führte zu einer ruhigen, arbeitsamen Atmosphäre. Seine Angstsymptomatik milderte sich wieder.«

Die Kollegin, die sich von meinem Kommentar noch einmal tief angerührt und verstanden fühlte, gab mir dankenswerterweise die Einwilligung, diese Supervisionsstunde und ihre Stellungnahmen zu veröffentlichen. Als ich ihr auch den Text des Liedes, seinen historischen Kontext und die damit verbundene Legende mitteilte, reagierte sie noch einmal heftig darauf. Im folgenden Brief teilte sie mir mit:

»Als dann der Text vom ›Ännchen von Tharau‹ kam und ich den Text zunächst einmal nur überflog, dachte ich einen Moment, ich würde ohnmächtig. Dieser Text passt ja so genau auf mein zentrales Thema, dass mir erst einmal die Sinne zu schwinden drohten. Später habe ich das Lied gesummt, dann gesungen. Die Melodie ist schon sehnsüchtig genug, aber der Text haut mich um. Kein Wunder, dass es das Lieblingslied meines Vaters war. Beim Summen und Singen merkte ich jedesmal, wie durchdrungen ich von diesem Thema bin.«

In ihrem Brief nimmt sie auch noch einmal kurz zur Behandlung des obigen Patienten Stellung:

»Die Supervision hat hauptsächlich zur Folge, dass ich mich geschützter fühle, als hätte ich einen Schutzschild. Nicht in einem starren Sinne, vielmehr schützt mich etwas davor, nicht mehr in diesen Verführungssog hineinzugeraten. Das wiederum hat eine enorme Dynamik freigesetzt. Es geht zum einen um die fehlende Resonanz auf seine Person, die er bei mir sucht und erfährt, und zum anderen um seine Art, mich dazu zu verführen, doch der Verführer und »Kinderschänder« zu sein, den er als Jugendlicher in Gestalt eines Jesuitenpaters erlebt hat. Die Dinge entfalten sich, nehmen Gestalt an und werden dadurch auch für mich weniger bedrohlich.«

Bei einem späteren Treffen berichtete sie mir, dass aufregende und unglaubliche Entwicklungen seitdem in der Therapie geschehen seien. Die weitere Analyse nahm einen fruchtbaren Verlauf. Über die psychoanalytische Begleitung seines weiteren Lebenslaufes sowie der Bearbeitung der dabei wiederbelebten familiären Erfahrungen konsolidierte sich sein Selbst. Er stellte immer deutlicher fest, wie seine Angst- und Paniksymptomatik verschwand und dass er sich für sich und ohne seine Analytikerin froh und glücklich fühlen konnte. Er stellte erfreut

fest, dass er die frühkindlichen Defizite ausreichend bearbeitet hatte
und dass er die Regulierung seiner Selbstobjektbedürfnisse in seine eigene Verantwortung genommen hatte. Nachdem das Therapieziel erreicht wurde und sich der neue Selbstzustand als stabil erwies, wurde
der Zeitpunkt der Beendigung festgelegt und damit das Abschiedsthe-
ma eingeleitet. Auch das ist mittlerweile in zufriedenstellender Weise
für beide abgerundet worden. Der abschließende Kommentar meiner
Kollegin:
»In vielem habe ich mich wiedergefunden, insbesondere im narzisstischen Missbrauch. Die Fortsetzung der Familie ist bei mir nicht der
Klerus, aber die orthodoxe Psychoanalyse, die in ihren Strukturen ja
sehr ähnlich ist.«
Wenn wir uns mit dem Phänomen der Verwandlung befassen, insbesondere wenn wir sie praxeologisch orten wollen, müssen wir uns möglichst beschreibungsnah mit den Phänomenen befassen und kommen
dann allerdings nicht länger umhin, mehr von der eigenen Psychodynamik zu offenbaren. Ich möchte drei eigene Verwandlungsbeispiele
vorstellen, in denen sich meine Selbsterfahrung wesentlich vertieft hat.

Fußballtraining:

Ich beginne mit einer Selbsterfahrung aus der Arbeit mit einem Lehranalysanden, der die Analyse über sein Abschlusskolloquium hinaus
bei mir fortsetzte. Die Lektüre von Wilhelm Reich (1933, 1942) und
dessen detaillierter Beschreibung des Orgasmus und der orgiastischen
Potenz veranlassten ihn, über seine starke Kontrolle im sexuellen Kontakt sowie über die Unterdrückung seiner aggressiven Tendenzen zu
sprechen. Nachdem die ödipalen Konflikte und die darin wiederbelebten frühen Trennungstraumata wiederholt bearbeitet worden waren,
seine notgeborene Selbstunterdrückung im Dienste der Selbstsicherung
deutlich geworden war und er sich in seinen Selbstbewegungen wahrgenommen und unterstützt gefühlt hatte (ausführlicher dargestellt in
Heisterkamp 2000b, S. 309 f.), kam es in einer der nächsten Sitzungen
zu folgendem Verlauf:
Er begrüßt mich freundlich und macht es sich auf der Couch offenbar
in aller Ruhe gemütlich: »Es ist schön, hier zu liegen, und ich fühle
mich richtig wohl.« Eine Weile genießt er die wohlige Atmosphäre
zwischen uns. Ich finde sie auch sehr wohltuend und erlebe es als einen
vorzeitigen Bruch, als er das gemeinsame Fürsichsein unterbricht. Es
falle ihm schwer, weiter zu schweigen; er fühle sich gedrängt, etwas zu
sagen. Es stellt sich heraus, dass er es nicht länger aushält, im Zusam-
mensein mit einer wichtigen Bezugsperson für sich zu bleiben, ohne
dass er Angst spürt, den Bezug zum anderen zu verlieren. Schon früher
war sein zwanghaftes Bemühen, mich in seinen Bann zu ziehen, mich

verbal zu umklammern und zu fesseln, zum Thema geworden. In der Anfangsphase war das für mich ein ziemlich anstrengendes Arrangement gewesen. Über die notgeborenen Tendenzen, den anderen zu beobachten und zu bestimmen, verliert er das Gefühl für sich und für den Kontakt zum anderen. Diese Selbstsicherungen rufen so auch wieder seine Verlust- und Verlorenheitsgefühle wach und drängen ihn wieder zur Kontrolle seiner Bezugspersonen. Er findet dieses Grundproblem auch in seinen intimen und freundschaftlichen Beziehungen wieder. Vor dem Hintergrund seiner bisherigen Analyse kommen wir erneut auf seine traumatischen Trennungserfahrungen und seine notdürftigen Selbstsicherungen davor zu sprechen. Über »unseren psychoanalytischen Überlegungen« merke ich aber, wie ich mich allmählich unlebendiger fühle und einen Kopfdruck spüre. Meine Gegenübertragungsempfindungen weisen mich darauf hin, dass sich das Erleben meines Analysanden verdünnt oder verflüchtigt hat. Über unseren angestrengten Zusammenhangsvermutungen droht die emotionale Fundierung verloren zu gehen.

Um den Fokus mehr auf dieses basale Geschehen zu richten, frage ich ihn, ob er ausprobieren wolle, für eine gewisse Zeit auf das Sprechen zu verzichten und mehr darauf zu achten, welche Gefühle, Bilder und Bewegungsimpulse auftauchen. Lachend antwortet er: »Das ist eine gute Idee!« Ich fühle mich geschmeichelt und würde am liebsten erwidern: »Das finde ich auch.« Ich bin neugierig, was sich daraus für eine Szene ergeben wird. Nach kurzer Zeit spürt er offenbar den Impuls, sich zu erheben und von der Couch aufzustehen. Er beginnt in dem großen L-förmigen Praxisraum (mit zwei durch Treppenstufen verbundenen Ebenen) umherzugehen. Dabei steckt er beide Hände in die Hosentasche und geht in den oberen Teil der Praxis. Dort findet er einen Ball und beginnt – wie im Fußballtraining – den Ball zu »führen«, indem er ihn mit geschmeidigen Bewegungen von einem Fuß zum anderen rollen lässt, und zwar ohne das Spielobjekt wegrollen oder – wie ich finde – außer Kontrolle geraten zu lassen. Dann bezieht er die Wand als Mitspieler ein, indem er den Ball immer wieder mit der Fußinnenseite – rechts wie links – an die Wand spielt. Über das geschickte Hin- und Rückpassen des Balles, wie es in der Fußballsprache heißt, entsteht über eine gewisse Zeit ein rhythmischer Bewegungsablauf, den ich aus der Distanz mit interessierter Aufmerksamkeit verfolge.

Über die teilnehmende Beobachtung merke ich plötzlich, wie unvermittelt eine tiefe Traurigkeit in mir aufsteigt und mich ganz erfasst. Mein Analysand stellt offensichtlich auch eine hoch bedeutsame Modellszene meines eigenen Lebens dar: Wie ich bereits als kleiner Junge in nahezu täglichen, stundenlangen Übungen den Ball an die Wand »gepasst« und »geköpft« habe. In dem mich ergreifenden Verlorenheitsgefühl wird mir sofort klar, dass diese stereotypen Spiele, die sich später, als Fußball für mich zum Leistungssport wurde, in intensiven Trainingseinheiten fortsetzten, etwas differenziertere Formen der Monotoniebewegung waren, wie sie besonders bei hospitalisierten Kindern zu beobachten sind. Mein sportlicher Ehrgeiz und meine sportlichen Erfolge fanden ihren direkten kompensatorischen Bezug zu meiner kindlichen Verlorenheit und bewahrten so meine Selbstkohäsion. Aus meinen bisherigen Analysen war mir klar, wie sehr meine ehrgeizige Karriere als Fußballspieler und sicherlich auch die als Hochschullehrer eine kompensatorische Bewegung zur Zurücksetzungserfahrung bei der Geburt meiner jüngeren Schwester und eine Hinwendung zum Fußball spielenden Vater bedeutete und dass damit auch ein weiterer Schritt in der Auflösung des Ödipuskomplexes geleistet worden war. Eine neue Selbsterfahrung war jedoch die präödipale Bedeutung meines exzessiven Fußballspiels. Das ist jedoch nur die verbale Abstraktion der eigentlichen Verwandlung: In der teilnehmenden Beobachtung der Ballspielszene meines Analysanden wurden tiefe Traurigkeits- und Verlorenheitsgefühle für mich spürbar, ein früher belastender Selbstzustand wahrnehmbar und die kompensierenden Bewältigungsversuche evident. Die eigentliche Verwandlung bestand in der Vertiefung und Erweiterung meiner Selbsterfahrung sowie in der Integration eines bisher unzugänglichen Selbsterlebens. Die Einsicht in die Psychodynamik ist dabei von zweitrangiger Bedeutung, da sie sich für den reflektierten und professionellen Beobachter, der nach seinen Analyseerfahrungen nicht mehr von solchen Gefühlen überschwemmt wird und den nötigen Abstand finden kann, beinahe von selbst ergibt. Da ich mich von diesen Gefühlen nicht mehr bedroht fühlte, erlebte ich mich mehr bereichert als gefährdet, konnte über die Vertiefung meiner Selbsterfahrung, die sich en passant bei der Behandlung eines Analysanden ergeben hatte, staunen und mich über den seelischen Zugewinn und die Wandlung freuen. Ebenso konnte ich innerlich lächeln über eine häufig wiederkehrende Idee, einmal ein Buch über die Tiefenpsychologie des Fußballspiels zu schreiben. Darüber hinaus sah ich frühere Publikationen zur Psychodynamik von Kampfspielen und zur Psychologie der Schiedsrichtersituation in einem neuen Licht.

Da sich meine Erfahrung in wenigen Momenten ereignet, finde ich zu meiner gleichschwebenden Aufmerksamkeit für meinen Analysanden relativ schnell wieder zurück. Als er bald darauf sein Ballspiel beendet und sich auf eine der Stufen setzt, die die beiden Ebenen des Raums verbinden, schaue ich auf gleicher Ebene in zwei trübe Augen: »Ich bin ganz, ganz traurig geworden«, beginnt er und fährt fort: »Ich bin ja früher viel draußen gewesen und jetzt merke ich, wie traurig und allein ich mich bei diesem Spiel gefühlt habe.« Ich kann mich nur zu gut in ihn einfühlen. Mir sei aufgefallen, dass er mit dem Ball wie mit einem Übergangsobjekt umgegangen sei. Er ist erstaunt über meine Deutung, weil er das noch nie so gesehen hat. Ich muss innerlich lächeln. Wenn er wüsste, dass ich das gerade selbst erst so verstanden habe! Ich gehe also mit ihm dieser Anmutung nach: wie er mit seinen geschickten Fuß- und Beinbewegungen den Ball geradezu liebevoll gestreichelt, wie er ihn von einem Fuß zum anderen gespielt, wie er ihn »hochgehalten« habe, das sei wie sich trennen und sich wieder annähern im Medium des Fußballspiels. Er habe offenbar ein Spiel gefunden, dessen Ziel darin besteht, das Objekt möglichst geschickt unter Kontrolle zu halten, damit es nicht wegspringt oder wegfällt. Er wirkt während der ganzen Zeit angerührt und traurig. Tränen laufen ihm über das Gesicht. Über sein reflektiertes Tun erschließt sich für ihn die Symbolik seines Spiels. Er findet mit meiner Hilfe heraus, dass er mit dem Ball ein Objekt hat, »bei dem ich die Kontrolle über Nähe und Distanz jederzeit selbst herstellen kann«. Mit einem Schaudern findet er eine Quelle für die Anflüge archaischer Wut auf seine Frau und auf seine Tochter, wenn sie sich nicht im Sinne seiner Erwartungen verhalten. In diesem Zusammenhang wird auch die aggressive und distanzierte Seite des Kickens bearbeitbar. In dem so harmlos erscheinenden Ballspiel hatte er die früh erlittenen Erfahrungen, nämlich wie ein seelenloses Objekt behandelt worden zu sein, ins Aktive gewendet. So entdeckte er eine gemeinsame Not in seiner aktuellen Familie.

Schlachthof – die Klärung einer schrecklichen Kindheitserinnerung[1]:

Im Folgenden schildere ich ein Beispiel, in dem ich meine therapeutische Fassung nur mit Mühe halten konnte. In dem folgenden Prozess vertiefte sich mein Verständnis für die ungeheuerliche Verleugnung der nationalsozialistischen Greuel in meiner Kindheit, indem ich »die Verschwörung des Schweigens« durchbrach und mittels »familiärer Introspektion« nachträglich eine bisher »unverstandene Erinnerung« entschlüsselte (Moser 1994a und b). Da es hier mehr um mich und meine therapeutische Funktion geht, soll die Fallvignette nur skizziert werden. Dazu berichte ich aus der Sitzung einer Patientengruppe vom Beginn des Jahres 1995. Das Datum ist deswegen bedeutsam, weil in dieser Zeit in allen Medien der Befreiung des Konzentrationslagers Auschwitz vor 50 Jahren gedacht wurde und die Patientin, um die es hier geht, ein Kind einer Holocaust-Überlebenden ist. Ich selbst hatte mehrere Dokumentationen über die Verbrechen der Nazis im Fernsehen verfolgt.

---

1 s. H. (1996b): Psychotherapie aus der Mit-Bewegung. Formen »der« Empathie. In: Lehmkuhl, U. (Hg.): Heilen und Bilden – Behandeln und Beraten. Individualpsychologische Leitlinien heute. Reinhardt, München, Basel, S. 114 ff.

Nach zwei voraufgegangenen Therapieversuchen, einmal in analytischer Einzel- und ein anderes Mal in analytischer Gruppentherapie, die sie ihrem Ziel »lieben und arbeiten können« nicht näher gebracht hatten, drängten ihre Beschwerden sie zu einem dritten Versuch. Die zu Beginn der Therapie 43-jährige Archäologin litt unter Depressionen, Panikattacken, Arbeitsstörungen sowie unter zunehmender Isolation und Einsamkeit. Ihre Mutter, ein uneheliches Kind, das aufgrund seiner drei jüdischen Großelternteile im »Dritten Reich« als »Volljüdin« galt, wurde im Alter von 15 Jahren aus Berlin nach Theresienstadt und von dort nach Auschwitz deportiert. Die Mutter ihrer Mutter, also die Großmutter der Patientin, die selbst »Halbjüdin« war, sowie deren drei eheliche Kinder aus der privilegierten »Mischehe« mit einem »Arier« blieben durch die Auslieferung der unehelichen Tochter, also der Mutter meiner Patientin, vor weiteren Repressalien verschont.

Nach der Befreiung der Konzentrationslager gelangte die Mutter der Patientin im Mai 1945 durch das Rote Kreuz in ein benachbartes Land, heiratete dort einen Journalisten und bekam zwei Kinder: einen Sohn und zwei Jahre später sie, meine jetzige Patientin. Die ersten drei Lebensmonate hatte sie in einem Kinderheim verbracht, da ihre Mutter noch an der auf den »Todesmärschen« ausgebrochenen Tuberkulose litt. Im darauf folgenden halben Jahr sei sie wahrscheinlich von ihren leiblichen Eltern, die damals schon mehr oder weniger getrennt lebten, abwechselnd versorgt worden. Mit zirka neun Monaten »hat mich meine Mutter bei ihrem Stiefvater in Deutschland abgeliefert«. Dort wechselten die Bezugspersonen mehrfach. Ihre Mutter bekam in den nächsten Jahren vier weitere Kinder. Meine Patientin erlebte sich in eine ambivalente mütterliche Delegierung verstrickt: Einerseits war sie wohl das »verhasste katholische deutsche Mädchen«, das die Mutter ablehnen musste, und zum anderen sollte sie gerade als dieses das zerstörte Leben ihrer Mutter reparieren, indem sie einen angesehenen Weg über Schule, Studium und berufliche Karriere nahm.

Diese Patientin meldete sich nun in der Gruppe zu Wort, weil sie in der Nacht vor der Fahrt zu einem Treffen der Kinder aus »Mischehen« (ein jüdischer und ein nichtjüdischer Partner) einen furchtbaren Traum hatte. Sie las in einem Horoskop: »Sie müssen mit 45 Jahren einen qualvollen Tod sterben.« Sie wurde in diesem Jahr tatsächlich 45 Jahre alt. Mehrere Gruppenmitglieder hatten am Abend zuvor ein Interview mit der Mutter der Patientin im Fernsehen erlebt. Sie trugen mit ihren Wahrnehmungen zur Bearbeitung des Traumes bei. Besonders wichtig wurde dabei eine Antwort der Mutter auf die Frage, warum sie so viele Kinder bekommen hätte: ›Ich wollte Leben in die Welt setzen.‹ Viele Kinder zu bekommen wurde als ein Selbstheilungsversuch angesehen, um sich aus der erstarrten Verfassung, mit der sie die grauenvollen Erfahrungen im Konzentrationslager überleben konnte, wieder zu befreien. Die Hoffnung, durch ihre Kinder aus dem eigenen Erstorbensein erlöst zu werden, konnte sich unmöglich erfüllen. Die Mutter erlebte und beschrieb sich selbst immer wieder als entrückt, »wie von einer anderen Welt«. Das Ausmaß der komplementären Selbstentfremdung meiner Patientin hatte sich bereits in mehreren Übertragungssituationen in der Gruppe in Szene gesetzt. Sie wirkte dann wie hinter einer undurchdringlichen Glaswand, zu der quasi »nur über Funk« und intellektualisierend Kontakt aufgenommen werden konnte. In solchen Situationen musste ich sehr aufpassen, dass sie von den übrigen Gruppenmitgliedern, die ihre Unerreichbarkeit schwer ertragen konnten, nicht entwertet wurde.

Während der Behandlung dieser schweren Traumatisierungen wurde ich selber noch einmal von einem offenbar unerledigten Komplex meiner eigenen Entwicklung eingeholt. Von dem Behandlungskontext erinnere ich noch, dass ich der Patientin in ihrer Verlorenheit und Selbstentfremdung angeboten hatte, sich hinzulegen und sich von mir den Kopf halten zu lassen. Sie fühlte sich mittlerweile in der Lage, eine solche ihre frühesten Ängste und Bedürfnisse anrührende Situation zum tieferen Verstehen und Bearbeiten aufzusuchen. Die Erprobung wurde zu einer ergreifenden Szene für die Patientin, die übrigen Gruppenmitglieder und für mich. Es war »tief bewegend« für alle mitzuerleben, wie durch meine körperliche Unterstützung »die gläserne Wand« zwischen ihr und der Welt durchlässig wurde und sie sich gleichzeitig selbst zu spüren begann. Ich erinnere mich auch noch, dass sie diesen Prozess schließlich selbststeuernd beendete, weil es ihr »fürs Erste« reichte. Als diese Szene anschließend in der Gruppe weiter behandelt wurde, spürte ich plötzlich, wie mir Tränen in die Augen traten und mich eine tiefe Welle der Scham überrollte. Ich wäre am liebsten vor meiner Patientin in den Boden versunken, fassungslos über die ungeheuren Verbrechen, die mein Volk einschließlich meiner Eltern, die durch ihre Verleugnung zu Mittätern wurden, den Menschen in den Konzentrationslagern und den nachfolgenden Generationen angetan hatten.

Plötzlich stieg eine Kindheitserinnerung in mir wieder hoch. Ich hatte sie bereits vor 20 Jahren in meiner ersten Nachanalyse mit meinem damaligen Analytiker, selbst ein emigrierter Jude, erstmals bearbeitet. Ich erinnerte aus der damaligen Zeit nur, dass es eine bewegende Arbeit war und mein Therapeut, völlig entgegen seiner sonst klassisch gehandhabten Abstinenz, mir, dem jungen Therapeuten und Wissenschaftler, nahe legte, diese Erfahrungen einmal zu veröffentlichen. Ich hätte aber trotz dieser ersten Bearbeitung die sehr vage gebliebene Erinnerung kaum reproduzieren können. Mein Analytiker hatte damals wohl schon mehr verstanden als ich. Diese Kindheitserinnerung tauchte nun in einer ungeahnten, schrecklichen Klarheit wieder auf: Ich fuhr mit meiner Mutter – wahrscheinlich waren meine Großmutter und/oder meine Tante noch dabei – mit der Straßenbahn in die Stadt. Sie hielt auf der Brücke des Derendorfer Bahnhofs im Norden Düsseldorfs an. Diese Strecke fuhr ich später täglich zum Gymnasium und zum Sportverein. Wenn die Straßenbahn in Richtung Innenstadt auf der Brücke hielt, hatte man aus dem rechten Seitenfenster einen sehr guten Blick auf eine große Verladerampe mit vielen Viehgattern. Da wir häufiger diesen Weg in die Stadt fuhren, hatte ich als neugieriger vier- oder fünfjähriger Junge wohl öfter staunend beobachtet, wie in den Gattern dicht gedrängt zahllose quiekende Schweine oder blökende Rinder eingezäunt waren. Auf meine neugierigen Fragen erfuhr ich, dass sich dort der Schlachthof der Stadt Düsseldorf befand, wo diese Tiere geschlachtet, gehäutet, zerlegt und zu Fleisch und Wurst verarbeitet wurden, wie wir sie dann beim Metzger kaufen konnten. Und während ich mich an das Bild erinnerte, überflutete mich plötzlich in der Gruppe – wie wohl den fassungslosen kleinen Jungen damals – eine entsetzliche Wahrnehmung: Auf einmal waren in den Boxen keine Tiere, sondern Menschen wie Mama und Papa, Oma und Tante, wie ich und meine Spielgefährten eingepfercht. In der kindlichen Sichtweise nahm ich die Situation als Schlachthof für Menschen wahr. Mein Entsetzen erfasste die Situation im Kern. Hier wurden Juden deportiert. Ich glaube, dass dieses furchtbare Entsetzen mich veranlasst hat, meine Mutter um eine entlastende Erklärung zu bitten und sie mir diese, trotz bohrender Nachfragen, immer schuldig geblieben ist und ich bis zu dieser Behandlungsstunde mit dem abgekapselten Schock gelebt hatte.

Nunmehr verstand ich auch zwei aufwühlende Situationen, die im Vorgespräch einer späteren Reanalyse angesprochen wurden, tiefer. In dem einen Fall wurde ich durch den Fernsehkommentar eines Professors für Judaistik auf die umstrittene Rede Jenningers im Jahre 1988, die er als damaliger Bundestagspräsident anlässlich des 50. Jahrestages des Judenpogroms gehalten hatte, so heftig berührt, dass ich in ein heftiges Schluchzen verfiel, als ich meiner Frau davon erzählte. Das Bewegende dieser Stellungnahme war für mich, dass sie überhaupt nicht als eine intellektualisierende Kritik an dieser Rede gefasst war, sondern zentral »die Unfähigkeit zu trauern« (A. Mitscherlich und M. Mitscherlich 1967) ansprach und darüber sogar ein Mitgefühl für die Täter anklingen ließ. Im anderen Falle einer Fernsehdiskussion zum selben Anlass zwischen Politikern, Historikern und Journalisten, an der auch der damalige Zentralratsvorsitzende der Juden in der BRD, Galinski, teilnahm, entwickelten sich in mir eine heftige Wut und Verzweiflung, weil alle Teilnehmer dieser Runde intellektualisierend, psychologisierend, historisierend, moralisierend und judizierend über Vorgänge sprachen, die so ungeheuerlich waren, dass sie durch die benutzten Sprachwendungen schon wieder verleugnet wurden. Mir war danach, laut schreiend und weinend in die Runde zu springen, die Tische umzuwerfen und die Leute aufzurütteln: »Merkt ihr denn nicht, was ihr hier macht!« Nach meiner Erfahrung in der Gruppe wurde nun die tiefe psychologische Bedeutung meiner heftigen Affekte evident: Sie waren Zwischenschritte zu meiner unverstandenen Kindheitserinnerung, in der sich ein gesellschaftliches Trauma (Verdrängung der NS-Vergangenheit) und ein familiäres Trauma (Verdrängung und Projektion von Wut und Hass) überlagerten.

Wenn meine Mutter und/oder mein Vater hätten antworten und das Unfassbare in Worte fassen können, hätten sie zunächst ihre tiefen Schuld- und Schamgefühle zulassen und aushalten müssen. Dazu waren sie nicht in der Lage. Stattdessen werde ich wohl von der Gewalt dieser Gefühle infiziert worden sein. Deswegen bekam ich Angst, den Abstand zum eigenen Erleben nicht mehr halten zu können. Am liebsten hätte ich die Gruppe beendet, um mir in meiner Supervisionsgruppe kollegiale Unterstützung und psychologischen Rat zu holen. Das wäre dann wohl die Suche nach Elternfiguren gewesen, die mir bei der Regulierung meines Erlebens geholfen hätten. So wie ich der Patientin basalen Halt und körperlichen Schutz geboten hatte, so hätte ich beides in dieser Situation meiner Kindheit nötig gehabt. Über den Handlungsdialog mit der Patientin war auch ein unerledigter Komplex meiner Entwicklung ins Bild gerückt worden. Allmählich gewann ich meine Fassung wieder. Ich hielt es für sinnvoll, meine eigene Verfassung, die den Patienten ja nicht verborgen geblieben war, kurz zu verbalisieren. So sagte ich, dass ich Tränen in den Augen und entsetzliche Scham spüre angesichts dessen, was meine Vorfahren, darunter auch meine Eltern, als stillschweigend duldende Komplizen, an Menschen wie ihr und ihrer Mutter verbrochen hätten. Als sich dann unsere Blicke trafen, erlebte ich keine Glaswand zwischen ihr und mir. Eine schreckliche Übertragungssituation hatte sich aufgelöst. Meine ursprüngliche Sicherheit kehrte allmählich wieder. Viele unserer Patienten, die sehr früh in ihrer Individuation behindert wurden, brauchen erst die Erfahrung, dass ihr Therapeut passager quasi aus der Rolle fällt, um wahrnehmen zu können, dass sie wirksam und existent sind. Manche müssen ihn geradezu dahin bringen. Über diese Erkenntnis gewann ich meine professionelle Haltung wieder zurück.

Schließlich konnte ich meine Gefühle auch als »Gegenübertragung« – hier wirkt der Begriff völlig unzulänglich – nutzen. Sie führten zu Überlegungen, wie wenig an positivem Selbstgefühl die Patientin bei dem eklatanten Mangel an Resonanz auf ihre Existenz entwickeln konnte, sondern wie sie sich stattdessen immer wieder als nichtig und verloren erfahren musste. Besonders angesprochen fühlte sie sich von meiner Deutung, dass ein Kind in ihrer Situation in der Identifikation mit der Mutter eine notdürftige Überlebensstrategie findet. Folglich würde sie sich sogar schämen, wenn es ihr besser ginge als ihrer Mutter, wenn sie gar die Liebe oder ihre akademische Karriere genießen würde. Wie zur Bestätigung stellte die Patientin in diesem Zusammenhang fest: »Wenn ich mir auch noch so viel Mühe gebe, so schlecht, wie es meiner Mutter in Auschwitz ging, kann es mir gar nicht gehen!« Über die biographische Betrachtung eröffnete sich auch die finale Perspektive des Traumes. Unbewusst nahm sie bereits wahr – wenn sie, wie oben berichtet, davon träumte, mit 45 Jahren eines schrecklichen Todes zu sterben –, dass sie sich von ihren frühen, unerfüllt gebliebenen Sehnsüchten nach Geborgenheit und den daraus resultierenden seelischen Reparationsforderungen trennen muss, um sich weiterzuentwickeln, was einem schmerzlichen Prozess des Sterbens gleichkommt. Sterben bedeutet hier, dass die frühe Identifizierung aufgegeben wird. Dieses »Stirb und Werde« war für sie besonders ängstigend, da das Bild eines glücklicheren Lebens grundlegend mit katastrophalen Trennungsängsten verbunden war. Das Gruppensetting wirkte hier in mehrfacher Hinsicht wie ein familiärer Halt, mit dem sich ein allmählicher Formenwandel ihres Lebensstils vollziehen konnte. Die »gläserne Wand« zwischen ihr und den anderen verschwand. Immer häufiger konnte sie ihre Gefühle artikulieren. Sie besuchte mehrmals ihre Mutter in Jerusalem und klärte ihre Beziehung zu ihr neu. Die depressiven Einbrüche und die Panikattacken wurden seltener, bis sie ganz verschwanden. Ihr Lebensgefühl hob sich deutlich, sie wurde wieder berufstätig und entwickelte wohltuende Kontakte zu ihren Kollegen und Kolleginnen.

Scheinbar nur ein Terminproblem:
Während einer Selbsterfahrungsgruppe in leibfundierter analytischer Psychotherapie mit Kolleginnen und Kollegen, die diese Methode »am eigenen Leibe« kennen lernen wollten, hatte sich eine Konstellation ergeben, die ich zunächst nur als organisatorische Schwierigkeit ansah, ohne zu merken, dass gerade in dieser Wahrnehmung ein eigenes Problem lag. Die Termine des Weiterbildungskurses waren seit über einem Jahr im Voraus geplant, und der Zeitplan des Kurses sah Blockveranstaltungen vor, die von Donnerstagmorgen bis Samstagabend dauerten. Parallel dazu war am Weiterbildungsinstitut, an dem ich als Dozent und Lehranalytiker tätig bin, infolge des neuen Psychotherapiegesetzes ein zeitlicher Engpass entstanden, weswegen das Weiterbildungsprogramm verdichtet und über die üblichen Semestergrenzen hinaus

auf das ganze Jahr, teilweise auch auf die Wochenenden, ausgedehnt worden war. So wurde ich überraschenderweise außerhalb der vorlesungsfreien Zeit vom Leiter des Weiterbildungsausschusses gebeten, relativ kurzfristig meine obligatorischen Veranstaltungen zur leiblichen Dimension im psychoanalytischen Dialog am Institut durchzuführen. Da ich die Mühen des Weiterbildungsleiters mit dem Semesterprogramm nur zu gut noch aus eigener Erfahrung kannte und mir außerdem das Thema sehr wichtig ist, erklärte ich mich gegen meine sonstigen Bemühungen um meine eigene Psychohygiene bereit, diese zu dem einzigen möglichen Zeitpunkt durchzuführen, der bei unserem telefonischen Planspiel übrig blieb, nämlich an einem Sonntag unmittelbar nach einem Weiterbildungsblock. Um mich nicht zu überlasten, dachte ich daran, die Weiterbildungsgruppe nur bis Samstagmittag durchzuführen.

In der Anfangsrunde ging ich auf dieses organisatorische Problem ein und sagte, dass ich die Gruppe bereits Samstag mittags beenden wolle, und fügte noch hinzu, dass ich das in diesem Fall nicht als so problematisch ansähe, da die Gruppenmitglieder ja den Wunsch geäußert hätten, noch zwei weitere Termine im nächsten Jahr anzuhängen. Ich merkte sehr bald, dass einige darüber sehr betroffen oder ärgerlich waren. Sie hielten mir vor, dass ich ziemlich hoheitlich geplant, mich nur nach meinen komplizierten terminlichen Bedingungen gerichtet und alle anderen wie selbstverständlich davon abhängig gemacht hätte. Die Rückmeldungen führten mir vor Augen, wie wenig abstinent ich mich in dieser Terminfrage verhalten und wie wenig ich in diesem Falle das Übertragungsgeschehen bedacht hatte.

Für viele belebten sich in dieser Situation die Vorerfahrungen mit ihren beruflich absorbierten Vätern. Insbesondere die Kinder von Ärzten erinnerten sich unisono, wie sehr sie unter der dauernden Abwesenheit des in Praxis oder Klinik gebundenen Vaters gelitten hatten und wie hilflos sie sich den so edlen Gründen seiner Abwesenheit ausgeliefert gefühlt hätten. Patienten und berufliche Ambitionen der Väter wären wie selbstverständlich immer über ihre Bedürfnisse gestellt worden. In meiner Verstrickung ließ ich mich noch zu (guten) Erklärungen und (echten) Beteuerungen hinreißen. Spätestens hier merkte ich, wie sehr ich mich in eine wechselseitige Übertragungsszene mit der Gruppe verwickelt hatte. Da keines der Gruppenmitglieder mich in eine Diskussion oder einen Streit hineinzuziehen versuchte, gelang es mir, wieder mehr Abstand zu der Situation zu gewinnen. Dabei spürte ich, dass mehrere authentische Äußerungen, insbesondere weiblicher Gruppenmitglieder, wie sehr sie unter der immer wohl begründeten Abwesenheit ihres geliebten Vaters gelitten hätten, mich persönlich sehr berührten. Als dann eine Gruppenteilnehmerin in ihrer Betroffenheit noch hervorhob, dass sie die Worte des Vaters nie beruhigen konnten, weil seine Handlungen andere waren, war das für mich, als würde sie durch eine Tür gehen, die ich mit meinen letzten Publikationen über »das Handeln des Analytikers in der Redekur« schon selber weit geöffnet hatte.

Ich wurde so tief vom Leid der Tochter über den abwesenden Vater ergriffen, dass ich in diesem Moment unmittelbar nachfühlen konnte, klarer und tiefer als mir das bisher erlebbar war, wie sehr auch meine eigenen Töchter in ihrer Kindheit unter meiner seltenen Präsenz gelitten hatten. Das galt besonders für die Zeit, in der ich mich auf den Abschluss meines Diplomstudiums vorbereitete, die empirischen Untersuchungen für die anschließende Doktorarbeit bereits durchführte, daneben noch mit mehreren Jobs für den Unterhalt der fünfköpfigen Familie sorgte sowie in der höchsten Amateurklasse Fußball spielte, was zwei- bis dreimal Training pro Woche und ein Spiel am Wochenende bedeutete. Schlagartig fiel mir eine typische Situation ein, deren Schleier der Verklärung mir bereits durch frühere Reaktionen einer Tochter weggezogen worden war. Ich erinnerte mich früher gerne an die scheinbar amüsante Familienszene, wenn sie sich, etwa zweijährig, durch die Falttür zwängte, wenn ihr leuchtender Haarschopf und ihr niedliches Gesicht in der untersten Ecke des Türrahmens erschien, wo sie trotz des Verschlusses genügend Spielraum fand, um ins »Wohnzimmer« zu gelangen, wo ich am Schreibtisch über meiner Doktorarbeit »brütete«.

Meine Version war lange so, dass ich mich freute, wie sie dem bewussten Bemühen ihrer Mutter, mich ungestört arbeiten zu lassen, entwichen war und wie aktiv sie sich den Weg zu mir bahnte. Ich werde sie wohl freudig begrüßt, dann aber bald wieder motiviert haben, für sich zu spielen. Bewundernd pflegte ich weiterhin davon zu berichten, wie verblüfft ich war, wenn dieses clevere kleine Wesen die zerrissenen Blätter aus meinem Papierkorb fischte und dann die Papierschnipsel wieder zusammenzufügen versuchte oder wenn sie mit großem Geschick alle meine Kugelschreiber in ihre Bestandteile zerlegte. Erst die wütenden Reaktionen meiner erwachsenen Tochter auf diese Erinnerung machten mir deutlich, wie sehr ich hier selber dabei war, eine dieser mir aus Einzel- und Familientherapien geläufigen Familienanekdoten zu schaffen, die in lustiger Verkleidung oft unsagbares Leid und seine Bewältigungsmuster tradieren. Sie machte mich nämlich auf meinen eigenen blinden Fleck aufmerksam und richtete meinen Blick auf ihre frustrierte Sehnsucht nach einem responsiven Vater, der die Handlungsbotschaft seiner Tochter, endlich mal mit dem Schreiben aufzuhören, sich früher mit seinen Produkten zufrieden zu geben und sich mehr um sie zu kümmern, vernehmen konnte.

Ich dachte weiterhin an ein Bild, das eine andere Tochter während der Grundschule im Kunstunterricht gemalt hatte und das sich auf dieselbe Zeit bezieht. Ich erinnere mich noch gut, wie betroffen es mich gemacht hatte. Der auf mich direkt bezogene Ausschnitt zeugte von einer eindeutigen Klarheit, die keine besonderen psychodiagnostischen Fähigkeiten erforderte, sondern eher die der Tochter hervorhob: Ich saß in einem Sessel, abgewandt vom Familiengeschehen, mit Blick in ein aufgeschlagenes Buch. Wenn ich davon aufgeschaut hätte, wäre mein Blick direkt in die von der Seitenwand des Schranks und der Wand des Wohnzimmers gebildete Ecke gefallen. Eine makabre Spiegelung für einen im Examen befindlichen angehenden Diplom-Psychologen! Die von der Gruppe angeregte Vertiefung meiner Selbsterfahrung bereicherte, wie sich jeder denken kann, auch den kontinuierlichen Dialog mit meinen Töchtern.

Die authentische und nicht übergriffige Rückmeldung insbesondere der einen »Gruppentochter« hat mich noch einmal auf einer tieferen Ebene berührt. Hier machte ich selber meine eigene therapeutische Wandlungserfahrung. Diese hatte dann auch – wie wir in unserer Praxis bei unseren Patienten immer wieder beobachten können – ihre Konsequenzen. Ich konnte mein Tun bedauern und revidierte meinen Entschluss, die Gruppenzeit zu verkürzen. Darüber machte ich die beglückende Erfahrung, wie mein Handeln seine heilsamen Wirkungen entfaltete.

Zum Abschluss der Gruppe fasste die oben erwähnte Teilnehmerin ihre Erfahrung folgendermaßen zusammen: »Ich hatte Zeit, die einschneidende Neuerfahrung auf mich wirken zu lassen. Von außen betrachtet sind es ja immer nur kleine Begebenheiten; dennoch konnte und kann ich an meinem gestärkten weiblichen Selbst-Verständnis diesen – ich möchte es so benennen – »Galaxensprung« in seiner Auswirkung weiter spüren. Auch wenn ich mich in der Schlussrunde schon einmal bedankt habe für den durch Ihr persönliches Sich-involvieren-Lassen möglich gewordenen Sturz des alten männlichen Weltbildes in mir, möchte ich es hier noch einmal von Herzen tun. Und indem ich es wiederhole und aufschreibe, ist es gleichsam, als bräche eine alte Kruste weiter auf, werde etwas lang Verhärtetes in mir weicher und ließe das darunter Verborgene, Zarte, Verletzte ans Licht kommen. Endlich kann etwas überwachsen, vielleicht sogar Neues sich entfalten. Ich bin selber gespannt, weil unter Spannung, was sich da tun will.«

In der weiteren Selbstanalyse erinnerte ich mich, wie sehr ich selbst unter der Abwesenheit meines Vaters gelitten hatte, der vor der unerträglichen spannungsreichen Atmosphäre eines präödipal gebundenen Familienclans in eine Arbeits- und Alkoholsucht geflüchtet war und dessen Nähe ich nur nachts genoss, wenn ich mich in seinem Bett an ihn kuscheln durfte, sowie frühmorgens, während des Frühstücks, bevor er in die Fabrik ging. Um diese kostbaren Minuten seiner Anwesenheit, die mich vermutlich vor schwereren Selbststörungen bewahrt haben, nicht zu verlieren, bin ich wohl ein habitueller Frühaufsteher geworden.

9.4 Zur Freude an und in der psychotherapeutischen Arbeit

Wie die obigen Beispiele zeigen, ist das komplexe Wirkungsgeschehen zwischen Patient und Therapeut nicht nur das Agens für die Verwandlung des Patienten. Trotz der psychotherapeutischen Zentrierung wird der Analytiker immer auch mitbehandelt. Handlungsdialoge oder Enactments sind als unmittelbares und prozedurales Geschehen besonders geeignet, um früh inkorporierte und nur operativ evozierbare Erfahrungen zu beleben. Übertragung ist deswegen mehr als nur eine Übertragung von Gefühlen zu einer früheren Bezugsperson auf eine gegenwärtige. Der Therapeut lässt sich in die seelische Wirklichkeit des Patienten einbeziehen, und gleichzeitig ist die Form, in der er verwendet wird und er sich verwenden lässt und welche Wirkungseinheit sich schließlich ergibt, auch bedeutsam für ihn selbst. So gelangt der Therapeut in eine Szene, die auch eigene eventuelle unerledigte Komplexe wieder beleben kann. Das aus dem normalen Alltagsprozess herausgehobene Setting, die Ausrichtung auf den Heilungsprozess des Patienten und das, was wir etwas distanzlastig als Abstinenz bezeichnen, ermöglicht es beiden, sowohl den nötigen Abstand zu halten als auch sich besonders tief einzulassen. So ereignen sich Situationen, in denen sich ebenso die Strukturierungsprobleme des Therapeuten ins Bild setzen.
In dieser permanenten Beteiligung liegen, wie wir wissen, die Gefahren, aber auch die Möglichkeiten einer analytischen bzw. tiefenpsychologischen Psychotherapie. Im selben Maße, wie der Analyti-

ker im »Feuer« oder im »Eis« von Übertragung und Gegenübertragung umkommen kann, birgt das intersubjektive Geschehen auch für ihn eine Fülle von Konstellationen, die auch Modellsituationen seiner eigenen Entwicklung darstellen. Über deren kompetente Behandlung behandelt er sich selbst. Auch das geschieht nicht nur nachträglich, zum Beispiel in der Supervision oder wenn er sich später Gedanken darüber macht, sondern unmittelbar, indem er sich zu seinem Patienten so verhält, wie er sich verhält. Die Wandlung vollzieht sich im unmittelbaren Geschehen, *indem* er sich in eine Szene mit dem Patienten einbeziehen lässt – das ist vorsichtig ausgedrückt –, indem er mit dem Patienten eine für diesen und ihn selbst bedeutsame Situation inszeniert – das wäre mutiger formuliert – und sich in dieser Szene so verhält, dass die Selbststörung des Patienten nicht weiter verfestigt bzw. der daraus resultierende Konflikt nicht erneut abgewehrt, sondern bereits in der unmittelbaren therapeutischen Reaktion behandelt wird. Solche Erfahrungen kennen wir in vielfältiger Weise aus unserem Alltag. Wir gehen mit bestimmten Fragen und Problemen mehr oder weniger bewusst »schwanger«, d. h., das Unbewusste oder Vorbewusste arbeitet latent daran, und irgendwann und irgendwo, wenn wir überhaupt nicht damit rechnen, erleben wir plötzlich in einer konkreten Situation einen »seelischen Ruck« und merken, dass sich etwas verändert hat. Manchmal spüren wir auch nur vage, dass sich in unserem Seelischen etwas gewandelt hat.

Wenn Patienten von solchen Wandlungserfahrungen berichten, so entnehmen wir daraus, dass ihre Behinderung, sich selbst zu behandeln, schwindet und sie bald wieder ohne therapeutische Hilfe auskommen. Diese Selbstbehandlung ist immer und überall wirksam. Da sie ein lebenslanger Prozess ist, wäre es geradezu ein bedenkliches Zeichen, wenn der Therapeut nicht kontinuierliche Selbsterfahrungen in seinen Behandlungen machen würde. Wo sich der unbewussten Selbstbehandlung des Analytikers im psychotherapeutischen Prozess ein Anhalt bietet, da nutzt sie ihn, ob der Therapeut will oder nicht. Wenn der Analytiker seinen seelischen Prozess von dem seines Patienten unterscheiden und seinen obendrein noch für den des Patienten nutzen kann, behält er seine berufliche Verfassung. Andernfalls verstrickt er sich mit dem Patienten in unheilsamer Weise für beide Seiten. Die *aktive Teilhabe an den Selbst-*

werdungsprozessen unserer Patienten macht den Kern unserer therapeutischen Arbeit aus.

Während Angst die Strukturierungsnöte des Seelischen ausdrückt, durchströmt die Freude die gelingenden und befriedigenden Strukturierungen und Umstrukturierungen. Wenn die Freude der psychologische Ort seelischer Transformation ist, wenn sie das wesentliche Gefühl der Selbstfindung und Selbstwerdung, des Neubeginns (Balint 1970) oder der Selbsterneuerung (Kohut 1981) ist und wir tagtäglich mit diesen Wandlungsprozessen befasst sind, liegt hier eine bisher wenig genutzte Ressource der Behandlung des Patienten und der Psychohygiene des Therapeuten (s. Heisterkamp 2000a, 2001a, 2002a, b). Demgegenüber bekommen wir von den pathogenen Wirkungen unserer Berufspraxis so viel zu lesen und zu hören (»vom Leid des Analytikers«), dass man bereits vor einer Idealisierung des Mitleidens (»Aushalten der Gegenübertragung«) glaubt warnen zu müssen.

In einer repräsentativen inhaltsanalytischen Untersuchung von Publikationen deutschsprachiger psychoanalytischer Zeitschriften bin ich auf entsprechende Befunde gestoßen: Die Überbetonung theoretisierender Darstellungsformen, das Vermeiden des Affekterlebens generell, die Ausblendung der Freude speziell, die Vernachlässigung des Übertragungsgeschehens im Kontext emotionaler Formulierungen zur Freude, Liebe und Lust decken eine Diskrepanz auf. Der abstrakte und distanzierte Inhalt der psychoanalytischen Publikationen hat sich sehr stark von dem konkreten Geschehen der Praxis entfernt. Die gefühlsgeladenen Wirkungszusammenhänge der analytischen Praxis sind in den wissenschaftlichen Veröffentlichungen nicht adäquat repräsentiert. Psychoanalytiker haben offenbar ein vorbewusstes Wissen um »feeling rules« (Hochschild 1979) und müssen bei der Erstellung ihrer Publikationen eine erhebliche Gefühlsarbeit aufwenden. Unausdrücklich dürfen Emotionen nur nach bestimmten Vorschriften (»display rules« nach Ekman und Friesen 1969) gezeigt werden (s. Krause 1996, 1998). Für publizierende Psychoanalytiker könnten sie nach den vorliegenden Ergebnissen etwa heißen: »Vermeide freudige Gefühle. Bleibe möglichst neutral. Hüte dich vor emotionalen Formulierungen. Wenn du auf Affekte eingehst, sollten es nur ›negative‹ und dich besonders belastende sein. Diese darfst du dann allerdings auch intensivieren. Das wird gern gesehen in deiner Gesellschaft.«

Diese Gefühlsbearbeitung hat wohl ihren tiefen psychologischen Sinn. Je mehr der publizierende Analytiker sein eigenes Erleben und das der Patienten konkretisiert, umso angreifbarer und verletzbarer wird er. Das scheint besonders für die freudigen Gefühle zu gelten. Die Ausklammerung der eigenen Gefühle dient wohl der Abwehr von Angst, entwertet und beschämt zu werden, sowie der Sicherung fiktiver Ziele des individuellen Selbst und des Gruppen-Selbst. Obwohl sich Psychoanalytiker vermutlich in ihren Analysen mehr freuen, als sie es in ihren Publikationen zugeben, verführen die unausdrücklichen Vorzeigeregeln dazu, die Patienten durch selektive Affektspiegelung in ihren anhedonen Verfassungen festzuschreiben. Jedenfalls zeigen sich in psychoanalytischen Zeitschriften in besorgniserregender Weise die beiden typischen Formen misslingender (pathologischer) Affektspiegelung: der Mangel an Markierung und der Mangel an Kongruenz (s. Dornes 2000).

Darüber werden die salutogenen Faktoren unserer Berufspraxis ausgeblendet. Das ist ein auffälliger Widerspruch zu den zentralen Vorgängen der Behandlung. Es offenbart ein verwunderliches Missverhältnis, wenn wir die erwachende Freude des Patienten an seiner Arbeit und seinen sich entwickelnden Stolz über seine Leistungen prognostisch sehr günstig bewerten, während wir uns als Analytiker selber mit der Freude an, bei und über unsere Arbeit sehr zurückhalten oder solche gavisen[1] Gefühle gar sanktionieren. Das ist eine unheilsame Form, sich selbst zu unterdrücken und seine Lebensqualitäten im Bereich der täglichen beruflichen Arbeit zu verderben. Im Gegensatz dazu stellt unser Beruf – neben allen Belastungen – eine für unser leibseelisches Wohlergehen hoch bedeutsame Berufserfahrung bereit. Sie lässt sich unter vielfältigen Gesichtspunkten hervorheben.

Wir begleiten unsere Patienten auf dem Weg der Selbstwerdung und Selbstfindung bzw. werden – in den günstig verlaufenden Fällen – Zeuge dieser freudigen Metamorphosen. Die von Patienten und Therapeuten geteilte Freude dabei ist immer eine doppelte Freude. Die Voraussetzung dieser Entwicklungen besteht darin, dass es dem Patienten mit der kompetenten Hilfe des Therapeuten gelingt, die anfänglichen Be-Nötigungen umzuwandeln in Wirkungseinheiten des Mitseins und des Gegenüberseins. In seiner therapeutischen

---

1 analog zu »depressiv« und »aggressiv« von gaudere (sich freuen)

Mit-Bewegung mit der Individuation des Patienten feiert der Therapeut die gelungenen Lösungen aus verstrickten Beziehungen und die Kreation neuer Formen des Selbstseins und Bezogenseins immer mit. Jeder Neubeginn des Patienten stellt mehr oder weniger bewusst auch ein Erinnerungsfest des Therapeuten über gelungene Verwandlungen dar.

Darüber hinaus erfahren wir uns bei der Behandlung oft als hilfreich, wirksam, kompetent und kreativ. Bei dieser Arbeit machen wir immer wieder überraschende neue Entdeckungen im Kosmos des Seelischen, die uns selbst bereichern, unsere therapeutische Erfahrung vertiefen und die Neugier auf künftige Entdeckungen erhöhen.

Ferner besteht unsere therapeutische Kompetenz im Wesentlichen darin, unsere eigenen, durch den Patienten angeregten oder induzierten Selbstbewegungen zu erspüren und kreativ in therapeutische Interventionen umzuwandeln. Der Therapeut hat die Resonanz seiner Bezugspersonen weitgehend internalisiert und setzt sie in einer kontinuierlichen Selbstbehandlung fort. Auch wenn das Selbsterleben des Therapeuten bei der Arbeit keinen Selbstzweck hat, unser Beruf setzt ein kontinuierliches Gewahren unserer selbst und eine kontinuierliche Selbstanalyse und Selbstbehandlung voraus. Welcher andere Beruf bietet diese grundlegende Herausforderung zum authentischen Existieren?

Schließlich rufen die verschiedenen Patienten immer wieder uns bisher vielleicht weniger zugängliche und weniger bearbeitete Komplexe hervor, die uns zwar verunsichern, bedrohen und belasten, deren erfolgreiche Bearbeitung uns aber selbst bereichern. So erspüren wir durch die Anregungen unserer Patienten immer neue Selbstzustände, die nach einer erfolgreichen Bearbeitung als Ressourcen ins Selbst integriert werden können. Dem Meer unseres Unbewussten gewinnen wir quasi immer wieder neue Kulturen seelischen Existierens ab. Ist das nicht ein Füllhorn möglicher freudiger Erfahrungen, die unser Beruf uns – neben allen Belastungen – auch immer wieder bereitstellt!?

Vielleicht machen die obigen Überlegungen deutlich, dass ich mir *gesündere und lustvollere Formen der Ausübung – entsprechend natürlich auch der Einübung – von Psychotherapie und Psychoanalyse* vorstellen kann, als sie bisher praktiziert werden. Die »Dreißig Methoden zur Unterdrückung der Kreativität von Kandidaten der

Psychoanalyse« Kernbergs (1998) lassen sich auch als Anleitungen verstehen, wie man die Angst vor dem Versagen schüren, überkompensatorische Fiktionen stabilisieren und ein falsches therapeutisches Selbst fördern und Leiden an der psychotherapeutischen Arbeit hervorrufen kann. So geht die Freude an der eigenen Praxis verloren und wird die Lust auf authentische Beiträge darüber gehemmt. Es ist an der Zeit, dass wir kontrapunktisch *dreißig Methoden zur Förderung der Kreativität* der Weiterbildungsteilnehmer, aber nicht nur dieser, sondern ganz besonders der Lehranalytiker und der Analytiker erarbeiten, die ja die freudlose Arbeit vorleben bzw. »vorschreiben«. Ich hatte die Absicht, mit diesem Buch einen Beitrag dazu zu leisten, und ich hoffe, dass es mir gelungen ist.

Literatur

Adler, A. (1907a): Die Theorie der Organminderwertigkeit und ihre Bedeutung für Philosophie und Psychologie. In: Adler, A.: Heilen und Bilden. Fischer, Frankfurt a. M. 1973, S. 42–52

Adler, A. (1907b): Studie über Minderwertigkeit von Organen. Fischer, Frankfurt a. M. 1977

Adler, A. (1912a): Organdialekt. In: Adler, A.: Heilen und Bilden. Fischer, Frankfurt a. M. 1973, S. 114–122

Adler, A. (1912b): Über den nervösen Charakter: Grundzüge einer vergleichenden Individual-Psychologie und Psychotherapie. Fischer, Frankfurt a. M. 1972

Adler, A. (1912c): Zur Erziehung der Eltern. In: Adler, A.: Heilen und Bilden. Fischer, Frankfurt a. M. 1973, S. 219–232

Adler, A. (1920): Praxis und Theorie der Individualpsychologie: Vorträge zur Einführung in die Psychotherapie für Ärzte, Psychologen und Lehrer. Fischer, Frankfurt a. M. 1974

Adler, A. (1927): Menschenkenntnis. Fischer, Frankfurt a. M. 1966

Adler, A. (1929a): Lebenskenntnis. Fischer, Frankfurt a. M. 1978

Adler, A. (1929b): Neurosen. Fischer, Frankfurt a. M. 1981

Adler, A. (1930): Die Technik der Individualpsychologie. Bd. 2. Fischer, Frankfurt a. M. 1974

Adler, A. (1930–1932): Psychotherapie und Erziehung. Ausgewählte Aufsätze. Bd. 2. Fischer, Frankfurt a. M. 1982.

Adler, A. (1931): Wozu leben wir? Fischer, Frankfurt a. M. 1979

Adler, A. (1933): Der Sinn des Lebens. Fischer, Frankfurt a. M. 1973

Aebli, H. (1966): Psychologische Didaktik. Klett, Stuttgart

Alexander, F. (1956): Psychoanalysis and Psychotherapy. W. W. Norton & Company, New York

Alnæs, R. (1995): Themen meines Lebens. In: Hermanns, L. M. (Hg.): Psychoanalyse in Selbstdarstellungen. Bd. 3. Edition diskord, Tübingen, S. 9–43

Altrock, B. (1996): Zur Einbeziehung körpertherapeutischer Interventionen in den psychoanalytischen Dialog. In: Trautmann-Voigt, S. und Voigt, B. (Hg.): Bewegte Augenblicke im Leben des Säuglings – und welche therapeutischen Konsequenzen? Claus Richter, Köln, S. 95–104

Anonyma (1988): Verführung auf der Couch. Kore, Freiburg

Ansbacher, H. L.; Ansbacher, R. R. (Hg.) (1982): Alfred Adlers Individualpsychologie. Eine systematische Darstellung seiner Lehre in Auszügen aus seinen Schriften. Reinhardt, München, Basel

Anthi, P. (1983): Reconstruction of preverbal experiences. J. Am. Psa. Ass. 31, S. 33–59

Antoch, R. F. (2001): Über Sinn und Unsinn des Begriffs ›Gemeinschaftsgefühl‹ oder: Adlers verfehlte Theorie der Macht. In: Lehmkuhl, U. (Hg.): Abschied und Neubeginn, Kontinuität und Wandel in der Individualpsychologie. Reinhardt, München, Basel, S. 25–44. [Beiträge zur Individualpsychologie, Bd. 26]

Argelander, H. (1970a): Das Erstinterview in der Psychotherapie. Wissenschaftliche Buchgesellschaft, Darmstadt

Argelander, H. (1970b): Die szenische Funktion des Ichs und ihr Anteil an der Symptom- und Charakterbildung. Psyche 21, S. 325–345

Argelander, H. (1972): Der Flieger: Eine charakteranalytische Fallstudie. Suhrkamp, Frankfurt a. M.

Auchter, Th. (1995): Über das Auftauen eingefrorener Lebensprozesse. Forum der Psychoanalyse 11, S. 62–82

Balint, M. (1930): Psychosexuelle Parallelen zum biogenetischen Grundgesetz. In: Ders.: Die Urformen der Liebe und die Technik der Psychoanalyse. Huber/Klett, Stuttgart 1966, S. 13–44

Balint, M. (1932): Charakteranalyse und Neubeginn. In: Ders.: Die Urformen der Liebe und die Technik der Psychoanalyse. Huber/Klett, Stuttgart 1966, S. 187–202

Balint, M. (1934): Das Endziel der psychoanalytischen Behandlung. In: Ders.: Die Urformen der Liebe und die Technik der Psychoanalyse. Huber/Klett, Stuttgart 1966, S. 219–231

Balint, M. (1952a): Die Urformen der Liebe und die Technik der Psychoanalyse. Huber/Klett, Stuttgart 1966

Balint, M. (1952b): Der Neubeginn, das paranoide und das depressive Syndrom. In: Ders.: Die Urformen der Liebe und die Technik der Psychoanalyse. Huber/Klett, Stuttgart 1966, S. 280–303

Balint, M. (1970): Therapeutische Aspekte der Regression. Klett, Stuttgart

Balint, M.; Ornstein, P. H.; Balint, E. (1973): Fokaltherapie. Ein Beispiel angewandter Psychoanalyse. Suhrkamp, Frankfurt a. M.

Bauriedl, T. (1994): Auch ohne Couch. Verlag Internationale Psychoanalyse, Stuttgart

Becker, H. (1986): Körpererleben und Entfremdung – Psychoanalytisch orientierte konzentrative Bewegungstherapie als Therapieeinstieg für psychosomatische Patienten. In: Brähler, E. (Hg.): Körpererleben. Springer, Berlin, Heidelberg u. a., S. 77–89

Becker, H. (1989): Konzentrative Bewegungstherapie. Thieme, Stuttgart, New York

Benedetti, G. (1994): Mein Weg zur Psychoanalyse und zur Psychiatrie. In: Hermanns, L. M. (Hg.): Psychoanalyse in Selbstdarstellungen. Bd. 2. Edition diskord, Tübingen, S. 11–72

Bilger, A. (1986): Agieren: Problem und Chance. Forum der Psychoanalyse 2, S. 294–308

Bittner, G. (1986): Vernachlässigt die Psychoanalyse den Körper? Psyche 40, S. 709–734

Bittner, G. (1988): Heilende »Körpererfahrung«? In: Rechenberger, H. G. und Werthmann, H. V. (Hg.): Psychotherapie und innere Medizin. Pfeiffer, München, S. 135–144

Bittner, G. (1989): Psychoanalyse und Körper. In: Werthmann, H. V. (Hg.): Unbewusste Phantasien. Pfeiffer, München, S. 285–300

Blothner, D. (1999): Erlebniswelt Kino. Über die unbewusste Wirkung des Films. Bastei-Lübbe, Bergisch Gladbach

Bollas, Ch. (1997): Der Schatten des Objekts. Das ungedachte Bekannte: Zur Psychoanalyse der frühen Entwicklung. Klett-Cotta, Stuttgart

Bregman Ehrenberg, D. (1996): Jenseits der Wörter. Klett-Cotta, Stuttgart

Brocher, T. H. (1998): Interkulturelle Begegnungen in einer sich wandelnden Welt. In: Hermanns, L. M. (Hg.): Psychoanalyse in Selbstdarstellungen. Bd. 4. Edition diskord, Tübingen, S. 11–72

Cremerius, J. (1984a): Gibt es *zwei* psychoanalytische Techniken? In: Ders.: Vom Handwerk des Psychoanalytikers: Das Werkzeug der psychoanalytischen Technik. Bd. 1. frommann-holzboog, Stuttgart, Bad Cannstatt, S. 187–209

Cremerius, J. (1984b): Freud bei der Arbeit über die Schulter geschaut. In: Ders.: Vom Handwerk des Psychoanalytikers: Das Werkzeug der psychoanalytischen Technik. Bd. 2. frommann-holzboog, Stuttgart, Bad Cannstatt, S. 326–363

Cremerius, J. (1984c): Die psychoanalytische Abstinenzregel. Vom regelhaften zum operativen Gebrauch. Psyche 38, S. 769–800

Cremerius, J. (1994): Psychoanalyse als Beruf oder: ›Zieh aus mein Herz und suche Freud‹. In: Hermanns, L. M. (Hg.): Psychoanalyse in Selbstdarstellungen. Bd. 2. Edition diskord, Tübingen, S. 73–144

Dach, S. (1876): Werke. Hrsg. von Hermann Oesterley. Nachdr. d. Ausg. Tübingen 1876. Olms, Hildesheim, New York 1977

Danckwardt, J. F.; Gattig, E. (1996): Die Indikation zur hochfrequenten analytischen Psychotherapie in der vertragsärztlichen Versorgung. frommann-holzboog, Stuttgart

Danneberg, E. (1995): Der Surabaya Johnny. Psychoanalyse mit Brecht. In: Hermanns, L. M. (Hg.): Psychoanalyse in Selbstdarstellungen. Bd. 3. Edition diskord, Tübingen, S. 45–99

Dörrie, H. (1986): Leiblichkeit in der griechischen und römischen Antike. In: Petzold, H. (Hg.): Leiblichkeit. Junfermann, Paderborn, S. 173–194

Dornes, M. (1992): Der kompetente Säugling. Fischer, Frankfurt a. M.

Dornes, M. (1993): Psychoanalyse und Kleinkindforschung. Einige Grundthemen der Debatte. Psyche 47, S. 1116–1152

Dornes, M. (1996): Die Repräsentation von Interaktionserfahrungen: Daniel Sterns neue Theorie. In: Trautmann-Voigt, S. und Voigt, B. (Hg.): Bewegte Augenblicke im Leben des Säuglings – und welche therapeutischen Konsequenzen? Claus Richter, Köln, S. 51–72

Dornes, M. (1997): Die frühe Kindheit. Entwicklungspsychologie der ersten Lebensjahre. Fischer, Frankfurt a. M.

Dornes, M. (1998): Plädoyer für eine Neubetrachtung des Unbewussten. In: Trautmann-Voigt, S. und Voigt, B. (Hg.): Bewegung ins Unbewusste. Brandes und Apsel, Frankfurt a. M., S. 18–42

Dornes, M. (2000): Die emotionale Welt des Kindes. Fischer, Frankfurt a. M.

Dossche, G. (2000): Das Geheimnis erfolgreicher Filme. Psychologische Untersuchungen zu Erfolg und Misserfolg von Spielfilmen am Beispiel des erotischen Films der 80er-Jahre. E. Ferger Verlag, Bergisch Gladbach

Downing, G. (1996): Körper und Wort in der Psychotherapie. Kösel, München

Ekman, P.; Friesen, W. V. (1969): The repertoire of nonverbal behavior: categories, origins, usage and coding. Semiotica 1, S. 49–98

Ermann, M. (1993): Übertragungsdeutungen als Beziehungsarbeit. In: Ders. (Hg.): Die hilfreiche Beziehung in der Psychoanalyse. Vandenhoeck & Ruprecht, Göttingen, S. 50–67

Ferenczi, S. (1921): Weiterer Ausbau der ›aktiven Technik‹ in der Psychoanalyse. In: Ders.: Schriften zur Psychoanalyse. Bd. II. Fischer, Frankfurt a. M. 1982, S. 74–91

Ferenczi, S. (1924): Versuch einer Genitaltheorie. Internationaler psychoanalytischer Verlag, Leipzig, Wien, Zürich

Ferenczi, S. (1930): Relaxationsprinzip und Neokatharsis. In: Ders.: Schriften zur Psychoanalyse. Bd. II. Fischer, Frankfurt a. M. 1982, S. 257–273

Ferenczi, S. (1931): Kinderanalysen mit Erwachsenen. In: Ders.: Schriften zur Psychoanalyse. Bd. II. Fischer, Frankfurt a. M. 1982, S. 274–289

Ferenczi, S. (1933): Sprachverwirrung zwischen den Erwachsenen und dem Kind. Die Sprache der Zärtlichkeit und der Leidenschaft. In: Ders.: Schriften zur Psychoanalyse. Bd. II. Fischer, Frankfurt a. M. 1982, S. 303–313

Ferenczi, S. (1970): Schriften zur Psychoanalyse. Bd. I. Fischer, Frankfurt a. M. 1982

Ferenczi, S. (1972): Schriften zur Psychoanalyse. Bd. II. Fischer, Frankfurt a. M. 1982

Fisch, J. M. (2000): Ein weniger gespaltenes Selbst. Selbstpsychologie. Europäische Zeitschrift für Psychoanalytische Therapie und Forschung 1: Perspektiven psychoanalytischer Selbstpsychologie: Fall und Theorie, S. 70–76

Freud, S. (1895): Studien über Hysterie. In: GW I. Fischer, Frankfurt a. M. 1999, S. 75–312

Freud, S. (1900): Die Traumdeutung. GW Bd. II/III. Fischer, Frankfurt a. M. 1999

Freud, S. (1904a): Zur Psychopathologie des Alltagslebens. GW Bd. IV. Fischer, Frankfurt a. M. 1999

Freud, S. (1904b): Die Freudsche psychoanalytische Methode. In: GW Bd. V. Fischer, Frankfurt a. M. 1999, S. 3–10

Freud, S. (1905a): Bruchstück einer Hysterie-Analyse. In: GW Bd. V. Fischer, Frankfurt a. M. 1999, S. 163–286

Freud, S. (1905b): Der Witz und seine Beziehung zum Unbewussten. GW Bd. VI. Fischer, Frankfurt a. M. 1999

Freud, S. (1912): Zur Dynamik der Übertragung. In: GW Bd. VIII. Fischer, Frankfurt a. M. 1999, S. 363–374

Freud, S. (1913): Zur Einleitung der Behandlung. In: GW Bd. VIII. Fischer, Frankfurt a. M. 1999, S. 453–478

Freud, S. (1914): Erinnern. Wiederholen und Durcharbeiten. In: GW Bd. X. Fischer, Frankfurt a. M. 1999, S. 126–136

Freud, S. (1918): Aus der Geschichte einer infantilen Neurose. In: GW Bd. XII. Fischer, Frankfurt a. M. 1999, S. 27–157

Freud, S. (1920): Jenseits des Lustprinzips. In: GW Bd. XIII. Fischer, Frankfurt a. M. 1999, S. 3–69

Freud, S. (1926): Die Frage der Laienanalyse (mit Nachwort). In: GW Bd. XIV. Fischer, Frankfurt a. M. 1999, S. 207–296

Freud, S. (1938): Abriss der Psychoanalyse. In: GW Bd. XVII. Fischer, Frankfurt a. M. 1999, S. 63–139

Frings, W. (1996): Humor in der Psychoanalyse. Kohlhammer, Stuttgart u. a.

Fromm-Reichmann, F. (1959): Intensive Psychotherapie. Hippokrates, Stuttgart

Fürstenau, P. (1979): Zur Theorie psychoanalytischer Praxis. Klett-Cotta, Stuttgart

Gastgeber, K.; Marlovits, A. (1989): Der Leib als Erfahrung. Karl-Franzens-Universität Graz

Gedo, J. (1979): Beyond Interpretation: Toward a Revised Theory for Psychoanalysis. Int. Univ. Press, New York

Geißler, P. (1997a): Analytische Körperpsychotherapie. Bioenergetische und psychoanalytische Grundlagen und aktuelle Trends. Facultas, Wien

Geißler, P. (1997b): Überlegungen zur Körperarbeit und Körpererfahrung in der analytischen körperbezogenen Psychotherapie. Psychotherapie Forum 5 (1), S. 8–20

Geißler, P. (1997c): Gegenwärtige Entwicklungen in der analytischen Körperpsychotherapie. Energie & Charakter 28 (15), S. 118–138

Geißler, P. (1997d): Körperarbeit ja – aber wo bestehen ihre Risiken. Energie & Charakter 28 (16), S. 120–132

Geißler, P. (Hg.) (1998a): Analytische Körperpsychotherapie in der Praxis. Pfeiffer bei Klett-Cotta, Stuttgart

Geißler, P. (1998b): Analytische Körperpsychotherapie im Überblick. Gegenwärtige Entwicklungen. Zeitschrift für Tanztherapie – Körperpsychotherapie 5 (8), S. 45–52

Geißler, P. (1998c): Analytische Körperpsychotherapie: Gegenwärtiger Stand und klinische Praxis. Psychotherapie Forum 6 (3), S. 152–166

Geißler, P. (1999): Analytische Körperpsychotherapie als Kurzzeittherapie: Therapeutische Arbeit im Spannungsfeld zwischen Übertragungen und korrigierenden Neuerfahrungen. Psychotherapie Forum 7 (1), S. 21–32

Geißler, P. (2000): Therapeutische Wirkfaktoren aus der Sicht analytischer Körperpsychotherapie. In: Hochgerner, M. und Wildberger, E. (Hg.): Was heilt in der Psychotherapie? Überlegungen zur Wirksamkeitsforschung und Methodenspezifische Denkweisen. Facultas, Wien, S. 382–423

Geißler, P. (Hg.) (2001a): Über den Körper zur Sexualität finden. Psychosozial-Verlag, Gießen

Geißler, P. (Hg.) (2001b): Psychoanalyse und Körper. Psychosozial-Verlag, Gießen

Geißler, P. (2001c): Mythos Regression. Psychosozial-Verlag, Gießen

Gerö, G. (1994): The Handwriting on the Wall. In: Hermanns, L. M. (Hg.): Psychoanalyse in Selbstdarstellungen. Bd. 2. Edition diskord, Tübingen, S. 199–230

Ghent, E. (1995): Interaction in the psychoanalytic situation. Psychoanalytic Dialogues 5, S. 479–491

Grotjahn, M. (1974): Vom Sinn des Lachens. Kindler, München

Grunert, J. (1975): Freud und Irma. Genetische Aspekte zum Initialtraum der Psychoanalyse. Psyche 39, S. 721–744

Guss Teicholz, J. (1999): Kohut, Loewald and the Postmoderns. A Comparative Study of Self and Relationship. The Analytic Press, Hillsdale/NJ, London

Haesler, L. (1991): Metapher, metaphorische Struktur und psychoanalytischer Prozess. Zeitschrift für psychoanalytische Theorie und Praxis VI, S. 79–105

Hartmann, H.-P.; Milch, W.; Kratzsch, S. (2000a): Prolog. Selbstpsychologie. Europäische Zeitschrift für Psychoanalytische Therapie und Forschung 1: Perspektiven psychoanalytischer Selbstpsychologie: Fall und Theorie, S. 11–14

Hartmann, H.-P.; Milch, W.; Kratzsch, S. (2000b): Epilog. Selbstpsychologie. Europäische Zeitschrift für Psychoanalytische Therapie und Forschung 1: Perspektiven psychoanalytischer Selbstpsychologie: Fall und Theorie, S. 91–93

Heimann, P. (1950): On Countertransference. Int. Journal for Psycho-Analysis 31, S. 31–83

Heisterkamp, G. (1985a): Zur Psychodynamik und Psychotherapie der Familie. Zeitschrift für Individualpsychologie 10, 1985, S. 154–169

Heisterkamp, G. (1985b): Bewegungsgesetz. In: Brunner, R.; Kausen, R. und Titze, M. (Hg.): Wörterbuch der Individualpsychologie. Reinhardt, München, Basel, S. 52–54

Heisterkamp, G. (1990): Konturen einer tiefenpsychologischen Analyse originärer Lebensbewegungen. Teil I und II. Zeitschrift für Individualpsychologie 15, S. 83–95 und S. 163–176

Heisterkamp, G. (1991a): Zur Körperarbeit in der analytischen Psychotherapie. Praxis der Psychotherapie und Psychosomatik 36, S. 77–87

Heisterkamp, G. (1991b): Zur Be-handlung blockierter Selbstbewegungen in der Psychotherapie. Praxis der Psychotherapie und Psychosomatik 36, S. 297–307

Heisterkamp, G. (1991c): Freude und Leid frühkindlicher Lebensbewegungen. Empirische Säuglingsforschung und tiefenpsychologische Entwicklungstheorien. In: Ahrens, T. und Lehmkuhl U. (Hg.): Entwicklung und Individuation. Reinhardt, München, Basel, S. 24–41 [Beiträge zur Individualpsychologie, Bd. 15]

Heisterkamp, G. (1993a): Heilsame Berührungen. Pfeiffer bei Klett-Cotta, Stuttgart, 2. Aufl. 1999

Heisterkamp, G. (1993b): Psychotherapie aus der Mit-Bewegung. In: Blothner, D. und Endres, N. (Hg.): entschieden psychologisch. Bouvier, Bonn, S. 134–143

Heisterkamp, G. (1993c): Auseinandersetzung der Psychoanalyse mit der Körperpsychotherapie. In: Mertens, W. (Hg.): Psychoanalyse. Ein Handbuch in Schlüsselbegriffen. Urban und Schwarzenberg, Wien, München, Baltimore 1993, S. 78–86

Heisterkamp, G. (1994): Zur Basierung psychoanalytischen Verstehens auf Grundformen des Wahr-Nehmens und Be-Greifens. In: Streeck, K. und Bell, K. (Hg.): Die Psychoanalyse schwerer Erkrankungen. Pfeiffer, München, S. 351–364

Heisterkamp, G. (1996a): Analytische Körperpsychotherapie. In: H. Müller-Braunschweig (Hg.): Psychotherapien. In: Bühring, M. und Kemper, F. H. (Hg.): Naturheilverfahren Bd. 2, Springer, Berlin, Heidelberg, New York, Sektion 09, S. 1–23

Heisterkamp, G. (1996b): Psychotherapie aus der Mit-Bewegung. Formen »der« Empathie. In: Lehmkuhl, U. (Hg.): Heilen und Bilden – Behandeln und Beraten. Individualpsychologische Leitlinien heute. Reinhardt, München, Basel, S. 101–119 [Beiträge zur Individualpsychologie, Bd. 22]

Heisterkamp, G. (1997a): Die leibliche Dimension im psychotherapeutischen Dialog. In: Heigl-Evers, A.; Heigl, F.; Ott, J. und Rüger, U. (Hg.): Lehrbuch der Psychotherapie. Fischer, Stuttgart, Jena, S. 410–426

Heisterkamp, G. (1997b): Zur Führung des nonverbalen Dialogs in der Psychotherapie. In: Kruse, G. und Gunkel, S. (Hg.): Diagnostik und Psychotherapie depressiver Erkrankungen. Hannoversche Ärzte-Verlags Union, S. 107–130

Heisterkamp, G. (1998a): Vom Handeln des Analytikers in der »talking cure«. psychosozial 21, S. 19–32

Heisterkamp, G. (1998b): Der Umgang des Analytikers mit passageren Überschreitungen des Settings durch den Patienten. In: Geißler, P. (Hg.): Analytische Körperpsychotherapie in der Praxis. Pfeiffer bei Klett-Cotta, Stuttgart, S. 11–36

Heisterkamp, G. (1998c): Körpersprachlicher Dialog und basales Verstehen im psychotherapeutischen Prozess. In: Trautmann-Voigt, S. und Voigt, B. (Hg.): Bewegung ins Unbewusste. Brandes und Apsel, Frankfurt a. M., S. 129–142

Heisterkamp, G. (1999a): Zur Freude in der analytischen Psychotherapie. Psyche 53, S. 1247–1265

Heisterkamp, G. (1999b): Indizes fehlender Freude in der Tiefenpsychologie. Zeitschrift für Individualpsychologie 24, S. 381–402

Heisterkamp, G. (2000a): Ist die Psychoanalyse ein freudloser Beruf? In: Schlösser, A.-M. und Höhfeld, K. (Hg.): Psychoanalyse als Beruf. Psychosozial-Verlag, Gießen, S. 275–296

Heisterkamp, G. (2000b): Die leibliche Dimension in psychodynamischen Psychotherapien. In: Reimer, C. und Rüger, U. (Hg.): Psychodynamische Psychotherapien. Lehrbuch der tiefenpsychologisch orientierten Psychotherapien. Springer, Berlin, Heidelberg u. a., S. 295–320

Heisterkamp, G. (2001a): Is Psychoanalysis a cheerless (freud-lose) Profession? Toward a Psychoanalysis of Joy. The Psychoanalytic Quarterly LXX (4), S. 829–870

Heisterkamp, G. (2001b): Mittelbares und unmittelbares Verstehen im psychotherapeutischen Handlungsdialog. In: Milch, W. und Wirth, H. J. (Hg.): Psychosomatik und Kleinkindforschung. Psychosozial-Verlag, Gießen, S. 173–198

Heisterkamp, G. (voraussichtlich 2002): Kultivierung der Freude in der Bioenergetischen Analyse. Schwabe (Körper & Seele 1), Basel

Heisterkamp, G. (voraussichtlich 2002b): Geteilte Freude ist doppelte Freude. Selbstpsychologische und intersubjektive Überlegungen zu einem tabuisierten Phänomen. In: Bartosch, E. (Hg.): Der Andere in der Selbstpsychologie. Verlag Neue Psychoanalyse, Wien

Heisterkamp, P. (1996): Alfred Adler als Vordenker der intersubjektiven Perspektive in der Psychoanalyse. Zeitschrift für Individualpsychologie 21, S. 131–143

Henry, M. (1992): Radikale Lebensphänomenologie. Karl Albert, Freiburg, München

Herberth, F.; Maurer, J. (Hg.) (1997): Die Veränderung beginnt im Therapeuten. Anwendungen der Beziehungsanalyse in der psychoanalytischen Theorie und Praxis. Brandes und Apsel, Frankfurt a. M. [wissen & praxis 71]

Herder, J. G. (1778/1779): Werke in zehn Bänden. Bd. 3: Volkslieder, Übertragungen, Dichtungen, hrsg. von Ulrich Gaier. Deutscher Klassiker Verlag, Frankfurt a. M. 1990, S. 112 f.

Hermanns, L. M. (Hg.) (1992, 1994, 1995, 1998): Psychoanalyse in Selbstdarstellungen. Bd. 1–4. Edition diskord, Tübingen

Hess-Liebers, W. (1999): Erfahrungen mit Körper-Empathie. Ein Bericht aus der psychoanalytischen Praxis. Forum der Psychoanalyse 15, S. 312–326

Hirsch, M. (Hg.) (1989): Der eigene Körper als Objekt. Zur Psychodynamik selbstdestruktiven Körperagierens. Springer, Berlin, Heidelberg u. a.

Hirsch, M. (1994): Der Körper des Patienten in der psychoanalytischen Psychotherapie. Zeitschrift Psychotherapeut 3, S. 153–157

Hochschild, A. R. (1979): Emotion Work, Feeling Rules, and Social Structure. American Journal of Sociology 75, S. 551–575

Hoppe, K. D. (1995): Wagnisse. In: Hermanns, L. M. (Hg.): Psychoanalyse in Selbstdarstellungen. Bd. 3. Edition diskord, Tübingen, S. 101–140

Ipp, H. R. (2000): Die Fallgeschichte von Gayle. Klinische Auszüge. In: Selbstpsychologie. Europäische Zeitschrift für Psychoanalytische Therapie und Forschung 1: Perspektiven psychoanalytischer Selbstpsychologie: Fall und Theorie, S. 18–28

Jacobs, T. (1986): On countertransference enactments. Journal of the American Psychoanalytic Association 42, S. 741–762

Jancik, B. (o. J.): Darstellung einer psychoanalytischen Behandlung. Bericht zum Abschluss der psychoanalytischen Ausbildung am Institut für analytische Psychotherapie im Rheinland e.V. Unveröffentlichtes Manuskript.

Janssen, P. L. (1990): Inszenierungen der Borderlinestörung. Praxis der Psychotherapie und Psychosomatik 35, S. 1–12

Joseph, B. (1994): Psychisches Gleichgewicht und psychische Veränderung. Klett-Cotta, Stuttgart

Jung, C. G. (1916/58): Die transzendente Funktion. In: GW Bd. 8. Walter, Olten, Freiburg i. Br. 1979, S. 79–108

Jung, C. G. (1928/31): Das Seelenproblem des modernen Menschen. In: GW Bd. 10. Walter, Olten, Freiburg i. Br. 1979, S. 91–113

Jung, C. G. (1929): Die Probleme der modernen Psychotherapie. In: GW Bd. 16. Walter, Olten, Freiburg i. Br. 1979, S. 57–81

Jung, C. G. (1944): Psychologie und Alchemie. GW Bd. 12. Walter, Olten, Freiburg i. Br. 1995

Kafka, J. S. (1992): Körperphantasien. Praxis der Psychotherapie und Psychosomatik 37, S. 81–91

Katz, G. A. (1998): Where the action is: The enacted dimension of analytic process. Journal of the American Psychoanalytic Association 46, S. 1129–1167

Kernberg, O. F. (1998): Zerstörung der Psychoanalyse im Ausbildungssystem. Psyche 52, S. 199–213

Khan, M. M. R. (1991): Erfahrungen im Möglichkeitsraum. Suhrkamp, Frankfurt a. M.

Klein, M. (1983): Das Seelenleben des Kleinkindes. Klett-Cotta, Stuttgart

Klüwer, C. (1995): Begegnungen und Erfahrungen. In: Hermanns, L. M. (Hg.): Psychoanalyse in Selbstdarstellungen. Bd. 3. Edition diskord, Tübingen, S. 189–236

Klüwer, R. (1983): Agieren und Mitagieren. Psyche 37, S. 828–840

Klüwer, R. (1995): Agieren und Mitagieren – zehn Jahre später. Zeitschrift für psychoanalytische Theorie und Praxis 10, S. 45–70

Klüwer, R. (2000): Das szenische Verstehen und psychoanalytische Prozesse. In: Drews, S. (Hg.): Zum »Szenischen Verstehen« in der Psychoanalyse. Hermann Argelander zum 80. Geburtstag. Brandes und Apsel, Frankfurt a. M., S. 21–42

Klüwer, R. (2001): Szene, Handlungsdialog (Enactment) und Verstehen. In: Bohleber, W. und Drews, S. (Hg.): Die Gegenwart der Psychoanalyse – die Psychoanalyse der Gegenwart. Klett-Cotta, Stuttgart, S. 347–357

Köhler, L. (1998): ›Umsonst war's nicht.‹ Bericht einer betroffenen Zeitzeugin. In: Hermanns, L. M. (Hg.): Psychoanalyse in Selbstdarstellungen. Bd. 4. Edition diskord, Tübingen, S. 165–230

Koesters, I.; Koesters P.-H. (1992): Die verborgene Art zu lieben. Rasch und Röhring, Hamburg

Kohut, H. (1975): Die Zukunft der Psychoanalyse. Suhrkamp, Frankfurt a. M.

Kohut, H. (1976): Narzissmus. Suhrkamp, Frankfurt a. M.

Kohut, H. (1981): Die Heilung des Selbst. Suhrkamp, Frankfurt a. M.

Kohut, H. (1987): Wie heilt die Psychoanalyse? Suhrkamp, Frankfurt a. M.

Krause, R. (1992): Die Zweierbeziehung als Grundlage der Psychotherapie. Psyche 46, S. 588–612

Krause, R. (1996): Emotion als Mittler zwischen Individuum und Umwelt. In: Uexküll, T. v. u. a. (Hg.): Psychosomatische Medizin. Urban und Schwarzenberg, München u. a., S. 252–261.

Krause, R. (1997, 1998): Allgemeine Psychoanalytische Krankheitslehre. Bde. 1 und 2. Kohlhammer, Stuttgart u. a.

Kühn, R. (1989): »Seele« als Leiblichkeit. Eine meta-psychologische Besinnung. Fundamenta Psychiatrica 3, S. 229–233

Kühn, R.; Titze, M. (1991): Die leib-seelische Identität im »Können« des Lebensstils. Zeitschrift für Individualpsychologie 16, S. 203–216

Kühn, R. (1994): Existenz und Selbstaffektion in Therapie und Phänomenologie. Passagen, Wien

Kutter, P. (1981): Sein oder Nichtsein, die Basisstörung der Psychosomatose. Praxis der Psychotherapie und Psychosomatik 26, S. 47–60

Kutter, P. (1988): Vorwort. In: Kutter, P.; Páramo-Ortega, R. und Zagermann, P. (Hg.): Die psychoanalytische Haltung. Auf der Suche nach dem Selbstbild der Psychoanalyse. Verlag Internationale Psychoanalyse, München, Wien, S. V–VIII

Kutter, P. (1995): Hundert Jahre Psychoanalytische Methode. Herbsttagung 1995 Deutsche Psychoanalytische Vereinigung, S. 319–328

Lachmann, F. M. (voraussichtlich 2002): Humor und Spiel im therapeutischen Prozess. In: Trautmann-Voigt, S. und Voigt, B. (Hg.): Psychotherapie und Playfulness. Psychosozial-Verlag, Gießen

Laplanche, J. u. Pontalis, J.-B. (1973): Das Vokabular der Psychoanalyse. Suhrkamp, Frankfurt a. M.

Lehmkuhl, E. (1997): Buchbesprechung zu Danckwardt, J. F., Gattig, E. (1996): Die Indikation zur hochfrequenten analytischen Psychotherapie in der vertragsärztlichen Versorgung. Zeitschrift für Individualpsychologie 22, S. 245–246

Lehmkuhl, G. (1992): Körperarbeit in der analytischen Psychotherapie: Integration oder reine Lehre. In: Lehmkuhl, U. (Hg.): Entwicklung und Individuation. Reinhardt, München, S. 199–213 [Beiträge zur Individualpsychologie, Bd. 15]

Lichtenberg, J. D. (1983): Psychoanalysis and Infant Research. Analytic Press, Hillsdale/NJ

Lichtenberg, J. D. (1987): Die Bedeutung der Säuglingsbeobachtung für die klinische Arbeit mit Erwachsenen. Zeitschrift für psychoanalytische Theorie und Praxis 2, S. 123–147

Lichtenberg, J. D. (1989): Modellszenen, Affekte und das Unbewusste. In: Wolf, E. S.; Ornstein, A.; Ornstein, P.; Lichtenberg, J. D. und Kutter, P. (Hg.): Selbstpsychologie. Verlag Internationale Psychoanalyse, München, Wien, S. 73–106

Lichtenberg, J. D. (1991): Psychoanalyse und Säuglingsforschung. Springer, Berlin, Heidelberg u. a.

Lichtenberg, J. D.; Lachmann, F.; Fosshage, J. (1996): Werte und moralische Haltungen. Psyche 50, S. 407–443

Lichtenberg, J. D. (1998): Modellszenen und Motivationssysteme – mit besonderer Berücksichtigung körperlicher Erfahrungen. In: Trautmann-Voigt, S., Voigt, B. (Hg.): Beiträge zur Säuglingsforschung und analytischen KörperPsychotherapie. Brandes und Apsel, Frankfurt a. M., S. 110–128

Lichtenberg, J. D. (2000): Erleben, Motivation und Affekte. In: Selbstpsychologie. Europäische Zeitschrift für Psychoanalytische Therapie und Forschung 1: Perspektiven psychoanalytischer Selbstpsychologie: Fall und Theorie, S. 61–65

Loch, W. (1992): Mein Weg zur Psychoanalyse. Über das Zusammenwirken familiärer, gesellschaftlicher und individueller Faktoren. In: Hermanns, L. M. (Hg.): Psychoanalyse in Selbstdarstellungen. Bd. 1. Edition diskord, Tübingen, S. 203–236

Lohmann, H.-M. (1998): Sigmund Freud. Rowohlt, Reinbek bei Hamburg

Lorenzer, A. (1973): Sprachzerstörung und Rekonstruktion. Vorarbeiten zu einer Metatheorie der Psychoanalyse. Suhrkamp, Frankfurt a. M. 1995

Luborsky, L.; Crits-Christoph, P. (1990): Understanding Transference. The Core Conflictual Relationship Theme Method. Basic Books Inc. Publishers, New York

Marcel, G. (1986): Leibliche Begegnung. Notizen aus einem gemeinsamen Gedankengang, bearbeitet von Hans A. Fischer-Barnicol. In: Petzold, H. (Hg.): Leiblichkeit. Junfermann, Paderborn, S. 15–46

Matejek, N., Lempa, G. (2001): Behandlungs-[T]Räume. Ein satirisch-psychoanalytisches Lehrbuch in Bildern und Texten. Mit einem Vorwort von Stavros Mentzos. Brandes und Apsel, Frankfurt a. M.

Meistermann-Seeger, E. (1992): Tage des Lichts. In: Hermanns, L. M. (Hg.): Psychoanalyse in Selbstdarstellungen. Bd. 1. Edition diskord, Tübingen, S. 237–287

Meltzer, D. (1967): Der psychoanalytische Prozess. Verlag Internationale Psychoanalyse, Stuttgart 1995

Mentzos, St. (1983): Abwehrmechanismen. In: Mertens, W. (Hg.): Psychoanalyse. Ein Handbuch in Schlüsselbegriffen. Urban und Schwarzenberg, München, S. 62–68

Mentzos, St. (1984): Neurotische Konfliktverarbeitung. Fischer, Frankfurt a. M.

Mentzos, St. (1988): Interpersonale und institutionalisierte Abwehr. Suhrkamp, Frankfurt a. M. 1976

Mentzos, St. (2001): Vorwort. In: Matejek, N. und Lempa, G.: Behandlungs-[T]Räume. Ein satirisch-psychoanalytisches Lehrbuch in Bildern und Texten. Brandes und Apsel, Frankfurt a. M., S. 7–9

Mertens, W. (1990): Einführung in die psychoanalytische Therapie. Bd. 2. Kohlhammer, Stuttgart u. a.

Mertens, W. (1991): Einführung in die psychoanalytische Therapie. Bd. 3. Stuttgart u. a.

Milch, W. (2000): Kleinkindforschung und psychosomatische Störungen. Psychotherapeut 45, S. 18–24

Milch, W. (2001): Lehrbuch der Selbstpsychologie. Kohlhammer, Stuttgart u. a.

Mitscherlich, A.; Mitscherlich, M. (1967): Die Unfähigkeit zu trauern. Piper, München

Mitscherlich-Nielsen, M. (1994): Anmerkungen zu meinem Leben und meiner Zeit. In: Hermanns, L. M. (Hg.): Psychoanalyse in Selbstdarstellungen. Bd. 2. Edition diskord, Tübingen, S. 313–342

Moser, T. (1987): Der Psychoanalytiker als sprechende Attrappe. Suhrkamp, Frankfurt a. M.

Moser, T. (1989): Körpertherapeutische Phantasien. Suhrkamp, Frankfurt a. M.

Moser, T. (1991): Formen der Gegenübertragung in der psychoanalytisch orientierten Körperpsychotherapie. In: Hoffmann-Axthelm, D. (Hg.): Der Körper in der Psychotherapie. Transform, Oldenburg, S. 102–129

Moser, T. (1992): Vorsicht Berührung. Suhrkamp, Frankfurt a. M.

Moser, T. (1993): Der Erlöser der Mutter auf dem Weg zu sich selbst. Suhrkamp, Frankfurt a. M.

Moser, T. (1994a): Symbiose, Halt und Abgrenzung (VHS, 90 Minuten). Vater-Körper, Geburt und Symbolbildung (VHS, 90 Minuten). Zwei Lehrfilme über Psychoanalyse und Körperarbeit. Vertrieb: T. Moser, Goethestr. 17, 79100 Freiburg i. Br.

Moser, T. (1994b): Ödipus in Panik und Triumph. Suhrkamp, Frankfurt a. M.

Moser, T. (2001): Berührung auf der Couch. Formen der analytischen Körperpsychotherapie. Suhrkamp, Frankfurt a. M.

Müller-Braunschweig, H. (1970): Zur Genese der Ich-Störungen. Psyche 42, S. 657–677

Müller-Braunschweig, H. (1980): Gedanken zum Einfluss der frühen Mutter-Kind-Beziehung auf die Disposition zur psychosomatischen Erkrankung. Psychotherapie und medizinische Psychologie 30, S. 48–59

Müller-Braunschweig, H. (1992): Psychohygiene und körperorientierte Psychotherapie: Allgemeine Grundlagen. In: Bühring, M. und Kemper, F. H.: Naturheilverfahren. Bd. 2. Springer, Berlin, Heidelberg, New York, Sektion 09, S. 657–677

Müller-Braunschweig, H. (1996a): Zur Wirkung analytisch orientierter Körperarbeit bei frühen Störungen. Bemerkungen zur Diskussion zwischen J. M. Scharff und T. Ettl über szenische und körperbezogene Intervention im analytischen Prozess. Zeitschrift für psychoanalytische Theorie und Praxis 11, S. 227–238

Müller-Braunschweig, H. (1996b): Körperorientierte Psychotherapie. In: Adler, R. H.; Herrmann, J. M.; Köhle, K.; Schonecke, O. W.; Uexküll von, Th. u. Wesiack, W. (Hg.): Psychosomatische Medizin. Urban und Schwarzenberg, München, Wien, Baltimore, S. 464–476

Müller-Braunschweig, H. (1997): Zur gegenwärtigen Situation der körperbezogenen Psychotherapie. Psychotherapeut 42, S. 132–144

Müller-Braunschweig, H. (2001a): Zur Genese der Ich-Störungen. Erw. Fassung. In: Milch, W. und Wirth, H.-J. (Hg.): Psychosomatik und Kleinkindforschung. Psychosozial-Verlag, Gießen, S. 15–37

Müller-Braunschweig, H. (2001b): Geleitwort – Psychoanalyse und Körperpsychotherapie. In: Geißler, P. (Hg.): Über den Körper zur Sexualität finden. Psychosozial-Verlag, Gießen, S. 9–20

Nietzsche, F. (1898): Also sprach Zarathustra. Werke Bd. III. Carl Hanser, München, Wien 1980, S. 275–561

Ogden, T. H. (1988): Die projektive Identifikation. Forum der Psychoanalyse 4, S. 1–21

Ogden, T. H. (1995): Frühe Formen des Erlebens. Springer, Wien, New York

Orange, D. M.; Atwood, G. E.; Stolorow, R. D. (2001): Intersubjektivität in der Psychoanalyse. Kontextualität in der psychoanalytischen Praxis. Brandes und Apsel, Frankfurt a. M.

Papoušek, M. (1989): Frühe Phasen der Eltern-Kind-Beziehungen. Ergebnisse der entwicklungspsychobiologischen Forschung. Praxis der Psychotherapie und Psychosomatik 34, S. 109–122

Peter, H. (1989): Integration von Psychoanalyse und Bioenergetik in der Person und Rolle des Therapeuten. In: Schweizerische Ges. für Bioenergetische Analyse und Therapie (Hg.): Körper und Seele. Alternativ, Dortmund, S. 11–23

Peter, H. (1994): Vom Sein zum Werden – bioenergetisches Arbeiten an Übergängen. In: Hoffmann-Axthelm, D. (Hg.): Schock und Berührung. Transform, Oldenburg, S. 46–59

Pfannschmidt, H. (2001): Die Auswirkungen der Leib-Seele-Phantasie auf Erotik und Sexualität. In: Geißler, P. (Hg.): Über den Körper zur Sexualität finden. Psychosozial-Verlag, Gießen, S. 131–152

Piaget, J. (1946): Psychologie der Intelligenz. Rascher, Zürich

Piaget, J.; Inhelder, B. (1966): Die Psychologie des Kindes. Klett-Cotta, Stuttgart

Plassmann, R. (1993): Grundrisse einer analytischen Körperpsychologie. Psyche 47, S. 261–281

Plassmann, R. (1994): Deutungsstrategien bei Patienten mit Körperselbststörungen. In: Friedrich, V. und Peters, H. (Hg.): Wege und Irrwege zur Psychoanalyse. Kellner, Hamburg, S. 145–155

Raisich-Jordt, E. (1995): Mein psychoanalytischer Weg – als Psychoanalyse wieder möglich wurde. In: Hermanns, L. M. (Hg.): Psychoanalyse in Selbstdarstellungen. Bd. 3. Edition diskord, Tübingen, S. 271–329

Reich, W. (1933): Charakteranalyse. Kiepenheuer und Witsch, Köln 1971

Reich, W. (1942): Die Funktion des Orgasmus. Fischer, Frankfurt a. M. 1972

Reinert, T. (1995): Das Problem der Gewalt in der Therapie von Ich-Struktur-Gestörten, insbesondere Borderline-Patienten. In: Lehmkuhl, U. (Hg.): Gewalt in der Gesellschaft. Reinhardt, München, Basel, S. 69–86 [Beiträge zur Individualpsychologie, Bd. 21]

Reinert, T. (1996): Zum individualpsychologischen Verständnis der Borderline-Störung: Die »rückwärtsgerichtete Lebensbewegung«. Zeitschrift für Individualpsychologie 21, S. 37–47

Reinert, T. (1997a): Von der Katze ohne Beine und der Insel auf dem Schiff – Einblicke in die Psyche. In: Lehmkuhl, U. (Hg.): Biographie und seelische Entwicklung. Reinhardt, München, Basel, S. 69–86 [Beiträge zur Individualpsychologie, Bd. 23]

Reinert, T. (1997b): »Ja, hab' ich ein Lebensrecht?« – Widerspiegelungen eines überlebten Abtreibungsversuches in der Therapie einer Borderline-Patientin. Internationale Zeitschrift für Pränatale und Perinatale Psychologie und Medizin 9, S. 475–494

Reinert, T. (2000): »Von Ganzheitlichkeit zu reden ist leicht, sie konsequent ernst zu nehmen, nicht!« Über die Schwierigkeiten der Medizin, den Menschen als Ganzheit zu betrachten. International Journal of Prenatal Psychology and Medicine Vol. 12, No. 4, S. 603–615

Reinert, T. (2001a): »Keiner versteht mich! Als rede ich chinesisch! Ich glaube, ich bin verrückt.« Die bizarre Welt des Borderline-Patienten. Zeitschrift für Individualpsychologie 26, S. 99–115

Reinert, T. (2001b): Der Kontext, in den wir gestellt wurden... Über die Bedeutung von »Signifikanten« für die Entwicklung des Kindes. Unveröffentlichtes Manuskript

Reinert, T. (2001c): »... es durchwegs angezeigt ist, sich der Führung des Patienten zu überlassen« (Adler 1930). Geht das denn bei Borderline-Patienten? In: Lehmkuhl, U. (Hg.): Abschied und Neubeginn, Kontinuität und Wandel in der

Individualpsychologie. Reinhardt, München, Basel, S. 83–98 [Beiträge zur Individualpsychologie, Bd. 26]

Riemann, E. (1963): Ännchen von Tharau. Königsberger Dichtung und Musik aus der Zeit des Barock. Howaldt, Kiel

Roth, N. (1986): Nachwort. In: Moser, T.: Das erste Jahr. Suhrkamp, Frankfurt a. M., S. 149–190

Roth, N. (1991): Erfüllung und Begrenzung. In: Hoffmann-Axthelm, D. (Hg.): Der Körper in der Psychotherapie. Transform, Oldenburg, S. 130–155

Roth, N. (1996): Übertragung. Pesso Bulletin 12

Salber, W. (1965): Morphologie des seelischen Geschehens. Henn, Ratingen

Salber, W. (1969): Charakterentwicklung. Henn, Ratingen

Salber, W. (1973): Entwicklungen der Psychologie Freuds. Bd. 1. Bouvier, Bonn

Salber, W. (1993): Seelenrevolution. Bouvier, Bonn

Salber, W. (1998): Alltag – Behandlung: kurz, intensiv & märchenhaft. Zwischenschritte. Beiträge zu einer morphologischen Psychologie 17, S. 59–74

Salber, W. (2001): Psychologische Behandlung. Bouvier, Bonn

Sandler, J. (1976): Gegenübertragung und Bereitschaft zur Rollenübernahme. Psyche 30, S. 297–305

Scharff, J. M. (1994): Therapeutische Interventionen mit szenischem Einbezug des Körpers. In: Friedrich, V. und Peters, H. (Hg.): Wege und Irrwege zur Psychoanalyse. Standpunkte und Streitpunkte der Gegenwart. Kellner, Hamburg, S. 157–184

Scharff, J. M. (1995): Zwischen Freud und Ferenczi: die inszenierende Interaktion (Teil I und II). Zeitschrift für psychoanalytische Theorie und Praxis 10, S. 349–374 u. 442–461

Scharff, J. M. (1999): Der »Erfahrungsraum« der Psychoanalyse und der »Erfahrungsraum« bei inszenierender Interaktion: ein erster Vergleich. In: Geißler, P. (Hg.): Psychoanalyse und Körper. Psychosozial-Verlag, Gießen, S. 81–104

Schur, M. (1973): Sigmund Freud. Leben und Sterben. Suhrkamp, Frankfurt a. M.

Smirnoff, V. (1994): Ein analytischer Wandersmann. In: Hermanns, L. M. (Hg.): Psychoanalyse in Selbstdarstellungen. Bd. 2. Edition diskord, Tübingen, S. 343–419

Stern, D. N. (1989): Die Repräsentation von Beziehungsmustern. Entwicklungspsychologische Betrachtungen. In: Petzold, H. (Hg.): Die Kraft liebevoller Blicke. Psychotherapie und Babyforschung. Bd. 2. Junfermann, Paderborn, S. 193–218

Stern, D. N. (1992): Die Lebenserfahrung des Säuglings. Klett-Cotta, Stuttgart

Stern, D. N. (1996): Selbstempfindung und Rekonstruktion. In: Trautmann-Voigt, S. und Voigt, B. (Hg.): Bewegte Augenblicke im Leben des Säuglings – und welche therapeutischen Konsequenzen? Richter, Köln, S. 17–30

Stern, D. N. (1998): Now-moments und Vitalitätskonturen als neue Basis für psychotherapeutische Modellbildungen. In: Trautmann-Voigt, S. und Voigt, B. (Hg.): Bewegung ins Unbewusste. Brandes und Apsel, Frankfurt a. M., S. 82–96

Stolze, H. (1978): Konzentrative Bewegungstherapie. In: Eicke, D. (Hg.): Die Psychologie des 20. Jahrhunderts, Bd. III. Kindler, München, S. 1250–1273

Stolze, H. (1992): Der Körper in der Psychotherapie: In: Buchheim, P.; Cierpka, M. und Seifert, Th. (Hg.): Liebe und Psychotherapie: Der Körper in der Psychotherapie. Springer, Berlin, Heidelberg u. a., S. 106–108 [Lindauer Texte 1991]

Strauss, E. (1956): Vom Sinn der Sinne. Springer, Berlin u. a.

Streeck, U. (1998a): Agieren, Deuten und unbewusste Kommunikation. Forum der Psychoanalyse 14, S. 66–78

Streeck, U. (1998b): Persönlichkeitsstörungen und Interaktion. Zur stationären Psychotherapie von Patienten mit schweren Persönlichkeitsstörungen. Psychotherapeut 43, S. 157–163

Streeck, U. (2000): Szenische Darstellungen, nichtsprachliche Interaktion und Enactments im therapeutischen Prozess. In: Ders.: Erinnern, Agieren und Inszenieren. Enactments und szenische Darstellungen im therapeutischen Prozess. Vandenhoeck & Ruprecht, Göttingen, S. 13–55

Streeck, U. (2002): Handeln im Angesicht des Anderen. Über nicht-sprachliche Kommunikation in therapeutischen Dialogen. Psyche 56, S. 247–274

Székely, L. (1992): Themen meines Lebens. In: Hermanns, L. M. (Hg.): Psychoanalyse in Selbstdarstellungen. Bd. 1. Edition diskord, Tübingen, S. 289–344

Thomä, H. (1984a): Der Beitrag des Psychoanalytikers zur Übertragung. Psyche 38, S. 29–62

Thomä, H. (1984b): Der ›Neubeginn‹ Michael Balints (1932) aus heutiger Sicht. Psyche 38, S. 516–543

Thomä, H.; Kächele, H. (1985): Lehrbuch der psychoanalytischen Therapie. Bd. 1. Springer, Berlin, Heidelberg u. a.

Thomä, H. (1992): Der Körper in der Psychoanalyse. In: Buchheim, P., Cierpka, M. und Seifert, Th. (Hg.): Liebe und Psychotherapie. Der Körper in der Psychotherapie. Weiterbildungsforschung. Springer, Berlin, Heidelberg u. a., S. 106–108 [Lindauer Texte 1991]

Tripp, E. (1991): Reclams Lexikon der antiken Mythologie. Philipp Reclam jun., Stuttgart

Tustin, F. (1980): Autistic objects. International Review of Psycho-Analysis 7, S. 27–40

Tustin, F. (1981): Autistic States in Children. Routledge and Kegan Paul, Boston

Tustin, F. (1984): Autistic Shapes. International Review of Psycho-Analysis 11, S. 279–290

Tustin, F. (1986): Autistic Barriers in Neurotic Patients. Yale Universitiy Press, New Haven

Ware, R. C. (1980): Handhabung der Übertragung/Gegenübertragung bei Frühgestörten als interpersonelle Form von aktiver Imagination. Analytische Psychologie 11, S. 104–117

Ware, R. C. (1984): C. G. Jung und der Körper: Vernachlässigte Möglichkeiten der Therapie? In: Sollmann, U. (Hg.): Bioenergetische Analyse. Synthesis, Essen, S. 225–251

Ware, R. C. (1995): C. G. Jung and the Body: Lecture 1: Neglected Possibilities for Body-Psychotherapy. Lecture 2: An Interpersonal Form of Active Imagination. Unveröffentlichtes Manuskript

Ware, R. C. (1996a): »Vaterkörper«: Erdung am Beispiel männlicher Identitätsfindung. In: Ehrensperger, Th. P. (Hg.): Zwischen Himmel und Erde. Schwabe, Basel, S. 201–218

Ware, R. C. (1996b): »Vaterkörper« – Der Dritte in der Triangulierung am Beispiel männlicher Identitätsfindung. Analytische Psychologie 27, S. 258–277

Ware, R. C. (2002): C. G. Jung, the Body and Body-Psychotherapy. European Journal of Bioenergetic Analysis 1; in print

Ware, R. C. (voraussichtlich 2003): Stichworte Körper/Körperselbst; Körperbild; Körpertherapie(n)/Körperpsychotherapie. In: Müller, L. (Hg.): Wörterbuch der Analytischen Psychologie

Weizsäcker, V. von (1935): Studien zur Pathogenese. Thieme, Leipzig

Weizsäcker, V. von (1947): Fälle und Probleme. Enke, Stuttgart

Wienen, G., Janssen, P. L. (1989): Gruppenpsychotherapie bei Darmerkrankungen. Gruppenpsychotherapie und Gruppendynamik 25, S. 159–170

Winnicott, D. W. (1949): The Child, the Family and the Outside World. Penguin Books, Baltimore 1964

Winnicott, D. W. (1960): The theory of the parent-infant relationship. In: Ders.: The Maturational Processes and the Facilitating Environment. International University Press 1965, S. 37–55

Winnicott, D. W. (1974): Reifungsprozesse und fördernde Umwelt. Fischer, Frankfurt a. M.

Winnicott, D. W. (1983): Von der Kinderheilkunde zur Psychoanalyse. Fischer, Frankfurt a. M.

Wolf, E. S. (1988): Atmosphäre und Abstinenz. In: Kutter, P.; Páramo-Ortega, R. und Zagermann, P. (Hg.): Die psychoanalytische Haltung. Auf der Suche nach dem Selbstbild der Psychoanalyse. Verlag Internationale Psychoanalyse, München, Wien, S. 187–206

Wolf, E. S. (1996): Theorie und Praxis der psychoanalytischen Selbstpsychologie. Suhrkamp, Frankfurt a. M.

Worm, G. (1990): Psychoanalyse und Körperarbeit. In: Streeck, U. und Werthmann, H.-V. (Hg.): Herausforderungen für die Psychoanalyse. Pfeiffer, München, S. 142–149

Worm, G. (1992): Über die Schwierigkeit therapeutischer Beziehung anhand des Schicksals der »Verführungstheorie«. In: Hoffmann-Axthelm, D. (Hg.): Verführung in Kindheit und Psychotherapie. Transform, Oldenburg, S. 64–78

Worm, G. (1994): Körperzentrierte Interaktion – neue Wege zum Verstehen im psychoanalytischen Prozess. In: Friedrich, V. und Peters, H. (Hg.): Wege und Irrwege zur Psychoanalyse. Standpunkte und Streitpunkte der Gegenwart. Kellner, Hamburg, S. 185–195

Worm, G. (1998): Zum Umgang mit Übertragung in einer analytischen Körperpsychotherapie. In: Geißler, P. (Hg.): Analytische Körperpsychotherapie in der Praxis. Pfeiffer bei Klett-Cotta, Stuttgart, S. 69–82

Worm, G. (2001): Psychotherapie – eine erotische Beziehung? Die Chancen des »Ödipus«. In: Geißler, P. (Hg.): Über den Körper zur Sexualität finden. Psychosozial-Verlag, Gießen, S. 181–196

Wurmser, L. (1990): Die Maske der Scham. Springer, Berlin, Heidelberg u. a.

Wyatt, F. (1992): Warum ich Psychoanalytiker wurde – überdeterminiert! In: Hermanns, L. M. (Hg.): Psychoanalyse in Selbstdarstellungen. Bd. 1. Edition discord, Tübingen, S. 345–410

Zwiebel, R. (1977): Der Analytiker träumt von seinem Patienten. Gibt es typische Gegenübertragungs-Träume? Psyche 31, S. 43–59

Zwiebel, R. (1984): Zur Dynamik des Gegenübertragungstraums. Psyche 38, S. 193–213

Zwiebel, R. (1985): Das Konzept der projektiven Identifizierung. Bericht über die Tagung »Projektion, Identifizierung und projektive Identifizierung« vom 27. bis 29. 5. 1984 in Jerusalem. Psyche 38, S. 456–468

Zwiebel, R. (1988): Einige Bemerkungen über die Rolle der projektiven Identifizierung in der analytischen Beziehung. In: Kutter, P.; Paramo-Ortega, P. und Zagermann, P. (Hg.): Die psychoanalytische Haltung. Verlag Internationale Psychoanalyse, München, Wien, S. 259–277

Zwiebel, R. (1992): Der Schlaf des Analytikers. Die Müdigkeitsreaktion in der Gegenübertragung. Internationale Psychoanalyse, Stuttgart

Index der Beispiele

Kapitel 9:

Günter Heisterkamp:
Heilsame Berührungen
Praxis leibfundierter analytischer Psychotherapie
192 Seiten, broschiert, ISBN 3-608-89632-5
Leben lernen 89

Immer mehr setzt sich in der psychoanalytischen Therapie
die Einsicht durch, daß nicht nur dem, was der Patient sagt,
Aufmerksamkeit zu schenken ist, sondern auch seiner
Körpersprache. Das Buch zeigt an vielen Beispielen, was
leibfundierte analytische Therapie bedeutet und wie sie in
der Praxis realisiert werden kann.

Gisela Schmeer
Heilende Bäume
Baumbilder in der psychotherapeutischen Praxis
214 Seiten, ca. 100 farbige Abbildungsseiten, broschiert
ISBN 3-608-89709-7
Leben lernen 70

Wer als Analytiker oder Psychotherapeut spontan gemalte
Bilder des Patienten in den therapeutischen Prozeß mit einbezieht, kann sich sehr viel schneller als im ausschließlich
verbalen Dialog von der psychischen Struktur dieses Menschen, von seinem Konflikt und seinen Fähigkeiten ein Bild
machen. An etwa einhundert vierfarbig wiedergegebenen
Baumbildern, die in spontanen Malaktionen während der
Therapie entstanden, gibt die Autorin differenzierte analytische Deutungsmöglichkeiten zu den Störungen und zu den
Ressourcen des Patienten. Im ersten Teil werden die vielfältigen Beziehungen zwischen Mensch und Baum beschrieben.
Der zweite Teil (Hauptteil) ist der Analyse einzelnen spontan
gemalter Bäume gewidmet. Aus ihr leitet die Autorin
diagnostische, prognostische und therapeutische Aussagen ab.
Im dritten Teil werden Bilderfolgen dargestellt. Sie zeigen,
wie Baumdarstellungen die psychischen Veränderungen
während des therapeutischen Prozesses widerspiegeln.

pfeiffer
bei Klett-Cotta